Olfert/Steinbuch · Personalwirtschaft

Kompendium der praktischen Betriebswirtschaft

Herausgeber Prof. Dipl.-Kfm. Klaus Olfert

Personalwirtschaft

von

Prof. Dipl.-Kfm. Klaus Olfert
Prof. Dipl.-Ing. Pitter A. Steinbuch

5., überarbeitete und erweiterte Auflage

Kiehl

Zur Herstellung dieses Buches wurde chlor- und säurefreies Papier, zur Umschlagkaschierung eine Folie verwendet, die bei der Entsorgung keine Schadstoffe entstehen läßt. Auf diese Weise wollen wir einen aktiven Beitrag zum Schutz unserer Umwelt leisten.

Die Deutsche Bibliothek - CIP-Einheitsaufnahme

Olfert, Klaus:
Personalwirtschaft / von Klaus Olfert ; Pitter A. Steinbuch. – 5. überarb. u. erw. Aufl. - Ludwigshafen (Rhein) : Kiehl, 1993
(Kompendium der praktischen Betriebswirtschaft)
ISBN 3-470-70825-8
NE: Steinbuch, Pitter A.:

ISBN 3 470 **70825** 8 · 5. Auflage · 1993

Herstellung: Druckhaus Beltz, Hemsbach

Kompendium der praktischen Betriebswirtschaft

Das Kompendium der praktischen Betriebswirtschaft soll dazu dienen, das allgemein anerkannte und praktisch verwertbare Grundlagenwissen der modernen Betriebswirtschaftslehre praxisgerecht, übersichtlich und einprägsam zu vermitteln.

Dieser Zielsetzung gerecht zu werden, ist gemeinsames Anliegen des Herausgebers und der Autoren, die durch ihr Wirken an Fachhochschulen, in der betriebswirtschaftlichen Unternehmensberatung, bei der Schulung von Führungskräften bzw. als leitende Mitarbeiter von Unternehmen vielfältige Kenntnisse und Erfahrungen sammeln konnten.

Das Kompendium der praktischen Betriebswirtschaft umfaßt mehrere Bände, die einheitlich gestaltet sind und jeweils aus zwei Teilen bestehen:

- Dem **Textteil**, der systematisch gegliedert sowie mit vielen Beispielen und Abbildungen versehen ist, welche die Wissensvermittlung erleichtern. Zahlreiche Kontrollfragen mit Lösungshinweisen dienen der Wissensüberprüfung. Umfassende Literaturverzeichnisse zu jedem Kapitel verweisen auf die verwendete und weiterführende Literatur.

- Dem **Übungsteil**, der eine Vielzahl von Aufgaben und Fällen enthält, denen sich ausführliche Lösungen anschließen, die schrittweise und in verständlicher Form in die betriebswirtschaftlichen Fragestellungen einführen.

Als praxisorientierte Fachbuchreihe wendet sich das Kompendium der praktischen Betriebswirtschaft vor allem an:

- **Studierende** der Fachhochschulen und Universitäten, Akademien und sonstigen Institutionen, denen eine systematische Einführung in die betriebswirtschaftlichen Teilgebiete vermittelt werden soll, die eine praktische Umsetzbarkeit gewährleistet.

- **Praktiker** in den Unternehmen, die sich innerhalb ihres Tätigkeitsfeldes weiterbilden, sich einen fundierten Einblick in benachbarte Bereiche verschaffen oder sich eines umfassenden betrieblichen Handbuches bedienen wollen.

Für Anregungen, die der weiteren Verbesserung der Fachbuchreihe dienen, bin ich dankbar.

Klaus Olfert
Herausgeber

Vorwort zur 5. Auflage

Nachdem die 4. Auflage rasch vergriffen war, ist es erforderlich geworden, das Buch neu aufzulegen. Die von der Leserschaft positiv aufgenommene Konzeption bleibt unverändert.

Das Buch wurde durchgesehen, Aktualisierungen, Überarbeitungen und Erweiterungen vorgenommen, insbesondere in den Kapiteln »Grundlagen«, »Personalbeschaffung«, »Personalführung«, »Personalentlohnung« und »Personalfreistellung«.

Die Anregungen von Fachkollegen und aus der betrieblichen Praxis erwiesen sich als wertvoll.

Neckargemünd, im August 1993

Klaus Olfert
Pitter A. Steinbuch

Vorwort zur 1. Auflage

Die Personalwirtschaft befaßt sich mit den in den Unternehmen tätigen Menschen, die lange Zeit neben den Betriebsmitteln und Werkstoffen lediglich als ein Produktionsfaktor angesehen wurden. Innerhalb der letzten zwanzig Jahre hat sich diese Betrachtungsweise grundlegend gewandelt.

In Forschung und Lehre widmete man sich verstärkt dem arbeitenden Menschen und entwickelte eigenständige personalwirtschaftliche Konzeptionen. In den Unternehmen wurde es zunehmend erforderlich, die Mitarbeiter auf neue Rohstoffe, Produkte und Technologien einzustellen. Die Mitarbeiter wurden mehr und mehr zu Partnern, ihre Arbeitsplätze zunehmend humanisiert. Andererseits stiegen die Personalkosten erheblich an.

Das vorliegende Buch will der heute weithin anerkannten hohen Bedeutung der Personalwirtschaft gerecht werden und ihre wesentlichen Aufgaben systematisch und praxisnah darstellen. Die Schwerpunkte des Buches sind Personalplanung, Personalbeschaffung, Personalführung, Personalbeurteilung, Personalentlohnung, Personalbetreuung, Personalentwicklung, Personalverwaltung, Personalaustritt.

Neckargemünd, im April 1984

Klaus Olfert
Pitter A. Steinbuch

Benutzungshinweis

Kontrollfragen

Die Kontrollfragen dienen der Wissenskontrolle. Sie finden sich am Ende eines jeden Kapitels. Zur Wissenskontrolle wird folgende Vorgehensweise vorgeschlagen:

- Beantwortung der Kontrollfragen und Vermerk in der Spalte "bearbeitet".
- Vergleich der beantworteten Kontrollfragen mit den in der Spalte "Lösungshinweis" gegebenen Textstellen.
- Vermerk, ob die beantworteten Kontrollfragen befriedigend (+) oder unbefriedigend (-) gelöst wurden (Spalte "Lösung").

Aufgaben/Fälle

Die Aufgaben/Fälle im Übungsteil dienen der Wissens- und Verständniskontrolle. Auf sie wird jeweils im Textteil hingewiesen:

1
2
3
4
5
.
.
.

Der Übungsteil befindet sich als "blauer Teil" am Ende des Buches. Es wird empfohlen, die Aufgaben/Fälle unmittelbar nach Bearbeitung der entsprechenden Textstellen zu lösen.

Inhaltsverzeichnis

Übungsteil (Aufgaben/Fälle)

Abkürzungsverzeichnis

AFG	=	Arbeitsförderungsgesetz
AGB	=	Arbeitsgesetzbuch
ArNeErfG	=	Arbeitnehmererfindungsgesetz
AÜG	=	Arbeitnehmerüberlassungsgesetz
AZO	=	Arbeitszeitordnung
BBiG	=	Berufsbildungsgesetz
BDSG	=	Bundesdatenschutzgesetz
BetrAVG	=	Gesetz zur Verbesserung der betrieblichen Altersversorgung
BetrVGes	=	Betriebsverfassungsgesetz
BGB	=	Bürgerliches Gesetzbuch
BUG	=	Bundesurlaubsgesetz
DIB	=	Deutsches Institut für Betriebswirtschaft
DÜVO	=	Datenübermittlungsverordnung
GewO	=	Gewerbeordnung
GG	=	Grundgesetz
HGB	=	Handelsgesetzbuch
JArbSchG	=	Jugendarbeitsschutzgesetz
KSchG	=	Kündigungsschutzgesetz
LFG	=	Lohnfortzahlungsgesetz
SGB	=	Sozialgesetzbuch
SIB	=	Schweizerisches Institut für Betriebsökonomie und höhere kaufmännische Bildung
TVG	=	Tarifvertragsgesetz
UWG	=	Gesetz über den unlauteren Wettbewerb
ZVA	=	Zentralstelle für Arbeitsvermittlung

A. Grundlagen

Unternehmen werden zu dem Zwecke betrieben, Leistungen zu erstellen. Dies geschieht durch die Kombination der **elementaren Produktionsfaktoren**

- Arbeit
- Betriebsmittel
- Material

im Rahmen eines güterwirtschaftlichen Prozesses, der es notwendig macht, die Produktionsfaktoren zu beschaffen und planvoll einzusetzen. Die Zeitdauer dieses Prozesses kann erheblich sein.

Der güterwirtschaftliche Prozeß des Unternehmens erfolgt insbesondere im Material-, Produktions- und Marketingbereich.

Die Beschaffung der Produktionsfaktoren und der Absatz der betrieblichen Leistungen sind aber nicht nur Elemente eines güterwirtschaftlichen Prozesses, sondern erfordern ebenso einen finanzwirtschaftlichen Prozeß, denn für die zu beschaffenden Produktionsfaktoren fallen Ausgaben an, die betrieblichen Leistungen führen zu Einnahmen:

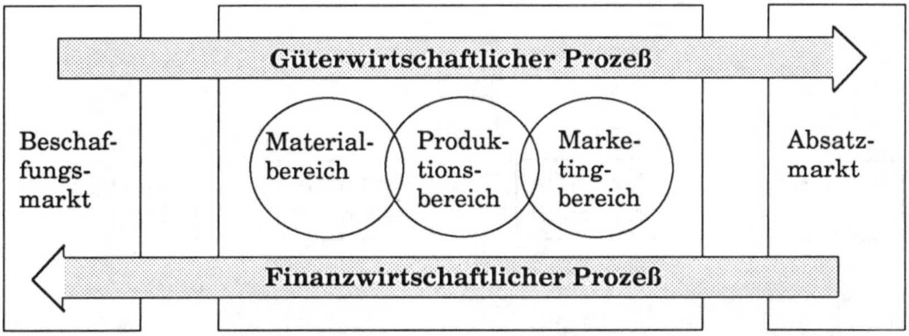

Um die Kombination der elementaren Produktionsfaktoren in geeigneter Weise vornehmen zu können, bedarf es **dispositiver Produktionsfaktoren**:

- Leitung
- Planung
- Organisation.

Die menschliche Arbeit ist der bestimmende Faktor jeder betriebswirtschaftlichen Betätigung. Nicht nur als elementarer Produktionsfaktor, sondern auch als Träger der dispositiven Produktionsfaktoren hat die menschliche Arbeit eine hervorragende Bedeutung. Daneben müssen soziologische und humanitäre Gesichtspunkte ebenfalls wesentlicher Teil der betrieblichen Personalwirtschaft sein.

Als Grundlagen der Personalwirtschaft sind zu betrachten:

Grundlagen der Personalwirtschaft	Begriffe
	Ziele
	Mitarbeiter
	Arbeitsrecht
	Personalpolitik
	Aufgaben
	Aufbauorganisation

1. Begriffe

Die Begriffsbildung in der Personalwirtschaft ist noch nicht gefestigt und abgeschlossen. Deswegen sind wesentliche personalwirtschaftliche Begriffe zu erläutern und abzugrenzen:

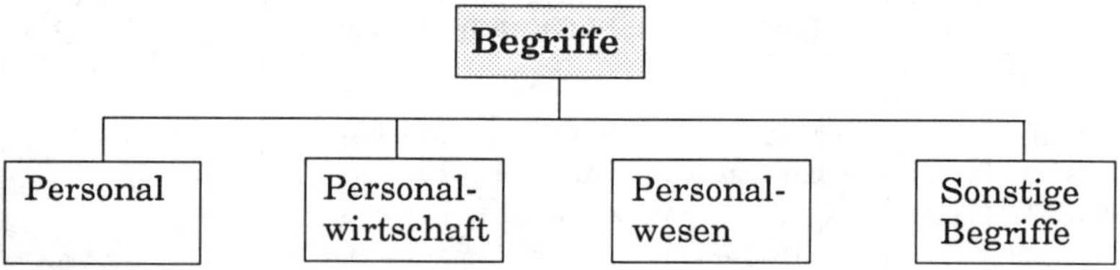

1.1 Personal

Zunächst ist auf das Personal einzugehen, welches die Geamtheit der Arbeitnehmer eines Unternehmens darstellt. Dazu zählen auch die leitenden Mitarbeiter. Das Personal wird häufig auch als **Belegschaft** bezeichnet.

Arbeitnehmer ist, wer in einem persönlichen Abhängigkeitsverhältnis entgeltliche Arbeit verrichtet. In den letzten Jahren hat es sich eingebürgert, die Bezeichnung »Mitarbeiter« zu gebrauchen, um damit das partnerschaftliche Verhältnis zu betonen.

Das **Personal** ist aus betrieblicher Sicht durch unterschiedliche Eigenschaften gekennzeichnet:

- Es ist **Arbeitsträger**, d.h. die Mitarbeiter verrichten Arbeiten, schaffen Werte und erbringen Leistungen. Aus dieser Sicht sind sie ein Produktionsfaktor.

- Es ist **motiviertes Individuum**, d.h. jeder Mitarbeiter hat bestimmte Motive und strebt eigenständige Ziele an. Diese können mit den vom arbeitgebenden Unternehmen angestrebten Zielen und deren Vorgaben übereinstimmen. Es können jedoch auch Differenzen zu den betrieblichen Erwartungen gegeben sein, wodurch es zu Problemen zwischen Arbeitgeber und Arbeitnehmer kommen kann.

- Es ist **Koalitionspartner**, d.h. die Mitarbeiter gehören üblicherweise verschiedenartigen Gruppierungen an:

  - Arbeitnehmervertretung
  - Berufsgruppen
  - Hierarchieebenen
  - Informalen Gruppen

  Damit vertreten sie zumindest teilweise auch Gruppeninteressen und fühlen sich als Gruppenmitglieder.

- Es ist **Entscheidungsträger**, d.h. in jeder Hierarchieebene und an jedem Arbeitsplatz müssen Entscheidungen gefällt werden. Sie haben unterschiedliche Bedeutung, aber fast jeder Mitarbeiter muß für das Unternehmen Entscheidungen von kleinerer oder größerer Bedeutung treffen. Diese Entscheidungen bestimmen jedes Unternehmen wesentlich.

- Es ist **Kostenverursacher**, d.h. die Mitarbeiter haben einen Entgeltanspruch. Durch dieses Entgelt und ergänzende Leistungen sowie die vorzuhaltenden Arbeitsplätze entstehen Kosten, welche die Wirtschaftlichkeit jedes Unternehmens wesentlich beeinflussen.

Die Vielfältigkeit und Vielgestaltigkeit der Beziehungen zwischen Mitarbeiter und Unternehmen sind Wesensmerkmale der Personalwirtschaft.

1.2 Personalwirtschaft

Aufgabe eines jeden Unternehmens ist das Wirtschaften mit dem Ziel des zweckgerichteten Handelns. Das gilt in gleicher Weise auch für alle Gegebenheiten, die sich auf die Mitarbeiter beziehen. Da die menschliche Arbeitskraft wertvoll und teuer ist, muß sie effizient und wirtschaftlich eingesetzt werden.

Die Personalwirtschaft ist die **betriebswirtschaftliche Mitarbeiterversorgung**. Diese Definition ist zweideutig. Sie berücksichtigt

- **Unternehmensbedürfnisse**, denn das Unternehmen muß bestmöglich mit geeigneten Mitarbeitern ausgestattet, also versorgt, werden.

- **Mitarbeiterbedürfnisse**, denn für die Mitarbeiter eines Unternehmens muß Sorge getragen werden. Sie müssen betreut, entwickelt, geführt, verwaltet und entlohnt werden.

Bei der betriebswirtschaftlichen Mitarbeiterversorgung sind wirtschaftliche und soziale Ziele zu beachten, wie auf S. 25 f. beschrieben.

1.3 Personalwesen

Das Personalwesen ist die konkrete Organisationseinheit der Personalwirtschaft. Es umfaßt vornehmlich die folgenden Aufgaben:

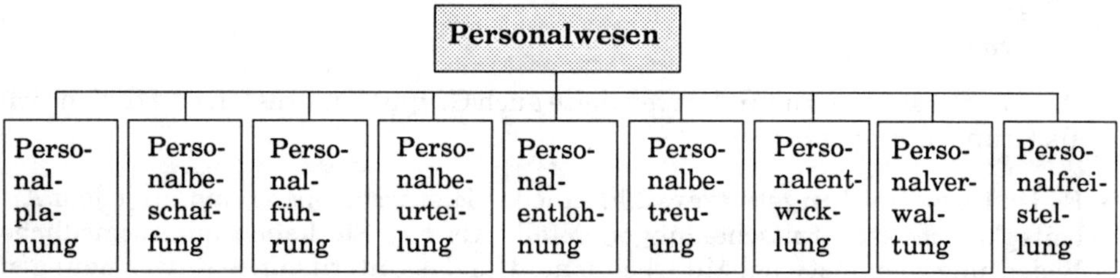

Daneben sind weitere Aufgaben der Personalwirtschaft, beispielsweise die Personalpolitik, durch die Unternehmensleitung auszuführen.

Es hat sich nicht als sinnvoll erwiesen, eine Trennung zwischen Personal- und Sozialwesen vorzunehmen. Beide Aufgabenbereiche sind ineinander verwoben. Sie können und sollten deswegen nicht isoliert betrachtet werden.

1.4 Sonstige Begriffe

Zur Betonung des einen oder des anderen Aspektes der Personalwirtschaft werden weitere Begriffe für die Personalwirtschaft gebraucht:

- Das **Personalmanagement**, bei welchem die Führung, Leitung und Steuerung des Personals im Mittelpunkt steht. Hier erfolgt vor allem eine instrumentale Betrachtung der Mitarbeiter.

- Das **Personalmarketing**, bei welchem die personalmarktbezogene Betrachtung des Personals das kennzeichnende Merkmal ist. Die Personalbeschaffung hat in diesem Begriff eine dominante Bedeutung.

- Die **Personalpolitik**, bei welcher die Gestaltung, Vorgabe und Anstrebung der grundlegenden Ziele der Personalwirtschaft die Aufgabe ist. Die Entscheidung über personalwirtschaftliche Leitlinien und ihre Durchsetzung wird ebenso als Inhalt der Personalpolitik gesehen.

- Die **Personalorganisation**, bei welcher schwerpunktmäßig die Mitarbeiter als Teil der Unternehmensstruktur in ihren organisatorischen Merkmalen

  - Quantität
  - Qualifikation
  - Einsatz

  betrachtet werden.

Während diese Begriffe die Personalwirtschaft überwiegend gesamtheitlich betrachten, wenn auch mit entsprechender Schwerpunktbildung, beziehen sich die nachfolgenden Begriffe vorwiegend auf bestimmte **Hauptaufgaben** der Personalwirtschaft:

- Personalplanung
- Personalbeschaffung
- Personalführung
- Personalbeurteilung
- Personalentlohnung
- Personalbetreuung
- Personalentwicklung
- Personalverwaltung
- Personalfreistellung.

2. Ziele

Die Verfolgung der personalwirtschaftlichen Ziele ist nicht nur Aufgabe des Personalwesens, sondern ebenfalls der Geschäftsleitung, jedes Vorgesetzten und des Betriebsrates. Im Mittelpunkt der Personalwirtschaft stehen wirtschaftliche und soziale Ziele.

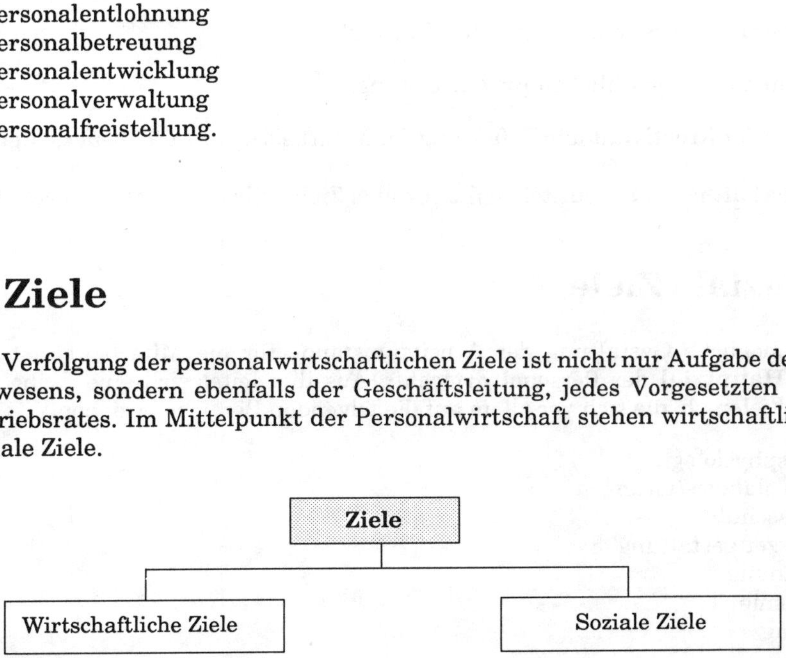

Daneben müssen aber auch andere Arten von Zielen berücksichtigt werden:

- **Volkswirtschaftliche Ziele**, beispielsweise die Vermeidung von Arbeitslosigkeit.

- **Rechtliche Ziele**, beispielsweise die Rechtssicherheit auf dem Gebiet des Arbeitsrechtes.

- **Organisatorische Ziele**, beispielsweise der angemessene Einsatz der Mitarbeiter im organisatorischen Gefüge des Unternehmens.

2.1 Wirtschaftliche Ziele

Die Versorgung des Unternehmens mit bestgeeigneten Mitarbeitern unter Berücksichtigung des ökonomischen Prinzips ist der Ausgangspunkt der wirtschaftlichen Ziele der Personalwirtschaft.

Wirtschaftliche Ziele sind nach *Eckardstein / Schnellinger* beispielsweise:

- Optimaler Einsatz des Elementarfaktors »menschliche Arbeit« und bestmögliche Kombination dieses Faktors mit den übrigen Einsatzfaktoren.

- Minimierung der Kostensumme aller Einsatzfaktoren.

- Steuerung der menschlichen Arbeitsleistung.

- Nutzung der Kreativität und Erfahrung der Mitarbeiter zur Aufgabenerledigung.

Den wirtschaftlichen Zielen stehen die sozialen Ziele teilweise konträr gegenüber.

2.2 Soziale Ziele

Die bestmögliche Gestaltung der Arbeitsumstände für die Mitarbeiter ist das **soziale Hauptziel** der Personalwirtschaft. Aus ihm leitet sich eine Reihe von sozialen Zielen ab, die sich vor allem auf die folgenden Bereiche beziehen:

- Arbeitsphysiologie
- Arbeitsplatzgestaltung
- Arbeitsschutz
- Arbeitszeitgestaltung
- Entlohnung
- Ergonomie
- Führung

- Mitarbeiterentwicklung
- Mitarbeitermitbestimmung.

Die sozialen Ziele, die teilweise auch als **humanitäre Ziele** bezeichnet werden, stehen im Spannungsfeld zwischen Geschäftsleitung und Betriebsrat.

3. Mitarbeiter

Die Personalwirtschaft ist durch ihr Aufgabenobjekt »Mitarbeiter« gekennzeichnet. Jeder Mitarbeiter ist aber - im Gegensatz zu den anderen elementaren Produktionsfaktoren - durch eine Reihe von **Besonderheiten** gekennzeichnet, welche für die Personalwirtschaft von wesentlicher Bedeutung sind:

- Die **Aktivität**, denn die Mitarbeiter sind keine passiven Faktoren, sondern haben ihren eigenen Willen, verfolgen eigenständig selbstgesteckte Ziele und entwickeln Initiativen.

- Die **Individualität**, denn jeder Mitarbeiter unterscheidet sich vom anderen in einer Vielzahl von Merkmalen. Jede kollektive Betrachtung und Behandlung der Mitarbeiter vernachlässigt diese Individualität.

- Die **Motivation**, denn jeder Mitarbeiter strebt eigenständige Ziele an. Diese können mit den Unternehmenszielen übereinstimmen, es kann aber auch zu Zielkonflikten kommen. Die Mitarbeitermotivation hängt wesentlich von der Überdeckung beider Zielgruppen ab.

- Die **Probabilität**, denn das Verhalten der Mitarbeiter ist nicht deterministisch bestimmbar, sondern nur im Rahmen der Wahrscheinlichkeit vorhersagbar.

- Die **Beeinflußbarkeit**, denn jeder Mitarbeiter ist sowohl von psychologischen als auch von physischen Einflüssen abhängig. Diese Abhängigkeit ist nur zum Teil zu beeinflussen.

- Die **Zugehörigkeit**, denn die Mitarbeiter sind auch Mitglieder anderer sozialer Gruppierungen, beispielsweise von informalen Gruppen, Gewerkschaften, Parteien, Vereinen und Familien.

Für die Personalwirtschaft wurde eine Vielzahl von Hypothesen, Theorien, Orientierungen, Modellen im Hinblick auf

- das Verhalten
- die Zufriedenheit
- die Bedürfnisse
- die Motivation

der Mitarbeiter entwickelt. Von besonderer Bedeutung sind die folgenden Forschungsergebnisse:

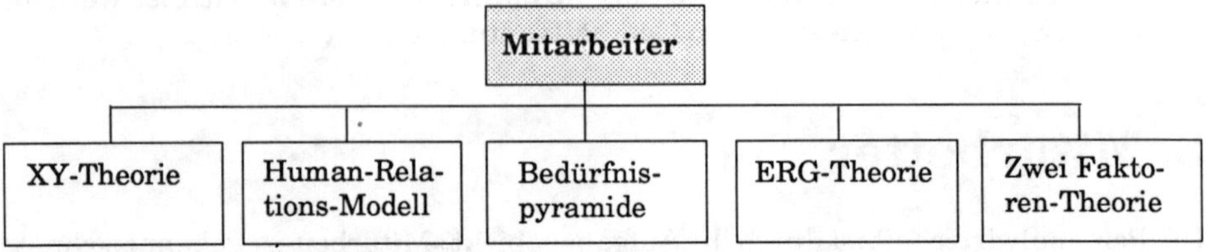

3.1 XY-Theorie

Das Verhalten von Mitarbeitern leitet sich nach *McGregor* von zwei gegensätzlichen Grundauffassungen ab:

X-Theorie	Y-Theorie
Der Durchschnittsmensch ist träge und geht der Arbeit so weit wie möglich aus dem Weg.	Arbeitsunlust ist nicht von Natur angeboren, sondern Folge schlechter Arbeitsbedingungen, die den natürlichen Arbeitswillen mindern.
Mitarbeiter haben nur wenig Ehrgeiz, scheuen Verantwortung und möchten angeleitet werden.	Mitarbeiter akzeptieren Zielvorgaben. Sie besitzen Selbstdisziplin und Selbstkontrolle.
Durch Druck und mit Hilfe von Sanktionen muß versucht werden, die Unternehmensziele zu erreichen.	Durch Belohnung und die Möglichkeit zur Persönlichkeitsentfaltung werden die Unternehmensziele am ehesten erreicht.
Straffe Führung und häufige Kontrolle sind unerläßlich.	Bei günstigen Erfahrungen suchen die Mitarbeiter Verantwortung.
Mitarbeiter sind durch ein dominantes Sicherheitsstreben gekennzeichnet.	Die Mitarbeiterpotentiale sind größer als vermutet. Sie können stärker als erwartet genutzt werden.

McGregor fordert eine schrittweise Hinführung der Mitarbeiter zur Y-Theorie.

3.2 Human Relations-Modell

Mit Experimenten, die *Mayo* und *Roethlisberger* bereits in den Jahren 1927 bis 1932 vornahmen - den Hawthorne-Experimenten - wurde der Zusammenhang zwischen der Zufriedenheit und der Leistung untersucht. Auf den Ergebnissen basiert das **Human Relations-Modell**, das von verschiedenen Autoren - beispielsweise *Hentze* und *Herzberg* - interpretiert wurde:

- Das **Leistungsverhalten** wird vorrangig durch soziale Normen und nicht durch physiologische Leistungsgrenzen und finanzielle Anreize der Mitarbeiter bestimmt.

- Als **Leistungsursache** ist im wesentlichen die Zufriedenheit anzusehen, die bewirkt wird durch:

  - Gute Entlohnung
  - Günstige Aufstiegsmöglichkeiten
  - Mitarbeiterorientierte Vorgesetzte
  - Abwechslungs- und inhaltsreiche Arbeit
  - Einfluß auf Arbeitsmethoden und Arbeitsgestaltung

- Zur **Leistungsförderung** sind von besonderer Bedeutung:

  - Kommunikation zwischen den hierarchischen Ebenen
  - Information der Mitarbeiter über Abläufe, Änderungen usw.
  - Intensive Personalbetreuung

- Bei den **Führungsgegebenheiten** ist stets zwischen formeller und informeller Führung zu unterscheiden.

Gegen das Human Relations-Modell gibt es eine Vielzahl von Einwänden. So wird besonders betont, daß es keinen Automatismus zwischen Zufriedenheit und hoher Leistung gibt. *March* und *Simon* gehen beispielsweise davon aus, daß auch Unzufriedenheit zu hoher Leistung führen kann. Weiterhin wird eingewendet, daß die sozialen Bedürfnisse der Mitarbeiter in diesem Modell zu stark betont werden und ein Ausgleich zwischen betrieblichen und sozialen Zielen nicht zwangsläufig gegeben sein muß.

3.3 Bedürfnispyramide

Von *Maslow* wurde eine hierarische Ordnung der menschlichen Bedürfnisse aufgestellt, die insbesondere in Pyramidenform bekannt geworden ist:

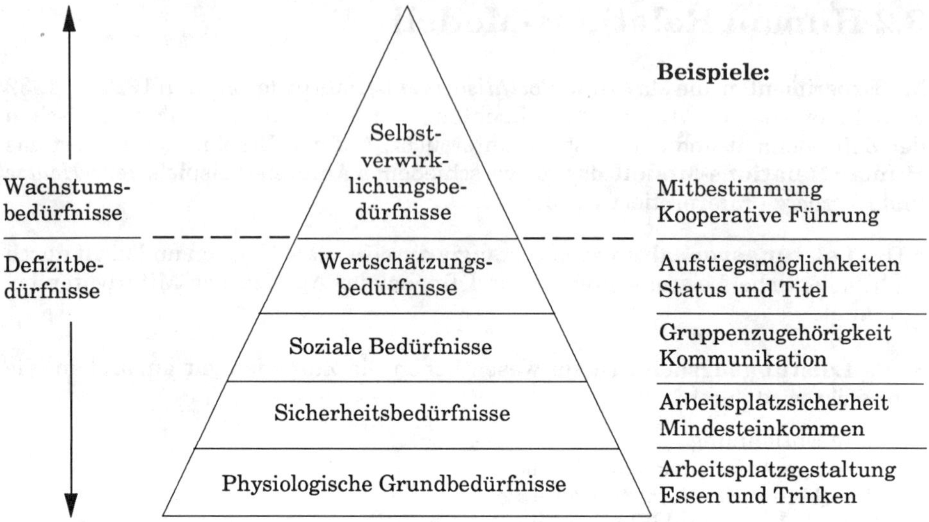

Während in der obersten Bedürfnisstufe die **Wachstumsbedürfnisse** charakterisiert werden, können die anderen Bedürfnisstufen als **Defizitbedürfnisse** bezeichnet werden.

Defizitbedürfnisse haben folgende Merkmale:

- Die Befriedigung der niedrigeren Defizitbedürfnisse haben eine höhere Priorität als die höher angeordneten Defizitbedürfnisse und Wachstumsbedürfnisse.

- Eine teilweise Nichterfüllung von Defizitbedürfnissen ruft Krankheiten körperlicher und/oder seelischer Art hervor.

- Mit der vollen Befriedigung eines Defizitbedürfnisses wird es verhaltensunwirksam.

- Je mehr Bedürfnisse mit hoher Priorität befriedigt werden, um so größere Bedeutung erlangen die Bedürfnisse geringer Priorität.

Maslow sieht in den Wachstumsbedürfnissen nur latente Bedürfnisse, solange die Defizitbedürfnisse nicht weitgehend befriedigt sind.

Die Bedürfnispyramide ist sehr bekannt und gilt heute als Basis für viele Motivationsbemühungen in deutschen Unternehmen.

3.4 ERG-Theorie

Aufbauend auf der Bedürfnishierarchie von *Maslow* werden von *Alderfer* drei **Bedürfnisklassen** unterschieden:

- Die **Existenzbedürfnisse***, wozu physiologische Grundbedürfnisse und Sicherheitsbedürfnisse zählen.
- Die **Sozialbedürfnisse****, wozu Wertschätzungsbedürfnisse und soziale Bedürfnisse nach *Maslow* gehören.
- Die **Wachstumsbedürfnisse*****, welche die Selbstverwirklichungsbedürfnisse wie Mitbestimmung umfassen.

Für diese drei Arten von Bedürfnissen stellt *Alderfer* sieben **Prinzipien** auf:

Prinzip 1: Je weniger die E-Bedürfnisse befriedigt sind, desto stärker werden die E-Bedürfnisse.

Prinzip 2: Je weniger die R-Bedürfnisse befriedigt sind, desto stärker werden die E-Bedürfnisse.

Prinzip 3: Je mehr die E-Bedürfnisse befriedigt sind, desto stärker werden die R-Bedürfnisse.

Prinzip 4: Je weniger die R-Bedürfnisse befriedigt sind, desto stärker werden die R-Bedürfnisse.

Prinzip 5: Je weniger die G-Bedürfnisse befriedigt sind, desto stärker werden die R-Bedürfnisse.

Prinzip 6: Je mehr die R-Bedürfnisse befriedigt sind, desto stärker werden die G-Bedürfnisse.

Prinzip 7: Je mehr oder je weniger die G-Bedürfnisse befriedigt sind, desto stärker werden sie.

---

* E = Existence
** R = Relatedness
*** G = Growth

Die ERG-Theorie kann grafisch dargestellt werden:

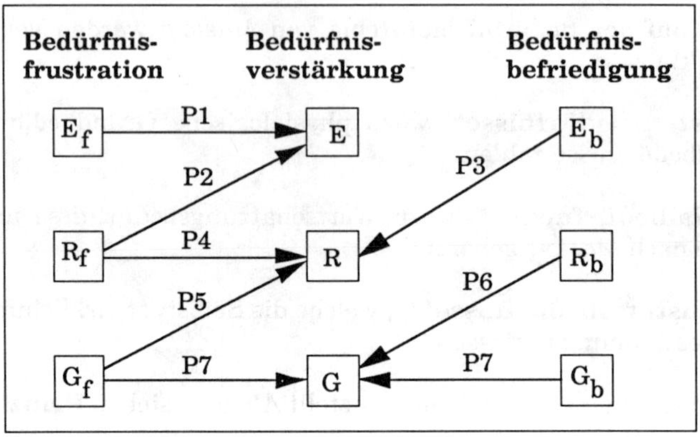

3.5 Zwei Faktoren-Theorie

Das Human Relations-Modell geht davon aus, daß die **Zufriedenheit** und die Unzufriedenheit der Mitarbeiter die beiden Extrempunkte sind, welche sich durch unterschiedliche Ausprägung gleicher Faktoren ergeben:

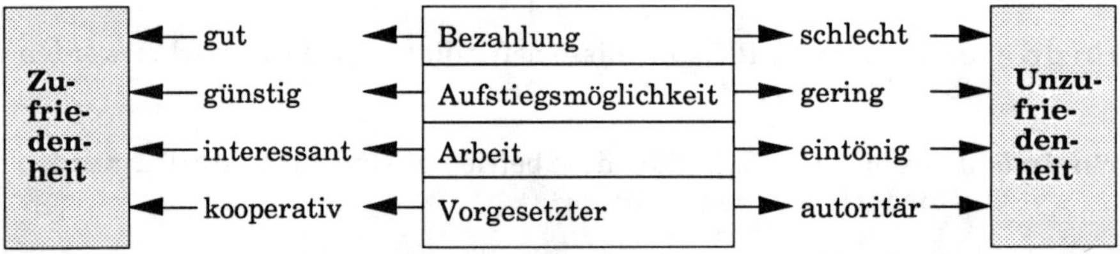

In einer empirischen Untersuchung - der *Pittsburgh*-Studie - kommt *Herzberg* zu dem Ergebnis, daß die Arbeitszufriedenheit oder Arbeitsunzufriedenheit zwei unterschiedliche Dimensionen besitzt:

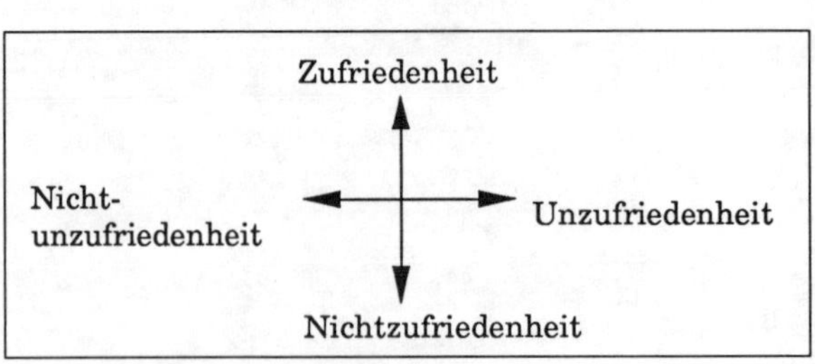

Er führt das darauf zurück, daß zwei unterschiedliche **Faktoren** gegeben sind:

- **Motivatoren** als Faktoren, die in direktem Zusammenhang mit der betrieblichen Tätigkeit des Mitarbeiters stehen, beispielsweise:

  - Anerkennung
  - Arbeitserledigung
  - Aufstieg
  - Erfolg

- **Hygienefaktoren** als Faktoren, die in keinem direkten Zusammenhang mit der Tätigkeit stehen, beispielsweise:

  - Entlohnung
  - Kollegenbeziehungen
  - Vorgesetztenfähigkeiten
  - Vorgesetztenverhältnis

Herzberg leitet für diese zwei Faktoren verschiedene **Wirkungen** ab:

- Fehlen Hygienefaktoren, so ergibt sich Unzufriedenheit.

- Durch das Vorhandensein von Motivatoren kann das Fehlen von Hygienefaktoren nur teilweise und unvollständig ausgeglichen werden.

- Sind Hygienefaktoren vorhanden, wird das als Selbstverständlichkeit betrachtet. Von ihnen geht keine Motivationswirkung aus.

- Durch Motivatoren kann bei Vorliegen der Hygienefaktoren eine positive Wirkung erreicht werden.

Die Zwei Faktoren-Theorie ist umstritten, hat jedoch eine starke Resonanz gefunden.

4. Arbeitsrecht

Das für die Personalwirtschaft zuständige Recht wird als Arbeitsrecht bezeichnet. Es betrifft die Personenkreise der Arbeitnehmer und Arbeitgeber und stellt die Gesamtheit der Normen dar, welche die Beziehungen der an einem abhängigen Arbeitsverhältnis beteiligten Personen regelt.

Das Arbeitsrecht setzt sich aus einer Vielzahl von Einzelgesetzen und Verordnungen, Tarifverträgen und Betriebsvereinbarungen zusammen.

Grundsätzlich müssen zwei **Rechtsbereiche** im Arbeitsrecht unterschieden werden:

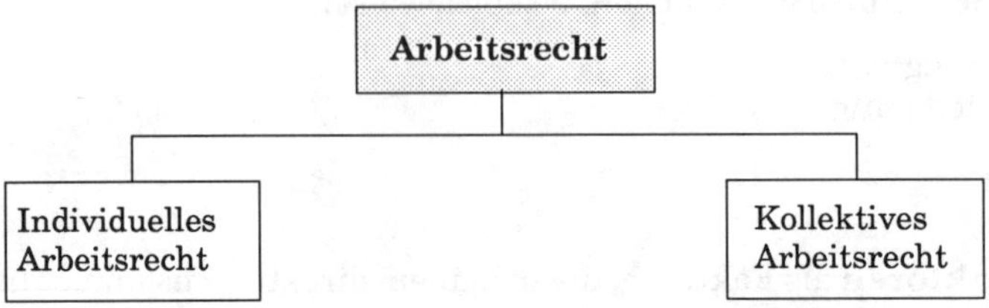

Das **Sozialrecht** bildet die Ergänzung des Arbeitsrechtes für die Mitarbeiter.

4.1 Individuelles Arbeitsrecht

Das Arbeitsverhältnis zwischen dem einzelnen Arbeitgeber und Arbeitnehmer wird durch das individuelle Arbeitsrecht geregelt. Es gliedert sich in

- **Arbeitsvertragsrecht**
- **Arbeitsschutzrecht**.

Daneben ist das **Recht der Arbeitsgerichtsbarkeit** besonders für das individuelle Arbeitsrecht bedeutsam.

4.1.1 Arbeitsvertragsrecht

Der Arbeitsvertrag ist im rechtlichen Sinn ein Dienstvertrag. Für diesen Vertrag sind mehrere Gesetze maßgeblich:

- Das **Bürgerliche Gesetzbuch (BGB)**, das von grundlegender Bedeutung ist und in den §§ 611 ff. die Vorschriften des Dienstvertrages enthält. In diesen Paragraphen werden die rechtlichen Grundlagen des Arbeitsvertrages geregelt.
- Das **Handelsgesetzbuch (HGB)**, welches in den §§ 59 ff. das Arbeitsvertragsrecht für Handlungsgehilfen und Handlungslehrlinge ausweist.
- Die **Gewerbeordnung (GO)**, welche die Stellung der gewerblichen Arbeiter im Titel VII regelt.

Aus einem Arbeitsvertrag resultieren sowohl für den Arbeitgeber als auch für den Arbeitnehmer entsprechende **Pflichten**:

- **Arbeitgeberpflichten** gegenüber dem Arbeitnehmer umfassen beispielsweise:

  - Entgeltpflicht
  - Fürsorgepflicht
  - Urlaubspflicht
  - Zeugnispflicht

- **Arbeitnehmerpflichten** gegenüber dem Arbeitgeber sind beispielsweise:
  - Arbeitspflicht
  - Gehorsamspflicht
  - Treuepflicht

Ebenso ergeben sich aus dem Arbeitsvertrag die **Rechte** der Arbeitgeber und Arbeitnehmer, beispielsweise der Anspruch auf bestimmte Gratifikationen oder ein Wettbewerbsverbot für eine festgelegte Dauer.

4.1.2 Arbeitsschutzrecht

Das Arbeitsschutzrecht kennt allgemeine Vorschriften, die für alle Arbeitnehmer gelten und Sondervorschriften für einzelne Gruppen von Arbeitnehmern. Zu den **allgemeinen Vorschriften** zählen vor allem folgende Gesetze und Verordnungen wie:

- Lohnfortzahlungsgesetz
- Gewerbeordnung
- Arbeitszeitordnung
- Betriebsärztegesetz
- Arbeitsstättenverordnung
- Kündigungsschutzgesetz.

Die für einzelne Gruppen von Arbeitnehmern geltenden **Sondervorschriften** sind insbesondere in folgenden Gesetzen enthalten:

- Berufsbildungsgesetz
- Jugendarbeitsgesetz
- Heimarbeitsgesetz
- Mutterschutzgesetz
- Schwerbehindertengesetz
- Arbeitsplatzschutzgesetz

Das **Sozialrecht** ist im Sozialgesetzbuch (SGB) zusammengefaßt.

4.2 Kollektives Arbeitsrecht

Während das individuelle Arbeitsrecht die Rechtsverhältnisse zwischen den einzelnen Arbeitgebern und Arbeitnehmern regelt, bezieht sich das kollektive Arbeitsrecht auf das Recht zwischen den Sozialpartnern.

Grundlage des kollektiven Arbeitsrechtes ist die **Koalitionsfreiheit**, die in Art. 9 Grundgesetz (GG) garantiert wird. Unter Koalitionsfreiheit versteht man das »Recht zur Vereinigung zum Zweck der Förderung der Arbeits- und Wirtschaftsbedingungen«. Solche Vereinigungen sind:

- Gewerkschaften
- Arbeitgeberverbände

Die Koalitionsfreiheit darf nicht eingeschränkt werden (Art. 10, 79 GG).

Das kollektive Arbeitsrecht gliedert sich vornehmlich in zwei Bereiche:

- **Tarifvertragsrecht**
- **Betriebsverfassungsrecht**.

4.2.1 Tarifvertragsrecht

Das **Tarifvertragsgesetz** (TVG) regelt das Recht der Tarifverträge. Es werden mehrere Arten von Tarifverträgen unterschieden:

- Der **Lohn- und Gehaltstarifvertrag**, welcher die Vergütung und den Urlaubsanspruch der Arbeitnehmer regelt. Er wird in der Regel jährlich neu abgeschlossen.

- Der **Rahmentarifvertrag**, welcher die Bedingungen für die Ermittlung des Entgeltes enthält. Er wird für einen längeren Zeitraum vereinbart.

- Der **Manteltarifvertrag**, in dem allgemeine Bedingungen der Arbeitsverhältnisse geregelt werden. Er wird ebenfalls für mehrere Jahre abgeschlossen.

- Der **Verbandstarifvertrag**, der zwischen einem oder mehreren Arbeitgeberverbänden und einer oder mehreren Gewerkschaften vereinbart wird. Er gilt für das Gebiet der Tarifvertragsparteien.

- Der **Firmentarifvertrag**, der zwischen einem Arbeitgeber und einer oder mehreren Gewerkschaften abgeschlossen wird. Er bezieht sich auf sämtliche Betriebsteile des Arbeitgebers.

In jedem Tarifvertrag muß der **Geltungsbereich** festgelegt sein:

- **Räumlicher Geltungsbereich**:
  Bundesgebiet, Bundesland, Regierungsbezirk usw.

- **Fachlicher Geltungsbereich**:
  Betriebe der Metallindustrie, der chemischen Industrie usw.

- **Persönlicher Geltungsbereich**:
  Arbeiter, Angestellte, Auszubildende usw.

Der Tarifvertrag gilt grundsätzlich nur für tarifgebundene Arbeitsverhältnisse, also für Mitglieder des Arbeitgeberverbandes und der Gewerkschaften. Üblicherweise wird er jedoch allgemein angewandt.

4.2.2 Betriebsverfassungsrecht

Durch das **Betriebsverfassungsgesetz** werden die Mitwirkungsmöglichkeiten der Arbeitnehmer geregelt. Es gilt für alle Unternehmen mit mindestens fünf regelmäßig beschäftigten Arbeitnehmern. Keine Anwendung findet das Betriebsverfassungsgesetz auf Religionsgemeinschaften und ihre karitativen und erzieherischen Einrichtungen.

Wesentlicher Teil des Betriebsverfassungsgesetzes sind die **Mitwirkungs- und Mitbestimmungsrechte** des Betriebsrates. Gegenstände dieses Rechtes sind:

- **Soziale Angelegenheiten**, wozu beispielsweise Regelungen gehören über:
  - Arbeitszeit
  - Arbeitspausen
  - Entgeltzahlung
  - Urlaubsregelungen
  - Unfallschutz
  - Verwaltung von Sozialeinrichtungen
  - Arbeitsbewertung
  - Akkord- und Prämiensätze
  - Vorschlagswesen

- **Arbeitsgestaltung**, die sich beispielsweise bezieht auf:
  - Arbeitsabläufe
  - Arbeitsplätze
  - Arbeitsumgebung

- **Personelle Angelegenheiten**, wozu beispielsweise gehören:
  - Personalbedarfsplanung
  - Stellenausschreibung
  - Beurteilungsgrundsätze
  - Versetzungs- und Umgruppierungsrichtlinien
  - Einstellungen, Versetzungen und Umgruppierungen
  - Berufsschulbildungsfragen
  - Ordentliche Kündigungen

- **Wirtschaftliche Angelegenheiten**, zu denen beispielsweise zählen:
  - Wirtschaftliche und finanzielle Lage
  - Produktions- und Absatzlage
  - Produktions- und Investitionsprogramme
  - Rationalisierungsvorhaben
  - Fabrikations- und Arbeitsmethoden
  - Einschränkungen, Verlegungen und Stillegungen
  - Zusammenschlüsse
  - Änderung der Betriebsorganisation
  - Betriebszweckänderungen

Das **Mitbestimmungsgesetz** regelt die Mitbestimmung der Arbeitnehmer im Aufsichtsrat von Kapitalgesellschaften mit mehr als 2.000 Arbeitnehmern.

Für Unternehmen im Bereich des Bergbaus und der Eisen und Stahl erzeugenden Industrie gilt das **Montan-Mitbestimmungsgesetz**, wenn solche Unternehmen mehr als 1.000 Arbeitnehmer beschäftigen. Die Mitbestimmung im Montanbereich ist durch eine paritätische Besetzung des Aufsichtsrates mit Vertretern der Arbeitnehmerseite und der Anteilseignerseite sowie einem zusätzlichen neutralen Aufsichtsratsmitglied gekennzeichnet. Weiterhin ist eine besondere Beteiligung der Arbeitnehmerseite im Vorstand durch einen Arbeitsdirektor vorgeschrieben.

Für öffentlich-rechtliche, karitative und erzieherische Einrichtungen der Religionsgemeinschaften kann das **Personalvertretungsgesetz** gelten. Die Beteiligungsrechte sind im Personalvertretungsgesetz teilweise abweichend vom Betriebsverfassungsgesetz gestaltet. So gibt es hinsichtlich der personellen Angelegenheiten nur eine empfehlende Mitwirkung.

Soweit die Bestimmungen des Betriebsverfassungsrechtes für die Personalwirtschaft bedeutsam sind, werden sie im jeweiligen Kapitel behandelt.

5. Personalpolitik

Unternehmen werden durch ihre Ziele und Aufgaben bestimmt:

- **Aufgaben** sind Arbeitsaufträge der Unternehmenseigner, beispielsweise Fertigung und Vertrieb von Fernsehgeräten oder Beratungs- und Dienstleistungen.

- **Ziele** sind Vorstellungen, was mit der Aufgabenerledigung erreicht werden soll, beispielsweise Gewinnerzielung oder Bevölkerungsversorgung.

Mit der **Unternehmenspolitik** wird festgelegt, in welcher Weise die Aufgaben erledigt und wie die angestrebten Ziele erreicht werden sollen. Im Rahmen der Unternehmenspolitik müssen bestimmt werden:

- **Teilziele** für die einzelnen Unternehmensbereiche, also auch für die Personalwirtschaft, und **Zwischenziele** zur Erreichung der Endziele.

- **Handlungsarten**, die zur Aufgabendurchführung und zur Zielerreichung einzuhalten sind, beispielsweise

  - Strategien und Taktiken
  - Techniken und Verfahrensarten
  - Methoden und Vorgehensweisen

- **Verhaltensnormen**, die für die Mitarbeiter gelten. Diese sind für die Personalwirtschaft von besonderer Bedeutung.

Die **Personalpolitik** umfaßt entsprechend alle grundsätzlichen Festlegungen für den Personalbereich im Hinblick auf Ziele, Handlungsarten und Verhaltensnormen.

Mit den funktionalen Teilgebieten der Unternehmenspolitik ist die Personalpolitik eng verflochten, da personalpolitische Entscheidungen die funktionalen Aufgabenbereiche jedes Unternehmens nachhaltig beeinflussen:

- Materialwirtschaft
- Fertigungswirtschaft
- Marketing
- Verwaltung

Die Personalpolitik ist zu unter zwei Gesichtspunkten betrachten:

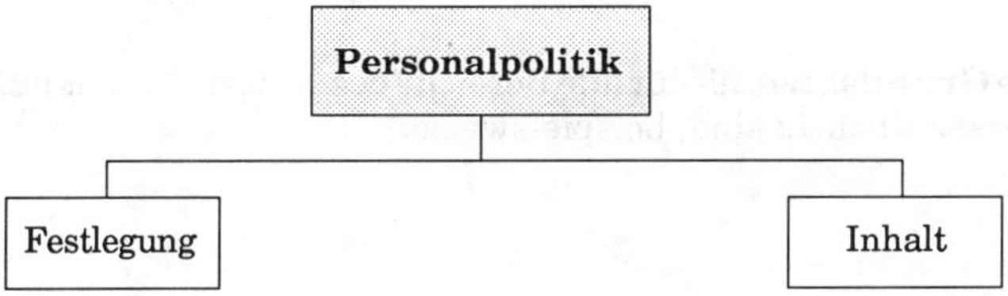

5.1 Festlegung

Personalpolitische Festlegungen können in unterschiedlicher Weise vorgegeben werden:

- Durch eine **Unternehmenssatzung**, in der oftmals bereits die wesentlichen personalpolitischen Grundsätze festgeschrieben werden.

- Durch **Ordnungen**, die von Unternehmen häufig in unterschiedlicher Art herausgegeben werden, beispielsweise:

  - Geschäftsordnung
  - Betriebsordnung
  - Arbeitsordnung.

  In solchen Ordnungen werden vielfach personalpolitische Grundsätze aufgenommen.

- Durch **Anweisungen**, welche den Mitarbeitern, insbesondere dem Personalwesen, personalpolitische Grundsätze vorgeben, beispielsweise:

  - Arbeitsanweisungen
  - Organisationsrichtlinien
  - Grundsatzerklärungen.

Die personalpolitischen Vorgaben sind bei einer Vielzahl von Unternehmen nicht schriftlich festgelegt, sondern existieren nur in mündlicher Form, in der »Tradition des Unternehmens« oder in der »selbstverständlichen Haltung« eines jeden Führungsmitgliedes.

5.2 Inhalt

Personalpolitische Festlegungen sind inhaltlich auf unterschiedliche Bereiche zu beziehen. Aus ihnen ergeben sich die Grundsätze der Personalpolitik, die u.a. umfassen:

- **Allgemeine Grundsätze**, die für alle Bereiche des Unternehmens gültige Grundsätze der Personalpolitik sind, beispielsweise:

Prinzip der internen Aufstiegsbesetzung	Leitungspositionen werden nur durch Mitarbeiter und nicht durch die Anwerbung externer Führungskräfte besetzt.
Prinzip der repräsentativen Meinungsermittlung	Durch regelmäßige Meinungsumfragen bei den Mitarbeitern ist ein repräsentatives Meinungsbild einzuholen, das bei der Festlegung der Geschäftspolitik zu berücksichtigen ist.
Prinzip der Mitarbeiterbeteiligung	Die Mitarbeiter sind durch die Ausgabe verbilligter Aktien am Unternehmen zu beteiligen.

- **Grundsätze für Vorgesetzte**, die beispielsweise sein können:

Prinzip der offenen Tür	Jeder Mitarbeiter hat das Recht, Anliegen und Beschwerden auch bei höheren Vorgesetzten persönlich vorzutragen.
Prinzip der Mitarbeiterbeurteilung	Jeder Mitarbeiter hat einen Anspruch auf ein Beurteilungs- und Förderungsgespräch im Jahr.
Prinzip der Mitarbeiterförderung	Jeder Vorgesetzte hat seine Mitarbeiter zu fördern, beispielsweise durch Fortbildungsmaßnahmen, Mitarbeiterveröffentlichungen, Aufstiegsvorschläge usw.

- **Grundsätze für das Personalwesen**, die sein können:

Prinzip der Behindertenbevorzugung	Bei gleichwertigen Bewerbern sind Behinderte zur Einstellung zu bevorzugen.
Prinzip der Zusammenarbeit	Mit dem Betriebsrat ist eine vertrauensvolle Zusammenarbeit anzustreben.
Prinzip des Qualifizierungsangebotes	Den Mitarbeitern sind Fortbildungsveranstaltungen zur allgemeinen und zur betriebsspezifischen Qualifikation anzubieten.

6. Aufgaben

Die Personalwirtschaft umfaßt die nachstehenden **Hauptaufgaben**, die auch als Kernfunktionen bezeichnet werden:

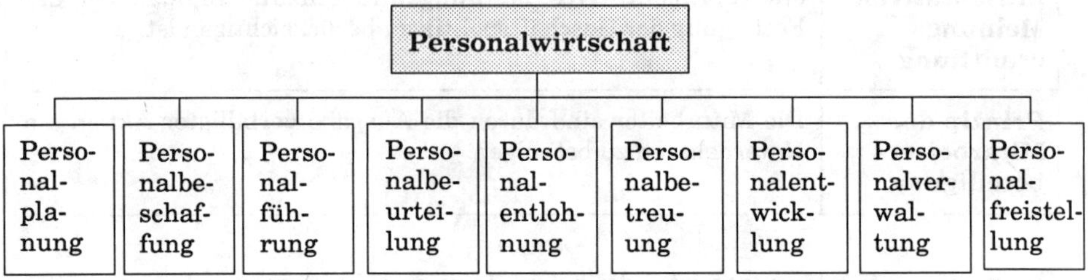

Entsprechend dieser Hauptaufgaben sind die Kapitel dieses Buches gegliedert.

Der Personalbereich wird vom **Personalleiter** geführt. Seine Aufgaben gehen weit über die eines anderen Abteilungs- oder Bereichsleiters hinaus. Sie umfassen zusätzlich die nachstehenden Aspekte:

- Die **Gestaltung der sozialen Beziehungen**, insbesondere in bezug auf:
  - Betriebsklima
  - Verhältnis zum Betriebsrat
  - Mitarbeiterverhalten

- Die **Einflußnahme auf Sozialleistungen und Sozialeinrichtungen**, die sich beispielsweise beziehen kann auf:
  - Art und Größe der Sozialleistungen
  - Struktur und Ziele der Leistungen
  - Weiterentwicklung des Sozialsystems

- Die **Bestimmung der Personalführung**, welche das Verhältnis zwischen Vorgesetzten und Mitarbeitern gestaltet, beispielsweise durch Einflußnahme auf
  - Führungsgrundsätze
  - Führungsschulung
  - Führungsanweisungen

- Die **Mitsprache in Sonderbereichen**, denn der Personalleiter betreut vielfach die Beauftragten des Unternehmens für Sonderaufgaben, beispielsweise:
  - Pressesprecher
  - Datenschutzbeauftragter
  - Sicherheitsbeauftragter
  - Leiter des betrieblichen Vorschlagswesens.

An die Person eines Personalleiters sind deswegen vielfältige Anforderungen zu stellen.

6.1 Personalplanung

Mit der Personalplanung werden die zukünftigen Erfordernisse im Personalbereich ermittelt und daraus resultierende Maßnahmen für die Zukunft festgelegt. Zwei **Bereiche der Personalplanung** sind zu unterscheiden:

- Die **Individualplanung**, bei welcher der einzelne Mitarbeiter im Mittelpunkt der Planung steht, beispielsweise als:

Laufbahnplanung	Sie zeigt dem Mitarbeiter, welche Positionen er im Zeitablauf erreichen kann, wenn er den Erwartungen des Unternehmens gerecht wird. Dabei bezieht sie sich nicht auf konkrete Arbeitsplätze, sondern auf betriebliche Tätigkeiten.
Besetzungsplanung	Sie geht von den im Unternehmen vorhandenen oder zu schaffenden Stellen aus und zeigt, welche Mitarbeiter den einzelnen Stellen im Zeitablauf zugeordnet werden.
Entwicklungsplanung	Sie ist erforderlich, um die Mitarbeiter an berufliche Veränderungen, beispielsweise den technischen Fortschritt, anzupassen bzw. darin zu unterstützen, Führungsaufgaben gerecht zu werden. Das kann mit Hilfe von Ausbildungs-, Fortbildungs-, oder Umschulungsmaßnahmen geschehen.
Einarbeitungsplanung	Sie erfolgt für neu in das Unternehmen eintretende Mitarbeiter, gegebenenfalls aber auch für versetzte Mitarbeiter, die damit systematisch mit ihren Aufgaben, dem gegebenen Umfeld, den betrieblichen Strukturen und den künftigen Kommunikationspartnern bekanntgemacht werden können.

- Die **Kollektivplanung**, bei welcher die Gesamtheit oder Gruppen des Personals betrachtet werden, beispielsweise als:

Personalbedarfsplanung	Aufgrund der Vorgaben aus dem Management, beispielsweise der Zahl zu erstellender Erzeugnisse, ergibt sich ein bestimmter Personalbedarf, der zu planen ist.
Personalbestandsplanung	Um feststellen zu können, ob die vorgegebenen Leistungen tatsächlich auch erstellbar sind, ist der Personalbestand zu planen und mit dem künftigen Personalbedarf abzugleichen.

Personal-veränderungs-planung	Der Vergleich von Bedarfs- und Bestandsplan kann zeigen, daß zuwenig oder zuviel Mitarbeiter im Planungszeitraum verfügbar sein werden. Entsprechend sind Veränderungen zu planen. Die Veränderungsplanung kann eine **Beschaffungsplanung** oder **Freistellungsplanung** sein.
Personal-einsatz-planung	Sie soll die Personalbesetzung dem kurz- und mittelfristigen Arbeitsanfall anpassen, beispielsweise als Schichtplan. Dabei sind Unregelmäßigkeiten beim Arbeitsanfall sowie Abwesenheiten durch Urlaub, Krankheit und sonstige Freistellungen zu berücksichtigen.
Personal-entwicklungs-planung	Sie soll beispielsweise die Fortbildungserfordernisse ermitteln, die Fortbildungsziele bestimmen, den Fortbildungsumfang festlegen und die Fortbildungsmaßnahmen planen. Dabei steht sie in enger Beziehung zu der individuellen Entwicklungsplanung.
Personal-kosten-planung	Personalkosten ergeben sich aus dem Bestand, der Beschaffung, dem Abbau, dem Einsatz und der Entwicklung des Personals. Sie müssen als direkte Personalkosten, gesetzliche und freiwillige Personalnebenkosten geplant werden.

Die Personalplanung ist die Grundlage für die anderen Aufgaben der Personalwirtschaft.

6.2 Personalbeschaffung

Die Personalbeschaffung befaßt sich mit der Bereitstellung der für das Unternehmen erforderlichen Arbeitskräfte in qualitativer, quantitativer und zeitlicher Hinsicht. Sie baut dabei auf der Personalplanung auf.

Bei der Personalbeschaffung geht es vor allem um die folgenden Problemkreise:

- Die **Personalanforderung**, welche die Grundlage für die Personalbeschaffung ist.

- Die **Beschaffungswege**, die zu einer internen oder externen Stellenbesetzung führen. Entsprechend unterscheidet man:

Interne Beschaffungswege	Sie beziehen sich auf den Teil das Arbeitsmarktes, der innerhalb des Unternehmens liegt. Sie zu nutzen hat mehrere Vorteile, beispielsweise die Verbesserung der Motivation und Mobilität der betroffenen Arbeitnehmer. Andererseits kann eine gewisse Betriebsblindheit gefördert werden. Als interne Beschaffungswege kommen die innerbetriebliche Stellenausschreibung, Personalentwicklung, Versetzung, Mehrarbeit in Betracht.
Externe Beschaffungswege	Sie sind auf den Teil des Arbeitsmarktes gerichtet, der außerhalb des Unternehmens liegt. Sie beziehen sich beispielsweise auf die Arbeitsverwaltung, Stellenanzeigen, Personalleasing, Personalberater.

- Die **Bewerbung**, die vom personalsuchenden Unternehmen bearbeitet werden muß. Dies geschieht insbesondere durch die inhaltliche Auswertung der Bewerbungsunterlagen, zu denen das Bewerbungsschreiben, das Bewerberfoto, der Lebenslauf, die Schul- und Arbeitszeugnisse zählen.

- Die **Auswahl**, welche der Ermittlung des geeignetsten Bewerbers dient. Im Mittelpunkt steht dabei das Vorstellungsgespräch. Mit ihm soll die Persönlichkeit der Bewerber, ihre Interessen und Wünsche erkannt sowie das Unternehmen mit dem zu besetzenden Arbeitsplatz präsentiert werden. Mitunter werden auch Eignungstests durchgeführt.

- Der **Arbeitsvertrag**, der mit dem ausgewählten Bewerber geschlossen wird. Er kann grundsätzlich unbefristet oder befristet geschlossen werden.

Die Personalbeschaffung hat eine hervorragende Bedeutung für das Personalpotential, denn häufig handelt es sich bei Einstellungsentscheidungen um langwirkende und bedeutsame Entschlüsse.

6.3 Personalführung

Die Personalführung dient dazu, die Unternehmensziele und grundlegenden Strategien bzw. Entscheidungen in den einzelnen hierarischen Ebenen durch die Vorgesetzten umzusetzen. Sie soll das Unternehmen in seinem Bestand sichern und den Arbeitskräften die Möglichkeit geben, sich bestmöglich zu betätigen und zu entfalten.

Die Personalführung befaßt sich unter anderem mit folgenden Problemkreisen:

- Den **Führungsstilen** als der Art und Weise, in der Vorgesetzte die ihnen unterstellten Mitarbeiter führen. Das können beispielsweise sein:

Autoritärer Führungsstil	Dabei gestaltet der Vorgesetzte die betrieblichen Aktivitäten ohne Beteiligung seiner Untergebenen.
Kooperativer Führungsstil	Hierbei werden die betrieblichen Aktivitäten im Zusammenwirken des Vorgesetzten und seiner Mitarbeiter gestaltet.

- **Führungstechniken**, welche grundsätzliche Verhaltens- und Verfahrensweisen darstellen, die in einem Unternehmen zur Bewältigung der Führungsaufgaben anzuwenden sind. Beispielsweise lassen sich unterscheiden:

Management by Exception	Der Mitarbeiter kann innerhalb eines vorgegebenen Rahmens selbständig entscheiden, sich aus der Bedeutsamkeit oder Unvorhersehbarkeit eines Vorganges bzw. an einer bestimmten Norm orientieren.
Management by Delegation	Dabei werden Kompetenzen und Handlungsverantwortungen auf Mitarbeiter übertragen, soweit sie nicht typische Führungsfunktionen der Unternehmensleitung oder Aufgaben mit weitreichenden Konsequenzen sind.
Management by Objectives	Die Personalführung erfolgt auf der Grundlage von Zielen, die typischerweise zwischen dem Vorgesetzten und seinen Mitarbeitern vereinbart werden, mitunter aber auch vom Vorgesetzten vorgebeben werden.

- Den **Führungsmitteln**, derer sich die Führungskräfte bedienen können. Dazu zählen:

Information	Sie ist zweckorientiertes, personen- bzw. arbeitsplatzbezogenes Wissen, das dem Mitarbeiter im Rahmen seiner Tätigkeit bereitgestellt werden sollte.
Kommunikation	Sie dient der wechselseitigen Information zwischen Vorgesetzten und Mitarbitern und kann als Gespräch, Besprechung, Konferenz oder Verhandlung erfolgen.
Partizipation	Darunter versteht man die Teilnahme des Mitarbeiters an Entscheidungen, beispielsweise über die Mitbestimmung, das Vorschlagswesen oder Qualitätszirkel.

- **Führungsmodelle**, die Systeme aufeinander abgestimmter Führungsstile, Führungstechniken und Führungsmittel sind.

Die Personalführung hat weitreichende Auswirkungen auf den Unternehmenserfolg.

6.4 Personalbeurteilung

Eine systematische und objektivierte Personalbeurteilung ist die Grundlage jeder individuellen Personalarbeit. Dazu ist es notwendig, die Leistung und das Potential eines jeden Mitarbeiters mit geeigneten Methoden und an einheitlichen Merkmalen zu bewerten.

Die Mitarbeiter sollten aus verschiedenen **Gründen** beurteilt werden:

- Die **Förderung** der Mitarbeiter durch Fortbildung, Aufstiegs- oder Umschulung setzt die Kenntnis über die wesentlichen Eigenschaften jedes Mitarbeiters voraus.

- Der **Einsatz** der Mitarbeiter sollte nach dem Prinzip »Der richtige Mann am Arbeitsplatz« erfolgen. Dazu ist erforderlich, den »richtigen« Mitarbeiter zu ermitteln.

- Die **Entgeltermittlung** muß gerecht und angemessen erfolgen. Dazu bedarf es der Leistungsbeurteilung jedes Mitarbeiters.

- Die **Beförderung** und der **Aufstieg** von Mitarbeitern setzen deren Beurteilung voraus, wenn das damit verbundene Risiko so weit wie möglich begrenzt werden soll.

- Die **Zeugniserarbeitung** bedarf einer vorausgehenden Mitarbeiterbeurteilung, um den Mitarbeitern ein fehlerfreies Zeugnis auszustellen.

Dazu bedarf es geeigneter Methoden, die sicherstellen, daß die Personalbeurteilung objektiv und angemessen erfolgt.

6.5 Personalentlohnung

Bei der Entlohnung der Mitarbeiter stellt sich die Frage, welcher Lohn nach Art und Höhe als gerecht anzusehen ist. Außerdem ist zu untersuchen, inwieweit der Lohn die Arbeitsleistung zu beeinflussen vermag.

Bei der Personalentlohnung ergeben sich folgende Problemkreise:

- Grundlage der Entlohnung ist die **Arbeitsbewertung**. Sie dient der Untersuchung von Arbeiten, um deren Verhältnis zueinander nach dem Arbeitsinhalt oder den Arbeitsanforderungen festzulegen.
- Die **Lohnformen**, nach denen die Mitarbeiter zu entlohnen sind. Das können sein:

Zeitlohn	Er wird als bestimmter Lohnsatz pro Zeiteinheit gezahlt und hat einen mittelbaren Leistungsbezug.
Akkordlohn	Mit ihm wird die Arbeitskraft für die geleistete Arbeitsmenge entlohnt. Er weist einen unmittelbaren Leistungsbezug auf.
Prämienlohn	Er setzt sich aus einem leistungsunabhängigen und einem leistungsabhängigen Teil zusammen.

- Über die durch die verschiedenen Lohnformen bewirkten unmittelbaren Lohnkosten gibt es noch **zusätzliche Personalkosten**, die in Form von

  - zusätzlichen Vergütungen
  - Sondervergütungen
  - Zuschlägen

  gezahlt werden können.

- Auch stellen sich bei der Personalentlohnung die Fragen,

  - inwieweit Arbeitslöhne zu zahlen sind, ohne daß Leistungen erbracht worden sind, beispielsweise durch Krankheit,

  - wie Arbeitslöhne für den Arbeitnehmer vor dem Zugriff durch Dritte gesichert werden können, beispielsweise bei einer Pfändung.

Für die leistungsbezogene Entlohnung sind **Vorgabezeiten** zu ermitteln, die angeben, in welcher Zeit eine Arbeitskraft bei Normalleistung eine bestimmte Arbeitsleistung erbringen kann.

6.6 Personalbetreuung

Leistungen an die Mitarbeiter, die über das vereinbarte Entgelt hinausgehen, können als Personalbetreuung zusammengefaßt werden.

Dazu zählen vor allem:

- **Sozialmaßnahmen**, welche direkte Übertragungen von Sozialleistungen wie Zuschußgewährungen oder Deputatseinräumungen sind.

- **Sozialeinrichtungen**, die indirekte Sozialleistungen darstellen. Dazu zählen Einrichtungen wie die Kantine, eine Werksbücherei oder eine betriebliche Altersversorgung.

6.7 Personalentwicklung

Die Gesamtheit der Maßnahmen zur Verbesserung der Mitarbeiterqualifikation wird als Personalentwicklung bezeichnet. Zur Arbeitsdurchführung benötigt jedes Unternehmen bestgeeignete Mitarbeiter. Durch die Personalentwicklung wird diese Forderung zu erreichen versucht.

Die berufliche Förderung der Mitarbeiter erfolgt üblicherweise in verschiedenen Formen:

- Als **Ausbildung**, welche die betriebliche Erstberufsvermittlung ist. Neben einer Grundausbildung stehen der Erwerb von beruflichen Kenntnissen und Fertigkeiten im Mittelpunkt.

- Als **Fortbildung**, mit der die beruflichen Kenntnisse und Fertigkeiten erweitert und an die aktuellen Entwicklungen angepaßt werden. Sie kann sein:

Anpassungs-fortbildung	Mit ihrer Hilfe soll die fachliche Qualifikation der Mitarbeiter in ihrem Beruf oder Einsatzgebiet verbessert werden.
Aufstiegs-fortbildung	Sie dient dazu, den Mitarbeitern notwendiges Mangementwissen zu vermitteln und Führungsverhalten zu trainieren.

Die Fortbildung kann unternehmensintern oder unternehmensextern erfolgen.

- Als **Umschulung**, die eine Zweitausbildung ist, welche erwachsene Arbeitnehmer für eine andere als die bisher ausgeübte Tätigkeit befähigen soll. Sie kann duchgeführt werden:

  - in den Unternehmen
  - bei Krankheit oder Unfall in Rehabilitationszentren
  - durch private Bildungseinrichtungen.

Mit Ausnahme der Aufstiegsfortbildung werden diese Maßnahmen der Personalentwicklung mit dem Begriff »**Berufsbildung**« bezeichnet.

6.8 Personalverwaltung

Die routinemäßigen Daueraufgaben, die sich auf die Arbeitnehmer beziehen, werden in der Personalverwaltung zusammengefaßt. Dazu zählen:

- Die **Personaldatenverwaltung**, welche die Daten der Mitarbeiter erfaßt, speichert, bearbeitet, verändert und sichert, die für die vielfältigen Aufgaben des Personalwesens benötigt werden.

- Die **Personalarbeit**, die beispielsweise Aufgaben umfaßt wie die Personaleinführung, die Bearbeitung von Versetzungen, Beförderungen, Umgruppierungen sowie die Abwicklung von Austritten.

- Die **Entgeltrechnung**, mit welcher die Brutto- und Nettobezüge der Mitarbeiter ermittelt werden. Daneben erfolgt beispielsweise die Ermittlung der Zahlungen an die Sozialversicherungsträger.

- Die **Sozialverwaltung**, durch welche die Sozialeinrichtungen betreut und die Abrechnung der Sozialleistungen vorgenommen werden.

- Die **Personalstatistik**, mit welcher die Gesamtheit oder Gruppen der Belegschaft zahlenmäßig betrachtet und dargestellt werden.

Teilweise können die Aufgaben der Personalverwaltung von der elektronischen Datenverarbeitung ausgeführt werden. Da dies aber fast nie automatisch erfolgen kann, ergeben sich auch in diesem Fall Aufgaben für die Mitarbeiter des Personalwesens.

6.9 Personalfreistellung

Die Personalfreistellung kann in unterschiedlicher Art erfolgen. Zu unterscheiden sind:

- Die **interne Personalfreistellung**, bei der die personelle Kapazität durch die Änderung bestehender Arbeitsverhältnisse angepaßt wird, ohne daß es zu einem Personalabbau kommt, beispielsweise durch:

  - Abbau von Mehrarbeit
  - Flexibilisierung der Arbeitszeit
  - Festlegung des Urlaubs
  - Einführung von Kurzarbeit
  - Versetzung
  - Änderungskündigung.

- Die **externe Personalfreistellung**, bei der die personelle Kapazität durch Beendigung bestehender Arbeitsverhältnisse angepaßt wird. Möglichkeiten sind:

  - Ausnutzung der Fluktuation
  - Vereinbarung von Aufhebungsverträgen
  - Outplacement
  - Kündigung.

Damit ist die Personalfreistellung aber noch nicht abgewickelt. Dazu ist eine Reihe weiterer Aufgaben zu erledigen, beispielsweise die Ausarbeitung und Erstellung eines Zeugnisses.

2

7. Aufbauorganisation

Das Personalwesen, dem die personalwirtschaftliche Aufgabenerledigung obliegt, bedarf zu seiner aufbauorganisatorischen Gestaltung insbesondere der Betrachtung von zwei Gesichtspunkten:

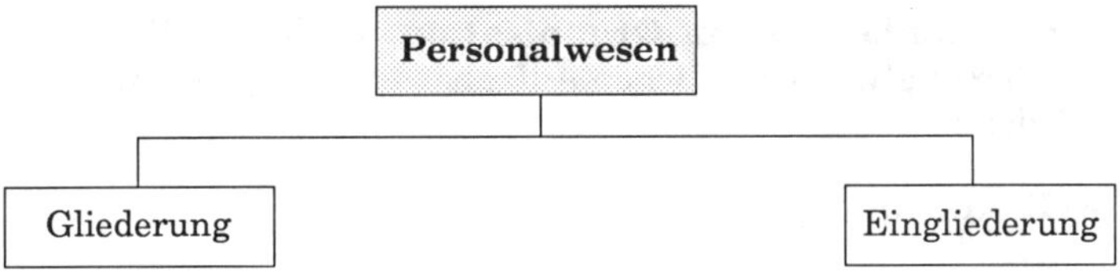

Während die Gliederung des Personalwesens den Aufbau dieser Unternehmensfunktion betrifft, zeigt die Eingliederung ihre Stellung im Unternehmen.

7.1 Gliederung

In kleinen Unternehmen werden üblicherweise die personalwirtschaftlichen Aufgaben vom Unternehmer oder vom Verwaltungs- bzw. kaufmännischen Leiter und seinen Mitarbeitern ausgeübt. Erst in mittleren Unternehmen gibt es vielfach eine Stelle »Personalwesen« oder gar eine Personalabteilung.

In großen Unternehmen findet man häufig Personalbereiche vor, die eine Reihe von Abteilungen umfassen.

Unabhängig von der Unternehmensgröße stellt sich aber immer die Frage, zu welchem Bereich die Entgeltrechnung

- Lohnrechnung
- Gehaltsrechnung
- Provisionsrechnung

zugeordnet wird. Die Zuordnung kann zu den Bereichen Rechnungswesen oder Personalwesen erfolgen.

Die Gliederung des Personalwesens ist für zwei Unternehmensgrößen zu betrachten:

- **Mittlere Unternehmen**
- **Großunternehmen.**

7.1.1 Mittlere Unternehmen

Das Personalwesen in mittleren Unternehmen ist oftmals eine Abteilung mit dem Personalleiter als Abteilungsleiter. Die Stellen der Personalabteilung können unterschiedlich gegliedert werden:

- Bei einer **aufgabenbezogenen Organisation** werden Stellen für die unterschiedlichen personalwirtschaftlichen Aufgaben in Abhängigkeit vom Arbeitsvolumen gegliedert:

  - **Geringe Gliederung**

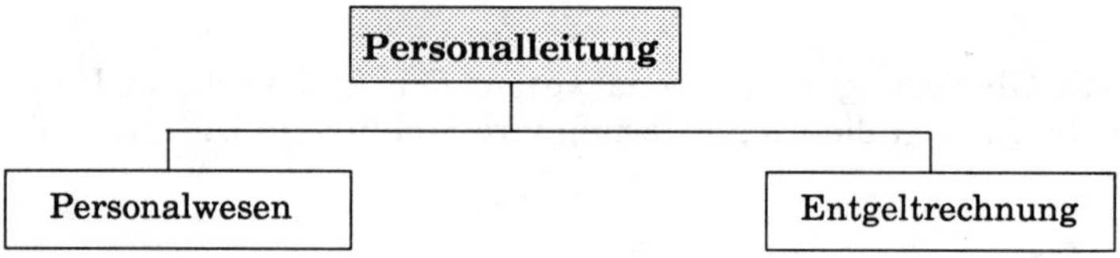

  - **Starke Gliederung**

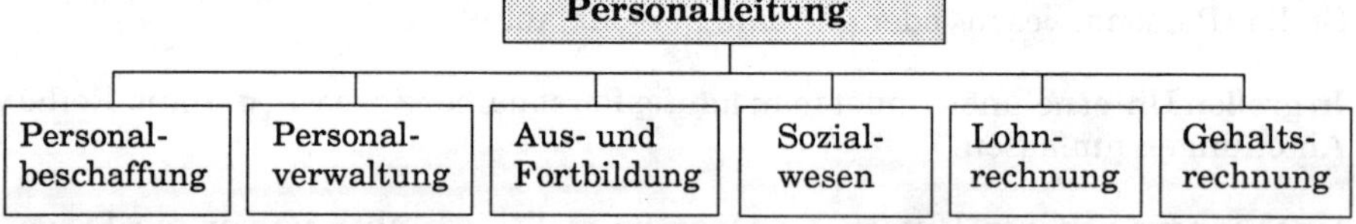

- Bei einer **mitarbeiterbezogenen Organisation** wird die Aufbauorganisation auf die verschiedenen Mitarbeitergruppen ausgerichtet:

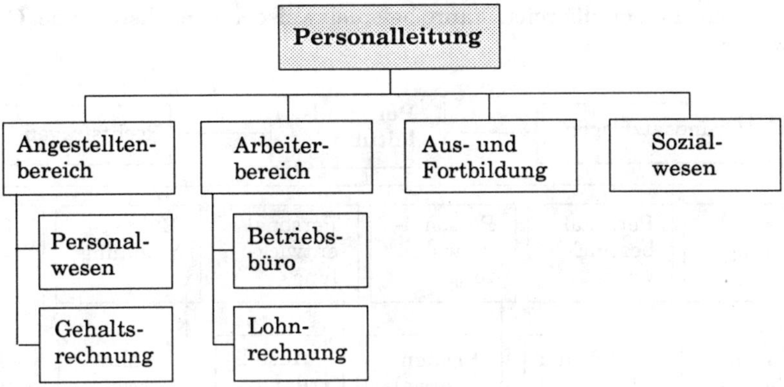

- Bei einer **funktionsbezogenen Organisation** gliedert sich das Personalwesen nach der Aufbauorganisation des Unternehmens:

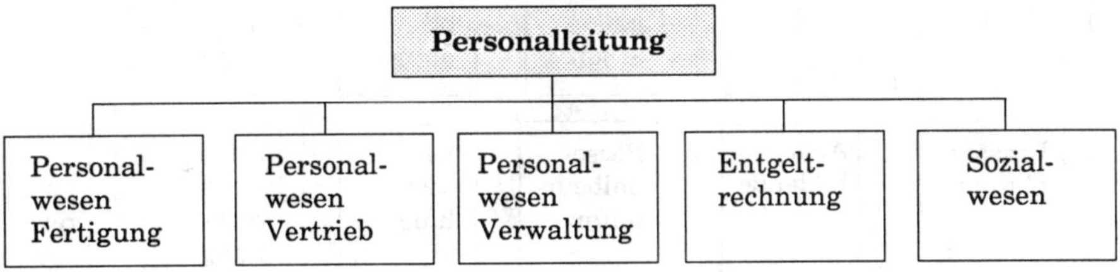

7.1.2 Großunternehmen

Sind Großunternehmen in den Organisationsformen der

- Divisionalorganisation
- Matrixorganisation
- Tensororganisation

gegliedert, besitzen die verschiedenen Unternehmens- oder Geschäftsbereiche üblicherweise eigenverantwortliche Personalstellen oder -abteilungen. Solche Personalabteilungen sind in der Regel entsprechend der Personalorganisation von mittleren Unternehmen aufgebaut.

Wird dagegen in Großunternehmen mit einem Bereich »**Personalwesen**« gearbeitet, ist dieser Bereich oftmals durch folgende Eigenschaften gekennzeichnet:

- Größere Zahl von Personalstellen
- Mehrere hierarchische Ebenen im Personalbereich
- Zunehmende Spezialisierung des Personalwesens.

Ein solcher Personalbereich kann beispielsweise die nachstehende Gliederung ausweisen:

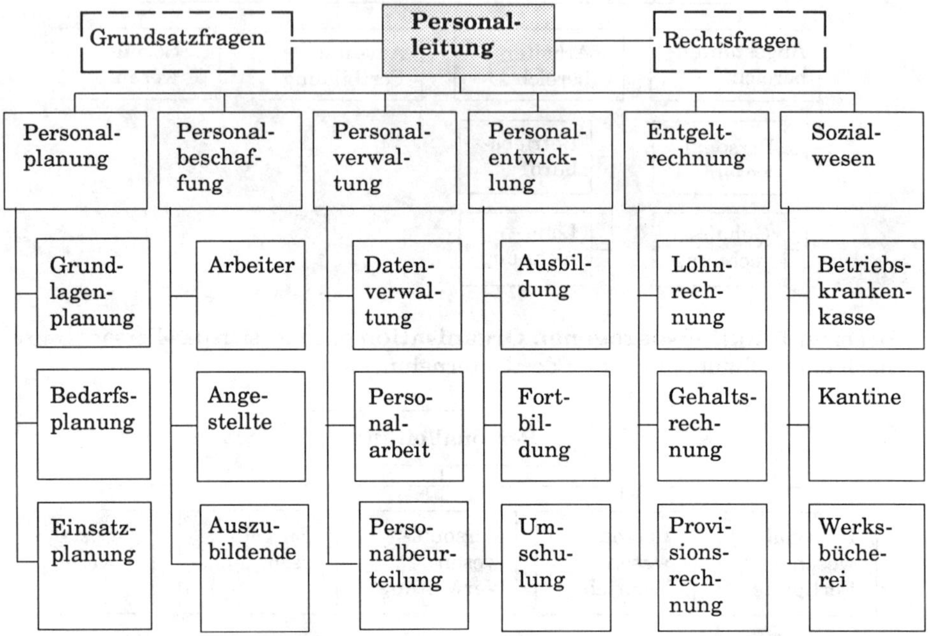

Eine stärkere Aufgliederung mit weiteren hierarischen Ebenen ist möglich.

7.2 Eingliederung

Die Eingliederung des Personalwesens bestimmt

- die **hierarchische Stellung** dieses Bereiches:
  Stelle, Abteilung, Hauptabteilung oder Geschäftsleitungsbereich.

- die **Zuordnung zu einer Funktion** des Unternehmens:
  Verwaltung, kaufmännische Leitung oder funktionslose Unterstellung unter den Vorsitzenden der Geschäftsleitung.

- die **Bedeutung** dieses Bereiches im Bedeutungsgefüge des Unternehmens.

- die **Stellung** und den **Einfluß** des Personalleiters.

Da in Kleinunternehmen üblicherweise keine eigenständige Stelle »Personalwesen« gegeben ist, stellt sich hier nur die Frage, welcher Stelle die Aufgaben des Personalwesens übertragen sind.

Die Eingliederung des Personalwesens wird betrachtet für:

- **Mittlere Unternehmen**
- **Großunternehmen.**

7.2.1 Mittlere Unternehmen

Nur in Ausnahmefällen wird das Personalwesen in mittleren Unternehmen ein in der Geschäftsleitung vertretener Funktionsbereich sein. Meist ist es der kaufmännischen Leitung unterstellt. wie aus folgendem **Organisationsplan** hervorgeht:

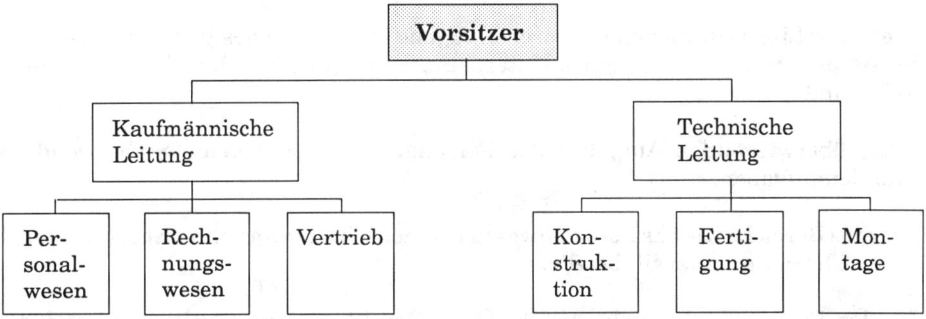

Die Aufgabe des Personalwesens kann jedoch so angereichert werden, daß es angemessen ist, dafür ebenfalls einen Leitungsbereich einzurichten. Der **Organisationsplan** hat dann beispielweise den nachstehenden Aufbau:

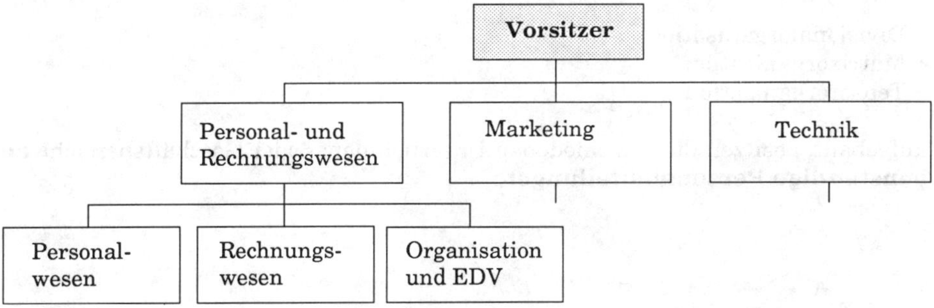

7.2.2 Großunternehmen

In Großunternehmen sollte die Personalwirtschaft im Vorstand oder einem entsprechenden Organ vertreten sein:

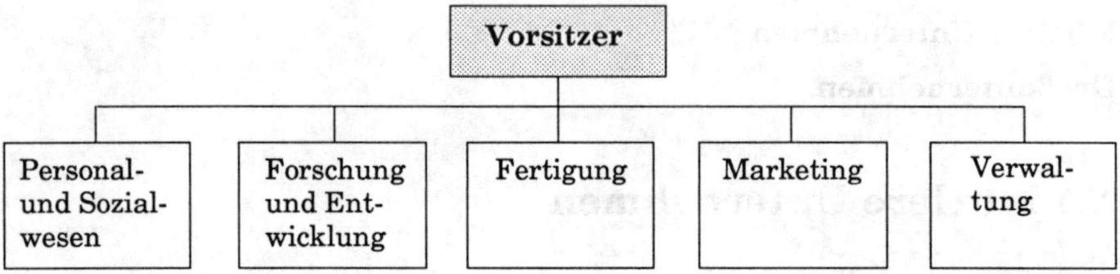

In Montanunternehmen mit mehr als 1.000 Arbeitnehmern ist gemäß dem Montanmitbestimmungsgesetz ein Arbeitsdirektor im Vorstand vorgeschrieben.

Die in der Literatur manchmal vorgeschlagene Zuordnung des Personalwesens als **Stabstelle** zum Vorsitzer eines Unternehmens empfiehlt sich nicht. Die Gründe dafür sind:

- Die überwiegenden Aufgaben des Personalwesens sind keine Stabs- sondern Linienaufgaben.

- Große Bereiche wie das Personalwesen in einem Großunternehmen besitzen nicht den Charakter einer Stabstelle.

Ist der Personalleiter nicht Mitglied der Geschäftsleitung, sollten er und die Personalabteilung hierarchisch zumindest auf hoher Ebene stehen. Es ist der Aufgabe der Personalwirtschaft nicht angemessen, organisatorisch auf Abteilungsebene angesiedelt zu sein.

Sind Großunternehmen in den Organisationsformen der

- Divisionalorganisation
- Matrixorganisation
- Tensororganisation

aufgebaut, besitzen die verschiedenen Unternehmens- oder Geschäftsbereiche **eigenständige Personalabteilungen**:

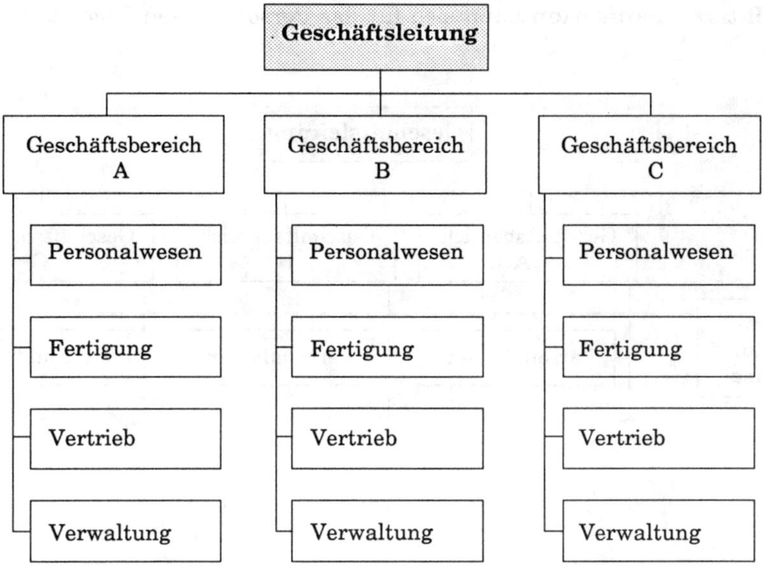

Bei den Organisationsformen der **Matrix-** und der **Tensororganisation** kommen jeweils eine Zentralabteilung »Personal« hinzu. Ihre Aufgaben sind:

- Personalpolitik
- Sozialpolitik
- Koordination der Personalabteilungen

Dieser Zentralabteilung kann den Personalabteilungen der Geschäfts- oder Unternehmensbereichen gegenüber ein Anweisungsrecht für Grundsatzfragen eingeräumt werden. Oftmals wird ihr aber auch nur die Stellung eines »primus inter pares« zugebilligt. Das bedeutet, daß Grundsatzfragen nur gemeinsam entschieden werden können.

In der **Matrixorganisation** kann sich für das Personalwesen folgende Stellung ergeben:

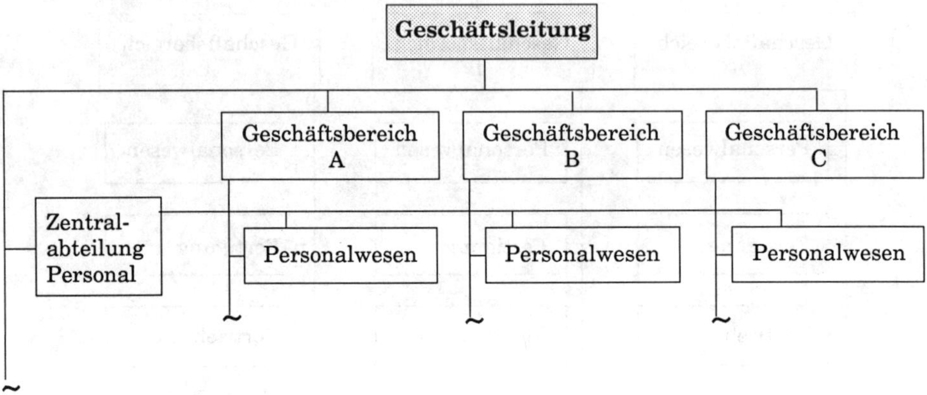

3 4

	Kontrollfragen	bear-beitet	Lösungs-hinweis	Lösung +	-
01	Definieren Sie den Begriff »Arbeitnehmer«!		22		
02	Welche Eigenschaften sind für das Personal kennzeichnend?		23		
03	Erläutern Sie die Bezeichnung »Personalwirtschaft«!		22 f.		
04	Wie wird die Organisationseinheit der Personalwirtschaft oftmals benannt?		24		
05	Nennen Sie die Hauptaufgaben der Personalwirtschaft!		25		
06	Welche Ziele werden üblicherweise vom Personalwesen angestrebt?		25 f.		
07	Erklären Sie einige Besonderheiten des Produktionsfaktors »Mitarbeiter«!		27		
08	Charakterisieren Sie kurz die XY-Theorie!		28		
09	Was versteht man unter dem Human Relations-Modell?		29		
10	Zeichnen Sie die Bedürfnispyramide nach *Maslow*!		29 f.		
11	Durch welche Merkmale sind Defizitbedürfnisse gekennzeichnet?		30		
12	Erläutern Sie kurz die ERG-Theorie!		31 f.		
13	Welche Aussagen sind für die Zwei-Faktoren-Theorie bedeutsam?		32 f.		
14	Nennen Sie die zwei Hauptbereiche des Arbeitsrechts!		34		
15	Welche Pflichten resultieren aus einem Arbeitsvertrag!		34 f.		
16	Wer sind die Vertragspartner des kollektiven Arbeitsrechtes?		36		
17	Erläutern Sie die verschiedenen Arten von Tarifverträgen!		36		
18	Welche Mitwirkungs- und Mitbestimmungsrechte regelt das BetrVG?		37 f.		
19	Durch welche Eigenheiten ist das Montan-Mitbestimmungsgesetz insbesondere gekennzeichnet?		38		
20	Was sind die Aufgaben der Personalpolitik?		38 f.		
21	Wie sind personalpolitische Absichtserklärungen oftmals dokumentiert?		40		
22	Nennen Sie einige typische Grundsätze der Personalpolitik!		40 f.		
23	Welche Hauptaufgaben hat die Personalwirtschaft?		42 ff.		
24	Worin kann sich die Gliederung einer Personalabteilung unterscheiden?		51		

	Kontrollfragen	bear-beitet	Lösungs-hinweis	Lösung +	-
25	Skizzieren Sie den Organisationsaufbau eines Personalbereiches in einem Großunternehmen!		54		
26	Wem ist das Personalwesen in Mittel- und in Großunternehmen üblicherweise unterstellt?		55 f.		
27	Empfiehlt sich die Zuordnung des Personalwesens als Stabstelle zum Vorsitzer eines Unternehmens?		56		
28	Skizzieren Sie die Eingliederung des Personalwesens bei der Divisionalorganisation!		57		
29	Welche Aufgaben hat eine Zentralabteilung »Personal« in einer Matrixorganisation?		57		
30	Skizzieren Sie den Organisationsaufbau einer Matrixorganisation unter Berücksichtigung des Personalwesens!		58		

B. Personalplanung

Die Aufgaben des Personalwesens reichen weit in die Zukunft und umfassen:

- Die andauernde Sicherung des Produktionsfaktors »Arbeit« zu wirtschaftlichen Bedingungen für das Unternehmen.

- Den optimalen Einsatz der Mitarbeiter auch in der Zukunft.

- Die Einräumung bestmöglicher Bedingungen für die Mitarbeiter.

Deswegen ist es von besonderer Bedeutung, daß sich das Personalwesen mit der Zukunft beschäftigt. Die Personalplanung dient dazu, indem sie die zukünftigen Erfordernisse ermittelt und die daraus resultierenden Maßnahmen für den Mitarbeiterbereich festlegt.

Die Durchführung der geplanten Maßnahmen erfolgt vor allem in den Bereichen

- Personalbeschaffung
- Personalentwicklung
- Personalfreistellung

und beeinflußt wesentlich die übrigen Bereiche des Personalwesens.

Für die Personalplanung sind bedeutsam:

Personal-planung	Merkmale
	Individualplanung
	Kollektivplanung

1. Merkmale

Merkmale aller Aktivitäten im Personalbereich und damit auch im Bereich der Personalplanung ist die dreifache Verpflichtung gegenüber

- dem Unternehmen,
- den Mitarbeitern und
- der Gesellschaft.

Während beispielsweise Planungen im Materialbereich oder im Fertigungsbereich dadurch gekennzeichnet sind, daß die Planungsobjekte - die Materialien oder die Fertigungsmaschinen - vornehmlich technischen und ökonomischen Bedingungen unterliegen, hat die Personalplanung eine weitere Dimension. Die Planungsobjekte - die Mitarbeiter - sind autonome Individuen, die

- selbständig handeln,
- auf Maßnahmen reagieren,
- Bedürfnisse und Wünsche haben.

Die Personalplanung ist folglich wesentlich komplexer und weist eine ungleich größere Verantwortung auf. Sie beeinflußt das Leben und das Schicksal der Mitarbeiter und deren Familien.

Bedeutsame Merkmale der Personalplanung sind:

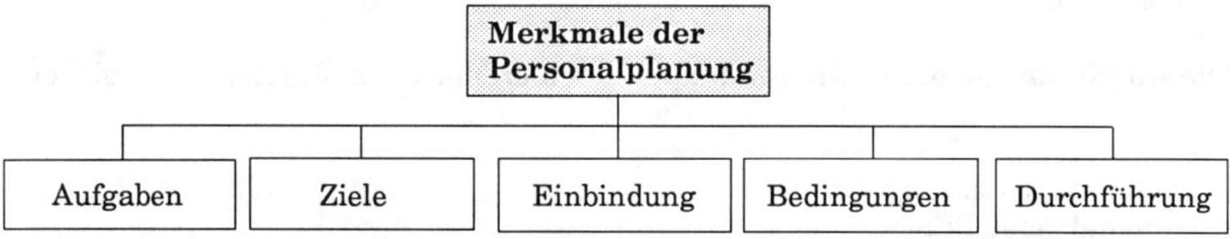

1.1 Aufgaben

Die Personalplanung hat zwei Aufgabengebiete, die voneinander abhängig sind und nach denen sie zu gliedern ist:

- Die **Kollektivplanung**, die sich auf die Personalgesamtheit eines Unternehmens bezieht. Sie umfaßt nicht nur quantitative Aspekte, beispielsweise

  - Stundenwerte
  - Kopfzahlen
  - Kostenanfall

  sondern schließt auch alle wichtigen qualitativen Merkmale ein, beispielsweise

  - Ausbildungsart
  - Alter
  - Erfahrung.

  Jede Planung von Mitarbeitermehrheiten wird als Kollektivplanung bezeichnet.

- Die **Individualplanung**, bei welcher der einzelne Mitarbeiter des Unternehmens im Mittelpunkt der Personalplanung steht. Sie bezieht sich beispielsweise auf

- berufliche Entwicklung
- Fortbildungserfordernisse
- Nachfolge in Führungspositionen

Unter Individualplanung werden alle Planungen verstanden, die auf einzelne Mitarbeiter ausgerichtet sind. Daß diese Planungen nicht ohne

- Information
- Beteiligung
- Mitbestimmung

des von der Planung bedachten Mitarbeiters erfolgen kann, ist selbstverständlich.

Die durch die Personalplanung getroffenen Festlegungen haben sowohl bei der Kollektivplanung als auch bei der Individualplanung entsprechende Kostenwirkungen. Eine von jeder Personalplanung abhängige Planung muß folglich die **Personalkostenplanung** sein. Wegen der großen Bedeutung der Kollektivplanung auf die Kosten wird sie im Rahmen der Kollektivplanung behandelt.

1.2 Ziele

Die Ziele des Personalwesens haben für die Personalplanung eine ganz besondere Bedeutung, denn durch sie werden die grundsätzlichen Entscheidungen getroffen und damit die »Weichen« für die Anstrebung und die Erreichung dieser Ziele gestellt.

Neben den grundsätzlichen Zielen des Personalwesens gibt es für die Personalplanung einige eigenständige Ziele, die anzustreben sind:

- **Fehlerfreiheit**, denn die Auswirkungen von Fehlern in der Personalplanung können bedeutsam sein:

  - Störung und Zerstörung des Betriebsklimas
  - Frustration und Demotivation der Mitarbeiter
  - Massenentlassungen und Arbeitslosigkeit.

  Daß jede Planung nicht risikofrei ist, berührt nicht das Ziel der Fehlerfreiheit.

- **Einflußnahme**, denn die Personalplanung muß in Abhängigkeit von der Planung anderer Funktionalbereiche erfolgen. Sie hat andere Planungen und Objekte zu berücksichtigen, beispielsweise:

  - Werkerrichtungen
  - Umorganisationen
  - Marktveränderungen.

Das darf sie aber nicht nur in der Weise tun, daß sie solche Entwicklungen in ihre Planung einbezieht. Vielmehr muß sie auf die

- Unternehmensbereiche
- Aktionsplanungen
- Projektausführungen

Einfluß nehmen, um die Ziele des Personalwesens und die Personalpolitik durchzusetzen.

Verzichtet die Personalplanung auf diese Einflußnahme, ist eine spätere Einwirkung oft nicht mehr oder nur in geringem Umfang möglich.

• **Konfliktminderung**, denn die Planung von Maßnahmen im Personalbereich kann insbesondere bei Ereignissen wie

  - Kurzarbeit
  - Kündigungen
  - Massenentlassungen

  erheblichen Konfliktstoff einschließen. Ziel jeder Personalplanung muß es deswegen sein, die möglichen Konflikte soweit wie möglich zu mindern. Das kann auf verschiedene Weise geschehen, beispielsweise durch

  - Geeignete Verfahren der Personalplanung
  - Konfliktminimale Planungsergebnisse
  - Beteiligung aller Planer und Entscheidungsträger

Die Personalplanung überführt die Ziele des Personalwesens und die festgelegte Personalpolitik in Maßnahmen. Die Personalplanung trägt deswegen einen bedeutsamen Teil zur Erreichung der Unternehmensziele bei.

Deswegen ist es notwendig, die Personalplanung verantwortungsbewußt und nicht mit der »linken Hand« durchzuführen. Viele betriebliche Probleme haben ihren Kern in einer ungenügenden oder fehlenden Personalplanung.

1.3 Einbindung

Die Personalplanung ist in mehrfacher Weise eingebunden und damit abhängig. Das bezieht sich vor allem auf die nachstehenden Merkmale:

• Die **Planungsbasis**, die beispielsweise folgende Faktoren umfaßt

  - Arbeitsanfall
  - Organisation
  - Mitarbeiter.

Voraussetzung für jede Personalplanung ist deswegen die Ermittlung der Gegebenheiten in einer für die Personalplanung geeigneten Form:

- Personalbestand
- Stellenbestand
- Kostenanfall.

Dabei sind das Ist und das Soll zu unterscheiden. Üblicherweise bestehen zwischen beiden Differenzen. Sie müssen ebenfalls in die Personalplanung Eingang finden.

• Die **Veränderungen**, die in der betrachteten Zukunft personalmäßig Wirkungen aufweisen, beispielsweise
  - Aufgabenerweiterungen
  - Aufgabenverminderungen
  - Kapazitätsumgestaltungen
  - Projektdurchführungen
  - Rationalisierungsvorhaben
  - Reorganisationen
  - Neuorganisationen.

  Selbstverständlich müssen auch volkswirtschaftliche und arbeitsmarktliche Einflüsse betrachtet werden.

• Die **Planungen**, die als grundsätzliche Vorgaben für die Personalplanung anzusehen sind, beispielsweise solche Einzelpläne wie

  - Beschaffungsplan
  - Vertriebsplan
  - Produktionsplan
  - Investitionsplan.

  Die Personalplanung muß sich an diesen Plänen ausrichten. Nur in Zeiten der Hochkonjunktur, wenn der Arbeitsmarkt leergefegt ist und keine oder nur wenige neue Mitarbeiter anwerbbar sind, kann die Personalplanung eine Basis und Vorgabe für die dann von ihr abhängigen Pläne sein.

Wird mit einer umfassenden Unternehmensplanung gearbeitet, dann muß die Personalplanung ein integrierter Teil dieser Gesamtplanung sein. Das bedingt, daß wesentliche **Parameter** vorgegeben sind:

• Planart
• Planungsvorhaben
• Planungsvorgehen
• Planungshäufigkeit
• Planungstiefe

- Planungsinhalt
- Planungsdarstellung
- Plancharakter

Integrierte Gesamtplanungen werden in deutschen Unternehmen zunehmend eingesetzt.

1.4 Bedingungen

Die Personalplanung erfordert die Berücksichtigung mehrerer **Bedingungen**:

- Das **Betriebsverfassungsgesetz**, wonach der Arbeitgeber gemäß § 92 BetrVG den Betriebsrat über die Personalplanung, insbesondere über den Personalbedarf und sich daraus ergebenden Maßnahmen, rechtzeitig und umfassend zu unterrichten hat. Er muß mit dem Betriebsrat über erforderliche Maßnahmen beraten. Der Betriebsrat kann zur Personalplanung Vorschläge machen.

- Das **kollektive Arbeitsrecht**, bei dem rechtliche Verpflichtungen für die Personalplanung aus verschiedenen Quellen kommen. Das können sein:

  - Gesetze, beispielsweise Bundesurlaubsgesetz oder Mutterschutzgesetz
  - Verordnungen, beispielsweise Arbeitszeitordnung oder Gewerbeordnung
  - Tarifverträge
  - Beteiebsvereinbarungen

  Die rechtlichen Verpflichtungen sind sowohl bei der Durchführung der Personalplanung als auch im Planungsinhalt zu berücksichtigen.

- Die **Individualrechte**, welche aus den individuellen Arbeitsverträgen mit rechtswirksamen Vereinbarungen resultieren und die Basis für ein Arbeitsverhältnis sind. Diesen Rechten muß in der Personalplanung Rechnung getragen werden.

- Die **Personalstruktur**, die bei einer gegebenen Belegschaft durch eine Vielzahl von Merkmalen gekennzeichnet ist:

  - Altersstruktur
  - Qualifikationsstruktur
  - Tätigkeitsstruktur

  Diese strukturellen Merkmale sind Grundlage jeder Personalplanung.

- Die **Organisation**, die in Form der bestehenden Aufbauorganisation und Ablauforganisation in

  - Organisationsplänen
  - Stellenbesetzungsplänen
  - Stellenbeschreibungen

und anderen organisatorischen Dokumentationen festgelegt sein kann. Sie bestimmt in besonderem Maße jede Personalplanung.

- Die **Fehlzeiten**, welche in einem Prozentsatz als Fehlzeitenquote berücksichtigt werden sollten.

- Die **Fluktuation**, die einen wesentlichen Einfluß auf die Leistung ausübt. Unter Fluktuation wird der zwischenbetriebliche Arbeitgeberwechsel verstanden.

1.5 Durchführung

Die Personalplanung wird wesentlich von der Art ihrer Durchführung bestimmt. Grundsätzlich können zwei **Arten** unterschieden werden:

- Die **dezentrale Personalplanung**, bei welcher die Planung des Personals von den organisatorischen Einheiten, in der Regel von den Abteilungsleitern, erfolgt.

  Durch Zusammenfassung aller genehmigten Abteilungs-Personalpläne entsteht der Unternehmens-Personalplan. Bei dieser Art der Personalplanung ergibt sich tendenziell ein Erwartungsplan. In einem solchen Plan zeigen sich überlicherweise die Wünsche und Erfordernisse aus der Sicht des Managements.

- Die **zentrale Personalplanung**, die durch unterschiedliche Stellen erfolgen kann, beispielsweise durch:

  - Personalleiter
  - Personalplaner
  - Unternehmensplaner
  - Leitungsassistent..

  Tendenziell wird bei einer zentralen Planung von einheitlichen Erwartungen oder Planvorgaben ausgegangen:

  - Umsatz
  - Ausstoß
  - Betriebsleistung

  Ergebnis einer zentralen Personalplanung kann sowohl ein **Erwartungsplan** als auch ein **Vorgabeplan** sein.

2. Individualplanung

Stehen nicht die Gesamtheit oder Teilmengen der Mitarbeiter im Mittelpunkt der Planung, sondern einzelne, namentlich genannte Mitarbeiter, spricht man von einer Individualplanung.

Die Individualplanung kann nicht ohne Mitwirkung des oder der Mitarbeiter vorgenommen werden, welche Planungsobjekte sind. Deswegen besitzt die Individualplanung gegenüber der Kollektivplanung des Personals eine weitere Dimension.

Jede Individualplanung wird durch zwei **Einflußgrößen** bestimmt:

- Die **Unternehmensbedürfnisse**, nach welcher die Besetzung der Stellen mit bestgeeigneten Fachleuten erfolgen soll. »Der richtige Mann am richtigen Platz« ist hier die Devise. Um aber bestgeeignete Mitarbeiter zur Verfügung zu haben, bedürfen vorhandene Mitarbeiter oftmals einer geförderten Fortbildung bzw. neue Mitarbeiter müssen beschafft werden.

- Die **Mitarbeiterbedürfnisse**, beispielsweise erstreben viele Mitarbeiter aus verschiedenen Gründen bessere Positionen. Sie wollen Karriere machen. Nur wenn diese Mitarbeiter die Möglichkeit sehen, im Unternehmen gefördert zu werden und weiterzukommen, sind sie motiviert und unternehmenstreu.

Ausgangspunkte jeder Individualplanung sind:

- Der **aktuelle Stand**, wobei die im Unternehmen gegebenen Stellen unterschiedliche Merkmale aufweisen können:
  - Besetzte Stelle
  - Unbesetzte Stelle mit Besetzungsentscheidung
  - Unbesetzte Stelle ohne Besetzungsentscheidung

- Die **zukünftige Entwicklung**, wobei sich Veränderungen mit Auswirkungen auf die Individualplanung in absehbarer Zukunft in unterschiedlicher Art ergeben können:
  - Besetzte Stellen werden frei, z. B. durch Ausscheiden, Versetzung, Beförderung.
  - Neue Stellen werden eingerichtet.
  - Gegebene Stellen erhalten neue Inhalte und damit andersartige Anforderungen.
  - Mehrere Stellen werden zu einer Stelle zusammengelegt.
  - Eine Stelle wird in mehrere neue Stellen aufgespalten.

  Zur bestmöglichen Besetzung aller offenen oder freiwerdenden Stellen bedarf es einer gezielten Planung. Basis für diese Planung sollten Stellenbeschreibungen sein.

Die Individualplanung kann in vier **Arten** durchgeführt werden:

- Als **Laufbahnplanung**, bei welcher die Möglichkeiten des betrieblichen Einsatzes in Abhängigkeit von der Ausbildung und der zunehmenden Erfahrung in Laufbahnplänen ausgewiesen werden.

- Als **Besetzungsplanung**, mit welcher die Vergabe von freien oder freiwerdenden Stellen geplant wird. Diese Planung soll beispielsweise folgende Fragen beantworten:

  - Welche Stellen sind in absehbarer Zukunft zu besetzen?
  - Wer soll diese Stellen einnehmen?
  - Wann soll die Stelle übernommen werden?

- Als **Entwicklungsplanung**, die sich auf Mitarbeiter bezieht, die für höhere oder andersartige Stellen vorgesehen sind oder dem Führungs- und Spezialistennachwuchs zugerechnet werden. Sie bedürfen eines Planes, der ihre weitere Fortbildung und Entwicklung im Unternehmen so vorbestimmt, damit sowohl für den Mitarbeiter als auch für das Unternehmen ein Optimum erreicht wird.

- Als **Einarbeitungsplanung** für neueintretende oder versetzte Mitarbeiter, wenn neue Mitarbeiter für qualifizierte Tätigkeiten benötigt werden. Es bedarf einer Planung für deren Einarbeitung, um diese Mitarbeiter bestmöglich zur Wirkung kommen zu lassen.

Die Individualplanung wird wesentlich durch das Vorliegen von Stellenbeschreibungen erleichert. **Stellenbeschreibungen** sind formularisierte Darstellungen aller wesentlichen Merkmale der Stellen und werden auch bezeichnet als:

- Arbeitsplatzbeschreibungen
- Job descriptions
- Pflichtenvorgaben
- Tätigkeitsbeschreibungen

In Stellenbeschreibungen werden vor allem folgende **Merkmale** aufgenommen:

- Die **Stellenbezeichnung**, bei der neben dem Stellennamen auch eine Stellennummer ausgewiesen werden soll.

- Die **Stelleneinordnung**, bei der zur eindeutigen hierarchischen Einordnung anzugeben sind:

  - Vorgesetzte Stelle(n)
  - Nachgeordnete Stelle(n)

- Die **Stellenaufgaben**, die als Sachaufgaben der beschriebenen Stelle detailliert auszuweisen sind.

- Die **Stellenziele**, die im Hinblick auf die Stellenaufgaben anzustreben sind.

- Die **Stellenbefugnisse**, die in den der Stelle zugewiesenen Kompetenzen bestehen.

- Die **Stellenverantwortung**, die sich entsprechend den Stellenbefugnissen ergeben sollten.

- Die **Stellenanforderungen**, denen ein Stelleninhaber genügen sollte:

  - Ausbildung
  - Fachkenntnisse
  - Erfahrung
  - Persönliche Eigenschaften
  - Zusatzkenntnisse.

Mit Stellenbeschreibungen, die in dieser Art aufgebaut und mit substanziellen Daten ausgefüllt sind, läßt sich die Individualplanung auf einer sicheren Basis durchführen. Die Einbeziehung des Vorgesetzten in die Planung kann deswegen jedoch nicht unterbleiben.

Eine Stellenbeschreibung kann beispielsweise das folgende **Aussehen** haben:

Stellenbeschreibung	
Stellenbezeichnung	Leiter der Abteilung Kostenträgerrechnung
Stelleneinordnung Unterstellung: Überstellung:	 Leiter der kaufmännischen Verwaltung Leiter der Gruppe Nachkalkulation Leiter der Gruppe Preisbildung Leiter der Gruppe Permanente Inventur
Stellenaufgaben	Fachliche und disziplinarische Leitung der Kostenträgerrechnung . . .
Stellenziele	Sicherung der Richtigkeit und Aussagekraft der Kostenträgerrechnung Marktoptimale Preisbildung unter Berücksichtigung der vertriebspolitischen Vorgaben. . . .

Stellenbefugnisse	
	Prokura Gemäß der Richtlinie für Abteilungsleiter.
Stellenverantwortung	
	Gemäß der Richtlinien für Abteilungsleiter.
Stellenvertretung	
Vertritt:	Leiter der Abteilung Betriebsabrechnung.
Wird vertreten:	Leiter der Gruppe Nachkalkulation.
Stellenanforderungen	
Ausbildung:	Dipl.-Kfm. oder Dipl.-Betriebswirt (FH)
Erfahrung:	5 Jahre Betriebszugehörigkeit 3 Jahre Kostenträgerrechnung
Kenntnisse:	EDV-Anwendung in der Kostenrechnung.

5

Die Individualplanung beschäftigt sich - wie oben dargestellt - mit den folgenden **Planungsaufgaben**:

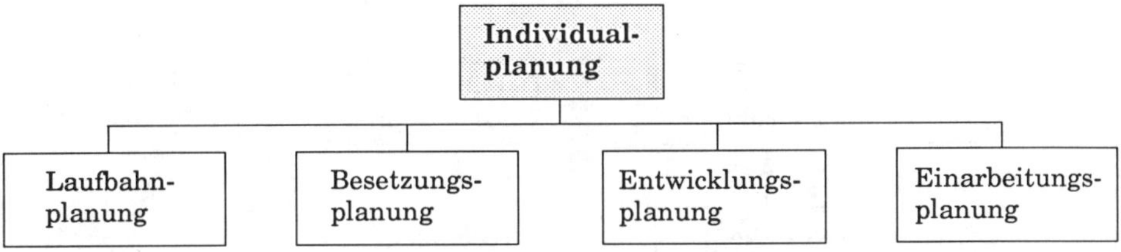

Überwiegend wird Individualplanung für qualifizierte Mitarbeiter durchgeführt. Nicht- oder wenigqualifizierte Mitarbeiter können mit einer Ausbildungsplanung betreut werden.

2.1 Laufbahnplanung

Durch eine Laufbahnplanung wird den Mitarbeitern aufgezeigt, welche Position sie normalerweise erreichen können, wenn sie mit definierten Ausgangsvoraussetzungen im Laufe der Jahre entsprechende Erfahrung sammeln und eine gute Beurteilung erfahren.

Laufbahnpläne sind - im Gegensatz zu Entwicklungsplänen - nicht auf konkrete Arbeitsplätze ausgerichtet, sondern weisen nur betriebliche Berufstätigkeiten aus. Laufbahnpläne müssen auf der Basis sorgfältiger Arbeitsanalysen und Laufbahnüberlegungen ausgearbeitet werden, da durch sie eine starke Motivationswirkung ausgeübt werden kann, die bei Nichteinhaltung zu einer wesentlichen Frustration führen kann.

Laufbahnpläne werden häufig in grafischer Form ausgearbeitet. Für die Laufbahn im Konstruktionsbereich kann eine Laufbahnplanung beispielsweise aussehen:

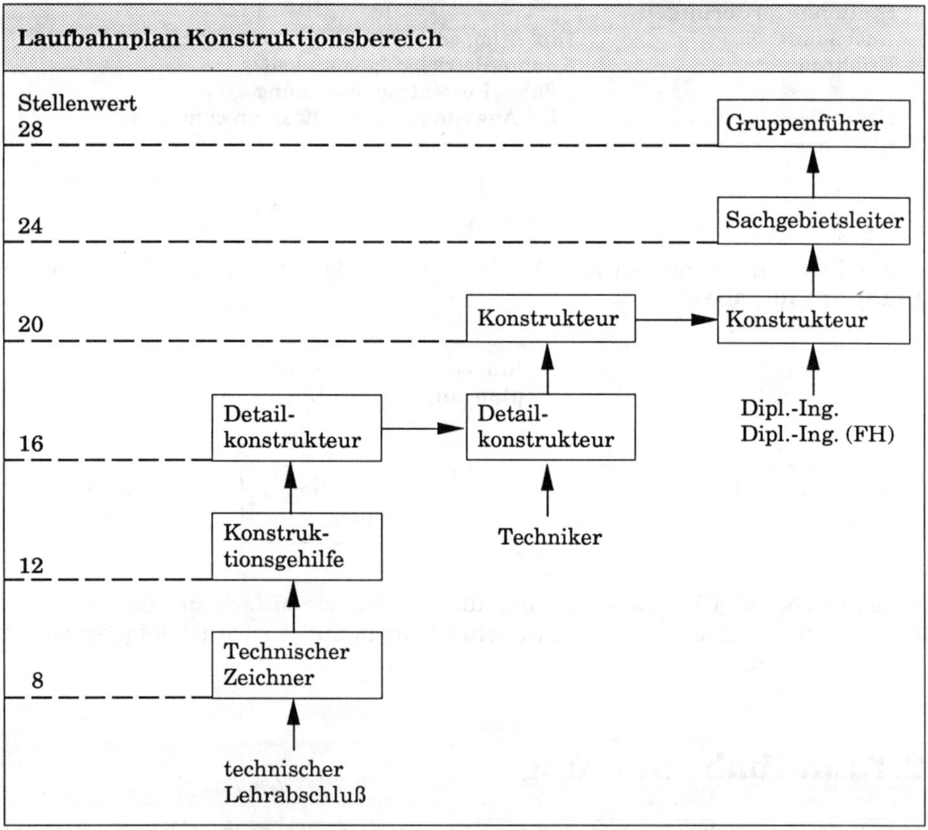

2.2 Besetzungsplanung

Die Besetzungsplanung wird üblicherweise in zwei **Arten** vorgenommen:

- Nachfolgeplanung
- Stellenbesetzungsplanung.

Ob mit einer Stellenbesetzungsplanung oder einer Nachfolgeplanung gearbeitet wird, hängt wesentlich davon ab, ob das bestehende Stellengefüge statisch ist und sich nicht oder nur wenig verändert, oder ob umfangreiche und häufige Veränderungen in der nächsten Zukunft erfolgen oder erwartet werden.

2.2.1 Nachfolgeplan

Bei keinen oder nur geringfügigen Veränderungen in der Stellenstruktur genügt eine Nachfolgeplanung. Sie wird in mehreren **Schritten** vorgenommen:

- Die **Veränderungsermittlung** steht am Beginn der Nachfolgeplanung. Alle personellen Veränderungen werden terminbezogen ermittelt:

  - Austritte
  - Versetzungen
  - Beförderungen
  - Pensionierungen.

  In die Nachfolgeplanung werden nur definitive Veränderungen einbezogen. Erwartete oder mögliche Veränderungen finden in diesem Plan keine Aufnahme.

- Die **Alternativenermittlung** stellt den nächsten Schritt dar. Dabei sind alle erwünschten Alternativen für die Besetzung der freiwerdenden Stelle zu ermitteln. Sie sind nach den entsprechenden Kriterien zu beurteilen, beispielsweise:

  - Ausbildung
  - Erfahrung
  - Persönlichkeit
  - Beurteilung.

  Als Grundlage sollte die Stellenbeschreibung und die Mitarbeiterbeurteilung dienen.

- Die **Besetzungsentscheidung** schließt die Nachfolgeplanung ab. Sie hat vom zuständigen Entscheidungsträger zu erfolgen.

Nachfolgepläne können in verschiedenen **Formen** ausgearbeitet werden:

- Als **Listen**, in denen alle Änderungen in der Stellenbesetzung ausgewiesen werden.

- Als **Grafiken**, bei denen über einer Zeitachse die Nachfolgerwechsel dargestellt werden:

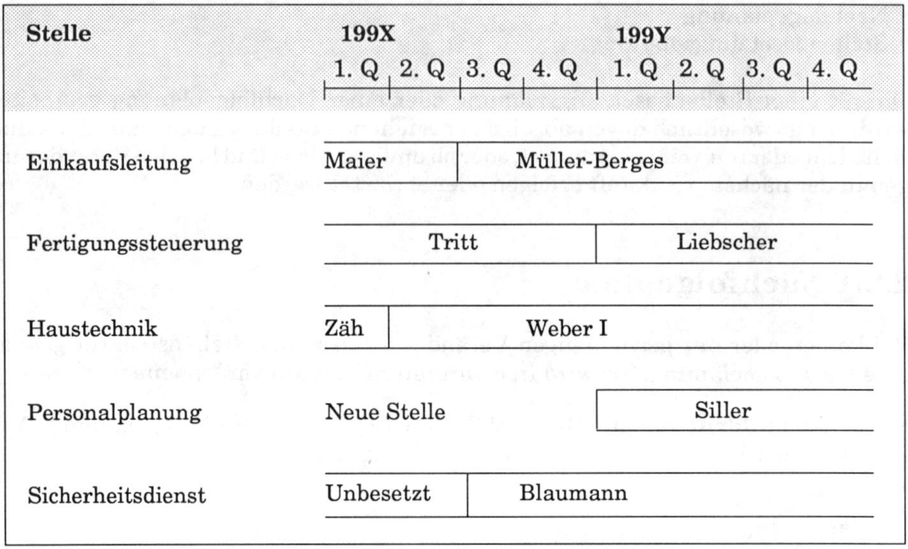

- In **Personalinformationssystemen**, bei denen sowohl im Stellenstammsatz als auch im Personalstammsatz die Veränderungen mit Terminen wechselseitig gespeichert werden. Über einen Sekundärindex kann der Nachfolgeplan jederzeit nach unterschiedlichen Kriterien ausgedruckt werden.

2.2.2 Stellenbesetzungsplan

Während in den Nachfolgeplan nur Stellen aufgenommen werden, die in ihren Inhabern eine Veränderung erfahren, werden in einen Stellenbesetzungsplan alle Stellen aufgenommen.

Stellenbesetzungspläne werden mit unterschiedlichem **Inhalt** erstellt:

- Als **Gesamtstellenbesetzungsplan**, der alle Stellen des Unternehmens mit den Mitarbeitern umfaßt, welche diese Stellen einnehmen.

- Als **Leitungsstellenbesetzungsplan**, in den alle Führungs- und Leitungsstellen von Meistern und Gruppenführern aufwärts aufgenommen werden.

- Als **Projektmitarbeiterplan**, der häufig für die Durchführung wesentlicher Projekte erstellt wird, beispielsweise der

  - Errichtung eines Werkes
  - Erarbeitung eines größeren EDV-Anwendungssystems
  - Gründung eines Tochterunternehmens

Stellenbesetzungspläne werden häufig in **Listenform** ausgearbeitet:

Stellenbesetzungsplan Werk II		**Stand**: 01.01.
Stelle	**Mitarbeiter**	**Veränderungen**
Werkleiter	H. Baltes	
Personalleiter	H. Weber I	Ab. 01.07. H. Schneider
Fertigungsleiter	H. Schumann	
Betriebsingenieur I	unbesetzt	
Betriebsingenieur II	H. Saturn	
Betriebsingenieur III	H. Rosenbaum	Bis 01.05.
.	.	.
.	.	.
.	.	.

Stellenbesetzungspläne werden entweder manuell erstellt oder durch Ausdruck der Stellen- oder Arbeitsplatzstammdatei erarbeitet.

Sind im Organisationsplan eines Unternehmens auch die Stelleninhaber ausgewiesen, kann der Organisationsplan auch als Stellenbesetzungsplan benutzt werden. Das setzt jedoch voraus, daß der Organisationsplan einem regelmäßigen Änderungsdienst unterworfen ist.

6

2.3 Entwicklungsplanung

Das Wachstum des beruflichen Wissens setzt sich unaufhaltsam fort. Dem kann nur durch ständige, berufsbegleitende Fortbildung begegnet werden.

Damit ein Unternehmen immer bestgeeignete Mitarbeiter zur Verfügung hat, muß es die Fortbildung seiner Mitarbeiter steuern und unterstützten. Das Instrument für die Steuerung der Mitarbeiterfortbildung ist der Entwicklungsplan, der auch Bildungsplan genannt wird.

Im Entwicklungsplan werden üblicherweise zwei **Inhalte** ausgewiesen:

- Die **Entwicklungsziele**, die sich in drei Arten unterteilen lassen:

Stellenziele	Konkrete Stellen, die nach Durchführung des Entwicklungsplanes eingenommen werden sollen, beispielsweise - Leiter Debitorenbuchhaltung Ausland - Verkaufsleiter Südostbayern - Betriebsingenieur Platinenfertigung Die Angaben von Stellenzielen setzt eine entsprechende Planung in den Besetzungsplänen voraus.
Berufsziele	Konkrete Berufsangaben werden als Entwicklungsziel festgelegt, so zum Beispiel - Bilanzbuchhalter - Systemprogrammierer - Detailkonstrukteur Berufsziele lassen keine Ansprüche auf bestimmte Stellen herleiten.
Kenntnisziele	Konkrete Kenntnisvorgaben, die mit dem Entwicklungsplan erworben werden sollen wie beispielsweise - Beherrschung von zwei Netzplantechniken - Programmierfähigkeit mit der Programmiersprache ADA - Einsatz des Anwendungsprogrammes XBA Von einem direkten Bezug zu einer Stelle wird hier vollständig abgesehen.

- Die **Maßnahmen**, die zur Erreichung der genannten Ziele für notwendig angesehen werden. Dabei lassen sich zwei Arten von Maßnahmen unterscheiden:

Unternehmermaßnahmen	Aktivitäten, die vom Arbeitgeber finanziert und/oder während der Arbeitszeit durchgeführt werden, so zum Beispiel - Unternehmensinterne Schulung - Teilnahme an Fachkongressen - Systematische Jobrotation - Unternehmensexterne Kursbesuche - Auslandspraktikum
Mitarbeitermaßnahmen	Aktivitäten, die vom Mitarbeiter in seiner Freizeit durchgeführt werden und/oder von ihm finanziert werden, wie beispielsweise - Besuch einer Abendakademie - Autodidaktisches Studium an der Fernuniversität - Beteiligung am Telekolleg - Besuch einer Fachmesse am Wochenende - Teilnahme an einem Fachseminar in der Urlaubszeit

Bei beiden Arten von Maßnahmen erfolgt die Nutzung durch den Mitarbeiter. Da der Erfolg solcher Maßnahmen nicht immer sicher ist, sollte sich an die Durchführung eine Erfolgskontrolle anschließen.

Die Zielerreichung und Maßnahmendurchführung bedürfen in jedem Fall auch einer terminlichen Planung. Nur dadurch werden die Entwicklungspläne für die Besetzungsplanung verwendbar.

Grundsätzlich sind zwei **Arten** von Entwicklungsplänen zu unterscheiden:

- **Standard-Entwicklungsplan**
- **Persönlicher Entwicklungsplan.**

2.3.1 Standard-Entwicklungsplan

Werden in einem Unternehmen für das Erreichen eines oder auch mehrerer Entwicklungsziele mehrere oder gar viele Mitarbeiter benötigt, empfiehlt es sich, nicht für jeden dieser Mitarbeiter einen persönlichen Entwicklungsplan auszuarbeiten, sondern mit Standardplänen zu arbeiten.

Standard-Entwicklungspläne können in zwei **Gruppen** gegliedert werden:

- **Hierarchische Standardpläne**, bei denen die Entwicklung der Mitarbeiter auf eine bestimmte Ebene ausgerichtet ist, beispielsweise auf:
  - Abteilungsleiter
  - Industriemeister.
- **Aufgabenbezogene Entwicklungspläne**, die auf bestimmte Funktionen ausgerichtet sind, beispielsweise auf:
  - Bilanzbuchhalter
  - Bereichsverkaufsleiter.

Eine Mischform beider Arten von Standardplänen sind die Entwicklungspläne für Trainees. Hier werden sowohl hierarchische als auch aufgabenbezogene Merkmale miteinander verbunden.

Ein Standard-Entwicklungsplan für Abteilungsleiteranwärter kann beispielsweise folgenden **Inhalt** haben:

Entwicklungsplan für Abteilungsleiteranwärter	
Besuch unseres Führungskräfteseminars in Baden-Baden	2 x 3 Tage
Besuch folgender extener Seminare	
Managementechniken	5 Tage
Selbstmanagement	3 Tage
Organisationstechnik für Abteilungsleiter	3 Tage
Mitarbeiterführung	5 Tage
Teilnahme an der Abteilungsleiterkonferenz	Monatlich
Gast im »Kreis leitender Mitarbeiter - Alte Gilde«	2 x jährlich
.	
.	
.	

2.3.2 Persönlicher Entwicklungsplan

Standard-Entwicklungspläne sind nur dort rationell einsetzbar, wo

- gleiche Ausgangsvoraussetzungen gegeben sind und
- eine Reihe von Mitarbeitern in ähnlicher Weise zu entwickeln sind.

Sind die beiden Voraussetzungen nicht gegeben, empfiehlt es sich, persönliche Entwicklungspläne auszuarbeiten. Diese können auf die Eigenschaften jedes Mitarbeiters ausgerichtet werden. In ihnen können die Entwicklungsziele individuell geplant werden, wie das folgende **Beispiel** zeigt:

Entwicklungsplan für Herrn Grob - EDV-Koordinator		
Entwicklungsziel	**Maßnahme**	**Termin**
Systemanalyse	Mitarbeiter der Abteilung Organisation	01.04. - 30.06.
	Seminar: »Moderne Systemplanungsmethoden«	13.04. - 25.04.
	VHS-Kurs: EDV-Grundlagen	28.04. - 15.07.
	Sonnabendseminar: Datenbanken	02.05. - 20.12.
Programmierung	Mitarbeiter der Programmierabteilung	01.07. - 30.09.
	Seminarbesuch: PL/1-Programmierung	01.07. - 30.08.
	Testmethoden	04.09. - 09.09.
	Praktikum »Dialogarbeit« in Firma Sauer und Schwefel GmbH	21.09. - 25.09.
.	. .	
.	. .	
.	. .	

Selbstverständlich sollte sein, daß die Mitarbeiter bei der Ausarbeitung von persönlichen Entwicklungsplänen aktiv beteiligt werden.

2.4 Einarbeitungsplanung

Ist kein geeigneter Mitarbeiter für eine offene Stelle verfügbar oder wird aus anderen Erwägungen ein neuer Mitarbeiter angeworben, bedarf es - insbesondere bei Leitungs- und Spezialistenstellen - einer qualifizierten Einarbeitungsplanung für den neuen Mitarbeiter.

Nur durch eine fundierte Einarbeitung wird ein neuer Mitarbeiter den gestellten Anforderungen kurzfristig genügen können, denn eine **Einarbeitung** umfaßt mehrere gleichzeitig zu erledigende Aufgaben:

- Kennenlernen des Unternehmens
- Durchführen der vorgegebenen Aufgaben
- Einarbeiten an dem unbekannten Arbeitsplatz
- Erlernen unbekannter Methoden und Techniken
- Kennenlernen von Vorgesetzten, Kollegen und Mitarbeitern.

Da die Anwerbung und Einstellung neuer Mitarbeiter erhebliche Kosten verursacht, muß durch eine gezielte Einarbeitung versucht werden, die Fluktuation neuer Mitarbeiter möglichst gering zu halten.

In einen **Einarbeitungsplan** können folgende Aktivitäten aufgenommen werden:

- **Vorstellungen** bei allen Mitarbeitern des Unternehmens, mit denen der neue Kollege regelmäßig zusammenarbeiten wird. Das wird üblicherweise in einem kurzen Vorstellungsgespräch erfolgen. Durch abgestimmte Gesprächstermine im Einarbeitungsplan kann der neue Mitarbeiter diese Gespräche ohne Hilfe problemlos führen

- Die Durchführung von **Informationsgesprächen** mit den Stelleninhabern von allen Stellen, deren Aufgaben- und Tätigkeitsgebiet für die Arbeit des neuen Mitarbeiters bedeutsam sind.

- Die Teilnahme an **Besprechungen und Konferenzen**, die mit der Erfüllung der Arbeitsaufgabe des neuen Mitarbeiters zusammenhängen, kann der Einarbeitung förderlich sein.

- Die Teilnahme an **Schulungen und Trainingsmaßnahmen** oder die individuelle Durchführung einer solchen Veranstaltung für den neuen Mitarbeiter wird ebenfalls in einen Einarbeitungsplan aufgenommen.

- Die Teilnahme von **Praktika** und **Job Rotationen** können zur Vermittlung von Kenntnissen über betriebliche Tätigkeiten nützlich sein.

- **Besuche** in eigenen Werken, Verkaufsniederlassungen oder bei Kunden und Lieferanten können zur Einarbeitung in bestimmten Positionen wichtig sein.

- **Besichtigungen** des Betriebsgeländes, der Fertigung und anderer wichtiger Betriebsteile sollten dem neuen Mitarbeiter ermöglicht werden.

Ein Einarbeitungsplan kann beispielsweise folgenden **Inhalt** haben:

Einarbeitungsplan für Herrn Müller

Datum	Zeit	Ort	Partner	Aktivität
02.04.	10.40	Sanitäts-stelle	Betriebsarzt Dr. Wagner	Betriebsärztliche Unter-suchung
	13.30	Bau I, Z. 100	Dr. Beimann, Vorsitzender der Geschäftsleitung	Vorstellung gemeinsam sam mit den HH. Blau und Dr. No
	14.30	Bau 12, Z. 17	Herr Volk, Vertriebsleiter	Vorstellung und Ein-führung in das Ver-triebspraktikum
03. - 06.04.	08.00	Bau 12, Z. 25	Herr Meier, Leiter Vertriebs-abwicklung	Vertriebspraktikum
09.04.	09.00	ABC-Aus-stellung	HH. Blau und Dr. No	Ausstellungsbesuch zum Wettbewerbsstudium
10. - 13.04.	08.00	Verkaufs-haus Köln	H. Reinländer, Niederlassungs-leiter	Praktikum im Verkaufs-haus
16. - 20.04.	08.00	Bau 12, Z. 33	H. Neger, Vertriebsbe-auftragter	Kundenbesuche
23.04.	08.00	Bau 1, Z. 6	H. Altmann, Organisations-leiter	Informationsgespräch
.	. .	. .		
.	. .	. .		
.	. .	. .		

7

3. Kollektivplanung

Ausgangspunkt jeder Personalplanung, die sich mit der Gesamtheit oder einem Teil der Belegschaft befaßt, ist der aktuelle Personalbestand. Dieser Personalbestand kann dem Stellenbestand entsprechen. Er kann ihn aber auch unter- oder überschreiten. Man spricht dann von einem

- Personaldefizit
- Personalüberhang.

Da die Personalplanung für die Zukunft erfolgt, ergeben sich bis zu dem Stichtag der Planung vielfach Veränderungen, die entsprechend berücksichtigt werden müssen:

- Veränderungen des **Personalbestandes**, beispielsweise durch Austritte, Todesfälle oder Neueintritte.

- Veränderungen des **Stellenbestandes**, beispielsweise durch Kapazitätsvergrößerungen oder Betriebsverkleinerungen.

Das Ergebnis dieser Veränderungen ist der zukünftige Personal- und Stellenbestand. Der zukünftige Stellenbestand ist mit dem Personalbedarf identisch.

Der ermittelte zukünftige Personalbestand und der Personalbedarf müssen miteinander in Übereinstimmung gebracht werden. Dies ist die Aufgabe der Personaleinsatzplanung. Ergeben sich dabei jedoch unausgleichbare Differenzen, müssen sie in weiterführenden Plänen zu einer Lösung geführt werden. Dazu müssen geplant werden:

- **Personalfortbildungen**, um die Mitarbeiter für neue oder veränderte Stellen mit dem notwendigen Rüstzeug zu versehen. Dies erfolgt durch die Personalfortbildungsplanung.

- **Personalveränderungen**, die Personalbeschaffungen und Personalfreisetzungen sein können. Dies erfolgt durch die Personalveränderungsplanung.

Den beschriebenen Planungsprozeß für die kollektive Personalplanung zeigt die nachstehende Grafik:

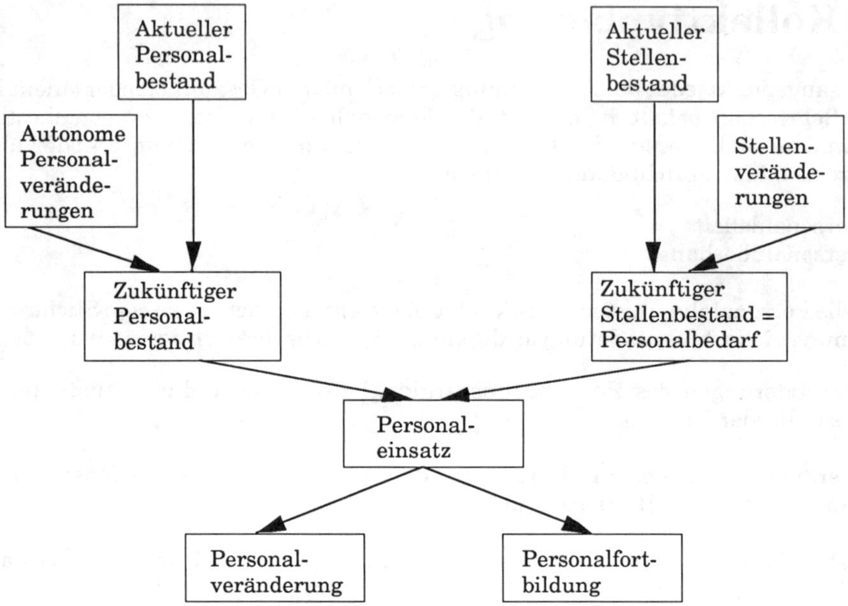

Die Durchführung des Planungsprozesses umfaßt mehrere **Planungsaufgaben**:

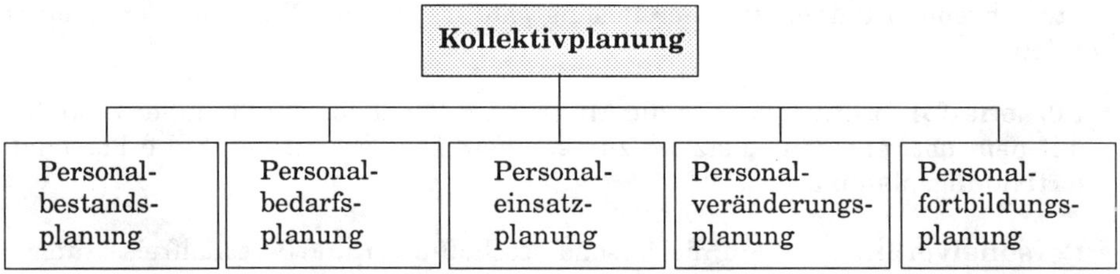

Parallel zu diesen Personalplanungsaufgaben müssen die aus den Ergebnissen resultierenden Kosten geplant werden. Dazu ist eine **Personalkostenplanung** erforderlich. Mit ihr schließt die Personalplanung ab.

Die kollektive Personalplanung kann in mehreren Merkmalen unterschiedlich gestaltet werden, worauf zunächst eingegangen wird.

8

3.1 Merkmale

Für die kollektive Personalplanung und die dabei erarbeiteten Personalpläne sind besonders die nachstehenden Merkmale bedeutsam:

- **Zeitraum**
- **Inhalt**
- **Detaillierung**
- **Charakter.**

3.1.1 Zeitraum

Nach dem bei der Planung betrachteten Zeitraum werden drei **Arten der Planung** unterschieden:

- Die **kurzfristige Personalplanung**, bei welcher nur der Zeitraum eines Jahres in die Planung einbezogen wird.

- Die **mittelfristige Personalplanung**, die sich auf einen Zeitraum von ein bis drei Jahren bezieht. In diesen Rahmen fallen in der Regel auch alle größeren personalrelevanten
  - Aktionen
  - Projektdurchführungen
  - Maßnahmen.

- Die **langfristige Personalplanung**, die normalerweise über drei Jahre hinausgeht. In der betrieblichen Praxis findet fast nie eine Personalplanung statt, die über fünf Jahre hinausgeht.

Die Personalplanung muß in regelmäßigen Abständen erfolgen. Eine halbjährliche Planungsfrequenz ist oftmals zu lang, um die Personalpläne aktuell zu halten. Deswegen wird in planungsbewußten Unternehmen mit einer Planungsfrequenz von drei Monaten gearbeitet.

Dabei wird oftmals nicht jeweils eine neue Planung durchgeführt, sondern es werden nur die erkannten Planänderungen in den Plan eingearbeitet. Bei einer rollierenden Planung ist dieses Verfahren besonders rationell.

3.1.2 Inhalt

Die Planung kann als **quantitative Personalplanung** erfolgen. Dann wird ausschließlich mit den »Köpfen« der Belegschaftsmitglieder geplant.

Da sich die Mitarbeiter in eine Vielzahl von Eigenschaften unterscheiden und nach diesen Eigenschaften eingesetzt werden, bedarf es üblicherweise aber auch einer **qualitativen Personalplanung**, die folgende Merkmale aufweist:

- Die **Qualifikation der Mitarbeiter**, wobei häufig mit Berufsarten gearbeitet wird. Um mit einheitlichen Berufsbezeichnungen und Berufsgruppen planen zu können, empfiehlt sich die Benutzung der »Klassifikation der Berufe« des Statistischen Bundesamtes. Ein Ausschnitt illustriert diese Klassifikation:

  6 Technische Berufe
  63 Technische Sonderfachkräfte
  635 Technische Zeichner
  6352 Bauzeichner
  6353 Teilezeichner
  6354 Kartographen
  6355 Vermessungszeichner

  Bei einer besonders detaillierten Planung wird mit **Fähigkeiten** gearbeitet. Das geschieht auch bei Planungen von Zusatzerfordernissen, beispielsweise Fremdsprachenkenntnissen, technischen Kenntnissen, wirtschaftlichen Kenntnissen oder Managementkenntnissen.

  Fähigkeiten können zusätzlich noch graduiert werden, beispielsweise in hervorragend, sehr gut, gut, befriedigend. Damit ist es möglich, bei der Individualplanung mit detaillierten Fähigkeits- und Anforderungsprofilen zu arbeiten.

- Die **Ausbildung der Mitarbeiter**, die häufig berücksichtigt wird. Dabei ist beispielsweise die folgende Schlüsselung möglich:

Universitätsstudium	1
Fachhochschulstudium	2
Fachschulausbildung	3
Abitur und Lehrausbildung	4
Mittlere Reife und Lehrausbildung	5
Lehrausbildung	6
Anlernausbildung	7
Keine abgeschlossene Berufsausbildung	8
Sonstige	9

- Die **Lohn- und Gehaltsgruppe** der Mitarbeiter, wobei vielfach auf die Klassifikation des gültigen Tarifvertrages zurückgegriffen wird.

Daneben kann eine Vielzahl weiterer qualifizierender Merkmale zur qualitativen Personalplanung benutzt werden. Ihre Wahl hängt wesentlich von der Branche ab, in welcher das Unternehmen tätig ist.

9

3.1.3 Detaillierung

Für die Grob- und Feinheit der Personalplanung ist die Gliederungstiefe der verwendeten Merkmale von Bedeutung. Je detaillierter eine Personalplanung vorgenommen wird, um so umfangreicher werden die erarbeiteten Pläne. Die Detaillierung kann vornehmlich für die folgenden **Merkmale** unterschiedlich vorgenommen werden:

- Die **Maßeinheit**, die sich vor allem beziehen kann auf:

  - Arbeitsmonat
  - Arbeitstag
  - Arbeitsstunde

  Für abgegrenzte Planungen - wie die Durchführung von Projekten - wird mit dem Arbeitsvolumen geplant, wobei folgende Maßeinheiten verwendet werden können:

  - Mitarbeitermonate (MM)
  - Mitarbeiterwochen (MW)
  - Mitarbeitertage (MT)

- Die **Organisationseinheit**, die sich bei grober Ausprägung beziehen kann auf:

  - Werke
  - Funktionsbereiche

  Eine stärkere Detaillierung erhält die Personalplanung, wenn kleinere Organisationseinheiten die Grundlage bilden, beispielsweise:

  - Abteilungen
  - Kostenstellen
  - Meistereien

- Die **Zeiteinheit**, die unterschiedlich groß sein kann. Da die Personalplanung vornehmlich eine Stichtagsplanung ist, wird ihre zeitliche Detaillierung durch die Menge der Planungszeitpunkte bestimmt:

- Monatlicher Stichtag, beispielsweise 31.01., 28.02., 31.03.
- Quartalsbezogener Stichtag, beispielsweise 01.01., 01.04., 01.07.
- Halbjährlicher Stichtag, beispielsweise 01.01., 01.07., 01.01.

Besonders die qualitativen Personalplanungen können sehr verfeinert werden, beispielsweise bei der Qualifikation mit

- Berufen
- Fähigkeiten
- graduierten Fähigkeiten.

Bis zu welchem Detaillierungsgrad bei der Personalplanung gegangen werden soll, hängt wesentlich von der Feinheit der vorgegebenen Planungen der anderen Funktionsbereiche ab.

3.1.4 Charakter

Nach ihrem Charakter können zwei **Arten** von Plänen unterschieden werden:

- Der **Erwartungsplan**, in welchem die wahrscheinlichen Gegebenheiten der Zukunft prognostiziert und dafür mögliche Maßnahmen aufgezeichnet werden.

- Der **Vorgabeplan**, in welchem die im Plan enthaltenen Angaben verbindliche Sollvorgaben darstellen, von denen nur in begründeten Ausnahmefällen abgewichen werden darf. In ihm sind die ausgewiesenen Maßnahmen verbindliche Anweisungen für die organisatorischen Einheiten.

Bei integrierten Unternehmensplanungen wird oftmals mit Vorgabeplänen gearbeitet.

3.2 Personalbestandsplanung

Grundlage jeder Personalplanung ist der **aktuelle Personalbestand**. Er wird sich in der Zukunft verändern. Dafür müssen zwei Arten von Änderungen unterschieden werden:

- **Autonome Personalveränderungen**, die alle Änderungen des Personalbestandes umfassen, auf welche das Unternehmen keinen oder nur bedingten Einfluß hat.

- **Initiierte Personalveränderungen**, die vom Unternehmen ausgehen, ohne deswegen Planungsergebnis zu sein.

Durch die Berücksichtigung dieser Personalveränderungen wird der **zukünftige Personalbestand** - das ist der Personalbestand zu den geplanten Stichtagen - ermittelt.

Für die Personalbestandsplanung ergeben sich demnach folgende **Aufgaben**, die zu erarbeiten sind:

- **Aktueller Personalbestand**
- **Autonome Personalveränderungen**
- **Initiierte Personalveränderungen**
- **Zukünftiger Personalbestand.**

3.2.1 Aktueller Personalbestand

Die Ermittlung des aktuellen Personalbestandes ist problemlos, wenn einige Definitionen getroffen wurden. Insbesondere sind zu unterscheiden:

- **Teilzeitbeschäftigte**, deren Zählungsart festzulegen ist:

  - Teilzeitbeschäftigte
  - Job sharing-Mitarbeiter
  - Mitarbeiter mit Arbeitsverträgen »Flexible Jahresarbeit«.

- **Leiharbeitnehmer**, welche dem Unternehmen von Personalleasing-Firmen bereitgestellt werden. Es muß bestimmt werden, in welcher Weise diese Mitarbeiter in den aktuellen Personalbestand eingehen sollen.

- **Langfristurlauber**, zu denen auch Mitarbeiter in der Ausübung ihres Grundwehrdienstes gezählt werden können. Ihre Zählweise muß ebenfalls im Hinblick auf die Personalbestandsermittlung definiert werden.

Der Personalbestand kann auf unterschiedlichen **Basen** aufgebaut werden:

- Arbeitsrechtliches Personal
- Bezahltes Personal
- Leistungserbringendes Personal.

Da jede Planung nur so gut sein kann wie die Planungsbasis, bedarf es zur Ermittlung des aktuellen Personalbestandes hinreichender Genauigkeit und Richtigkeit, um diese Grundlage zu gewährleisten.

3.2.2 Autonome Personalveränderungen

Bei den Personalveränderungen, auf welche der Arbeitgeber keinen oder nur bedingten Einfluß hat, müssen unterschieden werden:

- **Zugänge**, die Änderungen bewirken, beispielsweise durch:
  - Arbeitsantritt auf Grund früher abgeschlossener Arbeitsverträge
  - Rückkehr von Mitarbeitern aus der Bundeswehr und dem Zivildienst
  - Wiederaufnahme der Arbeit von langzeitig unbezahlt beurlaubten Mitarbeitern.

- **Abgänge**, die Änderungen bewirken, beispielsweise durch:
  - Austritte wegen Kündigung, Pensionierung oder Invalidität
  - Todesfälle
  - Einberufung zur Bundeswehr oder zum Zivildienst.

Durch den Einsatz statistischer Methoden, die auf den Gegebenheiten der Vergangenheit beruhen, können für die Abgänge gute Planungsergebnisse erzielt werden.

3.2.3 Initiierte Personalveränderungen

Vom Arbeitgeber ausgelöste oder zumindest beeinflußte Personalveränderungen sind:

- **Zugänge**, beispielsweise:
  - Arbeitsaufnahmen auf Grund früher vorgenommener Einstellungen
  - Übernahmen aus Ausbildungsverhältnissen.

- **Abgänge**, beispielsweise:
  - Austritte auf Grund von Entlassungen
  - Abstellung zu langzeitigen Fortbildungsmaßnahmen.

Innerbetriebliche Beförderungen und Versetzungen brauchen bei globalen Bestandsermittlungen nicht berücksichtigt zu werden. Bei detaillierten Planungen gehen sie in die Planung ein. Bei qualitativen Planungsinhalten müssen innerbetriebliche Personalveränderungen deswegen einbezogen werden.

3.2.4 Zukünftiger Personalbestand

Mit Hilfe der Formel für den Personalbestand

$$B_Z = B_A + Z - A$$

B_Z = Zukünftiger Personalbestand
B_A = Aktueller Personalbestand
A = Personalabgang
Z = Personalzugang

kann bei entsprechender terminlicher Betrachtung der Zu- und Abgang für jeden zukünftigen Stichtag der Personalbestand ermittelt werden.

In tabellarischer Form kann die Ermittlung des zukünftigen Personalbestandes bei ausschließlich quantitativer Betrachtung wie folgt erfolgen:

Personalbestandsplan	Konstruktion	Materialwirtschaft	Fertigung	Vertrieb	Verwaltung	Gesamtsumme
Bestand 01.01.	16	9	216	34	39	314
Autonomer Zugang	1		1		2	4
Initiierter Zugang	1	1				2
Autonomer Abgang	2		24	1	2	29
Initiierter Abgang			2	1		3
Bestand 31.12.	16	10	191	32	39	288

Selbstverständlich sind in diesem Personalbestandsplan nicht die Auswirkungen der Maßnahmen enthalten, welche als Ergebnis der Personalplanung festgelegt werden müssen. Diese Zahlen des zukünftigen Personalbestandes enthalten folglich nur bereits veranlaßte, erkannte oder erwartete Personalveränderungen.

Dieser zukünftige Personalbestand ist nur ein Zwischenergebnis. Gemeinsam mit den Ergebnissen der Personalveränderungsplanung

- Personalbeschaffung
- Personalfreisetzung

ergibt sich der »endgültige« Personalbestandsplan. In ihm werden zusätzlich Zeilen ausgewiesen für

- Personalbeschaffung
- Personalfreisetzung
- Personalversetzung.

Das »endgültige« Ergebnis kann folglich erst ermittelt werden, wenn alle Planungsaufgaben ausgeführt sind.

10

3.3 Personalbedarfsplanung

Entsprechend dem aktuellen Personalbestand bei der Personalbestandsrechnung ist der derzeitige Personalbedarf bei der Personalbedarfsrechnung die Ausgangsbasis.

Der zukünftige Personalbedarf kann entweder durch die Fortschreibung der benötigten Stellen bestimmt werden oder durch Errechnung des zukünftigen Personalbedarfs mit Hilfe der Stellenmethode oder Kennzahlentechniken.

Das Ergebnis muß in beiden Fällen der Personalbedarfsplan sein, der die Grundlage für die Planung der Personalveränderungen ist. Im Rahmen der Personalbedarfsplanung werden behandelt:

- **Aktueller Stellenbestand**
- **Stellenmethode**
- **Kennzahlentechniken**

An die Personalbedarfsplanung schließt sich die Personaleinsatzplanung an.

3.3.1 Aktueller Stellenbestand

Der aktuelle Personalbedarf, welcher die Ausgangsbasis für die Ermittlung des zukünftigen Personalbedarfs ist, wird oftmals mit einem der nachstehenden Werkzeuge des Personalwesens dokumentiert:

- Mit Hilfe des **Stellenplanes**, in welchem die benötigten und genehmigten Stellen ausgewiesen werden. Der Stellenplan für eine Abteilung kann beispielsweise folgendes Aussehen haben:

Stellenplan: Verkaufsabteilung B 2				
Stellenart	**Tarifgruppe**	**Personal-bestand**	**Stellen-bestand**	**Differenz**
Abteilungsleiter	-	1	1	
Gruppenleiter	T 9	5	4	+1
Sachbearbeiter	T 6 - 8	13	13	
Kontoristin	T 4 - 5	6	5	+1
Bürohilfen	T 2 - 3	4	4	
Summe		29	27	+2

- Mit Hilfe des **Stellenbesetzungsplanes**, in welchem die verfügbaren Stellen den Mitarbeitern zugeordnet werden, welche diese Stellen innehaben. Der Steilenbesetzungsplan kann beispielsweise in folgender Weise gestaltet sein:

Stellenbesetzungsplan: Verkaufsabteilung B 2		
Stelle	**Inhaber**	**Stellvertreter**
Abteilungsleitung	Herr Neumann	Herr Hense
Abteilungssekretärin	Frau Lang	-
Gruppenleiter B 2 I	Herr Hense	Herr Krings
Sachbearbeiter I - 1	Herr Haaga	Herr Reich
Sachbearbeiter I - 2	Frl. Wlady	Herr Reich
Sachbearbeiter I - 3	Herr Reich	Herr Haaga
Gruppenleiter B 2 II	Herr Krings	Herr Neumann
.	.	.
.	.	.
.	.	.

Für die Personalbedarfsplanung ist von entscheidender Bedeutung, daß die Inhalte der beiden Basispläne - des Stellenplanes und des Stellenbesetzungsplanes - aktuellen Inhalt haben, Nur wenn solche Werkzeuge einem regelmäßigen Änderungsdienst unterliegen, ist deren Aktualität gewährleistet.

Ist die Aktualität nicht gegeben, muß diese Basis neu ermittelt werden. Die Stellenzahl braucht nicht mit der Zahl der körperlich vorhandenen Arbeitsplätze identisch zu sein, darauf muß bei der Stellenbedarfsplanung geachtet werden.

3.3.2 Stellenmethode

Ausgehend vom aktuellen Stellen- und damit Personalbedarf erfolgt bei der Stellenmethode eine systematische Fortschreibung des Stellenbedarfs.

Sie umfaßt:

- **Stellenzugänge**, für die es beispielsweise folgende Gründe geben kann:
  - Erweiterung der Kapazität
  - Gründung von Filialen
  - Verstärkung der Bearbeitungsintensität.
- **Stellenveränderungen**, die einzubeziehen sind, wenn die Stellenbedarfsermittlungen auch qualitativ betrachtet werden.
- **Stellenabgänge**, die beispielsweise aus folgenden Gründen erfolgen können:
  - Verminderung von Kapazität
  - Wirkung von Rationalisierungsmaßnahmen
  - Auswirkungen von Leistungssteigerungen.

Der Ermittlung des zukünftigen Stellenbedarfes mit Hilfe der Stellenmethode kann beispielsweise folgender Rechnungsgang zugrundeliegen:

Stellenbedarfsermittlung	Konstruktion	Materialwirtschaft	Fertigung	Vertrieb	Verwaltung	Gesamtsumme
Stellenbestand 01.01	16	10	197	30	41	294
Einführung zentralisierte Textverarbeitung				– 2	– 1	– 3
Erzeugnisanlauf »Gummigraphen«			+ 8	+ 3		+ 11
Auflösung Verkaufsniederlassungen				– 4		– 4
Fertigungseinschränkung »Plastikgraphen«			– 4			– 4
Diverse Rationalisierungsmaßnahmen			– 3		– 2	– 5
Einführung Dialogsystem »Auftragsabwicklung«		– 1		– 3	– 1	– 5
Konstruktionsaufnahme »Platinen«	+ 3					
Stellenbestand 31.12.	19	9	198	24	37	284

Die ermittelten Stellen entsprechen dem Personalbedarf zum betrachteten Zeitpunkt.

3.3.3 Kennzahlentechniken

Auch bei den Kennzahlentechniken wird vom aktuellen Stellenbestand ausgegangen. Mit unterschiedlichen Techniken der stochastischen Prognoserechnung wird dabei der zukünftige Personalbedarf durch die Ermittlung der benötigten Stellen errechnet:

- Mit der **Trendextrapolation**, bei welcher der Trend des Personalbedarfs aus der Vergangenheit und der Gegenwart in die Zukunft hineinverlängert wird. Dieses Verfahren setzt eine unveränderte Trendentwicklung in der Zukunft voraus. Es dürfen keine Strukturveränderungen eintreten.

- Mit der **Regressionsrechnung**, bei der von der bekannten oder erwarteten Entwicklung einer bestimmten Größe auf den Personalbestand geschlossen wird. Solche erwarteten Größen sind beispielsweise:

  - Umsatz in einem Großhandelsbetrieb
  - Ausstoß in einem Industrieunternehmen
  - Verkaufsfläche in einem Einzelhandelsunternehmen.

  Mit Hilfe einer **Korrelationsanalyse** ist dabei die Abhängigkeit des Personalbedarfs von der gewählten Größe zu prüfen. Nur wenn eine hohe Korrelation gegeben ist, kann die Regressionsrechnung eingesetzt werden.

- Mit der **Kapazitätsbedarfsrechnung**, wenn für den betrachteten Zeitraum einer Personalbedarfsrechnung ein Fertigungsprogramm oder ein Auftragsbestand vorliegt. Der Kapazitätsbedarf kann für die Fertigung mit Hilfe der Arbeitspläne deterministisch ermittelt werden.

  Von dem Personalbedarf der Fertigung wird dann auf das Gesamtunternehmen hochgerechnet. Diese Technik ist nur für die Kurz- und Mittelfristplanung einsetzbar.

Bei Verwendung der Stellenmethode kann eine der dargestellten Kennzahlentechniken zur Überprüfung der Ergebnisse benutzt werden.

3.4 Personaleinsatzplanung

Durch Vergleich des Personalbestandes zum betrachteten Zeitpunkt - siehe Seite 89 - mit dem ermittelten Personalbedarf zum gleichen Stichtag wird der Personaleinsatzplan erstellt.

Für die benutzten Beispiele ergibt sich beispielsweise bei ausschießlich quantitativer Betrachtung folgendes Ergebnis für diesen Vergleich:

Personaleinsatzplan	Planungszeitpunkt: 31.12.					
	Konstruktion	Materialwirtschaft	Fertigung	Vertrieb	Verwaltung	Gesamtsumme
Personalbedarf Personalbestand	19 16	9 10	198 191	24 32	37 39	287 288
Personalveränderungs-erfordernis	+ 3	– 1	+ 7	– 8	– 2	– 1

In der Regel reicht diese quantitative Betrachtung für die Personaleinsatzplanung nicht aus. Nur eine qualitative Betrachtung kann befriedigende Ergebnisse erbringen. Dazu ist es erforderlich, die Anforderungen des Stellenbestandes den Fähigkeiten der Belegschaft, also des Personalbestandes, gegenüberzustellen:

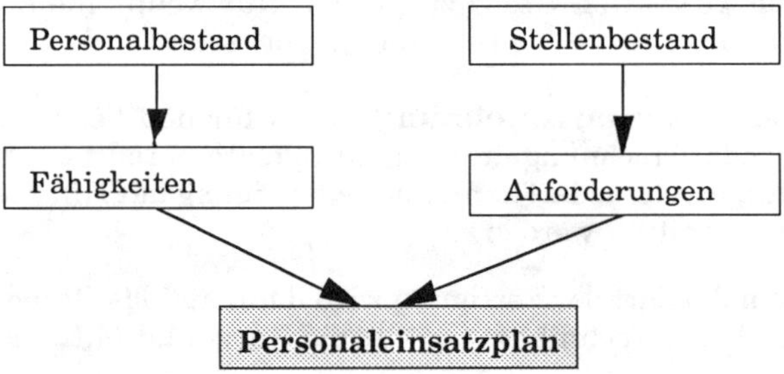

Der Vergleich der Fähigkeiten und Anforderungen bei der Personaleinsatzplanung kann auf zwei **Genauigkeitsebenen** erfolgen. Das sind:

- **Berufe**, wenn den Stellenanforderungen die erlernten oder ausgeübten Berufe der Mitarbeiter gegenübergestellt werden können.

- **Kenntnisse**, wenn der Personaleinsatz mit Hilfe eines detaillierten Kenntniskataloges und der Ausbildungsart geplant wird. In Personalinformationssystemen wird üblicherweise auf dieser Ebene gearbeitet, damit eine hohe Genauigkeit erreicht wird.

3.5 Personalveränderungsplanung

Mit der Personaleinsatzplanung wird bestimmt, welche Veränderungen bei der Belegschaft bis zum betrachteten Zeitpunkt durchgeführt werden müssen. Da in diese Planung auch die zukünftigen Personalbestandsveränderungen eingeflossen sind, müssen mit der Personalveränderungsplanung die Maßnahmen geplant werden, welche zusätzlich ausgeführt werden müssen. Die Personalveränderungsplanung ist damit eine **Planung zusätzlicher Maßnahmen**.

Ergibt die Personalveränderungsplanung ein eindeutig gerichtetes Ergebnis, werden auch Bezeichnungen benutzt wie

- Personalbeschaffungsplan
- Personalfreisetzungsplan.

Häufig ergeben sich sowohl Beschaffungs- wie Freisetzungserfordernisse.

Wesentliche Maßnahmen für die **Personalbeschaffung** können sein:

- Innerbetriebliche Versetzungen
- Externe Beschaffungen.

Zur **Personalfreisetzung** können ebenfalls Maßnahmen geplant werden:

- Innerbetriebliche Versetzung
- Entlassung.

Das Ergebnis der Personalveränderungsplanung ist der Personalveränderungsplan.

Die Maßnahmen des Personalveränderungsplanes können sich natürlich noch verändern, wenn die Planungsergebnisse des zeitlich entsprechenden Personalbestandes nicht mit der tatsächlichen Entwicklung übereinstimmen.

Die Planung der Veränderungsmaßnahmen bedarf noch der individuellen Planung, soweit es sich beispielsweise um Maßnahmen handelt wie

- Versetzungen
- Personalfreisetzungen
- Vorzeitige Pensionierungen.

Personalveränderungsplan	Konstruktion	Materialwirtschaft	Fertigung	Vertrieb	Verwaltung	Gesamtsumme
Personalzugangserfordernis	3		7			10
Übernahme von Auszubildenden			6			6
Versetzung	2					2
Personalbeschaffung	1		1			2
Personalabgangserfordernis			1	8	2	11
Versetzung				2		2
Vorzeitige Pensionierung					2	2
Personalfreistellung		1		6		7
Veränderungen	+ 3	– 1	+ 7	– 8	– 2	– 1

3.6 Personalfortbildungsplanung

Mit der Personalfortbildungsplanung werden verschiedenartige **Merkmale der Fortbildung** festgelegt:

- Ermittlung der Fortbildungserfordernisse
- Bestimmung der Fortbildungsziele
- Festlegung des Fortbildungsumfangs
- Planung der Fortbildungsart
- Auswahl der Fortbildungsteilnehmer
- Terminierung der Fortbildungsveranstaltungen.

Häufige **Aufgaben** der Personalfortbildungsplanung sind:

- Anpassungsfortbildung, beispielsweise der Kursbesuch zur Erweiterung der beruflichen Kenntnisse.

- Aufstiegsfortbildung, beispielsweise das Training von Managementtechniken.

- Umschulung, beispielsweise eine Zweitausbildung zum Lagerverwalter.

Ein Ausschnitt aus einem Personalfortbildungsplan zeigt die nachstehende Darstellung:

Personalfortbildungsplan				
Fortbildungsmaßnahme	**Grund/ Projekt**	**Termin**	**Dauer Std.**	**Teilnehmerzahl**
Dialogdatenverarbeitung Einführung	Neue Mitarbeiter	02. - 04.04. 02. - 04.10.	12 12	15 15
Dialogdatenverarbeitung Einführung	Material-wirtschaft	15. - 17.08.	12	22
Dialogbedarfsermittlung	Material-wirtschaft	18. - 24.08.	20	10
Dialogdisposition	Material-wirtschaft	27. - 30.08.	15	14
Dialogmaterialwirtschaft	Materal-wirtschaft	03. - 06.09.	8	18
CAD-Einführung	CAD	18. - 24.09.	30	6

Die kollektive Personalentwicklungsplanung muß integriert mit der individuellen Entwicklungsplanung vorgenommen werden.

3.7 Personalkostenplanung

Die Personalkosten sind ein bedeutender Teil der Gesamtkosten des Unternehmens. Diese Kosten müssen genauso geplant werden wie das Personal. Das um so mehr, da der Anstieg dieser Kostenart auch in der Zukunft überproportional sein wird.

Die Personalkostenplanung baut auf zwei **Grundlagen** auf:

- Auf dem geplanten zukünftigen **Personalstand** mit seinen erwarteten strukturellen und qualifikatorischen Gegebenheiten.

- Auf der erwarteten **Lohnentwicklung**, welche durch Tarife und andere Veränderungen bestimmt wird.

Die Planung der Personalkosten sollte zur Verbesserung der Transparenz detailliert erfolgen und auch entsprechend im Personalkostenplan ausgewiesen werden. Diese Detaillierung muß im Hinblick auf mehrere **Merkmale** erfolgen. Das sind vor allem:

- **Organisatorische Gliederung**, die in Bereiche und Abteilungen oder in Kostenstellen erfolgen kann.

- **Personalkostenstruktur**, welche den Anfall von Löhnen, Gehältern, Ausbildungsbeihilfen und deren Entwicklung zu berücksichtigen hat.

- **Personalkostenarten**, die in direkte und indirekte Personalkosten gegliedert werden sollten. Zu den indirekten Personalkosten zählen vor allem:

  - gesetzliche Sozialleistungen
  - tarifliche Sozialleistungen
  - freiwillige Sozialleistungen.

- **Personalerhaltungskosten**, die beispielsweise sein können:

  - Personalbeschaffungskosten
  - Personalversetzungskosten.

- **Personalentwicklungskosten**, bei denen beispielsweise zu unterscheiden sind:

  - Ausbildungskosten
  - Fortbildungskosten
  - Umschulungskosten.

Der Aufbau des Personalkostenplanes sollte möglichst aussagekräftig sein. Personelle Maßnahmen bedürfen auch immer einer kostenbezogenen Betrachtung.

11

	Kontrollfragen	bear-beitet	Lösungs-hinweis	Lösung +	-
01	Welche Merkmale kennzeichnen die Personalplanung?		61 f.		
02	Unterscheiden Sie Individual- und Kollektivplanung!		62 f.		
03	Nennen Sie die spezifischen Ziele der Personalplanung!		63 f.		
04	Welche Bedingungen sind für die Personalplanung bedeutsam?		66 f.		
05	Vergleichen Sie zentrale und dezentrale Personalplanung!		67		
06	Zählen Sie die Individualpläne der Personalplanung auf!		68 f.		
07	Was ist Inhalt einer Stellenbeschreibung?		69 f.		
08	Beschreiben Sie einen Laufbahnplan!		72		
09	Wie wird ein Nachfolgeplan erarbeitet?		73		
10	In welchen Formen werden Nachfolgepläne dokumentiert?		73 f.		
11	Welche Arten von Stellenbesetzungsplänen werden unterschieden?		74		
12	Nennen Sie einige Entwicklungsziele, die in Entwicklungsplänen Eingang finden können!		76		
13	Beschreiben Sie einen Standard-Entwicklungsplan!		77 f.		
14	Skizzieren Sie einen persönlichen Entwicklungsplan!		77		
15	Warum besitzt die Einarbeitung neuer Mitarbeiter so große Bedeutung?		79		
16	Welche Einarbeitungsaktivitäten werden in Einarbeitungsplänen oftmals aufgenommen?		79 f.		
17	Skizzieren Sie die Vorgehensweise bei der kollektiven Personalplanung!		82		
18	Nennen Sie die Einzelaufgaben der Kollektivplanung des Personals!		82		
19	Mit welchen Zeiträumen wird in der Personalplanung gearbeitet?		83		
20	Was ist eine »Klassifikation der Berufe«?		84		
21	Erläutern Sie die Graduierung von Fähigkeiten!		84		
22	In welcher Weise kann bei einer Personalplanung eine Detaillierung vorgenommen werden?		85 f.		
23	Welchen Charakter können Personalpläne haben?		86		
24	Unterscheiden Sie zwei planungsrelevante Arten von Personalveränderungen!		86		

	Kontrollfragen	bearbeitet	Lösungshinweis	Lösung +	Lösung -
25	Welche Definitionen müssen im Hinblick auf den aktuellen Personalbestand getroffen werden?		87		
26	Nennen Sie einige Beispiele für autonome Personalabgänge!		88		
27	Wie lautet die Formel zur Ermittlung des zukünftigen Personalbestandes?		88 f.		
28	Mit welchen Methoden kann der zukünftige Personalbedarf ermittelt werden?		90 ff.		
29	Skizzieren Sie einen Stellenbesetzungsplan für eine Abteilung!		91		
30	Worin unterscheidet sich ein Stellenplan von einem Stellenbesetzungsplan?		91		
31	Erläutern Sie die Stellenmethode bei der Personalbedarfsplanung!		92		
32	Was versteht man unter der Kennzahlentechnik zur Personalbedarfsplanung?		93		
33	Erklären Sie das Verfahren der Trendextrapolation!		93		
34	Was ist die Basis einer Regressionsrechnung?		93		
35	Beschreiben Sie die Vorgehensweise bei der Personaleinsatzplanung!		93 f.		
36	Was sind die Ergebnisse eines Personalveränderungsplanes?		95 f.		
37	Welche Aktivitäten werden mit einem Fortbildungsplan festgelegt?		96		
38	Skizzieren Sie einen Personalfortbildungsplan!		96 f.		
39	Nennen Sie die Grundlagen einer Personalkostenplanung!		96		
40	Welche Merkmale sollten in einem Personalkostenplan berücksichtigt werden?		97 f.		

C. Personalbeschaffung

Die Personalbeschaffung befaßt sich mit der Bereitstellung der für das Unternehmen erforderlichen Arbeitskräfte in

- qualitativer
- quantitativer
- zeitlicher

Hinsicht. Hierbei kann es sich grundsätzlich um Arbeitnehmer oder freie Mitarbeiter handeln:

- **Arbeitnehmer**, die auf Grund privatrechtlicher Verträge oder gleichgestellter Verhältnisse in persönlicher Abhängigkeit für einen Arbeitgeber Arbeit oder Dienste leisten. Dies geschieht als Arbeiter oder Angestellte, für deren Unterscheidung ist die Art der ausgeübten Tätigkeit maßgeblich:

Arbeiter	Sie sind ihm Rahmen eines Arbeitsverhältnisses überwiegend körperlich-mechanisch tätig.
Angestellte	Sie sind im Rahmen eines Arbeitsverhältnisses überwiegend geistig-gedanklich tätig.

  Die Abgrenzung zwischen Arbeitern und Angestellten läßt sich nicht immer eindeutig vornehmen. Bei Streitigkeiten ist für Arbeitnehmer das Arbeitsgericht zuständig.

- **Freie Mitarbeiter** als im Rahmen eines Dienstvertrages tätige Mitarbeiter, die u.a. nicht in gleich fester Weise wie Arbeitnehmer in die betriebliche Organisation eingebunden sind. Sie sind unabhängiger als Arbeitnehmer, genießen aber andererseits wesentlich geringeren arbeitsrechtlichen Schutz. Bei Streitigkeiten ist für freie Mitarbeiter das Zivilgericht - Amtsgericht oder Landgericht - zuständig.

Im Rahmen der Personalbeschaffung soll - soweit nicht anders vermerkt - auf die Beschaffung von Arbeitnehmern, also von Arbeitern und Angestellten eingegangen werden.

Die Personalbeschaffung baut auf der Personalbedarfsplanung auf, für deren Deckung sie zu sorgen hat.

In den letzten Jahren wurde erkannt, daß die Personalbeschaffung zu den wichtigsten Aufgaben der Personalwirtschaft gehört. Ein Grund war die Vollbeschäftigung, die es schwierig machte, offene Stellen im Unternehmen anforderungsgerecht zu besetzen. Die Bedeutung der Personalbeschaffung ist aber auch in Zeiten geringerer Beschäftigung keineswegs kleiner.

Der Einsatz einer jeden Arbeitskraft stellt für das Unternehmen eine **Investition** dar, deren wirtschaftliche Vorteilhaftigkeit - als Kosten-Nutzen-Verhältnis - sorgsam geprüft werden sollte.

Um Personalbeschaffung in geeigneter Weise durchführen zu können, ist es erforderlich, den Arbeitsmarkt systematisch zu erforschen. Das geschieht im Rahmen der **Personalmarktforschung**, die auch als Arbeitsmarktforschung bezeichnet wird. Ihr stellen sich insbesondere zwei Aufgaben:

- Analyse der Situation des Arbeitsmarktes
- Fundierung der personalwirtschaftlichen Maßnahmen.

Für die Personalbeschaffung dient die Personalmarktforschung der Analyse des gegenwärtigen und der Prognose des zukünftigen Beschaffungspotentials. *Overbeck* versteht unter dem **Beschaffungspotential** den Teil des Angebotes an Arbeitskräften, der zur Besetzung gegenwärtig oder zukünftig freier Positionen in Betracht kommt und unterscheidet:

- **Offenes Beschaffungspotential**
  - Arbeitslose
  - Beschäftigte, die einen neuen Arbeitsplatz suchen
  - Arbeitssuchende, die in das Erwerbsleben eintreten.

- **Latentes Beschaffungspotential**
  - Abwerbung von Arbeitskräften anderer Unternehmen
  - Erhöhung der Erwerbstätigkeit bei bestimmten Bevölkerungsgruppen.

Die Personalbeschaffung kann sich auf den Teil des Arbeitsmarktes beziehen, der innerhalb des Unternehmens liegt, oder jenen Teil des Arbeitsmarktes betreffen, der sich außerhalb des Unternehmens befindet. Entsprechend werden die interne und externe Personalbeschaffung unterschieden.

Im folgenden sollen behandelt werden:

Personalbeschaffung	Personalanforderung
	Beschaffungswege
	Bewerbung
	Auswahl
	Arbeitsvertrag

1. Personalanforderung

Ausgangspunkt für die Personalbeschaffung ist die Personalanforderung, die wegen möglicher Mißverständnisse und Fehlinformationen ausschließlich **schriftlich** vorgenommen werden sollte. Es empfiehlt sich, hierfür ein einheitliches Formular zu verwenden.

Bei der Personalanforderung ist zu unterscheiden, ob ein Ersatzbedarf oder ein Neubedarf zugrundeliegt. Handelt es sich um einen **Ersatzbedarf**, sollte die Personalanforderung zumindest folgende Informationen geben:

- Anfordernde Abteilung
- Bezeichnung der zu besetzenden Stelle
- Anforderungen an die Arbeitskraft
- Zeitpunkt der Besetzung.

Bezieht die Personalanforderung sich auf einen **Neubedarf**, wären insbesondere die folgenden zusätzlichen Angaben erforderlich:

- Stellenbeschreibung
- Personalkosten
- Dauer der Besetzung
- Begründung des Bedarfes.

Die Personalanforderung ist unter zwei Gesichtspunkten zu betrachten:

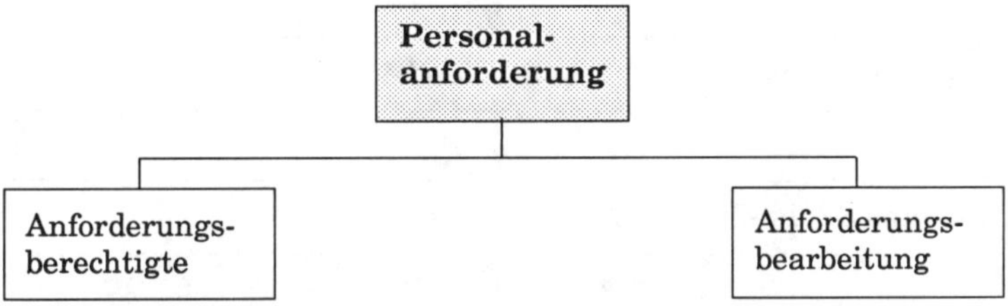

1.1 Anforderungsberechtigte

Die Personalanforderung sollte grundsätzlich nur von leitenden Mitarbeitern, zumindest Abteilungsleitern oder Betriebsleitern, gestellt werden dürfen. Auch hier ist die Unterscheidung zwischen einem Ersatzbedarf und einem Neubedarf vorzunehmen:

- Bei **Ersatzbedarf** kann der Abteilungsleiter oder Betriebsleiter die Personalanforderung üblicherweise ohne Einschaltung der Geschäftsleitung direkt an das Personalwesen geben, da die besetzende Stelle bereits vorhanden ist.

- Bei **Neubedarf** ist die - meist - vom Abteilungsleiter oder Betriebsleiter gestellte Personalanforderung zunächst der Geschäftsleitung zur Genehmigung vorzulegen. Erst wenn diese vorliegt, erfolgt eine Weiterleitung an das Personalwesen.

Die Geschäftsleitung ist ebenfalls dann einzuschalten, wenn die Personalanforderung sich auf die Position eines leitenden Angestellten bezieht.

Die Anforderungsberechtigten sollten veranlaßt werden, vor der Erstellung einer Personalanforderung alle Möglichkeiten der Personaleinsparung zu prüfen. Außerdem sollten sie nach Möglichkeit für die Stellenbeschreibung in Frage kommende Personen benennen.

1.2 Anforderungsbearbeitung

Die Personalanforderung ist von der Personalabteilung zu bearbeiten. Im Falle von Ersatzbedarf schlägt *Frey* folgende Bearbeitungsschritte vor, nachdem die Personalanforderung bei der Personalabteilung eingegangen ist:

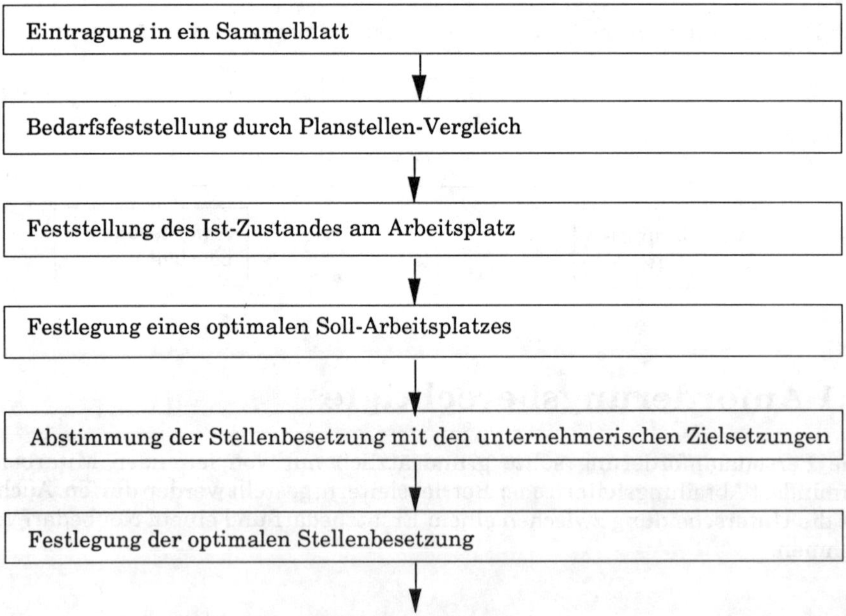

Festlegung des Besetzungstermins

↓

Festlegung des optimalen Beschaffungstermins

↓

Festlegung des Beschaffungsweges

↓

Information des Betriebsrates gem. § 99 BetrVG

↓

Festlegung des Inhaltes der Ausschreibung

↓

Information des Vorgesetzten über geplante Maßnahmen

↓

Beschaffungsvorgang

↓

Vermerk von Bewerbern auf der Personalanforderung

↓

Erledigungsvermerk auf dem Sammelblatt

↓

Ablage der Personalanforderung in der Personalakte

↓

Information des Vorgesetzten über geplante Maßnahme

Bei **Neubedarf** ist die Personalanforderung zunächst noch der Geschäftsleitung zur Genehmigung vorzulegen, sofern dies nicht bereits durch den Antragsteller erfolgte. Das gilt in gleicher Weise für die Personalanforderung, die sich auf die Position eines **leitenden Angestellten** bezieht.

2. Beschaffungswege

Um die erforderlichen Arbeitskräfte in qualitativer, quantitativer und zeitlicher Hinsicht bereitstellen zu können, ist das Unternehmen in der Lage, eine Vielzahl von Wegen zu beschreiten. Welcher der Beschaffungswege als geeignet anzusehen ist, hängt insbesondere von der Art der zu besetzenden Stelle ab.

Eine **Umfrage** von *Bisani* bei 120 Unternehmen aller Größenklassen vermittelt einen Einblick, wie intensiv verschiedene Beschaffungswege genutzt wurden:

Beschaffungswege	Arbeiter	Angestellte	Auszubildende
Stellenangebote in Zeitungen	76 %	90 %	58 %
Innerbetriebliche Versetzungen	76 %	82 %	13 %
Staatliche Arbeitsvermittlung	81 %	73 %	40 %
Auswertung von Stellengesuchen	28 %	68 %	8 %
Kontakte zu Ausbildungsinstitutionen	11 %	18 %	45 %
Sonstige	13 %	18 %	12 %

Mehrfachnennungen waren möglich.

Die Tabelle zeigt bereits einige Schwerpunkte bei der Wahl von Beschaffungswegen. Sie soll durch die Zusammenstellung aller üblicherweise - mehr oder weniger - genutzten Beschaffungswege ergänzt werden:

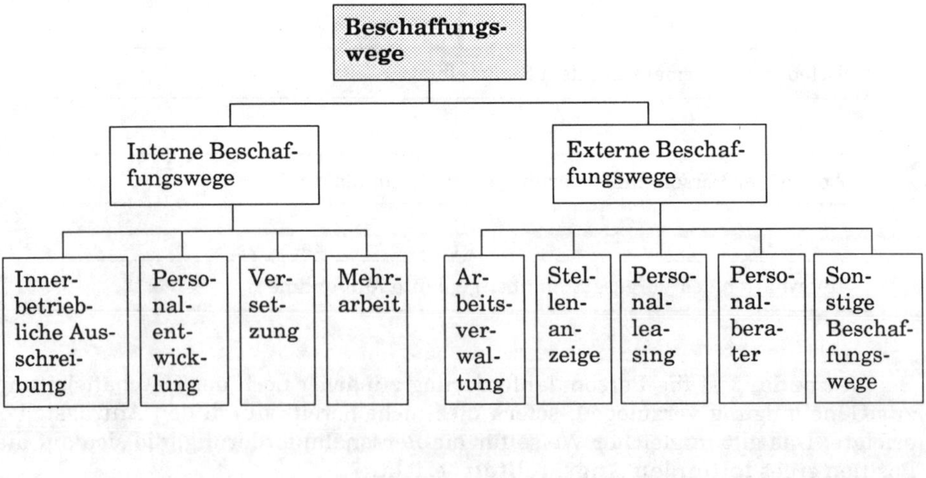

2.1 Interne Beschaffungswege

Die internen Beschaffungswege beziehen sich auf den Teil des Arbeitsmarktes, der innerhalb des Unternehmens liegt. In der betrieblichen Praxis hat es sich weithin als vorteilhaft erwiesen, vor einer Stellenbesetzung zu prüfen, inwieweit bereits im Unternehmen tätige Arbeitskräfte für die Besetzung der Stelle in Betracht kommen.

Grundsätzlich kann das Interesse an der positionsmäßigen Veränderung eines Arbeitnehmers beim Unternehmen oder beim Arbeitnehmer selbst liegen:

- Wird dem **Arbeitnehmer** eine zu besetzende Stelle - beispielsweise durch eine innerbetriebliche Stellenausschreibung - bekannt, an der er interessiert ist, hat er die Möglichkeit, der Personalabteilung seine Bewerbung einzureichen. Die Besetzung einer Stelle mit einem dafür qualifizierten oder - beispielsweise durch Aus- und Fortbildung - zu qualifizierenden Arbeitnehmer hat für das Unternehmen mehrere **Vorteile**:

  - Die Motivation der Arbeitnehmer wird positiv beeinflußt.
  - Die Mobilität der Arbeitnehmer erhöht sich.
  - Die Besonderheiten des Unternehmens sind den Arbeitnehmern bekannt.
  - Die Einarbeitung der Arbeitnehmer wird erleichtert.
  - Die Beschaffungskosten sind gering.

  Es ist aber nicht zu verkennen, daß sich bei dieser Vorgehensweise auch **Nachteile** ergeben können:

  - Der Arbeitnehmer befürchtet, abgelehnt zu werden.
  - Der Arbeitnehmer empfindet eine Ablehnung als Mißerfolg.
  - Der Arbeitnehmer befürchtet Negativ-Reaktionen bisheriger Vorgesetzter.
  - Bisher Vorgesetzte sind persönlich gekränkt.
  - Bisher Vorgesetzte loben einen weniger geeigneten Arbeitnehmer weg.

- Das **Unternehmen** wirkt auf den Arbeitnehmer ein, eine bestimmte Stelle einzunehmen. Dabei sind zwei Möglichkeiten zu unterscheiden:

  - Der Arbeitnehmer kann sich **beruflich verbessern**, weshalb in der Mehrzahl der Fälle anzunehmen ist, daß er einer Versetzung zustimmt.

  - Der Arbeitnehmer kann sich **beruflich nicht verbessern**, gegebenenfalls verschlechtert er sich sogar, beispielsweise wenn technische oder organisatorische Veränderungen im Unternehmen zu einer Veränderung bzw. zum Wegfall von besetzten Stellen führen. Stimmt der Arbeitnehmer einer Versetzung nicht zu, kann eine Änderungskündigung erforderlich werden.

Es muß festgestellt werden, daß die interne Personalbeschaffung für das Unternehmen nicht nur - wie gezeigt - Vorteile hat, sondern daß sie auch Gefahren in sich bergen kann. Insbesondere sind Betriebsblindheit und eine Hemmung fortschrittlicher Entwicklungen zu nennen.

Als interne Beschaffungswege können unterschieden werden:

- **Innerbetriebliche Stellenausschreibung**
- **Personalentwicklung**
- **Versetzung**
- **Mehrarbeit.**
- Personalbeurteilung

2.1.1 Innerbetriebliche Stellenausschreibung

Das Unternehmen, das eine Stelle zu besetzen hat, ist in der Wahl seines Beschaffungsweges grundsätzlich frei. Nach § 93 BetrVG kann der Betriebsrat jedoch eine innerbetriebliche Stellenausschreibung verlangen. Der Betriebsrat hat die Wahl,

- allgemein - also für alle zu besetzenden Stellen - eine innerbetriebliche Stellenausschreibung zu fordern,
- nur für bestimmte Arten von Tätigkeiten eine innerbetriebliche Stellenausschreibung zu verlangen.

Ausgenommen hiervon sind die Positionen leitender Angestellter nach § 5 BetrVG. Sie müssen nicht ausgeschrieben werden.

Das Unternehmen kann - unabhängig von der innerbetrieblichen Stellenausschreibung - parallel externe Beschaffungswege nutzen, beispielsweise durch Veröffentlichung einer Stellenanzeige. Ein innerbetrieblicher Bewerber hat bei der Stellenbesetzung grundsätzlich keinen Vorrang im Vergleich zu Bewerbern von außerhalb des Unternehmens.

Die innerbetriebliche Stellenausschreibung sollte alle für einen potentiellen Bewerber wichtigen **Informationen** enthalten, insbesondere:

- Angaben über die Tätigkeit
- Angaben über die Aufgabenstellung
- Anforderungen an den Bewerber.

Hat der Betriebsrat eine innerbetriebliche Stellenausschreibung verlangt, muß das Unternehmen dem Verlangen entsprechen. Erfolgt dies nicht, kann der Betriebsrat nach § 99 Abs. 2 Nr. 5 BetrVG seine Zustimmung zu einer geplanten Einstellung oder

Versetzung verweigern. Außerdem kann der Betriebsrat einer Einstellung widersprechen, wenn die Auswahlrichtlinien nach § 95 BetrVG nicht eingehalten werden.

Der Betriebsrat kann über die Art und Weise der innerbetrieblichen Stellenausschreibung nicht mitbestimmen, eine freiwillige Vereinbarung zwischen dem Unternehmen und dem Betriebsrat ist möglich und empfehlenswert.

2.1.2 Personalentwicklung

Die Personalentwicklung ist ein weiterer Weg innerbetrieblicher Personalbeschaffung, womit ein künftiger Bedarf an qualifizierten Arbeitnehmern im Unternehmen gedeckt werden kann. Im einzelnen lassen sich vier **Maßnahmen** unterscheiden:

- Die **Ausbildung** als berufliche Erstausbildung, die neben einer breit angelegten beruflichen Grundausbildung den Erwerb von Kenntnissen, Fertigkeiten und Erfahrungen zum Ziel hat.

- Die **Fortbildung**, mit welcher die beruflichen Kenntnisse und Fertigkeiten erweitert und den aktuellen Entwicklungen angepaßt werden. Sie kann sein:

Anpassungs-fortbildung	Mit ihrer Hilfe soll die fachliche Qualifikation der Mitarbeiter in ihrem Beruf oder Einsatzgebiet verbessert werden.
Aufstiegs-fortbildung	Sie dient dazu, den Mitarbeitern notwendiges Managementwissen zu vermitteln und Führungsverhalten zu trainieren.

- Die **Umschulung**, mit welcher eine berufliche Neuorientierung erfolgt, indem erwachsene Arbeitnehmer eine Zweitausbildung für eine andere als von ihnen bisher ausgeübten Tätigkeit erhalten.

Die Personalentwicklung wird in Kapitel H. ausführlich behandelt.

2.1.3 Versetzung

Das Unternehmen kann eine innerbetriebliche Personalbeschaffung auch mit Hilfe von Versetzungen vornehmen, insbesondere dann, wenn sich die Anzahl bestimmter von Arbeitnehmern besetzter Arbeitsplätze verringert und dafür neue, andere Arbeitsplätze eingerichtet werden müssen.

Eine Versetzung ist nach § 95 Abs. 3 BetrVG die **Zuweisung eines anderen Arbeitsbereiches,**

- die voraussichtlich die Dauer von einem Monat überschreitet

  oder

- die mit einer erheblichen Änderung der Umstände verbunden ist, unter denen die Arbeit zu leisten ist.

Was unter einem **anderen Arbeitsbereich** alles verstanden werden kann, läßt sich - *Goossens* zufolge - indirekt über § 21 Abs. 2 aus § 81 Abs. 1 BetrVG ableiten. Danach umfaßt er:

- eine andere Aufgabe
- eine andere Verantwortung
- eine andere Art der Tätigkeit
- eine andere Einordnung in den betrieblichen Arbeitsablauf.

Eine andere Einordnung in den betrieblichen Arbeitsablauf ist vor allem darin zu sehen, daß der Arbeitnehmer einer anderen Arbeitsgruppe oder einem anderen Vorgesetzten zugeordnet wird.

Werden Arbeitnehmer nach der Eigenart ihres Arbeitsverhältnisses üblicherweise nicht ständig an einem bestimmten Arbeitsplatz beschäftigt, so gilt die Bestimmung des jeweiligen Arbeitsplatzes nach § 95 Abs. 3 BetrVG nicht als Versetzung.

Goossens nennt wesentliche **Gründe** für Versetzungen:

- **Betriebliche Umstellungen**

  Erweiterung oder Einschränkung des Betriebes, wirtschaftliche oder technische Rationalisierung.

- **Ereignisse bei Kollegen**

  Ende der Ausbildung, Wechsel des Betriebes, Bundeswehr, Invalidität, Tod.

- **Ereignisse bei Kollegen bzw. Vorgesetzten**

  Urlaub, Krankheit, Berufskrankheit, Familie, Unfall, Mehrfachausbildung, mangelnde körperliche, fachliche, menschliche Eignung, beruflicher Aufstieg, Streit mit Kollegen, Streit mit Vorgesetzten.

Die Versetzung kann - wie erläutert - bewirken, daß der Arbeitnehmer sich beruflich verbessert, nicht verbessert oder verschlechtert.

Die Versetzung kann auf zwei **Wegen** erfolgen:

- Durch eine **Weisung** des Arbeitgebers, aber nur dann, wenn der Arbeitsvertrag mit dem Arbeitnehmer dies zuläßt, d.h. wenn

- die zugewiesenen Arbeiten innerhalb der **fachlichen Umschreibung** der Tätigkeit des Arbeitnehmers - beispielsweise innerhalb eines bestehenden Berufsbildes - liegen und üblicherweise in dem betreffenden Beruf geleistet werden.

- die zugewiesenen Arbeiten **allgemein umschrieben** sind - beispielsweise als Bürohilfskraft - und »billigem Ermessen« entsprechen, wovon ausgegangen werden kann, wenn die Arbeiten bei Vertragsschluß voraussehbar waren und nicht willkürlich angeordnet wurden.

- der Ort der **Leistungserbringung** im Arbeitsvertrag nicht auf den gegenwärtigen Ort beschränkt ist, sondern eine Versetzung des Arbeitnehmers aus betrieblichen Gründen - allgemein oder unter Nennung bestimmter Orte, einer bestimmten Region oder eines bestimmten Umkreises - vereinbart ist.

In keinem Falle darf der Arbeitgeber dem Arbeitnehmer einen **Arbeitsplatz mit geringerer Entlohnung** zuweisen. Dies ist selbst dann nicht möglich, wenn er sich dies arbeitsvertraglich vorbehalten hat.

- Durch eine **Änderungskündigung**, wenn die obigen Voraussetzungen nicht gegeben sind, der Arbeitsvertrag die Versetzung durch eine Weisung also nicht deckt. Entspricht die zu leistende Arbeit inhaltlich oder bezüglich des Ortes der Leistungserbringung nicht den Vereinbarungen im Arbeitsvertrag bzw. ist die Versetzung mit einer geringeren Entlohnung verbunden, wird eine Änderungskündigung erforderlich.

  Die Änderungskündigung ist eine Erklärung des Arbeitgebers, mit der er das Arbeitsverhältnis einseitig beendet, aber gleichzeitig anbietet, einen neuen Arbeitsvertrag mit geänderten Bedingungen abzuschließen.

In jedem Falle, ob Weisung oder Änderungskündigung, muß der **Betriebsrat** angehört werden, der die Zustimmung verweigern kann. Geschieht die Anhörung nicht, ergeben sich unterschiedliche Folgen:

- Bei einer Weisung ohne Anhörung des Betriebsrates hat der Betriebsrat einen **Anspruch auf Aufhebung der Maßnahme**.

- Bei einer Änderungskündigung ohne Anhörung des Betriebsrates ist die **Änderungskündigung unwirksam**.

Der Betriebsrat kann der Kündigung aus bestimmten Gründen widersprechen, die in § 102 Abs. 3 BetrVG genannt sind. Bei einer weisungsbedingten Versetzung kann der Betriebsrat unter Angabe von Gründen, die in § 99 Abs. 2 BetrVG genannt sind, widersprechen.

2.1.4 Mehrarbeit

Ein weiterer Weg der innerbetrieblichen Personalbeschaffung ist die Mehrarbeit. Sie hat den **Vorteil**, daß die Zahl der Arbeitnehmer im Unternehmen nicht erhöht werden muß. Einstellungen - und damit neue arbeitsrechtliche Bindungen des Unternehmens - lassen sich vermeiden.

Bisani nennt zwei **Möglichkeiten** für eine Mehrarbeit ohne Erhöhung der Zahl der Arbeitnehmer:

- **Überstunden der Arbeitnehmer**, wobei Arbeitnehmerschutzgesetze, Tarifverträge, Betriebsvereinbarungen einzuhalten sind.

- **Erhöhung der Arbeitsintensität**, welche durch verstärkte Motivation oder durch Rationalisierung bewirkt werden kann.

Eine Mehrarbeit, insbesondere durch Überstunden, bietet sich gegebenenfalls bei kurzzeitigen Spitzen im Leistungsbedarf an. So wurden in der Vergangenheit beispielsweise in der Automobilindustrie entsprechende Sonderschichten eingelegt, wenn die Nachfrage besonders hoch war.

12

2.2 Externe Beschaffungswege

Die externen Beschaffungswege beziehen sich auf den Teil des Arbeitsmarktes, der außerhalb des Unternehmens liegt. Sie werden genutzt, wenn eine innerbetriebliche Personalbeschaffung nicht möglich ist oder unzweckmäßig erscheint. Welcher externe Beschaffungsweg zu wählen ist, hängt von mehreren **Kriterien** ab, insbesondere von der

- Situation am Arbeitsmarkt
- Bedeutung der zu besetzenden Stelle
- Qualifikation der zu beschaffenden Arbeitskraft.

Folgende externen Beschaffungswege lassen sich unterscheiden:

- **Arbeitsverwaltung**
- **Stellenanzeige**
- **Personalleasing**
- **Personalberater**
- **Sonstige Beschaffungswege.**

2.2.1 Arbeitsverwaltung

Die Bundesanstalt für Arbeit und die ihr zugehörigen Einrichtungen haben in der Bundesrepublik Deutschland ausschließlich das Recht,

- Berufsberatung
- Vermittlung in berufliche Ausbildungsstellen
- Arbeitsvermittlung

zu betreiben. Einrichtungen oder Personen, die in Ausnahmefällen mit Genehmigung der Bundesanstalt für Arbeit für bestimmte Berufe oder Personengruppen eine Berufsberatung oder Arbeitsvermittlung vornehmen dürfen, unterstehen der Aufsicht durch die Bundesanstalt für Arbeit. Diese Regelungen finden sich in § 4 AFG. Zum Zwecke der Arbeitsvermittlung unterhält die Bundesanstalt für Arbeit mehrere Einrichtungen, die aber auch noch andere Aufgaben haben. Es können unterschieden werden:

- Die 184 **Arbeitsämter** mit ihren 647 Nebenstellen, die in ihrer Tätigkeit jeweils auf ihre regionalen Bereiche festgelegt sind. Die Schwerpunkte ihrer Arbeitsvermittlung liegen, insbesondere in Zeiten hoher Beschäftigung, eher bei Tätigkeiten ausführender Art, beispielsweise von Hilfsarbeitern, Facharbeitern, Bürohilfskräften, Aushilfskräften.

  Der Grund hierfür ist unter anderem darin zu sehen, daß ein allgemeiner Vermittlungsdruck durch Stellensuchende nicht besteht und sonstige Positionen von den Unternehmern vielfach unter Nutzung anderer Beschaffungswege - insbesondere der Stellenanzeigen - erfolgt.

  Bei geringerer Beschäftigung wandelt sich dieses Bild zunehmend, insbesondere wegen des Vermittlungsdruckes durch Stellensuchende.

- Die **Landesstellen für Arbeitsvermittlung**, die in Berlin, Chemnitz, Düsseldorf, Frankfurt, Halle, Hamburg, Hannover, Kiel, München, Nürnberg und Stuttgart ansässig sind und im Bereich der jeweiligen Landesarbeitsämter (LAA) die Aufgaben der Arbeitsvermittlung - vor allem bei Bewerbern mit Fachschul-, Fachhochschul-, Hochschulausbildung und (sonstigen) Führungskräften - wahrnehmen.

- Die **Zentralstelle für Arbeitsvermittlung (ZAV)** in Frankfurt, die für das gesamte Gebiet der Bundesrepublik Deutschland zuständig ist und eng mit den Landesstellen für Arbeitsvermittlung zusammenarbeitet. Wie diese, befaßt sich die Zentralstelle für Arbeitsvermittlung überwiegend mit der Vermittlung von Bewerbern mit Fachschul-, Fachhochschul-, Hochschulausbildung und (sonstigen) Führungskräften.

  Zu diesem Zwecke veröffentlicht sie einen **zentralen Stellenanzeiger** »Markt und Chance«, der bei den Arbeitsämtern kostenlos zu erhalten ist.

- Die **Fachvermittlungsstellen** (FDV), welche die Fachvermittlung für besonders qualifizierte Fach- und Führungskräfte vornehmen. Sie arbeiten überregional, teilweise auch, indem sie **Stellenanzeigen** in namhaften Tages- und Wochenzeitungen veröffentlichen.

Die Unternehmen sollten engen Kontakt, insbesondere mit dem örtlichen Arbeitsamt halten. Schließlich ist es für Vermittler im Arbeitsamt wichtig, die Unternehmen möglichst genau zu kennen, um wirkungsvoll beraten und vermitteln zu können.

Eine Zusammenarbeit der Unternehmen mit den örtlichen Arbeitsämtern bietet sich nicht zuletzt auch deshalb an, weil die Arbeitsämter nach dem AFG eine Reihe von Förderungsmöglichkeiten haben, die bei der Beschaffung und Eingliederung neuer Arbeitskräfte gewährt werden können.

2.2.2 Stellenanzeige

Die Stellenanzeige kann in zweifacher Weise erfolgen. Einmal kann sie durch den Bewerber aufgegeben sein, der eine Arbeitsstelle sucht. Diesen Weg zu beschreiten, ist für einen Bewerber eher erfolgsversprechend, wenn Vollbeschäftigung herrscht oder wenn er einen Mangelberuf ausübt.

Berufserfahrene
Schaufenstergestalterin
sucht Teilzeitbeschäftigung oder freie Mitarbeit.
Off. unter 9698 an die RNZ

Weibl.
Bürokaufmann
in ungekündigter Stellung sucht neuen Wirkungskreis
Angeb. unt. Chiffre-Nr.: 38 818

Verlagskauffrau, z. Zt. als Buchhändlerin tätig sucht ab sof. oder später Stelle in Verlag oder Druckerei. (Schreibmaschine-, Engl.-, Franz.-Kenntnisse vorhanden). Off. unt. 9765

Verwaltungsangestellte, 30 J. wegen Kleinkind nicht berufst., zuverl., kann für Firma ganztags Telefonanrufe entgegennehmen. Zuschr. unt. Off. 17 724

Wirtschafterin su. Stelle, auch privat, von Mo.–Fr. 8 Std. tägl. Tel.

19jähr. Einzelhandelskaufmann, weibl., su. Stelle als Bürokraft im Raum Wiesloch/HD, baldmögl. Angeb. u. Chiffre 17 665

Wird von einer Stellenanzeige gesprochen, ist darunter meist das Stellenangebot eines Unternehmens zu verstehen. Die Stellenanzeige ist der - zumindest bei Angestellten - von den Unternehmen am meisten genutzte Wege externer Personalbeschaffung.

Die Stellenanzeige als Stellen**angebot** soll näher behandelt werden:

2.2.2.1 Anzeigenträger

Erste Voraussetzung für den Erfolg einer Stellenanzeige ist, daß die für eine Bewerbung in Betracht kommenden Arbeitskräfte die Stellenanzeige überhaupt lesen. Diese Chance ist dann gegeben, wenn das Unternehmen den Anzeigenträger zielgruppengerecht auswählt, d.h. wenn der Streuverlust der Stellenanzeige gering ist.

Freundl beschreibt beispielhaft einen Streuverlust von 99,9 %, der sich daraus ergibt, daß in einer Zeitung mit 100.000 Lesern ein Ingenieur mit einer seltenen Berufserfahrung gesucht wird, aber nur 10 Leser den Anforderungen entsprechen.

Grundsätzlich stehen dem Unternehmen als Anzeigenträger zur Verfügung:

- Regionale Tageszeitungen
- Überregionale Tageszeitungen
- Überregionale Wochenzeitungen
- Fachzeitschriften.

Um Streuverluste der Stellenanzeigen zu vermeiden, muß das Unternehmen sorgsam untersuchen, welche Anzeigenträger für die einzelnen auszuschreibenden Stellen geeignet sind. Dabei kann von folgenden Überlegungen ausgegangen werden:

- Arbeitskräfte der **unteren bis mittleren Hierarchie-Ebene** werden überwiegend in regionalen Tageszeitungen gesucht. Gegen eine Insertion in überregionalen Zeitungen spricht vor allem die meist vorhandene Immobilität dieser Arbeitskräfte.

- Arbeitskräfte der **höheren bis hohen Hierarchie-Ebene** sucht man vorzugsweise in überregionalen Tages- und Wochenzeitungen, weil diese Arbeitskräfte vielfach mobiler sind und die anzusprechende Zielgruppe von Arbeitskräften bei regionalen Tageszeitungen häufig zu klein ist.

- Arbeitskräfte mit **Spezialkenntnissen** werden häufig, insbesondere im technischen Bereich, in Fachzeitschriften gesucht. Sie haben die geringsten Streuverluste und eine längere Wirkungsdauer als Zeitungen. Außerdem sind sie relativ kostengünstig. Ihr Nachteil ist, daß sie den Einzelnen - bei betrieblichem Umlauf - möglicherweise erst sehr spät erreichen.

Für das Unternehmen kann es sich auch als zweckmäßig erweisen, in mehreren Anzeigenträgern zu inserieren, beispielsweise in zwei »nebeneinanderliegenden« regionalen Tageszeitungen oder in einer überregionalen Zeitung und in einer Fachzeitschrift.

2.2.2.2 Anzeigentermin

Das Unternehmen steht mitunter vor dem Problem, daß ein Arbeitnehmer zum letztmöglichen Zeitpunkt kündigt. Um die frei werdende Position wieder besetzen zu können, muß ein neuer Mitarbeiter kurzfristig beschafft werden. Dabei ergibt sich die Frage, ob eine Stellenanzeige sofort nach Eingang der Kündigung oder zu einem anderen Zeitpunkt eingeschaltet werden soll.

Es kann sich als nicht zweckmäßig erweisen, sofort eine Stellenanzeige zu veröffentlichen, wenn davon auszugehen ist, daß die in anderen Unternehmen beschäftigten Arbeitskräfte die gleichen Kündigungsfristen und Kündigungstermine haben. Stattdessen sollte ein Zeitraum von rund sechs Wochen vor der nächsten Kündigungsfrist abgewartet werden, um eine Stellenanzeige aufzugeben.

Damit kann eine an einer Bewerbung interessierte Arbeitskraft sorgsam über das Stellenangebot nachdenken und ein sich möglicherweise ergebendes Bewerbungsverfahren in Ruhe abgewickelt werden.

Die typischen Kündigungstermine für Angestellte waren in der Vergangenheit die Quartalsenden. Obgleich die Kündigungsfristen neu geregelt sind, bleiben die Quartalsenden aufgrund tarifvertraglicher Festlegungen weiterhin vielfach bedeutsam. Allerdings eignen sich nicht alle Quartalsenden in gleicher Weise zur Kündigung, vor allem aus Sicht der Arbeitnehmer, die in der unteren bis mittleren Hierarchie-Ebene tätig sind:

- Das **Ende des ersten Quartals** ist ein günstiger Kündigungstermin, wenn eine vom Unternehmen gezahlte Weihnachtsgratifikation vom Arbeitnehmer gegebenenfalls nicht mehr zurückzuzahlen ist.

- Das **Ende des zweiten Quartals** ist ungünstiger, weil es bereits in der Nähe der Urlaubszeit liegt.

- Das **Ende des dritten Quartals** ist nicht günstig, da ein Wechsel für den Arbeitnehmer den Verlust der Weihnachtsgratifikation bedeutet.

- Das **Ende des vierten Quartals** ist ebenfalls ungünstig, weil eine Weihnachtsgratifikation nicht gezahlt wird oder eine erhaltene Weihnachtsgratifikation zurückzuzahlen ist.

Das Unternehmen sollte diese Überlegungen bei der Festlegung des Anzeigentermins berücksichtigen, bei anderen Kündigungsterminen in entsprechender Form.

Bei der zeitlichen Planung einer Stellenanzeige, die sich auf Arbeitnehmer der höheren und hohen Hierarchie-Ebene bezieht, sind Vermutungen über geeignete Einschalttermine schwieriger anzustellen, weil meist Verträge mit längeren Kündigungsfristen vorliegen.

Die Festlegung des Anzeigentermines ist nicht nur eine Frage des allgemeinen Zeitrahmens, sondern sie beinhaltet bei Tageszeitungen auch den geplanten **Tag der Veröffentlichung**. Hier ist insbesondere die Überlegung anzustellen, ob die Stellenanzeige an einem Samstag oder an einem anderen Wochentag erscheinen soll:

- Für den **Samstag** spricht, daß an diesem Tag ein umfassendes, konzentriertes Angebot erfolgt, das auch Nicht-Abonnenten erreicht, die sich die Wochenend-Ausgabe kaufen.

- Für einen **anderen Wochentag** spricht, daß die einzelne Stellenanzeige größere Aufmerksamkeit auf sich zieht, weil das Angebot wesentlich kleiner und damit übersichtlicher ist.

Schließlich ist im Hinblick auf den Anzeigentermin vom Unternehmen noch festzulegen, ob die Stellenanzeige zu **einem** oder **mehreren Terminen** eingeschaltet werden soll.

2.2.2.3 Anzeigenarten

Es lassen sich mehrere Arten von Stellenanzeigen unterscheiden. Nach der Nennung des beschaffenden Unternehmens gibt es:

- **Offene Stellenanzeigen**, welche den Namen des inserierenden Unternehmens enthalten. Sie legen dem Bewerber nicht nur offen, wo er sich bewirbt, sie geben dem Bewerber vielmehr auch die Möglichkeit, sich gezielter zu bewerben als wenn ihm der Name des inserierenden Unternehmens nicht bekannt wäre.

- **Chiffreanzeigen**, welche den Namen des inserierenden Unternehmens nicht enthalten. Sie werden allgemein eher negativ beurteilt, sowohl von ihrer Intension als auch von ihrem Erfolg her. Gerade qualifizierte Bewerber neigen weniger dazu, sich auf Chiffreanzeigen zu bewerben, weil ihnen die vorliegenden Informationen nicht genügen, um sich gezielt bewerben zu können, und weil sie ihren Ansprechpartner nicht kennen.

  Chiffreanzeigen sollten deshalb nur ausnahmsweise und bei Vorliegen gewichtiger Gründe eingesetzt werden, beispielsweise wenn der inserierte Arbeitsplatz

  - noch besetzt ist,
  - der Konkurrenz nicht bekannt werden soll,
  - unerwünschten Interessenten nicht bekannt werden soll.

- **Anzeigen von Personalberatern**, deren Name genannt ist, und die gewährleisten, daß Sperrvermerke des Bewerbers beachtet werden, sowie gegebenenfalls für die Bewerbung wichtige Zusatzinformationen geben. Das Unternehmen, von welchem die Stelle ausgeschrieben ist, bleibt aber noch immer unbekannt.

  Das beschriebene Verfahren dient vor allem dazu, Chiffreanzeigen zu vermeiden, aber deren Wirkung für das Unternehmen zu erreichen.

Nach den unterschiedlichen **Satzverfahren** gibt es:

- **Wortanzeigen**, die auch Fließsatzanzeigen, Kleinanzeigen oder Gelegenheitsanzeigen genannt werden. Sie sind einspaltig, werden im laufenden Text abgesetzt und nach der Zahl der enthaltenen Wörter berechnet. Sie können offene Anzeigen oder Chiffreanzeigen sein.

Junge Führungskräfte bis 30 Jahre benötigt namhafter Deutscher Konzern zum Aufbau einer Spezialorganisation. Wenn sie kaufmännische, betriebswirtschaftliche oder pädagogische Erfahrungen haben, Freude an einer selbständigen Position und Lernbereitschaft für eine aus dem Rahmen fallende Karriere mitbringen, bieten wir Ihnen eine echte Chance. Kurzbewerbung unter:

Kfz-Meister u. Geselle ges., evtl. auch Lackierer od. Spengler. Tel.

Anzeigenverkäufer od. qualifizierter Außendienstverkäufer gesucht. Tel.

Holzfachleute/Maschinenführer (Schreiner, Maschinenschlosser, usw.) für unser hochmodernes Werk in Dauerstellung ges., Kenngott-Treppen, Neulandstr. 692 Sinsheim, T.

- **Gesetzte Anzeigen**, die mehrspaltig sein können und - auf der Grundlage eines Spaltenpreises pro mm - nach der belegten Fläche berechnet werden. Sie sind offene Anzeigen oder Chiffreanzeigen.

Firmenkundenkredite.

Die Baden-Württembergische Bank AG ist die große Geschäftsbank mit Sitz in Baden-Württemberg.
Für unsere Firmenkunden- und Kreditabteilung in der Filiale

Mannheim

suchen wir einen Bankkaufmann oder Betriebswirt mit praktischer Erfahrung im Kreditgeschäft zur selbständigen Betreuung von Firmenkunden und zur Kreditbearbeitung.

Neben entsprechenden Kenntnissen des Kreditgeschäfts erwarten wir Kontaktfähigkeit, Initiative und Einsatzbereitschaft.

Wenn Sie an dieser entwicklungsfähigen Position interessiert sind, so richten Sie bitte Ihre Bewerbung mit den üblichen Unterlagen, Ihrem Gehaltswunsch und dem möglichen Eintrittstermin, unter Stichwort „Firmenkredite Mannheim" an nachstehende Adresse. Für telefonische Anfragen stehen wir Ihnen vorab gerne zur Verfügung.

Baden-Württembergische Bank AG
Ressort Personal, Postfach 142
Stuttgart 1, Telefon 0711/2094-335 oder -460

2.2.2.4 Anzeigengestaltung

Die Gestaltung der Anzeige erfolgt unter mehreren Gesichtspunkten. Einen Einblick geben die **Grundsätze** für die Anzeigengestaltung, die von *Frey* genannt werden:

- Anzeigengröße im Verhältnis zu Positionswert und Marktwert
- Firmenzeichen am Ende des Layouts
- Weißraum hebt Anzeige ab
- Schlagwort muß als Blickfang wirken
- Textblöcke erleichtern die Lesbarkeit
- Schriftgröße mindestens acht Punkt (ca. 3 mm hoch)
- Superlative vermeiden

- Sachlicher Inhalt hat Vorrang vor äußerer Form
- Layout vorschreiben
- Einheitliches Anzeigenbild über längere Zeit
- Plazierung rechts oben.

Drei Gesichtspunkte sollen für Anzeigengestaltung herausgegriffen werden:

- Die **Größe** der Anzeige, die sich - nach *Stopp* - an folgenden Kriterien orientieren kann:

  - Bedeutung des Unternehmens
  - Bedeutung der ausgeschriebenen Stelle
  - Dringlichkeit der Stellenbesetzung
  - Arbeitsmarktlage
  - Werbeträger
  - Konkurrenzpräsenz
  - Werbeetat

  Die Größe der Anzeige kann auch aus den Kosten abgeleitet werden, die für sie aufzuwenden sind. In der betrieblichen Praxis geht man vielfach davon aus, daß die Kosten der Anzeige etwa einem Monatsgehalt der zu besetzenden Stelle entsprechen.

- Der **Inhalt** der Anzeige sollte so klar und informativ gestaltet sein, daß sich für die ausgeschriebene Stelle qualifizierte Stellensuchende bewerben, Stellensuchende mit nicht ausreichender Qualifikation auf eine Bewerbung verzichten.

  Die inhaltliche Gestaltung der Anzeige kann sich - in Anlehnung an *Goossens* - am folgenden **Schema** orientieren:

Wir sind:	**Aussagen über das Unternehmen** **Beispiele**: Firmenname Firmenzeichen Branche Standort des Unternehmens Größe des Unternehmens Mitarbeiterzahl Führungsstil
Wir haben:	**Aussagen über die freie Stelle** **Beispiele**: Ausschreibungsgrund Aufgabenbeschreibung

	Verantwortungsumfang Vertretungsmacht Entwicklungschancen
Wir suchen:	**Aussagen über die Anforderungsmerkmale** **Beispiele**: Berufsbezeichnung Vorbildung Ausbildung Kenntnisse Fähigkeiten Berufserfahrung Persönliche Eigenschaften Alter
Wir bieten:	**Aussagen über die Leistungen** **Beispiele**: Hinweis auf Lohn- bzw. Gehaltshöhe Wohnungshilfe Fahrgeld(zuschuß) Sozialleistungen Gleitende Arbeitszeit
Wir bitten:	**Nennung der Bewerbungsunterlagen** **Beispiele**: Bewerbungsschreiben Lebenslauf Zeugnisse Lichtbild Persönliche Vorstellung

- Die **Aufmachung** der Anzeige kann gestaltungsmäßig nach dem dargestellten Schema erfolgen. Wenn sich die Anzeige abheben und Aufmerksamkeit wecken soll, bietet es sich an, besondere gestalterische Maßnahmen zu ergreifen. *Hambusch* macht einige **Vorschläge**:

  - Herausstellung des Unternehmens durch Namen, Zeichen, Abbildungen
  - Herausstellung der hergestellten Erzeugnisse
  - Herausstellung des geographischen Raumes
  - Herausstellung der besonderen Aufgaben, Probleme, Position
  - Herausstellung zu Zukunftsträchtigkeit der Position
  - Persönliche Ansprache durch einen Mitarbeiter des Unternehmens
  - Ansprache durch Schlagzeilen.

Abbildungen - beispielsweise Graphiken oder Fotos - eignen sich nur bei Positionen der unteren bis mittleren Hierarchie-Ebene. **Fette** oder **halbfette Umrandungen** der Anzeige sollten vermieden werden.

Mit der Wahl des Anzeigenträgers, des Anzeigentermines, der Anzeigenart und mit der Gestaltung der Anzeige hat das Unternehmen wesentliche Voraussetzungen geschaffen, die einen Erfolg der Anzeige(n) ermöglichen können. Es kommt nun noch darauf an, daß die Anzeige die richtige **Plazierung** erhält. Erfahrungsgemäß ist die Aufmerksamkeit des Lesers bei Stellenanzeigen auf den ersten vier bis fünf Seiten am größten, wobei jeweils die rechte Seite rechts oben besonders vorteilhaft ist.

Der Erfolg der Anzeige(n) ist im Rahmen einer systematischen **Erfolgskontrolle** festzustellen.

2.2.3 Personalleasing

Das Personalleasing ist ein externer Beschaffungsweg für Arbeitskräfte, die **kurzfristig** im Unternehmen tätig werden sollen. Dabei verleihen die Personalleasing-Firmen bei ihnen beschäftigte Arbeitnehmer an das Unternehmen. Sie **vermitteln** diese Arbeitskräfte aber **nicht**, wie ihnen von der Bundesanstalt für Arbeit in den 60er Jahren zu Unrecht unterstellt wurde.

Gerade in den 60er Jahren entwickelten sich zahlreiche Personalleasing-Firmen, die in dem großen, konjunkturell bedingten Personalbedarf eine Marktlücke erkannten. Darunter war auch eine Reihe von schwarzen Schafen. Das führte zu zwei **Entwicklungen**:

- Seriöse Personalleasing-Firmen schlossen sich in **Verbänden** zusammen, beispielsweise:
  - Bundesverband Personal-Leasing mit Sitz in Darmstadt
  - Unternehmensverband für Zeit-Arbeit e.V. mit Sitz in Frankfurt

- Der Gesetzgeber verabschiedete 1972 das **Gesetz zur Regelung der gewerbsmäßigen Arbeitnehmerüberlassung (AÜG)**, das unter anderem festlegt:
  - Die Arbeitnehmerüberlassung bedarf einer Erlaubnis durch die Arbeitsverwaltung (Art. 1 § 1 Nr. 1 AÜG).
  - Der Vertrag zwischen dem Verleiher und dem Entleiher bedarf der Schriftform (Art. 1 § 12 Nr. 1 AÜG).
  - Der Verleiher hat im Vertrag zu erklären, ob er über die erforderliche Erlaubnis verfügt (Art 1. § 12 Nr. 1 AÜG).
  - Ein Arbeitnehmer darf nicht länger als sechs Monate bei demselben Entleiher sein (Art 1 § 3 Abs. 1 Nr. 6 AÜG).

- Der Arbeitsvertrag zwischen dem Verleiher und dem Leiharbeitnehmer muß grundsätzlich unbefristet sein (Art. 1 § 3 AÜG).
- Eine Befristung ist nur dann statthaft, wenn sich aus der Person des Arbeitnehmers ein sachlicher Grund ergibt (Art. 1 § 9 AÜG).
- Der Entleiher hat jeden Entleihfall der zuständigen Krankenkasse anzuzeigen und haftet wie ein selbstschuldnerischer Bürge für die Erfüllung der Zahlungspflicht durch den Verleiher (Art. 3 § 1 AÜG).

Das Personalleasing bietet sich im Verwaltungsbereich an, insbesondere bei Schreibkräften, aber auch im gewerblichen Bereich bei Monteuren, Facharbeitern, technischen Fachkräften. Gründe für den Einsatz eines Zeitarbeitnehmers sind beispielsweise Urlaub, Krankheit, sonstige Abwesenheit von eigenen Arbeitnehmern oder kurzfristige Leistungsspitzen im Unternehmen. Der Betriebsrat hat beim Einsatz der Leiharbeitskraft nach überwiegender Auffassung kein Mitbestimmungsrecht gemäß §§ 99 ff. BetrVG.

Die **Personalleasing-Firma**

- schließt mit dem Zeitarbeitnehmer einen Dienstvertrag,
- zahlt dem Zeitarbeitnehmer den Nettolohn,
- führt die Steuern und Sozialabgaben ab,
- hat das volle Direktionsrecht über den Leiharbeitnehmer,
- schließt mit dem Entleiher einen Arbeitnehmerüberlassungsvertrag.

Das **entleihende Unternehmen**

- schließt mit der Personalleasing-Firma einen Arbeitnehmerüberlassungsvertrag,
- zahlt der Personalleasing-Firma die vereinbarte Leasinggebühr,
- gibt dem Zeitarbeitnehmer lediglich Arbeitsanweisungen am Arbeitsplatz,
- kann den Zeitarbeitnehmer innerhalb der ersten vier Stunden nach Arbeitsaufnahme ohne Rechnungstellung ablehnen.

Die **Kosten** für den Zeitarbeitnehmer liegen höher als für einen eigenen Arbeitnehmer, nicht zuletzt weil die Personalleasing-Firma auch entsprechend verdienen will. Dafür liegt das Risiko einer Fehleinstellung für das Unternehmen erheblich geringer und Auseinandersetzungen nach Ablauf der vorgesehenen Beschäftigungszeit werden vermieden.

2.2.4 Personalberater

Personalberater stellen einen externen Beschaffungsweg für **Arbeitskräfte der höheren und hohen Hierarchie-Ebene** dar. Ihr Schwergewicht darf - wegen des Vermittlungsmonopols der Arbeitsverwaltung - nicht auf der Vermittlung von Arbeitskräften liegen, sondern auf der Beratung des beauftragten Unternehmens.

Pillat gibt mehrere **Beispiele** von Leistungen, die von Personalberatern häufig erbracht werden:

- Erarbeiten einer Aufgabenstellung und Stellenanforderung
- Erarbeiten der organisatorischen Einordnung einer Stelle
- Formulieren und Gestalten einer aussagefähigen Anzeige
- Prüfen und vergleichendes Bewerten von Bewerbungsunterlagen
- Durchsprechen der Ergebnisse mit dem Auftraggeber
- Durchführen von Bewerbergesprächen
- Auswerten von Bewerbergesprächen
- Einholen und Auswerten von Auskünften
- Vorstellen der ausgewählten Bewerber beim Auftraggeber
- Mitwirken beim Vorstellungsgespräch
- Beraten bei der Entscheidung
- Beraten bei dem Festlegen der Anstellungsbedingungen.

Auf die Personalberater wurde bereits bei den Chiffre-Anzeigen hingewiesen, die durch die Einschaltung der Personalberater in ihren Negativ-Wirkungen entschärft werden können.

Qualifizierte Personalberater verfügen durch ihre Zusammenarbeit mit einer Vielzahl von Unternehmen über weitreichende Kenntnisse und Erfahrungen. Für ihre Leistungen berechnen sie Beratungshonorare, die üblicherweise nicht erfolgsabhängig sind, und den Ersatz von Sachkosten.

2.2.5 Sonstige Beschaffungswege

In der betrieblichen Praxis gibt es eine Vielzahl weiterer externer Beschaffungswege, deren wichtigste im folgenden kurz dargestellt werden sollen:

- **Vermittlung durch Mitarbeiter**, die insbesondere in Zeiten hoher Beschäftigung vom Unternehmen gefördert werden kann, beispielsweise durch Information über freie Stellen in der Werkszeitschrift, durch Aufforderung der Mitarbeiter zur Unterstützung des Unternehmens bei der Personalbeschaffung oder/und Gewährung einer Anwerbeprämie.

- **Aushang am Werkstor**, der sich vor allem auf Hilfskräfte, einfache Verwaltungstätigkeiten und gewerbliche Tätigkeiten beziehen kann und vorübergehende Berufstätige ansprechen soll. Um Aufmerksamkeit zu erregen, empfehlen sich beispielsweise große, gut sichtbare und attraktiv aufgemachte Tafeln.

- **Besichtigung des Unternehmens**, die eine Aufklärung über das Unternehmen geben und die Arbeitsplätze vor Ort zeigen soll, beispielsweise an einem »Tag der offenen Tür«. Dazu bieten sich Vorträge, Filme, Informationsmaterial und Betriebsführungen in besonderer Weise an.

- **Kontakt mit Bildungseinrichtungen**, die für das Unternehmen interessiert sind, beispielsweise allgemeinbildende Schulen, Fachschulen, Fachhochschulen, technische Hochschulen, Universitäten. Er kann in Form von Besichtigungen, Vorträgen in den Bildungseinrichtungen oder/und Informationsmaterialien erfolgen.

- **Plakatierung**, die vor allem in Verkehrsmitteln, an Haltestellen, in Bahnhöfen, aber auch an Litfaßsäulen vorgenommen werden kann und sich schwerpunktmäßig auf Positionen der unteren Hierarchie-Ebene bezieht.

- **Handzettel**, die von Beauftragten des Unternehmens oder als Postwurfsendungen verteilt werden, und sich ebenfalls im wesentlichen auf Positionen der unteren Hierarchie-Ebene beziehen.

Schließlich ist noch die **Abwerbung** zu nennen, die auch in Verbindung mit anderen externen Beschaffungswegen erfolgen kann. Von Abwerbung wird gesprochen, wenn ein Unternehmen einen anderweitig beschäftigten Arbeitnehmer zum Vertragsbruch verleitet.

Nach *Pillat* ist das dann der Fall, wenn es »... auf ihn einwirkt, seine Arbeit bei einem anderen Arbeitgeber, dem er zur Arbeitsleistung verpflichtet ist, nicht aufzunehmen oder einzustellen und der abwerbende Arbeitgeber sich möglicherweise zusätzlich noch verpflichtet, eine den Arbeitnehmer treffende Vertragsbruchstrafe zu übernehmen.

Aber auch die Verleitung eines Arbeitnehmers zur ordentlichen Beendigung seines Arbeitsverhältnisses kann sittenwidrig sein, wenn dabei unlautere Mittel angewandt werden.«

Das abwerbende Unternehmen macht sich schadensersatzpflichtig. Die rechtlichen Grundlagen sind § 1 UWG, §§ 823, 826 BGB.

3. Bewerbung

Eine Bewerbung kann dem Unternehmen aufgefordert oder unaufgefordert zugehen. Die Aufforderung zur Bewerbung ist beispielsweise in einer Stellenanzeige enthalten. Unaufgefordert kann eine Bewerbung erfolgen, wenn ein Stellensuchender dem Unternehmen seine Leistung anbietet, insbesondere in Zeiten geringer Beschäftigung.

Unaufgeforderte Bewerbungen erfolgen häufig als **Kurzbewerbungen**. Das sind Anfragen nach derzeit oder später zu besetzenden Stellen, in denen sich Bewerber kurz vorstellen. Das Unternehmen sollte hierauf antworten, indem es - situationsbedingt - ausführliche Bewerbungsunterlagen anfordert, den Bewerbern einen gegenwärtig nicht vorhandenen Bedarf oder einen prinzipiell nicht vorhandenen Bedarf mitteilt.

Die Bewerbung erfolgt üblicherweise **schriftlich** und besteht aus mehreren Teilen, die insbesondere sein können:

- Bewerbungsschreiben
- Bewerberfoto
- Lebenslauf
- Personalfragebogen
- Schulzeugnisse
- Arbeitszeugnisse
- Referenzen
- Arbeitsproben.

Je nach der zu besetzenden Position ist es nicht immer erforderlich, alle diese Teile einzureichen. Dies gilt um so mehr für Positionen der unteren Hierarchie-Ebene.

Es ist aber auch möglich, daß - insbesondere bei Positionen der unteren Hierarchie-Ebene - vom Unternehmen auf eine schriftliche Bewerbung verzichtet wird, unddie Bewerbung unmittelbar **mündlich** möglich ist, beispielsweise durch die Aufforderung in der Stellenanzeige: »Vereinbaren Sie telefonisch mit unserem Herrn Schmidt einen Gesprächstermin!«

Die **Bearbeitung** der Bewerbung erfolgt im Unternehmen:

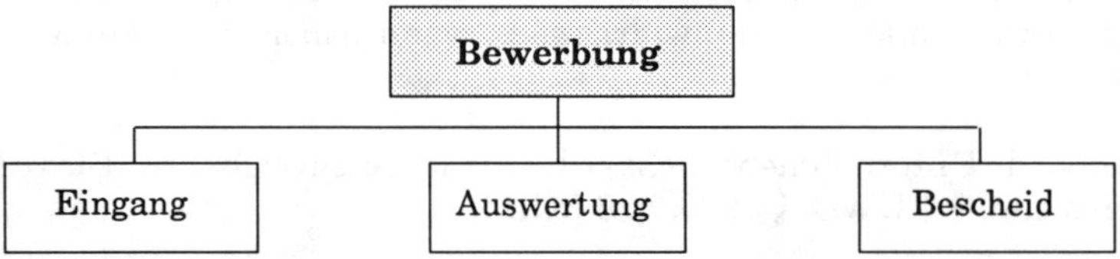

3.1 Eingang

Beim Eingang von Bewerbungen im Unternehmen sollten diese in einer Liste eingetragen werden, die auch dazu dient, den weiteren Weg der Bewerbungen - beispielsweise die Vorlage in der Fachabteilung, bei der Geschäftsleitung oder die Rücksendung - genau festzuhalten.

Die Bewerbungen sollten rasch einer **groben Durchsicht** unterzogen werden, die erkennen läßt, welche Bewerber von vornherein für die zu besetzende Stelle nicht in Betracht kommen, weil sie bestimmten **Mindesterwartungen** oder **Min-**

destanforderungen nicht gerecht werden. Diesen Bewerbern sollte - unter Rückgabe der eingereichten Bewerbungsunterlagen - unverzüglich mitgeteilt werden, daß ihre Bewerbung nicht berücksichtigt werden kann.

Den übrigen Bewerbern ist der **Eingang** der Bewerbung - ebenfalls schnellstmöglich - zu **bestätigen** und darauf zu verweisen, daß die eingereichten Bewerbungsunterlagen bearbeitet würden, was etwas Zeit benötige. Nur in Ausnahmefällen erfolgt eine **unmittelbare** - schriftliche oder telefonische - **Kontaktaufnahme** mit dem Ziel, einen Bewerber zu einem Vorstellungsgespräch zu bitten, beispielsweise bei besonders qualifizierten Bewerbern oder bei Mangelberufen.

Das Unternehmen hat im Hinblick auf die ihm eingereichten Bewerbungsunterlagen mehrere **Pflichten**, bei deren Verletzung es dem Bewerber gegenüber schadensersatzpflichtig wird. *Stopp* nennt:

- die sorgfältige und sichere Aufbewahrung der Unterlagen,
- das Verbot, die Unterlagen beliebigen Mitarbeitern zugänglich zu machen,
- das Verbot, die Unterlagen unternehmensfremden Personen zugänglich zu machen,
- das Verbot, die Unterlagen an ein anderes Unternehmen weiterzuleiten,
- die unverzügliche Rücksendung der Unterlagen in ordnungsgemäßem Zustand, aber ohne Bewerbungsbrief und Personalfragebogen.

Weiterhin darf das Unternehmen die persönlichen Daten eines Bewerbers weder speichern noch kopieren, auch wenn es beispielsweise beabsichtigt, bei einer neuerlich frei werdenden Stelle wieder an den Bewerber heranzutreten, es sei denn, es hat ein **berechtigtes Interesse**.

Dieses kann insbesondere vorliegen, wenn

- die Bewerbung in absehbarer Zeit wiederholt werden soll,
- Rechtsstreitigkeiten in Verbindung mit der Bewerbung erwartet werden.

Es ist darauf hinzuweisen, daß der Bewerber nach dem **Bundesdatenschutzgesetz** berechtigt ist, bei dem stellenausschreibenden Unternehmen anzufragen, welche Daten über ihn elektronisch gespeichert sind, und das Unternehmen zur Auskunft verpflichtet ist. Das gilt nicht für traditionell gespeicherte Daten.

3.2 Auswertung

Nach der ersten, groben Durchsicht der Bewerbungsunterlagen erfolgt die Auswertung der Bewerbungsunterlagen. Grundlagen können **Auswahlrichtlinien** sein, deren Aufstellung der Betriebsrat in Unternehmen mit mehr als 1.000 Arbeitnehmern nach § 95 Abs. 2 BetrVG verlangen kann. Für die Personalbeschaffung sind von Bedeutung*:

- **Fachliche Voraussetzungen**, die beispielsweise durch Zeugnisse, Arbeitsproben, Tests festgestellt werden.
- **Persönliche Voraussetzungen**, die in der geistigen, charakterlichen, körperlichen Eignung liegen und vor allem im Vorstellungsgespräch festgestellt werden.

Verstößt das Unternehmen gegen die Auswahlrichtlinien, kann der Betriebsrat die Zustimung zur Einstellung eines neuen Mitarbeiters nach § 99 Abs. 2 BetrVG verweigern.

Die Auswertung der Bewerbungsunterlagen hat systematisch und so objektiv wie möglich zu erfolgen. Sie wird üblicherweise im Zusammenwirken der Personalabteilung und der Fachabteilung vorgenommen. Für die Auswertung bietet sich die Verwendung eines **Auswertungsbogens** an, der für jeden einzelnen Bewerber erstellt oder - als Sammelbogen - für mehrere Bewerber zusammengefaßt werden kann, beispielsweise in der folgenden Form:

Auswertungsbogen													**Stelle:**												
Name, Vorname																									
Geburtsdatum																									
Bewerbungs-unterlage	**Bewertungs-kriterium**	1	2	3	4	5	Bemerkung	1	2	3	4	5	Bemerkung	1	2	3	4	5	Bemerkung	1	2	3	4	5	Bemerkung
Bewerbungs-schreiben																									
Bewerber-foto																									
Lebens-lauf																									
Personal-fragebogen																									
Schul-zeugnisse																									
Arbeits-zeugnisse																									
Refe-renzen																									
Arbeits-proben																									
Gesamturteil																									
Datum:					**Unterschrift:**										**1 Punkt: Nicht ausreichend** **2 Punkte: Ausreichend** **3 Punkte: Befriedigend**						**4 Punkte: Gut** **5 Punkte: Sehr gut**				

* Die Auswahlrichtlinien enthalten auch soziale Voraussetzungen, die aber für die Personalbeschaffung von geringer Bedeutung sind, hingegen bei einer Versetzung oder Kündigung ebenfalls beachtet werden müssen.

Die Angaben im Personalfragebogen können nur dann - wie im Auswertungsbogen vorgesehen - bewertet werden, wenn er dem Unternehmen bereits vorliegt. Der Auswertungsbogen läßt sich weiter verfeinern, indem die einzelnen Beurteilungskriterien eine ihrer für die Beschaffungsentscheidung tatsächlichen Bedeutung entsprechende Gewichtung erhalten und die sich daraus ergebenden Punktwerte addiert werden, so daß sich für jeden Bewerber ein **Nutzwert** ergibt.

Die einzelnen Bewerbungsunterlagen haben für die Auswahl von Bewerbern unterschiedliche Bedeutung. Das liegt an ihrer allgemeinen Aussagefähigkeit, aber auch an der Art der zu besetzenden Stelle. *Bisani* führte eine Untersuchung* durch, welche die Häufigkeit der Verwendung einzelner Bewerbungsunterlagen zur Beurteilung von Bewerbern zeigt:

	Leitende Angestellte		Außertarifliche Angestellte		Tarif-Angestellte		Gewerbliche Arbeitnehmer	
	Wesentliche Bewerbungsunterlagen (in % der Antworten)	Unwesentliche Bewerbungsunterlagen (in % der Antworten)	Wesentliche Bewerbungsunterlagen (in % der Antworten)	Unwesentliche Bewerbungsunterlagen (in % der Antworten)	Wesentliche Bewerbungsunterlagen (in % der Antworten)	Unwesentliche Bewerbungsunterlagen (in % der Antworten)	Wesentliche Bewerbungsunterlagen (in % der Antworten)	Unwesentliche Bewerbungsunterlagen (in % der Antworten)
Analyse des Lebenslaufs	66	5	69	5	61	6	30	11
Schulzeugnisse	33	25	38	25	44	23	24	20
Ausbildungszeugnisse	53	10	59	9	71	4	57	2
Praxiszeugnisse	82	2	81	3	80	4	68	3
Vorstellungsgespräch	80	1	91	2	88	2	64	3
Arbeitstests/ Arbeitsproben	4	38	5	30	12	21	17	12
Gutachten/ Referenzen	36	20	10	26	3	34	5	31
Graphologische Gutachten	16	46	2	50	–	52	–	50
Psychologische Tests/Eignungsuntersuchung	4	35	6	35	3	38	6	35

Im folgenden wird die Auswertung einzelner Bewerbungsunterlagen erörtert:

- **Bewerbungsschreiben**
- **Bewerberfoto**
- **Lebenslauf**
- **Personal(frage)bogen**
- **Schulzeugnisse**
- **Arbeitszeugnisse**

---

* 120 Unternehmen mit über 1.000 Mitarbeitern sollten aus den neun vorgegebenen Bewerbungsunterlagen die drei wesentlichsten und die drei unwesentlichsten auswählen.

- **Referenzen**
- **Arbeitsproben.**

Unabhängig von der Auswertung der einzelnen Bewerbungsunterlagen ist der Gesamteindruck der eingereichten Bewerbung von Bedeutung, insbesondere die Art der Zusammenfügung der einzelnen Bewerbungsunterlagen, beispielsweise als lose Blätter, in einem Hefter, Ordner oder Ringbuch, mit oder ohne Verwendung von Plastikhüllen.

3.2.1 Bewerbungsschreiben

Das Bewerbungsschreiben dient dem Bewerber dazu, sein Interesse an der zu besetzenden Stelle darzulegen. Dem Unternehmen ist es eine wertvolle Informationsquelle, wobei die Auswertung des Bewerbungsschreibens sich auf mehrere Kriterien beziehen kann:

- Das **Aussehen** des Bewerbungsschreibens soll dem Unternehmen einen ersten Aufschluß über die Persönlichkeit des Bewerbers und die Ernsthaftigkeit seiner Bewebung geben. Insbesondere folgende Fragen sollten geklärt werden:

  - Ist das Bewerbungsschreiben klar gegliedert?
  - Ist das Bewerbungsschreiben ordentlich gestaltet?

  Ein Bewerbungsschreiben, welches der Forderung nach Klarheit der Gliederung und Ordentlichkeit der Gestaltung entspricht, kann von einem qualifizierten Bewerber kommen. Es ist aber auch möglich, daß es sich um einen unsicheren Bewerber, einen Pedanten, einen in Normen denkenden Bewerber oder einen Blender handelt.

  Die Anforderungen an das Aussehen des Bewerbungsschreibens sind bei verschiedenen Berufsgruppen - beispielsweise technischen, kaufmännischen, kreativen Berufen - und Hierarchie-Ebenen der zu besetzenden Stellen unterschiedlich hoch.

- Der **Inhalt** des Bewerbungsschreibens soll stellenspezifisch über den Bewerber informieren und den in einer Stellenanzeige oder sonstigen Ausschreibung genannten Informationserwartungen des Unternehmens gerecht werden. Vor allem die folgenden Fragen sind mit dem Bewerbungsschreiben zu beantworten:

  - Aus welchem Grund erfolgt die Bewerbung?
  - Ist der Bewerber in einem Arbeitsverhältnis?
  - Ist das Arbeitsverhältnis gekündigt oder ungekündigt?
  - Wo ist bzw. war der Bewerber (zuletzt) beschäftigt?
  - Welche besonderen Fähigkeiten hat der Bewerber?
  - Hat der Bewerber bisher ähnliche Aufgaben gelöst?
  - Wie hoch ist bzw. war das (letzte) Einkommen des Bewerbers?

- Hat der Bewerber entsprechende Einkommenserwartungen?
- Wann steht der Bewerber frühestens zur Verfügung?

Aus dem Bewerbungsschreiben kann die Eignung eines Bewerbers zu einem beträchtlichen Teil entnommen werden. Dazu gehören auch seine Fähigkeiten bzw. Bereitschaft, auf Anforderungen - wie sie in der Stellenanzeige oder sonstigen Ausschreibung an ihn gestellt werden - genau einzugehen. Außerdem können Fehleinschätzungen des Bewerbers über sich selbst aufgedeckt und Unsicherheiten festgestellt werden, beispielsweise bei übersteigerter Selbstdarstellung.

• Der **Stil** des Bewerbungsschreibens soll zeigen, wie der Bewerber sich einschätzt, was er will und wie er von anderen gesehen werden möchte. *Pillat* nennt einige Bewertungen:

Stil	Arten	Bewertung
Ausdruck	Vorwiegend verbaler Stil	lebendig,frisch ungekünstelt ungezwungen
	Vorwiegend aktiver Stil	energisch
	Vorwiegend passiver Stil	abwartend handelnd betrachtend versachlicht
	Vorwiegend substantivistischer Stil	distanziert bis steif gemacht schwerfällig affektiert
Satzbau	Vorwiegend einfacher Satzbau	schlicht unkompliziert direkt
	Vorwiegend verschachtelter Satzbau	unbeholfen,umständlich verschroben arrogant
Satzverbindungen	Flüssige Satzverbindungen	wendig intelligent
	Steife Satzverbindungen	ungeschickt anpassungsschwach einfühlungsschwach
Wortumfang	Großer Wortumfang	vielseitig intelligent
	Geringer Wortumfang	unbeholfen einseitig unbeweglich

3.2.2 Bewerberfoto

Das Bewerberfoto soll einen unmittelbaren Eindruck vom Bewerber vermitteln. In der Vergangenheit hat man mitunter versucht, den Typus des Bewerbers auf Grund seiner Äußerlichkeiten herauszufinden.

Inzwischen wurde weithin erkannt, daß eine Typisierung eines Bewerbers nicht auf diese Weise zweckmäßig ist, zumal das Bewerberfoto nicht nur etwas über den Bewerber selbst aussagt, sondern auch über den Fotografen, der großen Einfluß auf die Wirkungsweise des Bewerberfotos hat.

Ein guter Fotograf kann einem an sich verklemmten Bewerber für die Sekunde der Aufnahme eine durchaus natürliche Haltung geben. Andererseits gelingt es einem schlechten Fotografen, einen wirklich natürlichen Bewerber verklemmt erscheinen zu lassen.

Deshalb bietet das Bewerberfoto vielfach eher die Möglichkeit, Rückschlüsse auf den Bewerber zu ziehen in bezug auf:

- die **Art** des Bewerberfotos
  (klein, groß, schwarz-weiß, farbig)

- die **Herstellung** des Bewerberfotos
  (Fotografen-Foto, Automaten-Foto)

- das **Datum** des Bewerberfotos
  (alt, neuer, aktuell)

- die **Kleidung** des Bewerbers
  (gepflegt, ungepflegt, altmodisch, modern, streng, salopp, einmalig)

- besondere **Äußerlichkeiten** des Bewerbers
  (Brille, Bart, Frisur)

Das Bewerberfoto wird dann besondere Bedeutung haben, wenn die zu besetzende Stelle auf die Öffentlichkeit gerichtet ist bzw. unmittelbaren Kundenkontakt beinhaltet. Hier können Erwartungen der Öffentlichkeit bzw. Kunden, die auf Äußerlichkeiten gerichtet sind, für die Auswahl eines Bewerbers wichtig sein.

3.2.3 Lebenslauf

Der Lebenslauf soll Aufschluß über die persönliche und berufliche Entwicklung des Bewerbers geben. Er enthält zweckmäßigerweise unter Angabe der jeweiligen Zeiträume:

- Vorname, Name
- Wohnort, Straße
- Geburtsdatum, Geburtsort
- Familienstand
- Schulische Ausbildung
- Berufliche Ausbildung
- Prüfungen
- Berufliche Tätigkeiten
- Berufliche Fähigkeiten
- Weiterbildung.

Von einem Bewerber wird heute vielfach ein tabellarischer Lebenslauf gefordert, weil er übersichtlich und gut auswertbar ist. Mitunter wird auch verlangt, den Lebenslauf handschriftlich einzureichen, damit eine Schriftanalyse erstellt werden kann, vorwiegend aber nur bei Positionen der höheren und hohen Hierarchie-Ebene.

Soll der Bewerber einer Schriftanalyse unterzogen werden, ist eher zu empfehlen, eine zusätzlich zum (maschinengeschriebenen) Lebenslauf erstellte Schriftprobe zu verlangen. Damit wird der Lebenslauf übersichtlicher und leichter lesbar. Andererseits läßt sich auch ein maschinengeschriebener Lebenslauf auf seine ordentliche Gestaltungs- und Darstellungsweise hin gut überprüfen.

Neben dem allgemeinen Eindruck des Lebenslaufes in bezug auf seine Gestaltung und Darstellung gibt es weitere Möglichkeiten der Auswertung. *Raschke* nennt:

- Die **Zeitfolgenanalyse**, mit welcher die Arbeitsplatzwechsel untersucht und Lücken im Lebenslauf aufgespürt werden. Ein mehrfacher kurzzeitiger Arbeitsplatzwechsel des Bewerbers ist häufig eher negativ zu beurteilen, dies grundsätzlich um so mehr, je älter der Bewerber ist.

  Arbeitsplatzwechsel in vertretbaren zeitlichen Abständen können bei jüngeren Bewerbern positiv gewertet werden. Welche zeitlichen Abstände für Arbeitsplatzwechsel vertretbar sind, hängt von der Art des ausgeübten Berufes ab.

- Die **Positionsanalyse**, mit der ein beruflicher Aufstieg oder Abstieg, ein Berufswechsel oder ein Wechsel des Arbeitsgebietes offengelegt wird. Offensichtlich negative Entwicklungen des Bewerbers können sich bei näherer Prüfung als weniger bedeutsam erweisen.

  So können sich Probleme im privaten Bereich - beispielsweise eine Krankheit des Bewerbers oder naher Angehöriger - oder außerhalb des privaten Bereiches - beispielsweise unternehmens-, branchen-, konkurrenzbezogene Veränderungen - negativ auf die Entwicklung des Bewerbers ausgewirkt haben.

3.2.4 Personal(frage)bogen

Der Personal(frage)bogen soll die aus der Sicht des Unternehmens wichtigen persönlichen und beruflichen Daten des Bewerbers in systematischer und auf einfache Weise auswertbarer Form darstellen. Er enthält unter anderem wesentliche Teil des Lebenslaufes.

Der **Inhalt** des Personalfragebogens orientiert sich an den Erfordernissen des Unternehmens. Da der Informationsbedarf bei Bewerbern für unterschiedliche Hierarchie-Ebenen verschieden ist, wird mitunter vorgeschlagen, Personalbogen für

- Arbeiter
- Angestellte
- Leitende Angestellte

zu verwenden. Zweckmäßiger erscheint aber, einheitliche Personalbogen zu verwenden, wobei bestimmte Bewerbergruppen von der Beantwortung einzelner Fragen oder Fragengruppen befreit werden.

Die **Fragen** im Personalbogen sollten sich auf Daten beschränken, die für die Einstellung und spätere Tätigkeit des Bewerbers von Wichtigkeit sind. Es sollte darauf verzichtet werden, mit den Fragen möglichst alle persönlichen Belange des Bewerbers umfassend zu beleuchten. Das ist unangemessen, für den Bewerber vielfach abschreckend und teilweise rechtlich nicht erlaubt.

Dementsprechend lassen sich zwei arbeitsrechtlich unterschiedlich zu bewertende Arten von Fragen nennen:

- Arbeitsrechtlich **zulässige Fragen**, deren unwahre oder unvollständige Beantwortung die Anfechtung des Arbeitsvertrages ermöglicht. Der Arbeitgeber kann fristlos kündigen und gegebenenfalls Schadensersatz beanspruchen.

- Arbeitsrechtlich **unzulässige Fragen**, deren unwahre oder unvollständige Beantwortung keine nachteiligen Folgen für den Bewerber haben darf. Der Arbeitgeber darf weder fristlos kündigen noch Schadensersatz beanspruchen.

Das Interesse des Unternehmens kann beim Personalbogen - wie auch in dem noch zu behandelnden Vorstellungsgespräch - vor allem in der Klärung folgender Punkte bestehen:

Frage	Arbeitsrechtlich zulässig	Arbeitsrechtlich nicht zulässig
Beruflicher Werdegang	Ja, uneingeschränkt, insbesondere auch Fragen über - Zeugnisnoten - Prüfungsnoten - besondere Sprachkenntnisse - sonstige Fertigkeiten - abgeleisteten Wehrdienst - bevorstehenden Wehrdienst	—
Frühere Gehaltshöhe*	Wenn es sich bei der neuen Stelle um eine vergleichbare Tätigkeit handelt, und das frühere Gehalt damit Bedeutung für das künftige Gehalt hat.	Wenn das frühere Gehalt für die künftige Stelle unbedeutend - und damit auch keine Verhandlungsgrundlage - ist.
Schwerbehinderung	Ja, uneingeschränkt.	—
Chronische Krankheiten	Wenn an der Kenntnis der Krankheiten ein Interesse besteht - für das Unternehmen (Eignung für die vorgesehene Tätigkeit eingeschränkt) - für die übrigen Arbeitnehmer (Gefährdung von Kollegen und Kunden durch Ansteckung) - für die Arbeit (Arbeitsunfähigkeit zum Termin des geplanten Arbeitsantrittes oder für absehbaren Zeitraum danach) Bei Frage nach einer AIDS-Erkrankung wie oben.	— Bei Frage nach einer Infizierung mit dem AIDS-Virus, wobei bestimmte Tätigkeiten (z.B. medizinische) eine Ausnahme erlauben.
Schwangerschaft	Wenn Frauen Arbeiten verrichten sollen, die von Schwangeren nicht ausgeführt werden dürfen oder wenn sich nur Frauen auf die Stelle bewerben.	Wenn sowohl Frauen als auch Männer sich auf die Stelle bewerben. (Seit Inkrafttreten der EG-Anpassungsnovelle, durch die die Gleichberechtigung der Geschlechter durchgesetzt werden soll)

Vermögensverhältnisse	Bei Mitarbeitern der höheren und hohen Hierarchie-Ebene und Mitarbeitern, die in einem besonderen Vertrauensverhältnis zum Arbeitgeber stehen.	Bei Mitarbeitern der unteren teren und mittleren Hierarchie-Ebene.
Vorstrafen	Wenn sie etwas mit der künftigen Arbeit zu tun haben, d.h. wenn und soweit die zu besetzende Arbeitsstelle oder die zu leistende Arbeit dies erfordert.	Wenn kein berechtigtes Interesse des Arbeitgebers vorliegt. Wenn zwar ein berechtigtes Interesse vorliegt, die Frist für die Löschung der Vorstrafe aber abgelaufen ist.
Pfändungen*	Wenn sie gegenwärtig bestehen.	Wenn sie früher bestanden.
Gewerkschaftliche Zugehörigkeit*	Wenn der Arbeitgeber Mitglied des Arbeitgeberverbandes ist und feststellen will, ob der Tarifvertrag auf das künftige Arbeitsverhältnis anzuwenden ist.	Es muß dem Arbeitgeber ausreichen, wenn er nach Abschluß des Arbeitsvertrages feststellt, ob der Tarifvertrag anzuwenden ist.
Politische Zugehörigkeit	Nur bei parteipolitisch gebundenen Arbeitgebern.	Grundsätzlich ja.
Religiöse Zugehörigkeit	Nur bei konfessional gebundenen Arbeitgebern.	Grundsätzlich ja.

*Bei den mit * gekennzeichneten Kriterien gibt es unterschiedliche Auffassungen über die arbeitsrechtliche Zulässigkeit der Fragen.*

Es ist darauf hinzuweisen, daß der Bewerber eine **Offenbarungspflicht** hat, spätestens im Vorstellungsgespräch. Das bedeutet, daß er - auch ohne gefragt worden zu sein - Informationen zu geben hat, wenn diese für das Arbeitsverhältnis wichtig sind, insbesondere der vereinbarungsgemäßen Aufnahme der Tätigkeit entgegenstehen, beispielsweise

- wenn der Bewerber Anhaltspunkte dafür hat, daß er zum Zeitpunkt des Arbeitsantrittes **krank** oder in **Kur** sein wird (aber keine Offenbarungspflicht bei allgemeinen Befürchtungen ohne Vorliegen objektiver Gründe),

- wenn die Bewerberin **schwanger** ist und die vereinbarte Arbeitsleistung aus diesem Grunde nicht erbringen können wird,

- wenn ein **schwerbehinderter** Bewerber die vereinbarte Arbeitsleistung nicht erbringen können wird und dies weiß (keine Offenbarungspflicht, wenn er lediglich vermutet, wegen seiner Schwerbehinderung verringerte Arbeitsleistungen zu erbringen),

- wenn der Bewerber einem **Wettbewerbsverbot** unterliegt, das auch noch zu Beginn des neuen Arbeitsverhältnisses rechtswirksam sein wird.

Genügt der Bewerber seiner Offenbarungspflicht nicht, hat das die gleiche Wirkung, als wenn er zulässige Fragen falsch beantwortet hätte. Das Unternehmen kann den Arbeitsvertrag anfechten. Es kann fristlos kündigen und gegebenenfalls Schadensersatz verlangen.

Die **Einführung** eines Personalbogens im Unternehmen bedarf nach § 94 Abs. 1 BetrVG der Zustimmung des Betriebsrates. Insofern kann der Betriebsrat entsprechenden Einfluß auf den Inhalt des Personalbogens nehmen. Er hat aber keine Möglichkeit, die Einführung und Verwendung eines Personalbogens zu erzwingen.

Das Unternehmen schickt vielfach den in die Auswahl kommenden Bewerbern den Personalbogen mit der Bitte zu, ihre Bewerbungsunterlagen dadurch zu ergänzen. Bei Positionen der unteren Hierarchie-Ebene ist der Personalbogen mitunter die einzige oder wesentliche Bewerbungsunterlage, die gegebenenfalls vom Personalsachbearbeiter im Zusammenwirken mit dem Bewerber ausgefüllt wird.

Die **Auswertung** des Personalbogens erfolgt in enger Verbindung mit dem Lebenslauf, wobei auf Widersprüche und Abweichungen in beiden Unterlagen geachtet wird. Durch die Systematik des Personalbogens ist es häufig einfacher, eine

- Zeitfolgenanalyse
- Positionsanalyse

vorzunehmen, wie dies auch bei der Auswertung des Lebenslaufes erfolgt.

3.2.5 Schulzeugnisse

Die Schulzeugnisse sollen Auskunft über die Eignung des Bewerbers geben. Indessen wird die Aussagefähigkeit von Schulzeugnissen vielfach in Frage gestellt. Die ihnen zugrundeliegenden Noten unterliegen erfahrungsgemäß vielfältigen Einflüssen und gewährleisten - trotz Bemühens - keine vollkommene Objektivität.

Die Auswertung der Schulzeugnisse nach einzelnen Noten erscheint daher nicht aussagekräftig, eher schon die Betrachtung der Noten als Ganzes oder als Gruppen. Nach *Böttcher* lassen die Schulzeugnisse folgende Aussagen zu:

- Gute Noten ermöglichen Rückschlüsse auf Interessengebiete.
- Schlechte Noten deuten auf Faulheit, Desinteresse, mangelnden Willen hin.

- Mit der Zahl vorliegender Zeugnisse steigt die Genauigkeit der Aussage.

- Der Gesamteindruck der Zeugnisse zeigt mit großem Sicherheitsgrad die Fähigkeit des Bewerbers, sich im sozialen System anzupassen und einzuordnen.

Die Schulzeugnisse stehen bei einem jüngeren Bewerber - mangels anderer auswertbarer Bewerbungsunterlagen - im Vordergrund. Bei einem Bewerber, der auf eine mehrjährige berufliche Tätigkeit zurückblicken kann, haben sie meist nur eine untergeordnete Bedeutung.

3.2.6 Arbeitszeugnisse

Die Arbeitszeugnisse sollen über die Beschäftigung des Bewerbers in anderen Unternehmen informieren. Auf ihre Ausstellung haben Arbeitnehmer, zur Berufsausbildung Beschäftigte und arbeitnehmerähnliche Personen einen Anspruch. Dieser Anspruch entsteht mit dem Ausspruch der Kündigung, nicht erst bei Beendigung des Arbeitsverhältnisses.

Wird ein Arbeitszeugnis vor Beendigung des Arbeitsverhältnisses ausgestellt, kann es als **vorläufiges Zeugnis** oder **Zwischenzeugnis** bezeichnet werden. Änderungen in dem bei Beendigung des Arbeitsverhältnisses zu erstellenden Zeugnisses sind damit noch möglich. Das Arbeitszeugnis muß nicht vom Inhaber des Unternehmens unterschrieben werden, jedoch zumindest von einem Vorgesetzten.

Inhaltlich lassen sich zwei **Arten** von Arbeitszeugnissen unterscheiden:

- Das **einfache Zeugnis**, das Angaben über die Person des Arbeitnehmers sowie die Art und Dauer der Beschäftigung enthält, wobei die Art der Beschäftigung konkret zu beschreiben ist. Auf Wunsch des Arbeitnehmers ist der Grund der Beendigung des Arbeitsverhältnisses in das Zeugnis aufzunehmen.

- Das **qualifizierte Zeugnis**, das auf Verlangen des Arbeitnehmers auszustellen ist und über die Dienstbeschreibung des einfachen Zeugnisses hinausgeht, indem es zusätzlich eine Beurteilung der Führung und Leistung des Arbeitnehmers enthält.

Das vom Arbeitgeber ausgestellte Arbeitszeugnis muß wahr sein, wobei ein für den Arbeitnehmer wohlwollender Standpunkt eingenommen werden kann, der jedoch seine Grenze im Interesse des künftigen Arbeitgebers zu finden hat. Der Arbeitgeber kann nach eigenem Ermessen bestimmte Leistungen und Fähigkeiten des Arbeitnehmers hervorheben oder zurücktreten lassen, das Arbeitszeugnis muß aber die wesentlichen Tatsachen und Bewertungen enthalten.

Der Arbeitnehmer kann auf die Erteilung eines richtigen Zeugnisses klagen und bei schuldhafter Verletzung der Zeugnispflicht vom Arbeitgeber entsprechenden Schadensersatz verlangen. Ebenso kann ein späterer Arbeitgeber bei einem unrichtig ausgestellten Arbeitszeugnis vom Aussteller einen Schadensersatz verlangen, wenn dieser vorsätzlich in einer gegen die guten Sitten verstoßenden Weise - § 826 BGB - gehandelt hat.

Die **Auswertung** der Arbeitszeugnisse von Bewerbern ist nach *Stopp* in mehrfacher Hinsicht möglich:

- Die **Dauer der Tätigkeiten**, die ein Bewerber in den einzelnen Unternehmen, aber auch innerhalb bestimmter Aufgabengebiete beschäftigt war.

- Die **Termine des Ausscheidens** aus den einzelnen Unternehmen, die besonders dann interessant sind, wenn sie nicht den üblichen Kündigungsterminen entsprechen.

- Die **Inhalte der Tätigkeiten**, die ein Bewerber in den einzelnen Unternehmen ausgeübt hat, wobei das Arbeitszeugnis die Anforderungen, Kompetenzen usw. offenlegen sollte.

- Der **Grund des Ausscheidens**, für den vielfach spezielle Formulierungen zu finden sind:

Zeugnistext	**Bewertung**
... auf eigenen Wunsch ...	Weniger aussagekräftig, da dem Arbeitnehmer bei Problemen häufig Gelegenheit gegeben wird, selbst zu kündigen.
... im beiderseitigen Einverständnis ...	Kann auf Probleme hindeuten, weshalb gegebenenfalls Nachforschungen angestellt werden sollten.
... aus organisatorischen Gründen/wegen interner Reorganisation ...	Können vorgeschobene oder wahrheitsgemäße Gründe sein, weshalb gegebenenfalls Nachforschungen angestellt werden sollten.

Wenn der Arbeitgeber das Ausscheiden des Arbeitnehmers »bedauert« oder gar »außerordentlich bedauert«, kann das auf einen guten oder sehr guten Bewerber hindeuten. Es kann aber auch eine Floskel sein.

- Die **Leistung** und **Führung**, die ein Bewerber in den einzelnen Unternehmen gezeigt hat. Da die seitherigen Arbeitgeber die Arbeitszeugnisse nicht nur wahrheitsgetreu zu gestalten haben, sondern auch keine direkt negativen Beurteilungen in die Arbeitszeugnisse aufnehmen dürfen, erweist sich die Auswertung der Arbeitszeugnisse als schwierig.

Das Erschwernis liegt darin, daß die Arbeitgeber ihre Aussagen indirekt machen und damit bei Auswertung der Arbeitszeugnisse zwischen den Zeilen zu lesen ist. Das Maß der Zufriedenheit mit dem Arbeitnehmer läßt sich mitunter erkennen:

- Aus der **Formulierungsskala**, die von der Arbeitsgemeinschaft selbständiger Unternehmer entwickelt wurde:

Zeugnistext	Bewertung
... stets/ständig vollste Zufriedenheit ...	Sehr gute Leistungen
... stets/ständig volle Zufriedenheit ..	Gute Leistungen
... volle Zufriedenheit	Befriedigende Leistungen
... Zufriedenheit ...	Ausreichende Leistungen
... im großen und ganzen zur Zufriedenheit ...	Mangelhafte Leistungen
... hat sich bemüht ...	Sehr mangelhafte Leistungen

- Aus bestimmten **Spezialformulierungen**, die im Arbeitszeugnis verwendet werden:

Zeugnistext	Bewertung
... in jeder Hinsicht und in allerbester Weise entsprochen ...	Sehr gute Leistungen
... in jeder Hinsicht und in bester Weise entsprochen ...	Gute Leistungen
... in bester Weise entsprochen ...	Ziemlich gute Leistungen
... in jeder Hinsicht entsprochen ...	Befriedigende Leistungen
... hat unseren Erwartungen entsprochen	Schlechte Leistungen

... hat alle Arbeiten ordnungsgemäß erledigt ...	Er war ein Bürokrat ohne Initiative.
... mit seinen Vorgesetzten ist er gut zurechtgekommen ...	Er war Mitläufer, der sich gut anpaßte.
... sehr tüchtig und wußte sich gut zu verkaufen ...	Er war ein unangenehmer Mitarbeiter.
... wegen seiner Pünktlichkeit stets ein gutes Vorbild ...	Er zeigte schwache Leistungen.
... bemühte sich, den Anforderungen gerecht zu werden ...	Er hat versagt.
... hat sich im Rahmen seiner Fähigkeiten eingesetzt ...	Er hat getan, was er konnte, aber das war nicht viel.
... erledigte alle Arbeiten mit großem Fleiß und Interesse ...	Er war eifrig, aber nicht besonders tüchtig.
... war immer mit Interesse bei der Sache ...	Er hat sich angestrengt, aber nichts geleistet.
... zeigte für seine Arbeit Verständnis ...	Er war faul und hat nichts geleistet.
... galt im Kollegenkreis als toleranter Mitarbeiter ...	Er war für Vorgesetzte ein schwerer Brocken.
... galt als umgänglicher Kollege ...	Er wurde lieber von hinten als von vorn gesehen.
... trug durch seine Geselligkeit zur Verbesserung des Betriebsklimas bei ...	Er neigte zu übertriebenem Alkoholgenuß.

- Aus dem **Verschweigen** wichtiger und dem **Hervorheben** unwichtiger Eigenschaften und Merkmale, die mit den Tätigkeiten des Arbeitnehmers verbunden sind.

Bei der Auswertung der Arbeitszeugnisse in bezug auf Leistung und Führung muß berücksichtigt werden, daß größere Unternehmen eher dazu neigen, sachlich zu formulieren und die Formulierungsskala, Spezialformulierungen, Verschweigen, Hervorheben bewußt verwenden. Bei kleineren, gegebenenfalls auch mittleren Unternehmen kann es sein, daß Formulierungen uneinheitlich verwendet werden oder diese Arten von Formulierungen überhaupt nicht bekannt sind.

Insofern kann schließlich auch ein »Bemühen« vom Schreiber eines Arbeitszeugnisses im Einzelfall eine durchaus positiv gemeinte Aussage sein.

Die Auswertung der Arbeitszeugnisse von Bewerbern erweist sich häufig - wie gezeigt - als recht schwierig, insbesondere auch, weil die Qualifikation und Intension des Schreibers eines Arbeitszeugnisses den Inhalt wesentlich mitbestimmen. Der Vergleich mehrerer zeitlich nacheinander liegender Arbeitszeugnisse kann hilfreich sein und solche Einflußgrößen teilweise einschränken.

15 16

3.2.7 Referenzen

Die Referenzen sollen das Bild über den Bewerber abrunden, vorwiegend aber nur bei Positionen, welche der höheren und hohen Hierarchie-Ebene zuzurechnen sind.

Die Aussagekraft von Referenzen ist umstritten, zumal die Auskunftspersonen - üblicherweise mit deren Zustimmung - von dem Bewerber vorgeschlagen werden und aus rechtlichen Gründen nachteilige Informationen über den Bewerber nicht ohne weiteres geben können.

Von einer gewissen Aussagekraft ist die Tatsache, welche Auskunftspersonen vom Bewerber vorgeschlagen werden. Auskunftspersonen, die im Grunde genommen wenig über die berufliche Qualifikation des Bewerbers sagen können, insbesondere auch die Angabe von Renommierreferenzen, sind eher negativ zu beurteilen.

Von den Referenzen zu unterscheiden ist die **Einholung von Auskünften** beim derzeitigen oder einem früheren Arbeitgeber des Bewerbers ohne dessen Wissen und Zustimmung bzw. Referenzangabe. Die Einholung von Auskünften ist grundsätzlich zulässig, beim derzeitigen Arbeitgeber allerdings erst nach der Kündigung.

Die früheren Arbeitgeber sind in diesem Falle berechtigt, nicht aber verpflichtet, Auskünfte über den Bewerber zu erteilen. Haben die früheren Arbeitgeber sich nicht zur Unterlassung von Auskünften verpflichtet und hat der anfragende Arbeitgeber ein berechtigtes Interesse, können sie wahrheitsgemäße Auskünfte auch dann geben, wenn sie dem Arbeitnehmer damit schaden.

3.2.8 Arbeitsproben

Die Arbeitsproben sollen einen unmittelbaren Einblick in die Qualifikation des Bewerbers vermitteln. Sie sind allerdings nur bei bestimmten Berufsgruppen nutzbar. Ihre Auswertung ist dort relativ einfach.

Zwei **Arten** von Arbeitsproben lassen sich unterscheiden:

- **Einzureichende Arbeitsproben**, beispielsweise Veröffentlichungen, Reportagen, Entwürfe, Texte, Bilder, Konstruktionen, Patente.

- Unter Aufsicht **abzuleistende Arbeitsproben**, beispielsweise Stenogrammwiedergaben, Übersetzungen, gewerbliche Arbeiten.

Reicht ein Bewerber interne Unterlagen des derzeitigen Arbeitgebers ein, welche möglicherweise noch vertraulich sind, um seine Qualifikation und Vertrauensstellung zu dokumentieren, kann das nur negativ bewertet werden.

3.3 Bescheid

Mit der Auswertung der Bewerbungsunterlagen und der Erfassung ihrer Ergebnisse im Auswertungsbogen ergeben sich drei **Gruppen von Bewerbern**:

- Ungeeignete Bewerber
- Geeignete Bewerber mit unvollständigen Unterlagen
- Geeignete Bewerber mit vollständigen Unterlagen

Bewerbern, die für die ausgeschriebene Stelle nicht geeignet erscheinen, sollte unverzüglich abgeschrieben werden. Dabei ist zu beachten, daß die Absage

- den Bewerber nicht verletzt,
- ihm möglichst eine Stütze für sein berufliches Fortkommen ist.

Dem Absageschreiben sind sämtliche eingereichten Bewerbungsunterlagen - mit Ausnahme des Bewerbungsschreibens des gegebenenfalls vorliegenden Personalbogens - beizufügen.

An sich geeignete Bewerber, bei denen jedoch noch Unterlagen oder sonstige Informationen fehlen, die vor einem Vorstellungsgespräch vorliegen sollten, sind aufzufordern, die ausstehenden Daten nachzureichen.

Uneingeschränkt geeignete Bewerber werden zu einer persönlichen Vorstellung eingeladen, wobei ein Terminvorschlag zweckmäßig erscheint. Sofern noch nicht geschehen, kann der ausgefüllt mitzubringende Personalbogen beigefügt werden. Soll in Zusammenhang mit der persönlichen Vorstellung ein Eignungstest vorgenommen werden, ist dies im einzelnen mitzuteilen.

4. Auswahl

Die Auswahl des geeigneten Bewerbers erfolgt auf Grund eines oder mehrerer Vorstellungsgespräche mit den Bewerbern, die in die engere Wahl gekommen sind. Ergänzend dazu können - vor dem Vorstellungsgespräch, in Verbindung mit oder nach dem Vorstellungsgespräch - zusätzlich noch Tests durchgeführt werden. Außerdem erfolgen vielfach ärztliche Eignungsuntersuchungen.

Wird ein Bewerber *persönlich* zur Vorstellung aufgefordert und die Erstattung der Vorstellungskosten zum Zeitpunkt der Aufforderung nicht bereits ausgeschlossen oder begrenzt, muß das Unternehmen dem Bewerber die notwendigerweise entstehenden **Vorstellungskosten** ersetzen, das sind insbesondere

- Fahrtkosten
- Übernachtungskosten
- Verpflegungskosten.

Liegt eine persönliche Aufforderung nicht vor - beispielsweise ist in einer Stellenanzeige zu lesen, Interessenten könnten am 10.06. um 15.00 Uhr bei dem inserierenden Unternehmen vorsprechen - oder sucht ein Bewerber das Unternehmen auf Grund einer Vorschlagskarte des Arbeitsamtes auf, müssen dem Bewerber keine Vorstellungskosten ersetzt werden. Gleiches gilt, wenn dem Bewerber anheimgestellt wird, sich vorzustellen oder wenn die Vorstellung auf eine Bitte des Bewerbers erfolgt. Hingegen ist das Unternehmen zum Ersatz der Vorstellungskosten verpflichtet, wenn der Bewerber anbietet, zu einer Vorstellung zu kommen und das Unternehmen einen Termin bestimmt, zu dem dies möglich ist.

Sofern das Unternehmen dem Bewerber nicht schon Hinweise über die Höhe **angemessener Vorstellungskosten** gibt - beispielsweise Bahnfart 1. Klasse, Übernachtung bis 120 DM/Nacht -, was zu empfehlen wäre, steht der Bewerber vor dem Problem, in welcher Höhe er eine Vergütung seiner Vorstellungskosten erwarten kann. Allgemein ist er gehalten, den Vorstellungstermin auf die kostengünstigste Weise wahrzunehmen.

Der Bewerber hat grundsätzlich einen **Anspruch auf Beurlaubung** zur Stellensuche, wenn er in einem Dauerarbeitsverhältnis steht und das Ende des Arbeitsverhältnisses absehbar ist, beispielsweise indem

- er gekündigt hat,
- ein Aufhebungsvertrag geschlossen worden ist,
- Bewerbungen vom bisherigen Arbeitgeber empfohlen wurden,
- der vorgesehene Beendigungszeitpunkt in einem befristeten Arbeitsverhältnis so nahe ist, daß der übliche Kündigungstermin bereits verstrichen wäre.

Der Bewerber muß den Anspruch auf Beurlaubung frühzeitig geltend machen. Der bisherige Arbeitgeber hat dem Bewerber »angemessene« Freizeit zu gewähren. Er bestimmt den Zeitpunkt der Beurlaubung, hat dabei aber auch die Interessen des Bewerbers zu berücksichtigen. Ebenso hat der bisherige Arbeitgeber dem Bewerber seine **Vergütung** für eine »verhältnismäßig« kurze Zeit **fortzuzahlen**, deren Umfang sich an der Länge des bestehenden Arbeitsverhältnisses orientiert.

Die Regelung der Lohnfortzahlung kann dazu führen, daß der Bewerber finanzielle Einbußen erleidet. Es ist möglich, daß er diese vom stellenausschreibenden Unternehmen als **Verdienstausfall** beansprucht und diese dort als Vorstellungskosten zu erstatten sind.

Bei der Auswahl von Bewerbern soll näher betrachtet werden:

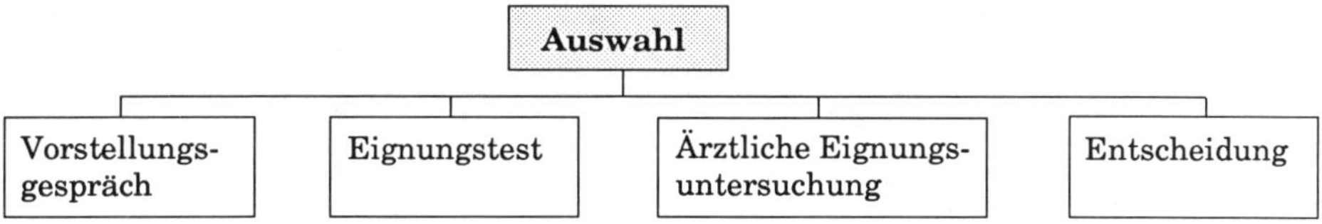

4.1 Vorstellungsgespräch

Das Vorstellungsgespräch wird vielfach auch als **Vorstellungsinterview** bezeichnet. Dies erscheint nicht zweckmäßig, weil ein Interview eine im wesentlichen einseitige Sache ist, das Vorstellungsgespräch hingegen sollte beiden Seiten die Möglichkeit zur Information geben.

Mit dem Vorstellungsgespräch werden mehrere **Ziele** verfolgt:

- Gewinnen eines persönlichen Eindruckes über den Bewerber
- Feststellung des Eignungspotentials des Bewerbers
- Erkennen von Interessen und Wünschen des Bewerbers
- Informieren des Bewerbers über Unternehmen und Arbeitsplatz
- Schaffen eines positiven Eindruckes beim Bewerber.

Um das Vorstellungsgespräch erfolgreich durchführen zu können, ist eine sorgfältige **Vorbereitung** notwendig, die vor allem umfaßt:

- Festlegen des/der an dem Vorstellungsgespräch zu beteiligenden Mitarbeiter
- Planen der Anzahl der mit dem Bewerber vorgesehenen Vorstellungsgespräche
- Feststellen von Lücken und Unklarheiten bei den Bewerbungsunterlagen
- Erfassen der Anforderungen der zu besetzenden Stelle
- Feststellen der Entwicklungs- und Weiterbildungsmöglichkeiten
- Vorbereiten auf besondere, gegebenenfalls zu erwartende Fragen
- Gewährleisten eines ungestörten, zeitlich ausreichenden Vorstellungsgesprächs.

Beim Vorstellungsgespräch ist darauf zu achten, daß **subjektive Einflüsse** des Gesprächsführenden weitestgehend ausgeschaltet werden. Das bedeutet, daß nicht nur Vorurteile vermieden werden müssen, sondern auch Maßstäbe unzulässig sind, welche der Gesprächsführende von seiner Person auf den Bewerber anwendet.

Das Vorstellungsgespräch sollte in einer freundlichen Atmosphäre geführt werden. Insbesondere sind dem Bewerber Interesse, Wertschätzung und Verständnis entgegenzubringen. Der Bewerber sollte nicht das Gefühl bekommen, einer Prüfung unterzogen zu werden.

Im folgenden sollen dargestellt werden:

- **Arten**
- **Durchführung**
- **Auswertung.**

4.1.1 Arten

Das Vorstellungsgespräch kann auf mehrere Arten durchgeführt werden. Nach der **Strukturierung** des Vorstellungsgespräches lassen sich unterscheiden:

- Das **freie Vorstellungsgespräch**, bei welchem der Gesprächsinhalt und Gesprächsablauf nicht vorgegeben sind. Der Vorteil des freien Vorstellungsgespräches liegt in der Flexibilität, sich situationsbedingt anpassen zu können. Die Auswertung macht hingegen häufig Schwierigkeiten.

- Das **strukturierte Vorstellungsgespräch**, bei welchem ein Rahmen gegeben ist, der sich insbesondere auf unbedingt zu klärende Fragen beziehen kann, den Gesprächsablauf und sonstige Gesprächsinhalte aber nicht festlegen muß. Auch hier ist noch eine gewisse Flexibilität gegeben, die Auswertung kann einfacher sein als beim freien Vorstellungsgespräch.

- Das **standardisierte Vorstellungsgespräch**, bei welchem der Gesprächsinhalt und Gesprächsablauf genau vorgegeben sind, wodurch das Vorstellungsgespräch unflexibel und starr wird, die Auswertung aber relativ einfach ist.

In der betrieblichen Praxis werden meist freie oder strukturierte Vorstellungsgespräche geführt. Nach der **Zahl** der Personen, welche das Vorstellungsgespräch auf der Seite des Arbeitgebers führen, sind zu unterscheiden:

- Das **Einzel-Vorstellungsgespräch**, bei welchem eine Person mit dem Bewerber das Vorstellungsgespräch führt. Häufig ist das der Personalleiter bzw. Personalsachbearbeiter oder der zukünftige Fachvorgesetzte.

- Das **Zweier-Vorstellungsgespräch**, bei welchem zwei Personen das Vorstellungsgespräch mit dem Bewerber führen, insbesondere um seine Rolle, Persönlichkeit und Einordnungsfähigkeit festzustellen.

Schließlich können auch weitere Personen am Vorstellungsbesprächh teilnehmen. Man spricht dann vom **Gruppen-Vorstellungsgespräch**. Das Zweier- oder Gruppen-Vorstellungsgespräch kann sich auch auf bestimmte Phasen des Vorstellungsgespräches beschränken. Es wird im Einzelfall mitunter auch als **Belastungs-** oder **Streß-Gespräch** geführt, was allerdings nach arbeitsrechtlichen Grundsätzen nicht zulässig ist.

4.1.2 Durchführung

Das Vorstellungsgespräch soll die in den Bewerbungsunterlagen gegebenen Informationen bestätigen bzw. Abweichungen davon erkennen lassen sowie die Bewerbungsunterlagen ergänzen, vervollständigen und abrunden. *Stopp* schlägt für den thematischen **Aufbau** des Vorstellungsgespräches sieben Phasen vor:

Phase 1	Begrüßung des Bewerbers	**Beispiele**: Vorstellung der Gesprächspartner Dank für Bewerbung Begründung der Einladung Versicherung der Vertraulichkeit
Phase 2	Besprechung seiner persönlichen Situation	**Beispiele**: Herkunft Elternhaus Familie Wohnort
Phase 3	Besprechung seines Bildungsganges	**Beispiele**: Schulischer Werdegang Weiterbildungsaktivitäten Weiterbildungspläne
Phase 4	Besprechung seiner beruflichen Entwicklung	**Beispiele**: Erlernter Beruf Berufliche Veränderungen Berufliche Tätigkeiten Berufliche Pläne
Phase 5	Information über das Unternehmen	**Beispiele**: Unternehmensdaten Unternehmensorganisation Abteilung Arbeitsplatz

Phase 6	Vertragsverhandlung	**Beispiele**: Bisheriges Einkommen Erwartetes Einkommen Sonstige Unternehmensleistungen Nebentätigkeiten
Phase 7	Abschluß des Gespräches	**Beispiele**: Hinweis auf weitere Vorgehensweise Zusage kurzfristiger Benachrichtigung Dank für das Gespräch

In der Phase 5 des Vorstellungsgespräches werden insbesondere der Organisationsplan und eine vorhandene Stellenbeschreibung näher erläutert sowie Grundsätzliches zur Arbeitszeit, zum Arbeitsplatz und in bezug auf die Kollegen erklärt. Eine gemeinsame Besichtigung des Arbeitsplatzes erscheint empfehlenswert.

Wie bereits beim Personalbogen erläutert, hat der Bewerber die Pflicht,

- auf arbeitsrechtlich zulässige Fragen wahrheitsgemäß und vollständig zu antworten.

- sowie - auch ohne gefragt worden zu sein - Informationen zu geben, wenn diese für das Arbeitsverhältnis wichtig sind, beispielsweise unter bestimmten Voraussetzungen über

  - Krankheit,
  - Kur,
  - Schwangerschaft,
  - Schwerbehinderung,
  - Wettbewerbsverbot - vgl. Seite 161.

Antwortet der Bewerber auf arbeitsrechtlich zulässige Fragen nicht wahrheitsgemäß und vollständig bzw. kommt er seiner Offenbarungspflicht nicht nach, kann das Unternehmen den Arbeitsvertrag anfechten. Es kann fristlos kündigen und gegebenenfalls Schadensersatz verlangen.

Wenn bereits im Vorstellungsgespräch erkennbar wird, daß ein Bewerber nicht für die zu besetzende Stelle geeignet ist, sollte dies nicht zu erkennen gegeben und das Vorstellungsgespräch nicht abgebrochen werden. Eine Ausnahme hiervon ist dann gegeben, wenn grundlegende Differenzen zwischen den Bewerbungsunterlagen und den im Vorstellungsgespräch gemachten Äußerungen auftauchen bzw. wenn das Vorstellungsgespräch erkennen läßt, daß elementare Voraussetzungen vom Bewerber nicht erfüllt werden.

4.1.3 Auswertung

Dem Vorstellungsgespräch schließt sich unmittelbar eine - nach Möglichkeit systematische - Auswertung an, die vor allem umfaßt:

- Das **Verhalten** des Bewerbers, das Aufschlüsse über sein Wesen gibt, beispielsweise seine Mimik, Gestik, Sprechweise oder sein Verhandlungsgeschick.

- Die **Motive** des Bewerbers, die seinen schulischen, beruflichen und privaten Werdegang begründen.

Wichtig ist, daß ein erster gewonnener Eindruck das Vorstellungsgespräch und seine Auswertung nicht beeinflußt. Eine Hilfestellung, dies zu vermeiden, ist die Verwendung eines Bewertungsbogens, der grundlegende Beurteilungskriterien enthalten soll.

Waszkewitz schlägt einen sehr umfassenden Bewertungsbogen vor, der gewiß vielfach zu weitgehend ist, aber dennoch einen interessanten Katalog enthält, aus dem sich geeignete Kriterien entnehmen lassen. Hier soll ein Auszug des Bewertungsbogens gezeigt werden:

	1	2	3	4	5	
Unlebendige Reaktionsweise						Impulsive Reaktionsweise
Unbedenkliche Stellungnahme						Skeptische Stellungnahme
Betonungslose Sprechweise						Akzentuierte Sprechweise
Unbeherrschtes Verhalten						Streng diszipliniertes Verhalten
Stockende Sprechweise						Flüssige Sprechweise
Zarte Bewegungen						Vitale Bewegungen
Abrupte Bewegungsweise						Fließende Bewegungsweise
Übergangslose Bewegungen						Zackige Bewegungen
Chaotischer Satzbau						Kompliziert-korrekter Satzbau
Schleichender Gang						Zackiger Stakkato-Gang
Enger Bewegungsraum						Ausgreifender Bewegungsraum
Harte, spröde Bewegungen						Weiche, runde Bewegungen
Unsicheres Auftreten						Selbstbetontes Auftreten

Uneindeutiges Urteilen						Energisches Urteilen
Verwaschene Aussprache						Scharfe Artikulation
Matte Bewegungen						Heftige Bewegungen
Unklare Begriffe						Überscharfe Begriffe
Unpersönliche Äußerungsform						Selbstgefällige Äußerungsweise
Konkrete Beschreibungsweise						Abstrakt-formale Darstellungsweise
Ungenaue Angaben						Exakt-einheitliche Angaben
Ohne Unterstreichungsgesten						Heftige Unterstreichungsgesten
Nachlässig im Äußeren						Penibel gepflegtes Äußeres
Ängstlich-vorsichtig						Optimistisch-freies Taktieren
Unklare Urteile						Kompliziert-klare Urteile
Unvollständige Sätze						Stets vollständige Sätze
Unbeholfenes Denken						Geschickte Gedankenverknüpfung
Träges Sprechtempo						Hastiges Sprechtempo
Primitiv-holprige Redeweise						Routiniert-gewandte Redeweise
Bezieht keinen Standpunkt						Behauptet Standpunkte stur
Schweift ab						Läßt sich nie ablenken
Wechselnde Sprechweise						Monotone Sprechweise
Bewegungsgehemmt						Ausfahrende Bewegungen
Eingleisiges Denken						Vielgleisiges Denken
Bedachtsames Verhalten						Aktiv-dynamisches Verhalten
Unkonzentriertes Verhalten						Straffkonzentriertes Verhalten
Schlaffe Haltung						Gespannt-verkrampfte Haltung
Flüsternd						Schreiend
Unmelodiös						Sing-Sang
Redselig						Wortkarg
Kalte, metallische Stimme						Warme, weiche Stimme

Äußerungsträge						Sprühende Äußerungsweise
Scheu, gehemmt						Unbefangen, kontaktaktiv
Unsicheres Auftreten						Betontes Auftreten
Enge Spezialausbildung						Vielseitige Ausbildung
Ohne Fachwissen						Hochschulfachwissen
Kaum Schulbildung						Abiturreife Schulbildung
Ungelernt tätig						Hochschuladäquat tätig
Einseitige Tätigkeiten						Vielgleisige Tätigkeiten
Keine Allgemeincodes						Viele Allgemeincodes vorhanden
Wirkt ungelernt						Wirkt hochgeschult
Hilfsschulgesprächsführung						Hochgebildete Gesprächsführung
Enges Fachwissen						Vielseitiges Fachwissen
Kein Allgemeinbildungshobby						Viele Allgemeinbildungshobbies
Weiß sehr wenig						Besitzt vielerlei Grundwissen
Enge fachliche Unterhaltung						Weite kulturelle Unterhaltung
Hält keine Regeln ein						Befolgt servil alle Regeln
Lehnt strengen Gehorsam ab						Bejaht strengen Gehorsam unbedingt
Eigensinnig						Anpassungsbereit um jeden Preis
Übergeht Gegenmeinungen						Schwenkt auf Gegenmeinung sofort ein
Ohne Fingerspitzengefühl						Viel Fingerspitzengefühl
Lasche Standpunktbehauptung						Sture Standpunktbehauptung
Entschlußlos						Energische Eigenentscheidungen
Redet über frühere Arbeitgeber viel						Redet gar nicht über frühere Arbeitgeber

4.2 Eignungstest

Ein Eignungstest soll das Bild über den Bewerber vervollständigen. Der Test ist ein in der Psychologie eingesetztes Verfahren, das drei **Anforderungen** gerecht werden muß:

- Die Testperson muß ihr typisches Verhalten zeigen können.
- Das Verfahren muß geeicht, erprobt und zuverlässig messend sein.
- Die Ergebnisse müssen für ein zukünftiges Verhalten gültig sein.

Bei der Auswahl von Bewerbern lassen sich zwei **Arten** von Eignungstests eingesetzen:

- **Persönlichkeitstests**, mit deren Hilfe vor allem Interessen, Neigungen, innere Einstellungen, soziale Verhaltensweisen, charakterliche Eigenschaften festgestellt werden sollen. Dazu bieten sich an:

  - Interessentests
  - Formdeutetests
  - Thematische Tests
  - Farbtests

- **Fähigkeitstests**, mit deren Hilfe die allgemeine Leistungsfähigkeit, die Intelligenz, spezielle Begabungen und Leistungsfähigkeiten untersucht werden:

Allgemeine Leistungstests	Sie dienen dazu, die geistige Leistungsmerkmale des Bewerbers zu erfassen und beziehen sich beispielsweise auf die Konzentration, die Aufmerksamkeit und den Willenseinsatz.
Intelligenztests	Mit ihnen wird die allgemeine Intelligenz untersucht, indem sie sich auf das gesamte Urteils- und Denkvermögen des Bewerbers beziehen oder sie untersuchen eine spezielle Intelligenz, beispielsweise Sprachbeherrschung, Rechengewandtheit, Denkfähigkeit, Kombinationsvermögen, Raumvorstellung.
Spezielle Begabungstests	Damit wird versucht, beispielsweise die technische Begabung, Fingerfertigkeit und Geschicklichkeit festzustellen.
Spezielle Leistungstests	Mit ihrer Hilfe wird das Verhalten in einer experimentellen Arbeitssituation untersucht, beispielsweise durch Prüfung sensorischer Funktionen oder motorischer Funktionen.

Eignungstests sollten nur von erfahrenen Fachleuten vorbereitet und eingesetzt werden. Ihre Aussagekraft ist begrenzt. Aus diesem Grunde werden mitunter mehrere Eignungstests nebeneinander - sogenannte **Testbatterien** - durchgeführt, um zu einigermaßen abgesicherten Ergebnissen zu gelangen.

Die Durchführung **psychologischer Eignungstests** ist rechtlich nur dann zulässig, wenn

- der Bewerber über Inhalt und Reichweite des Tests unterrichtet wurde,
- der Bewerber sein Einverständnis zur Durchführung des Tests gegeben hat,
- der Test sich ausschließlich auf arbeitsplatzspezifische Merkmale bezieht,
- der Arbeitsplatz des Bewerbers bedeutsam ist.

In Ergänzung zu den Eignungstests sollen noch die **graphologischen Gutachten** angesprochen werden. Sie dürfen nur mit Zustimmung des Bewerbers erfolgen, wobei vielfach davon ausgegangen wird, daß der Bewerber durch die Zusendung eines handgeschriebenen Lebenslaufes seine Zustimmung zu einem graphologischen Gutachten gegeben hat. Das graphologische Gutachten darf sich ausschließlich auf arbeitsplatzspezifische Eigenschaften des Bewerbers beziehen.

4.3 Ärztliche Eignungsuntersuchung

Den Abschluß des Auswahlverfahrens stellt in vielen Fällen die ärztliche Eignungsuntersuchung dar. Bei jugendlichen Bewerbern unter 18 Jahren ist sie nach § 45 Abs. 1 JArbSchG vorgeschrieben. Danach darf eine Beschäftigung nur begonnen werden, wenn der Bewerber innerhalb der letzten 12 Monate von einem Arzt untersucht worden ist und eine entsprechende Tauglichkeitsbescheinigung vorlegt.

Die ärztliche Eignungsuntersuchung soll feststellen, inwieweit ein Bewerber den physischen Belastungen seiner künftigen Tätigkeit gewachsen ist. Sie hat damit arbeitsplatz- bzw. anforderungsspezifisch zu erfolgen, zweckmäßigerweise durch den Werksarzt.

Die **Tauglichkeitsbescheinigung** muß darauf beschränkt sein, den Bewerber als

- tauglich
- nur für den vorgesehenen Arbeitsplatz tauglich
- anderweitig tauglich
- zur Zeit nicht tauglich
- untauglich

einzustufen. Ein weitergehendes ärztliches Urteil ist ohne die Zustimmung des Bewerbers unzulässig.

Soweit die ärztliche Eignungsuntersuchung auch Fragestellungen beinhaltet, die arbeitsrechtlich unzulässig sind, müssen diese nicht wahrheitsgemäß beantwortet werden.

4.4 Entscheidung

Auf Grund der vorliegenden Bewerbungsunterlagen, der mit Bewerbern geführten Vorstellungsgespräche sowie der gegebenenfalls vorhandenen Ergebnisse von Eignungstests und ärztlichen Eignungsuntersuchungen wird die Entscheidung getroffen, welchem der Bewerber der Vorzug gegeben werden soll.

Der Personalleiter und der Abteilungsleiter haben sich vielfach auf einen Bewerber zu verständigen, was nicht problemlos sein muß. Während der Abteilungsleiter vor allem die Eignung des Bewerbers und seine Verfügbarkeit zum erforderlichen Zeitpunkt sieht, hat der Personalleiter auch rechtliche und personalpolitische Gesichtspunkte zu beachten.

Bewerbern, die für die ausgeschriebene Stelle nicht mehr in Betracht kommen, ist unverzüglich abzuschreiben. Der **Absage-Brief** sollte persönlich, höflich und ermunternd sein, um die Enttäuschung der betreffenden Bewerber so gering wie möglich zu halten.

Die Entscheidung für einen Bewerber mit der Folge seiner **Einstellung** im Unternehmen unterliegt grundsätzlich der Mitbestimmung des Betriebsrates. Dabei sind drei Fälle zu unterscheiden:

- Nach § 99 BetrVG, welcher die **Mitbestimmung des Betriebsrates bei personellen Einzelmaßnahmen** regelt, gilt, daß der Arbeitgeber in Unternehmen mit in der Regel mehr als zwanzig wahlberechtigten Arbeitnehmern den Betriebsrat vor jeder Einstellung, Eingruppierung, Umgruppierung und Versetzung zu unterrichten, ihm die erforderlichen Bewerbungsunterlagen vorzulegen und Auskunft über die Person der Beteiligten zu geben hat.

  Er muß dem Betriebsrat unter Vorlage der erforderlichen Unterlagen Auskunft über die Auswirkungen der geplanten Maßnahme geben und die Zustimmung des Betriebsrats zu der geplanten Maßnahme einholen.

  Bei Einstellungen und Versetzungen hat der Arbeitgeber insbesondere den in Aussicht genommenen Arbeitsplatz und die vorgesehene Eingruppierung mitzuteilen.

  Die Mitglieder des Betriebsrats sind verpflichtet, über die ihnen im Rahmen der personellen Maßnahmen bekanntgewordenen persönlichen Verhältnisse und Angelegenheiten der Arbeitnehmer, die ihrer Bedeutung oder ihrem Inhalt nach einer vertraulichen Behandlung bedürfen, Stillschweigen zu bewahren.

  Der Betriebsrat kann die **Zustimmung verweigern**, wenn
  - die personelle Maßnahme gegen ein Gesetz, eine Verordnung, eine Unfallverhütungsvorschrift oder gegen eine Bestimmung in einem Tarifvertrag oder in einer Betriebsvereinbarung oder gegen eine gerichtliche Entscheidung oder eine behördliche Anordnung verstoßen würde,

- die personelle Maßnahme gegen eine Auswahlrichtlinie nach § 95 BetrVG verstoßen würde,
- die durch Tatsachen begründete Besorgnis besteht, daß infolge der personellen Maßnahme im Betrieb beschäftigte Arbeitnehmer gekündigt werden oder sonstige Nachteile erleiden, ohne daß dies aus betrieblichen oder persönlichen Gründen gerechtfertigt ist,
- der betroffene Arbeitnehmer durch die personelle Maßnahme benachteiligt wird, ohne daß dies aus betrieblichen oder in der Person des Arbeitnehmers liegenden Gründen gerechtfertigt ist,
- eine nach § 93 BetrVG erforderliche Ausschreibung im Betrieb unterblieben ist oder die durch Tatsachen begründete Besorgnis besteht, daß der für die personelle Maßnahme in Aussicht genommene Bewerber oder Arbeitnehmer den Betriebsfrieden durch gesetzwidriges Verhalten oder durch grobe Verletzung der in § 75 Abs. 1 BetrVG enthaltenen Grundsätze stören werde.

Verweigert der Betriebsrat seine Zustimmung, hat er das dem Arbeitgeber unter Angabe von Gründen innerhalb einer Woche nach Unterrichtung durch den Arbeitgeber schriftlich mitzuteilen. Teilt der Betriebsrat dem Arbeitgeber die Verweigerung seiner Zustimmung nicht innerhalb dieser Frist schriftlich mit, gilt die Zustimmung als erteilt.

Verweigert der Betriebsrat seine Zustimmung, so kann der Arbeitgeber beim Arbeitsgericht beantragen, die Zustimmung zu ersetzen.

- Nach § 100 BetrVG, der **vorläufige personelle Maßnahmen** regelt, kann der Arbeitgeber, wenn dies aus sachlichen Gründen dringend erforderlich ist, die personelle Maßnahme im Sinne des § 99 BetrVG vorläufig durchführen, bevor der Betriebsrat sich geäußert oder wenn er die Zustimmung verweigert hat. Der Arbeitgeber hat den Arbeitnehmer über die Sach- und Rechtslage aufzuklären.

Der Arbeitgeber muß den Betriebsrat unverzüglich von der vorläufigen personellen Maßnahme unterrichten. Bestreitet der Betriebsrat, daß die Maßnahme aus sachlichen Gründen dringend erforderlich ist, hat er dies dem Arbeitgeber unverzüglich mitzuteilen. In diesem Fall darf der Arbeitgeber die vorläufige personelle Maßnahme nur auftrechterhalten, wenn er innerhalb von drei Tagen beim Arbeitsgericht die Ersetzung der Zustimmung des Betriebsrates und die Feststellung beantragt, daß die Maßnahme aus sachlichen Gründen dringend erforderlich war.

Lehnt das Gericht durch rechtskräftige Entscheidung die Ersetzung der Zustimmung des Betriebsrates ab oder stellt es rechtskräftig fest, daß die Maßnahme aus sachlichen Gründen offensichtlich nicht dringend erforderlich war, endet die vorläufige personelle Maßnahme mit Ablauf von zwei Wochen nach Rechtskraft der Entscheidung. Von diesem Zeitpunkt an darf die personelle Maßnahme nicht aufrechterhalten werden.

- Nach § 105 BetVG, der sich mit **leitenden Angestellten** gemäß § 5 Abs. 3 BetrVG befaßt, ist die beabsichtigte Einstellung oder personelle Veränderung dem Betriebsrat rechtzeitig mitzuteilen. Er hat hier aber kein Mitbestimmungsrecht.

Liegt die Zustimmung des Betriebsrates - sofern erforderlich - vor, sollte dem Bewerber die Zusage unverzüglich schriftlich mitgeteilt und der Entwurf eines Arbeitsvertrages beigefügt werden. In eiligen Fällen - beispielsweise vor der Kündigungsfrist - kann eine telefonische Vorab-Information erfolgen.

38

5. Arbeitsvertrag

Der Arbeitsvertrag ist die rechtliche Grundlage für die Beziehung von Arbeitgeber und Arbeitnehmer. Mit ihm wird ein Arbeitsverhältnis begründet, welches den Arbeitnehmer zu einer Arbeitsleistung und den Arbeitgeber zur Zahlung eines Entgeltes verpflichtet.

Grundlagen für den Arbeitsvertrag sind:

- **Gesetze**, beispielsweise stellt das Bürgerliche Gesetzbuch mit seinen §§ 611 - 630 die gesetzliche Grundlage für den Arbeitsvertrag dar, die durch eine Vielzahl spezieller Gesetze zugunsten des Arbeitnehmers ergänzt wird. Unter anderem sind dies:

  - Tarifvertragsgesetz
  - Bundesurlaubsgesetz
  - Schwerbehindertengesetz
  - Wehrpflichtgesetz
  - Arbeitsplatzschutzgesetz
  - Kündigungsschutzgesetz
  - Jugendarbeitsschutzgesetz
  - Betriebsverfassungsgesetz
  - Arbeitszeitordnung
  - Gewerbeordnung
  - Bundespersonalvertretungsgesetz
  - Mutterschutzgesetz

- **Tarifverträge**, die zwischen Gewerkschaften und Arbeitgeberverbänden oder einzelnen Unternehmen geschlossen werden als

  - **Lohn- und Gehaltstarifverträge**, die Lohnhöhe und Lohngruppen festlegen.

  - **Manteltarifverträge**, die sonstige Arbeitsbedingungen festlegen.

Die Tarifverträge gelten zunächst für die Mitglieder der Vertragspartner, also für die gewerkschaftlich organisierten Arbeitnehmer und die in den Arbeitgeberverbänden zusammengeschlossenen Unternehmen. Auf Antrag kann der Bundesarbeitsminister oder die oberste Behörde eines Bundeslandes einen Tarifvertrag für allgemeinverbindlich erklären. Im übrigen kann arbeitsvertraglich vereinbart werden, daß der jeweils gültige Tarifvertrag für das Arbeitsverhältnis Anwendung findet.

- **Betriebsvereinbarungen**, die zwischen dem Arbeitgeber und dem Betriebsrat gemäß Betriebsverfassungsgesetz geschlossen werden können.

- Die **Rechtsprechung**, die durch die Arbeitsgerichte erfolgt.

Es kann vorkommen, daß die unterschiedlichen Grundlagen für den Arbeitsvertrag untereinander oder/und mit diesem nicht übereinstimmen, so daß eine Konkurrenzsituation entsteht, und die Frage gestellt werden muß, welche Regelung letztendlich rechtswirksam ist.

Die einzelnen Bestimmungen haben **unterschiedliche Rangordnungen**, d.h. wenn ein Sachverhalt bereits »weiter oben« geregelt ist, gilt:

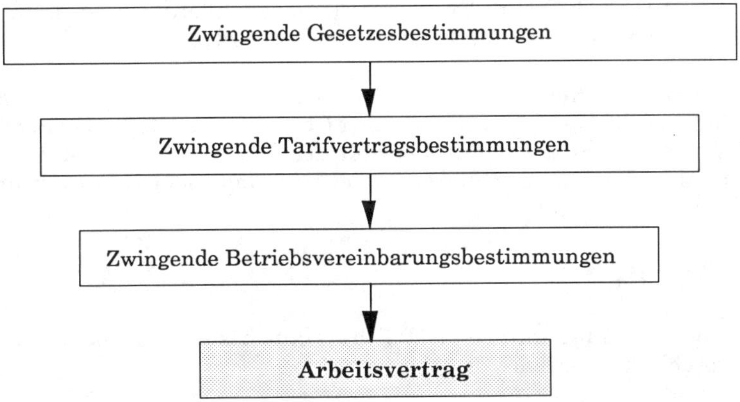

Der Arbeitsvertrag soll nach Form und Inhalt dargestellt werden:

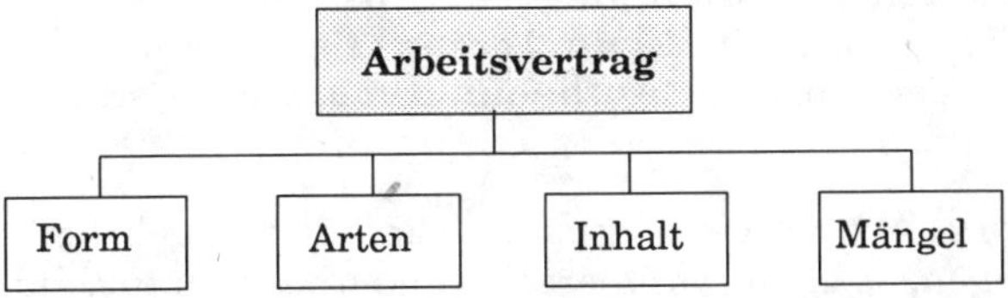

5.1 Form

Der Arbeitsvertrag kann grundsätzlich formlos geschlossen werden, also auf schriftlichen oder mündlichen Willenserklärungen von Arbeitgeber und Arbeitnehmer beruhen, die übereinstimmen.

Die Formfreiheit des Arbeitsvertrages ist nicht mehr gegeben, wenn

- Gesetze
- Tarifverträge
- Betriebsvereinbarungen

vorschreiben, daß ein Arbeitsvertrag der **Schriftform** bedarf.

So schreibt § 4 BBiG vor, daß der Ausbildende - das ist der Arbeitgeber - unverzüglich nach Abschluß eines **Berufsausbildungsvertrages**, spätestens vor Beginn der Berufsausbildung, den wesentlichen Inhalt des Vertrages schriftlich niederzulegen hat.

Bei einem vertraglich vereinbarten **Wettbewerbsverbot** - siehe Seite 161 - ist nach § 74 Abs. 1 HGB die Schriftform vorgeschrieben, allerdings nur in bezug auf diese Vereinbarung, nicht auf den gesamten Arbeitsvertrag.

Auch wenn der mündliche Abschluß eines Arbeitsvertrages zulässig ist, empfiehlt sich dennoch die Wahl der Schriftform, nicht zuletzt aus Gründen der Rechtssicherheit. Das gilt nicht nur unmittelbar für den Arbeitsvertrag, sondern auch für Nebenabreden, die beim Abschluß des Arbeitsvertrages oder später vereinbart werden.

5.2 Arten

Der Arbeitsvertrag kann grundsätzlich als unbefristeter oder befristeter Arbeitsvertrag geschlosen werden:

- Der **unbefristete Arbeitsvertrag**, der auch als Dauerarbeitsvertrag bezeichnet wird, kann beendet werden durch
  - einseitige Erklärung (**Kündigung**) des Arbeitgebers
  - einseitige Erklärung (**Kündigung**) des Arbeitnehmers
  - vertragliche Vereinbarung (**Aufhebungsvertrag**) zwischen Arbeitgeber und Arbeitnehmer.
- Der **befristete Arbeitsvertrag** endet ohne diesbezügliche Erklärungen oder Vereinbarungen, da er von vornherein für eine bestimmte Zeitdauer geschlossen wurde, die

- **unmittelbar** vereinbart wurde (z.B. 31.12.1994)
- **mittelbar** vereinbart wurde (z.B. mit Projektende).

Ein befristeter Arbeitsvertrag darf grundsätzlich nur abgeschlossen werden, wenn für die Befristung ein **sachlicher Grund** gegeben ist, beispielsweise

- wenn der Arbeitnehmer im Falle freier Entscheidung eine Befristung wünscht
- zum Zwecke der Erprobung
- zur Aushilfe
- zur Vertretung (u.a. bei Auslandseinsatz, Mutterschutz, Erziehungsurlaub)
- in (gerichtlichen) Vergleichen
- zur Aus- und Fortbildung des Arbeitnehmers
- im Saisongewerbe
- wenn eine Stelle eines öffentlichen Leistungsträgers nur für eine genau bestimmte Zeitspanne bewilligt worden ist.

Vorübergehend - bis 01.01.1995 - ermöglicht das zwischenzeitlich verlängerte Beschäftigungsförderungsgesetz den Abschluß eines befristeten Arbeitsvertrages auch ohne Vorliegen eines sachlichen Grundes.

5.3 Inhalt

Grundsätzlich sind Arbeitgeber und Arbeitnehmer bei der inhaltlichen Gestaltung des Arbeitsvertrages frei. Sie müssen aber bestehende Vorschriften beachten, die in

- Gesetzen
- Tarifverträgen
- Betriebsvereinbarungen

enthalten sind und sich aus der betrieblichen Übung ergeben.

Typische **Inhalte** des Arbeitsvertrages können sein:

- Die **Vertragsparteien**, die genau zu bezeichnen sind. Beim Arbeitgeber sind die Firma, Rechtsform und der Sitz, beim Arbeitnehmer der Vorname, Zuname und die Anschrift zu nennen.

- Der **Vertragsbeginn**, der genau zu bezeichnen ist.

- Die **Tätigkeitsbezeichnung**, die möglichst genau zu erfolgen hat, beispielsweise Exportsachbearbeiter, Bilanzbuchhalter, Werkzeugmacher.

  Unbefriedigend sind Bezeichnungen wie Mitarbeiter, Kaufmann, Betriebswirt.

Je weitreichender die Tätigkeitsbezeichnung ist, um so breiter ist das Spektrum der Leistungen, die vom Arbeitgeber gefordert werden können. Entspricht die Tätigkeitsbezeichnung lediglich der üblichen Berufsbezeichnung, ist der Arbeitnehmer grundsätzlich zur Leistung aller dem betreffenden Berufsbild entsprechenden Arbeiten verpflichtet.

- Die **Tätigkeitsbeschreibung**, die möglichst genau zu erfolgen hat und insbesondere auch übertragene Vollmachten enthalten sollte. Unbefriedigend sind Beschreibungen wie »alle anfallenden Arbeiten«, »nach mündlicher Anweisung«, »übliche Tätigkeiten«.

  Häufig behält der Arbeitgeber sich durch eine Klausel vor, dem Arbeitnehmer auch »andere der Berufserfahrung und Ausbildung entsprechende Aufgaben« zu übertragen, wodurch eine durch den Arbeitgeber angeordnete Versetzung des Arbeitnehmers möglich und das Erfordernis einer Änderungskündigung vermieden wird.

- Die **Vergütung**, zu der mehrere Angaben erfolgen sollten:

  - Art der Vergütung
  - Höhe der Vergütung
  - Steigerung der Vergütung
  - Fälligkeit der Vergütung
  - Auszahlungsweise der Vergütung.

  Als Art der Vergütung können insbesondere Zeitlohn, Akkordlohn und Prämienlohn genannt werden. Die Höhe der Vergütung - als Bruttolohn oder Nettolohn - ist frei vereinbar, sie muß bei einem verbandsgebundenen Arbeitgeber aber wenigstens der tariflichen Mindestvergütung entsprechen.

  Gegebenenfalls sind Vereinbarungen über die Vergütung von Mehrarbeit, Überstunden, Feiertagen sowie über eine Gewinnbeteiligung zu treffen.

- Die **Sozialleistungen**, die in vielfältiger Form gewährt werden können, beispielsweise als:

  - Dienstwagen
  - Werks- oder werksgeförderte Wohnung
  - Umzugskosten
  - Gratifikationen
  - Beiträge zur Vermögensbildung
  - Unfallversicherung
  - Invaliditätsversicherung
  - Dienstkleidung
  - Altersversorgung
  - Sterbekasse

- Die **Arbeitszeit**, die unter zwei Gesichtspunkten geregelt werden kann:

  - Die **regelmäßige Arbeitszeit** unter Einschluß der Pausen ist meist im entsprechenden Tarifvertrag festgelegt, ansonsten gilt § 3 AZO, wonach die regelmäßig werktägliche Arbeitszeit 8 Stunden, die regelmäßige wöchentliche Arbeitszeit 48 Stunden nicht überschreiten darf.

  - Die Verpflichtung zur **Mehr-, Nacht-, Feiertags- und Sonntagsarbeit** kann im Tarifvertrag oder in einer betrieblichen Vereinbarung festgelegt sein.

  Sofern die Arbeitszeit bestimmten Regelungen unterliegt, empfiehlt sich der Hinweis hierauf. Sind Regelungen nicht gegeben, ist die Arbeitszeit bei Bedarf im Arbeitsvertrag ausdrücklich festzulegen.

- Der **Urlaub**, der mindestens der Regelung im Bundesurlaubsgesetz (BUG) - nach einer Wartezeit von 6 Monaten mindestens 18 Werktage im Jahr - zu entsprechen hat, in einem Tarifvertrag oder in Richtlinien des Unternehmens weitergehend geregelt sein kann.

  Eine einzelvertragliche Vereinbarung des Urlaubes bietet sich an, wenn eine über die kollektiven Vereinbarungen hinausgehende Regelung erfolgen soll.

- Die unverschuldete **Arbeitsverhinderung**, die sich vor allem auf zwei Fälle beziehen kann:

  - Bei **Erkrankung** des Arbeitnehmers erhält er nach gesetzlicher Regelung seine Vergütung für die Dauer von 6 Wochen weitergezahlt. Der Arbeitgeber kann über diesen Zeitraum hinausgehen, was im Arbeitsvertrag zu vereinbaren ist.

  - Bei **Ableben** des Arbeitnehmers gilt eine ähnliche Regelung. Auch hier kann der Arbeitgeber die Vergütung über einen bestimmten Zeitraum weiterzahlen, was im Arbeitsvertrag festzulegen ist.

- Das **Wettbewerbverbot**, das auch als Konkurrenzklausel bezeichnet wird und dazu dient, eine zeitnahe Tätigkeit des Arbeitnehmers nach Beendigung des Arbeitsverhältnisses bei der Konkurrenz zu verhindern. Nach §§ 74 - 74a HGB gelten für den **Angestellten**:

  - Die Vereinbarung bedarf der Schriftform.

  - Das Wettbewerbsverbot ist auf 2 Jahre begrenzt.

  - Für die Dauer des Wettbewerbsverbotes ist eine Entschädigung von mindest der Hälfte der zuletzt bezogenen vertragsmäßigen Leistungen zu zahlen.

  - Das Wettbewerbsverbot darf für den Arbeitnehmer nach Ort, Zeit oder Gegenstand nicht zu einer unbilligen Erschwernis seines Fortkommens führen.

Kündigt der Arbeitnehmer fristgerecht, wird das Wettbewerbsverbot wirksam, kündigt er wegen vertragswidrigem Verhalten des Arbeitgebers fristlos, kann er vor Ablauf eines Monats nach der Kündigung erklären, daß er sich nicht an das Wettbewerbsverbot gebunden fühle.

- Die **Probezeit**, welche dem Kennenlernen von Arbeitgeber und Arbeitnehmer dient. Sie beträgt für gewerbliche Arbeitnehmer gewöhnlich 4 Wochen, für Angestellte bis zu 3 Monate, für leitende Angestellte und Spezialisten mitunter auch 6 Monate und mehr. Regelungen über die Länge der Probezeit finden sich vielfach in Tarifverträgen.

  Das Probearbeitsverhältnis kann auf zwei **Arten** gestaltet werden:

  - Das **Arbeitsverhältnis** wird **befristet** abgeschlossen und durch ausdrückliche Vereinbarung in ein endgültiges Arbeitsverhältnis umgewandelt bzw. nach Ablauf der Frist mit Wissen des Arbeitgebers fortgesetzt, wodurch es als unbefristet verlängert gilt, sofern der Arbeitgeber gemäß § 625 BGB nicht unverzüglich widerspricht.

  - Das **Arbeitsverhältnis** wird **unbefristet** abgeschlossen, wobei eine Probezeit vereinbart wird, mit welcher das Arbeitsverhältnis beginnt.

  Die Länge der Probezeit sollte im Arbeitsvertrag vereinbart werden. Es kann aber auch auf die tarifvertragliche Regelung verwiesen werden. Ebenso sollte die Kündigungsfrist in den Arbeitsvertrag aufgenommen werden. Erfolgt keine Regelung, gilt die gesetzlich zulässige Mindestkündigungszeit von einem Monat als stillschweigend vereinbart.

- Die **Kündigungsfrist**, die frei vereinbart werden kann, sofern die gesetzlichen Mindestfristen, bei tarifgebundenen Arbeitsverhältnissen die Bestimmungen des Tarifvertrages beachtet werden.

  Bei Aushilfen bis zu 3 Monaten können gemäß § 622 Abs. 4 BGB kürzere Kündigungsfristen - bis zu einem Tag - vereinbart werden.

  Die gesetzliche Kündigungsfrist wird derzeit neu geregelt. Sie war in der Vergangenheit für Arbeiter und Angestellte unterschiedlich und wird künftig für beide Arbeitnehmergrupen gleich sein. Ein entsprechender Gesetzesentwurf sieht vor:

Bisherige Regelung				**Künftige Regelung (ab ....)**	
Angestellte		**Arbeiter**		**Arbeiter und Angestellte**	
Betriebszugehörigkeit unter 5 Jahren	6 Wochen	unter 5 Jahren	2 Wochen*	Betriebszugehörigkeit unter 2 Jahren	4 Wochen*
ab 5 J.	3 Monate	ab 5 J.	1 Monat zum Monatsende	ab 2 J.	1 Monat
ab 8 J.	4 Monate			ab 5 J.	2 Monate
ab 10 J.	5 Mon.	ab 10 J.	2 Monate zum Monatsende	ab 8 J.	3 Monate
ab 12 J.	6 Mon.			ab 10 J.	4 Monate
jeweils zum Quartalsende				ab 12 J.	5 Mon.
		ab 20 J.	3 Monate zum Quartalsende	ab 15 J.	6 Mon.
				ab 20 J.	7 Mon.
				jeweils zum Monatsende	

* ab Zugang der Kündigung

Die Kündigungsfrist sollte im Arbeitsvertrag vereinbart werden bzw. ein Verweis auf die gesetzliche oder tarifvertragliche Regelung erfolgen.

Die genannten Inhalte des Arbeitsvertrages können noch ergänzt werden, beispielsweise durch die sich eigentlich aus der Treuepflicht des Arbeitnehmers ergebenden **Geheimhaltungspflicht**, durch die ohnehin im ArNeErfG enthaltenen Regelungen für **Diensterfindungen**, durch Vereinbarungen in bezug auf **Nebentätigkeiten**, durch **Rückzahlungsklauseln** und durch **Gerichtsstandklauseln**.

17 18

5.4 Mängel

Der Arbeitsvertrag kann verschiedene Mängel aufweisen. Man unterscheidet zwei Arten von Mängeln, die *Schwedes* erläutert:

- **Mängel beim Vertragsabschluß**

  - Der Arbeitsvertrag verstößt gegen ein **gesetzliches Verbot** gemäß § 134 HGB, beispielsweise:

    Beschäftigung von Kindern (§ 7 JArbSchG)

    Beschäftigung von Jugendlichen in besonderen Fällen (§§ 10 - 18, 39 JArbSchG, § 120e GewO)

    Beschäftigung von Frauen (§ 120e GewO, § 16 AZO)

    Beschäftigung von Ausländern ohne entsprechende Voraussetzungen (§ 19 AFG, §§ 2, 3, 8 AuslG)

  - Der Arbeitsvertrag enthält einen **Willensmangel**, beispielsweise:

    Irrtum (§ 119 BGB)
    Arglistige Täuschung (§ 123 BGB)
    Drohung (§ 123 BGB)

  - Der Arbeitsvertrag verstößt gegen die **guten Sitten** (§ 138 BGB)

  - Dem Arbeitsvertrag liegt eine **ursprüngliche Unmöglichkeit** der Leistung (§ 306 BGB) zugrunde.

  Entgegen den allgemeinen Regeln des BGB führen diese Mängel grundsätzlich nicht zur Nichtigkeit des Arbeitsvertrages, sondern die gegenseitigen Rechte bleiben für die Vergangenheit erhalten, wenn bereits Arbeit geleistet ist.

  Für die Zukunft entfällt die Bindung an das Arbeitsverhältnis ohne Rücksicht auf kündigungsrechtliche Bestimmungen.

- **Mängel im Inhalt**

  Die inhaltlichen Mängel im Arbeitsvertrag führen nicht zur Nichtigkeit oder Anfechtbarkeit des gesamten Arbeitsvertrages, auch wenn eine Arbeit noch nicht geleistet wurde. An die Stelle des unwirksamen Vertragsteiles tritt eine der Billigkeit entsprechende Regelung.

Der Arbeitsvertrag ist grundsätzlich von geschäftsfähigen Personen zu schließen. Für geschäftsunfähige Personen darf nur der gesetzliche Vertreter handeln. Beschränkt geschäftsfähige Personen können den Arbeitsvertrag durch den gesetzlichen Vertreter oder - mit Zustimmung des gesetzlichen Vertreters - selbst abschließen.

Liegt die Zustimmung des gesetzlichen Vertreters beim ersten Arbeitsvertrag einer beschränkt geschäftsfähigen Person vor, kann die beschränkt geschäftsfähige Person selbständig neue Arbeitsverträge schließen und lösen, wenn der gesetzliche Vertreter seine Zustimmung für die Zukunft nicht widerruft.

	Kontrollfragen	bearbeitet	Lösungshinweis	Lösung +	Lösung -
01	Womit befaßt sich die Personalbeschaffung?		101		
02	Worin unterscheiden sich Arbeitnehmer und freie Mitarbeiter?		101		
03	Worin liegt der Unterschied zwischen Arbeitern und Angestellten?		101		
04	Auf welchem Plan baut die Personalbeschaffung auf?		101		
05	Welche Aufgaben stellen sich der Personalmarktforschung?		102		
06	Was versteht man unter dem Beschaffungspotential und welche Arten gibt es?		102		
07	Weshalb sollte die Personalanforderung vorzugsweise schriftlich erfolgen?		103		
08	Auf welche beiden Bedarfsarten kann die Personalanforderung sich beziehen?		103		
09	Welche Informationen sollte die Personalanforderung enthalten?		103		
10	Erläutern Sie, wer im Unternehmen typischerweise berechtigt ist, Personal anzufordern!		103 f.		
11	In welchen Stufen kann die Bearbeitung einer Personalanforderung erfolgen?		104 f.		
12	Zählen Sie die Wege auf, die sich einem Unternehmen zur Personalbeschaffung bieten!		106		
13	Worin liegen die Vorteile bei der Stellenbesetzung durch unternehmenseigene Mitarbeiter?		107		
14	Nennen Sie Gründe, die dagegen sprechen, freie Stellen innerbetrieblich zu besetzen!		108		
15	Inwieweit ist ein Unternehmen verpflichtet, eine innerbetriebliche Stellenausschreibung vorzunehmen?		108		
16	Gibt es im Unternehmen Stellen, die nicht innerbetrieblich ausgeschrieben werden müssen?		108		
17	Inwieweit kann das Unternehmen trotz innerbetrieblicher Ausschreibung parallel auch unternehmensextern nach neuen Mitarbeitern suchen?		108		
18	Welche Informationen sollte eine innerbetriebliche Stellenausschreibung zumindest enthalten?		108		
19	In welchen Fällen kann der Betriebsrat seine Zustimmung zu einer geplanten Einstellung verweigern?		108 f.		

	Kontrollfragen	bear-beitet	Lösungs-hinweis	Lösung +	-
20	Inwieweit kann der Betriebsrat über die Art und Weise einer innerberieblichen Stellenausschreibung mitbestimmen?		109		
21	Erläutern Sie die Maßnahmen, die als Personalentwicklung zusammengefaßt werden können!		100		
22	Was versteht man unter einer Versetzung?		109 f.		
23	Geben Sie Beispiele für einen »anderen Arbeitsbereich«!		110		
24	Nennen Sie Gründe für Versetzungen!		110		
25	Auf welchen beiden Wegen kann eine Versetzung arbeitsrechtlich erfolgen?		110 f.		
26	In welchen Fällen reicht eine Weisung aus, um eine Versetzung zu bewirken?		110 f.		
27	Wann ist eine Änderungskündigung erforderlich, um versetzen zu können?		111		
28	Welche Folgen hat die Nicht-Anhörung des Betriebsrates bei einer Versetzung durch Weisung bzw. durch Änderungskündigung?		111		
29	Welche Möglichkeiten der Mehrarbeit ohne Erhöhung der Zahl der Arbeitnehmer sind zu unterscheiden?		112		
30	Erläutern Sie, welche Einrichtungen die Bundesanstalt für Arbeit zum Zwecke der Arbeitsvermittlung unterhält!		113 f.		
31	Welche Anzeigenträger bieten sich einem Unternehmen zur Einschaltung einer Stellenanzeige grundsätzlich an?		115		
32	Erläutern Sie, weshalb die einzelnen Anzeigenträger für die Personalbeschaffung mehr oder weniger geeignet sind!		115		
33	Welche Anzeigenträger sind für welche Hierarchie-Ebenen und Arbeitnehmer mit Spezialkenntnissen geeignet?		115 f.		
34	In welchem Zeitrahmen sollte eine Stellenanzeige grundsätzlich eingeschaltet werden?		116		
35	Welche Kündigungstermine sind für Angestellte bisher üblich und (voraussichtlich) künftig?		116 f.		
36	An welchem Wochentag sollte eine Stellenanzeige zweckmäßigerweise eingeschaltet werden?		117		
37	Beschreiben Sie, welche Arten von Stellenanzeigen nach der Nennung des beschaffenden Unternehmens unterschieden werden können!		117 f.		
38	Wie sind Chiffreanzeigen zu beurteilen?		117 f.		

	Kontrollfragen	bearbeitet	Lösungshinweis	Lösung +	Lösung -
39	Welche Stellenanzeigen werden nach dem unterschiedlichen Satzverfahren unterschieden?		118		
40	Nennen Sie die Grundsätze für die Anzeigengestaltung!		119 f.		
41	Woran sollte sich die Größe der Stellenanzeige orientieren?		120		
42	Welche inhaltlichen Aussagen sollte eine Stellenanzeige enthalten?		120 f.		
43	Welche besonderen gestalterischen Maßnahmen können eine Stellenanzeige hervorheben?		121		
44	Inwieweit eignen sich Abbildungen für die Gestaltung einer Stellenanzeige?		122		
45	Welche Überlegungen können zur Plazierung einer Stellenanzeige im Anzeigenträger angestellt werden?		122		
46	Vermitteln Personalleasing-Firmen Arbeitskräfte?		122		
47	Welche Forderungen werden durch das Gesetz zur Regelung der gewerbsmäßigen Arbeitnehmerüberlassung u.a. aufgestellt?		122 f.		
48	Welche Gründe kann es für den Einsatz geleaster Arbeitnehmer geben?		123		
49	Welche Aktivitäten erfolgen bei der Personalleasing-Firma und beim entleihenden Unternehmen, damit die Leasing-Maßnahme realisiert werden kann?		123		
50	Inwieweit können dem geleasten Arbeitnehmer von der Personalleasing-Firma und vom entleihenden Unternehmen Weisungen erteilt werden?		123		
51	Was kann das entleihende Unternehmen tun, wenn ihm ein geleaster Arbeitnehmer nicht zusagt?		123		
52	Inwieweit unterstützen Personalberater bei der Personalbeschaffung?		123		
53	Welche Leistungen können Personalberater grundsätzlich erbringen?		124		
54	Beschreiben Sie weitere Wege der Personalbeschaffung!		124 f.		
55	Was wird unter Abwerbung verstanden?		125		
56	Welche Folge kann eine nachgewiesene Abwerbung für das abwerbende Unternehmen haben?		125		
57	Aus welchen Teilen besteht eine schriftliche Bewerbung üblicherweise?		126		

	Kontrollfragen	bearbeitet	Lösungshinweis	Lösung +	Lösung -
58	Wie erfolgt die Bearbeitung der Bewerbung im Unternehmen?		126		
59	Weshalb sollte beim Eingang von Bewerbungen rasch eine grobe Durchsicht der Unterlagen erfolgen?		126 f.		
60	Wie soll die Kontaktaufnahme des Unternehmens mit Bewerbern erfolgen, die für die Besetzung der ausgeschriebene Stelle in Betracht kommen?		127		
61	Welche Pflichten hat das Unternehmen im Hinblick auf die eingereichten Bewerbungsunterlagen gegenüber den Bewerbern?		127		
62	Inwieweit darf ein Unternehmer Daten von Bewerbern speichern oder kopieren?		127		
63	Worauf beziehen sich die Auswahlrichtlinien gemäß § 95 Abs. 2 BetrVG?		127 f.		
64	Welche Folge kann der Verstoß gegen die Auswahlrichtlinien haben?		128		
65	Worin liegen die Vorteile bei der Verwendung eines Auswertungsbogens zur Beurteilung der Bewerber?		128		
66	Wozu dient das Bewerbungsschreiben?		130		
67	Inwieweit ist das Aussehen des Bewerbungsschreibens für das Unternehmen von Bedeutung?		130		
68	Welche Fragen soll das Bewerbungsschreiben dem Unternehmen beantworten?		130 f.		
69	Welche Aussagen sind möglich, wenn der Stil des Bewerbungsschreibens betrachtet wird?		131		
70	Welche Bedeutung hat das Bewerberfoto?		132		
71	Welche Angaben sollte der Lebenslauf enthalten?		133		
72	Beschreiben Sie die Möglichkeiten, den Lebenslauf auszuwerten!		133		
73	Nennen Sie Fragen, die im Personalbogen als unzulässig anzusehen sind!		134		
74	Welche Folgen kann die unwahre oder unvollständige Beantwortung arbeitsrechtlich zulässiger bzw. unzulässiger Fragen haben?		134		
75	Geben Sie einen Überblick, welche Fragen vom Unternehmen an den Bewerber gestellt werden dürfen!		135 f.		

	Kontrollfragen	bear-beitet	Lösungs-hinweis	Lösung +	-
76	Welche Fragen an den Bewerber sind arbeitsrechtlich unzulässig?		135 f.		
77	Was versteht man unter der Offenbarungspflicht eines Bewerbers und worauf kann sich diese beziehen?		136		
78	Welche arbeitsrechtlichen Folgen können eintreten, wenn ein Bewerber seiner Offenbarungspflicht nicht gerecht wird?		136		
79	Hat der Betriebsrat bei der Einführung eines Personalbogens ein Mitwirkungsrecht?		137		
80	Wie erfolgt die Auswertung des Personalbogens?		137		
81	Welche Aussagefähigkeit haben Schulzeugnisse für die Beurteilung eines Bewerbers?		137 f.		
82	Inwieweit haben Arbeitnehmer einen Anspruch auf ein Arbeitszeugnis?		138		
83	Zu welchem Zeitpunkt entsteht der Anspruch auf ein Arbeitszeugnis?		138		
84	Wann wird ein Arbeitszeugnis als vorläufiges oder Zwischenzeugnis bezeichnet?		138		
85	Worin unterscheiden sich einfache und qualifizierte Arbeitszeugnisse?		138		
86	Nach welchen Kriterien ist die Auswertung eines Arbeitszeugnisses möglich?		139 f.		
87	Worauf kann das Ausscheiden »auf eigenen Wunsch« hin, »in beiderseitigem Einverständnis«, »aus organisatorischen Gründen« hinweisen?		139		
88	Worin liegt für den Arbeitgeber das grundsätzliche Problem, wenn er Leistung und Führung im Arbeitszeugnis beschreiben soll?		139 f.		
89	Erläutern Sie die Zeugnistexte aus der von der Arbeitsgemeinschaft selbständiger Unternehmer entwickelten Formulierungsskala!		140		
90	Stellen Sie die Spezialformulierungen für Zeugnisse zusammen und erläutern Sie, was sie bedeuten!		140 f.		
91	Worauf kann das Verschweigen wichtiger mit der Tätigdes Arbeitnehmers verbundener Eigenschaften und Merkmale hindeuten?		141		
92	Weshalb erweist sich die Auswertung von Arbeitszeugnissen letztlich als recht schwierig?		142		

	Kontrollfragen	bearbeitet	Lösungshinweis	Lösung +	Lösung -
93	Welche Aussagekraft haben Referenzen?		142		
94	Wie ist die Angabe von Renommierreferenzen zu beurteilen?		142		
95	Inwieweit ist die Einholung von Auskünften beim derzeitigen Arbeitgeber des Bewerbers möglich?		142		
96	Sind frühere Arbeitgeber des Bewerbers zur Erteilung von Auskünften verpflichtet?		142		
97	Welche Arten von Arbeitsproben können unterschieden werden?		143		
98	Welche Probleme können sich bei der Einreichung von Arbeitsproben stellen?		143		
99	Welche Gruppen von Bewerbern ergeben sich üblicherweise nach der Auswertung der Bewerbungsunterlagen?		143		
100	Wie ist mit Bewerbern zu verfahren, die für die Stellenbesetzung nicht geeignet sind?		143		
101	Wie ist die Vorgehensweise bei geeigneten Bewerbern?		143		
102	In welcher Form erfolgt die Auswahl der geeigneten Bewerber grundsätzlich?		144		
103	Wann sind einem Bewerber die Vorstellungskosten zu ersetzen und wann nicht?		144		
104	Woran orientieren sich Umfang und Höhe der zu erstattenden Vorstellungskosten vielfach?		144		
105	In welchen Fällen hat ein Bewerber einen Anspruch auf Beurlaubung, um sich vorstellen zu können?		144		
106	Inwieweit hat der bisherige Arbeitgeber für die Zeit der Beurlaubung dem Bewerber seinen Lohn fortzuzahlen?		145		
107	Warum sollte weniger vom Vorstellungsinterview und eher vom Vorstellungsgespräch geredet werden?		145		
108	Welche Ziele werden mit dem Vorstellungsgespräch verfolgt?		145		
109	Worin besteht die Vorbereitung des Vorstellungsgesprächs?		145 f.		
110	Beschreiben Sie die Arten des Vorstellungsgesprächs, die sich nach seiner Strukturierung unterscheiden lassen!		146		
111	Welche Vorstellungsgespräche gibt es nach der unterschiedlichen Zahl der Gesprächsführenden?		147		
112	Was ist ein Belastungs- oder Streß-Gespräch?		147		

	Kontrollfragen	bearbeitet	Lösungshinweis	Lösung +	Lösung -
113	Erläutern Sie die verschiedenen Phasen des Vorstellungsgespräches!		148		
114	Worauf kann sich die Auswertung des Vorstellungsgespräches beziehen?		149		
115	Wozu dienen Eignungstests?		152		
116	Welchen Anforderungen müssen Eignungstests gerecht werden?		152		
117	Welche Arten von Eignungstests lassen sich unterscheiden?		152		
118	Welche Aussagen ermöglichen Persönlichkeitstests?		152		
119	Beschreiben Sie die verschiedenen Arten der Fähigungstests!		152		
120	Welche Voraussetzungen müssen erfüllt sein, damit psychologische Eignungstests arbeitsrechtlich zulässig sind?		152		
121	Erläutern Sie, wie die Zulässigkeit graphologischer Gutachten zu beurteilen ist!		153		
122	Inwieweit sind ärztliche Eignungsuntersuchungen vorgeschrieben?		154		
123	In welchem Umfang dürfen ärztliche Eignungsuntersuchungen durchgeführt werden?		154		
124	Welche Aussagen dürfen im ärztlichen Urteil enthalten sein?		154		
125	Beschreiben Sie das Verfahren der Mitbestimmung des Betriebsrates bei der Einstellung eines neuen Mitarbeiters!		154 f.		
126	Erläutern Sie, was unter vorläufigen personellen Maßnahmen zu verstehen ist!		156		
127	Welche rechtliche Bedeutung hat der Arbeitsvertrag?		156		
128	Worin sind die rechtlichen Grundlagen für den Arbeitsvertrag zu sehen?		156		
129	Inwieweit gibt es Formvorschriften für Arbeitsverträge?		158		
130	Worin unterscheiden sich unbefristeter und befristeter Arbeitsvertrag?		158 f.		
131	Unter welchen Voraussetzungen dürfen befristete Arbeitsverträge geschlossen werden?		159		
132	Zählen Sie auf, welche Inhalte ein Arbeitsvertrag typischerweise aufweisen sollte?		159 ff.		
133	Was ist bei der Tätigkeitsbezeichnung und der Tätigkeitsbeschreibung zu beachten?		159 f.		

	Kontrollfragen	bearbeitet	Lösungshinweis	Lösung +	Lösung -
134	Welche Regelungen zur Vergütung sollte ein Arbeitsvertrag enthalten?		160		
135	Nennen Sie Sozialleistungen, die im Arbeitsvertrag vereinbart werden können!		160		
136	Wie kann ein Wettbewerbsverbot für einen Angestellten geregelt sein?		161 f.		
137	Welche Möglichkeiten gibt es, die Probezeit zu vereinbaren?		162		
138	Welche Arten von Mängeln kann ein Arbeitsvertrag aufweisen?		164		
139	Beschreiben Sie Mängel beim Vertragsschluß und ihre rechtlichen Folgen!		164		
140	Welche rechtlichen Folgen haben Mängel im Inhalt eines Arbeitsvertrages?		164		

D. Personalführung

Führung ist ein kommunikativer Prozeß, der darauf gerichtet ist, das Verhalten der Mitarbeiter eines Unternehmens zielorientiert zu beeinflussen. Dabei sind grundsätzlich zu unterscheiden:

- Die **Unternehmensführung**, die sich auf die Festlegung der Organisationsziele und grundlegender Strategien bzw. Entscheidungen über die Kombination der betrieblichen Produktionsfaktoren bezieht.

- Die **Personalführung**, mit deren Hilfe die Organisationsziele und grundlegenden Strategien bzw. Entscheidungen auf den einzelnen hierarchischen Ebenen durch Vorgesetzte umgesetzt werden.

Die Bedeutung der Personalführung ist in den letzten Jahren merklich größer geworden. *Marr/Stitzel* nennen mehrere Gründe für diese **Entwicklung**:

- Die Arbeitnehmer haben ein höheres und kritischeres **Selbstbewußtsein** entwickelt, das eine Folge von gesellschaftspolitischen Demokratisierungstendenzen ist.

- Viele Arbeitnehmer haben durch verbesserte **Ausbildung** eine höhere Qualifikation erlangt, weshalb sie die formale Legitimation von Vorgesetzten eher in Frage stellen.

- Die Arbeitnehmer können von Vorgesetzten weniger durch die formale **Sanktionsmacht** zu Leistungen veranlaßt werden, weil sich das staatliche System der sozialen Absicherung verändert hat.

- Viele Arbeitnehmer sind durch die Mechanisierung und Automatisierung verstärkten physischen und psychischen **Belastungen** ausgesetzt worden, die besondere Konflikte bewirken.

- Die Arbeitnehmer können bei fortschreitender **Spezialisierung** in die Lage versetzt werden, Informationsvorsprünge gegenüber ihren Vorgesetzten zu erlangen.

Die Personalführung hat nicht nur in ihrer Bedeutung eine Veränderung erfahren. Bei grundsätzlich gleichen Aufgabenstellungen hat sie sich auch in ihrer Aufgabenerfüllung gewandelt, beispielsweise indem sie vom autoritären Führungsstil abrückte und sich verstärkt des kooperativen Führungsstils bediente.

Der inhaltliche Umfang der Personalführung wird unterschiedlich weit interpretiert. Es können zwei **Arten** der Personalführung unterschieden werden:

- Die **strukturelle Personalführung**, die vor allem die folgenden Teilgebiete umfaßt:

  - Lohngestaltung
  - Arbeitsgestaltung.

  Diese Teilgebiete werden im Kapitel F. in Verbindung mit der Personalentlohnung behandelt.

- Die **interaktionelle Personalführung**, die sich auf das direkte Zusammenwirken zwischen Personen bzw. Gruppen bezieht. Sie befaßt sich besonders mit den Problemkreisen

  - Führungsstile
  - Führungstechniken
  - Führungsmittel
  - Führungsmodelle.

  Wenn von Personalführung gesprochen wird, ist meist die interaktionelle Personalführung gemeint.

Die Personalführung soll das Unternehmen in seinem Bestande sichern und den Arbeitskräften die Möglichkeit geben, sich zu erhalten und zu entfalten. *Goossens* nennt fünf wesentliche Aufgaben, die im Rahmen der Personalführung zu bewältigen sind:

- **Planen und Disponieren**

  Dabei sollten insbesondere folgende Fragen beantwortet werden:

  - Warum wird die Arbeit gemacht?
  - Wo muß die Arbeit geschehen?
  - Wann soll die Arbeit erfolgen?
  - Wer soll die Arbeit ausführen?
  - Wie soll die Arbeit bewältigt werden?

- **Aufträge erteilen**

  Um sicherzustellen, daß Aufträge sachgerecht ausgeführt werden, sind mehrere Grundsätze zu beachten:

  - Personenbezogenheit der Aufträge
  - Klarheit und Vollständigkeit der Aufträge
  - Umfangbezogene Angemessenheit der Aufträge
  - Begründung von Änderungen.

- **Kontrolle der Arbeit mit Anerkennung und Korrektur**

  Die Kontrolle dient nicht nur der Sicherstellung der Qualität und Quantität der Arbeitsleistung sondern auch der Verbesserung der Arbeit und der Entfaltung der Fähigkeiten der einzelnen Arbeitskraft. Dabei gelten folgende Grundsätze:

  - Richtig anerkennen und korrigieren.
  - Rechtzeitig anerkennen und korrigieren.
  - Lob und Tadel vorsichtig gebrauchen.
  - Korrekturen mit Verbesserungsüberlegungen verbinden.

- **Sichern der Zusammenarbeit in der Gruppe**

  Die Gruppenführung als Koordinierung aller Kräfte auf ein gemeinsames Ziel gehört zu den schwierigsten Aufgaben. Sie bezieht sich auf die

  - Verwirklichung der Grundsätze der Personalorganisation
    - o Richtige Aufgabenteilung
    - o Einheit der Auftragserteilung
    - o Reibungslose Information
    - o Innerbetriebliche Lohngerechtigkeit
  - Kenntnis der Grundstruktur von Gruppenbeziehungen.

- **Pflege der Mitarbeiterbeziehungen**

  Hierunter fallen insbesondere die methodische Behandlung von Problemen, die Vorgesetzte mit Mitarbeitern haben, und die Aussprache mit den betreffenden Mitarbeitern.

Die Personalführung soll unter mehreren Gesichtspunkten dargestellt werden:

<table>
<tr><td rowspan="7">Personal-
führung</td><td>Beteiligte</td></tr>
<tr><td>Grenzen</td></tr>
<tr><td>Führungsprozeß</td></tr>
<tr><td>Führungsstile</td></tr>
<tr><td>Führungstechniken</td></tr>
<tr><td>Führungsmittel</td></tr>
<tr><td>Führungsmodelle</td></tr>
</table>

1. Beteiligte

Die Personalführung besteht, wie gezeigt wurde, aus dem direkten Zusammenwirken zwischen Personen bzw. Gruppen, genauer gesagt zwischen Vorgesetzten und Mitarbeitern. Hierauf soll näher eingegangen werden:

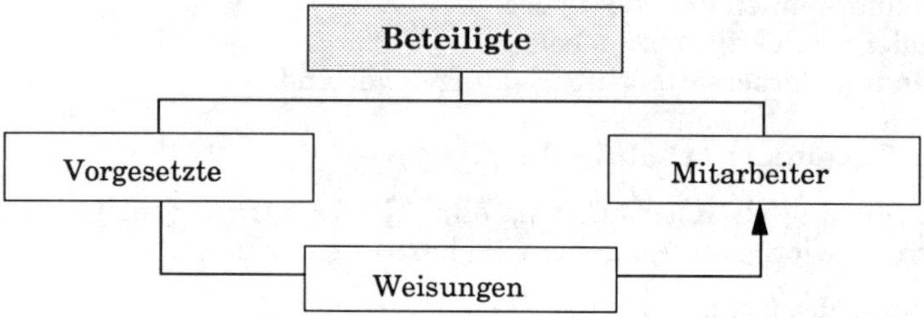

1.1 Vorgesetzte

Der Vorgesetzte ist der Träger der Personalführung für die ihm unterstellten Mitarbeiter. Er selbst kann einem Vorgesetzten als Mitarbeiter unterstellt sein. Die ihm unterstellten Mitarbeiter können ebenfalls wieder Vorgesetzte darstellen.

Seine Aufgaben ergeben sich grundsätzlich aus den bereits beschriebenen Aufgaben der Personalführung. Sie beziehen sich auf zwei **Problemkreise**:

- Die Erreichung des Sachzieles durch die Mitarbeiter.
- Die Motivation und den Gruppenerhalt der Mitarbeiter.

Zur Lösung dieser Probleme sollte der Vorgesetzte über die erforderliche Autorität verfügen, die sich darin äußert, daß er seinen Mitarbeitern Weisungen zu erteilen vermag, die ausgeführt werden. Seine Autorität kann dabei auf mehreren **Machtgrundlagen** beruhen:

- Der **Legitimationsmacht**, die sich aus der hierarchischen Ordnung des Unternehmens ergibt. Die Mitarbeiter erkennen die formal gesetzte Ordnung an und sehen es als ihre Pflicht an, dem Vorgesetzten zu gehorchen.

- Der **Referenzmacht**, die zu einer Identifikation der Mitarbeiter mit dem Vorgesetzten führt. Auf Grund der persönlichen Wertschätzung erscheint der Vorgesetzte den Mitarbeitern als Vorbild.

- Der **Expertenmacht**, die sich auf die fachliche Qualifikation des Vorgesetzten bezieht. Die Mitarbeiter erkennen einen Vorgesetzten an, von dem sie annehmen, daß er über Informationsvorteile verfügt.

- Der **Belohnungsmacht**, die darauf beruht, daß der Vorgesetzte den Mitarbeitern Belohnungen - beispielsweise Gehaltserhöhungen - geben oder versagen kann.

- Der **Bestrafungsmacht**, die es dem Vorgesetzten ermöglicht, Mitarbeiter mit Sanktionen zu versehen, die seine Anordnungen nicht befolgen.

Die Persönlichkeit des Vorgesetzten ist für eine erfolgreiche Personalführung von vorrangiger Bedeutung. Wenn seine Mitarbeiter ihn als sachkundig, sicher, gerecht, kontakt- und führungsfähig ansehen, verfügt er über eine solide Ausgangsbasis.

Grundsätzlich lassen sich folgende **Typen** von Vorgesetzten unterscheiden *(Rahn)*:

- **Strenge Führungskräfte** haben eine Neugung zu autoritärem Führungsverhalten. Sie erwarten, daß ihnen überall Respekt entgegengebracht wird.

- **Sachliche Führungskräfte** führen vorrangig mit Richtlinien, Rundschreiben, Dienstanweisungen und Vorschriften. Formalismus und Bürokratie sind nicht selten.

- **Muntere Führungskräfte** verstehen es, ihre Mitarbeiter anzuspornen und mitzureißen. Sie mögen kein übertriebenes Gleichmaß. Oft sind sie schlechte Zuhörer.

- **Kritische Führungskräfte** prüfen mit einem gewissen Mißtrauen alle Vorgänge auf Verbesserungsmöglichkeiten. Anderen halten sie gern einen Spiegel vor, sind aber vielfach selbst kritikanfällig.

- **Ehrgeizige Führungskräfte** betonen die Anforderungen des Leistungssystems mehr als die des menschlichen Bereichs. Fehler werden bestraft. Streß wird durch Dominanz und Machteinsatz bekämpft.

- **Humane Führungskräfte** haben Verständnis für ihre Mitarbeiter. Sie neigen zu kooperativem Führungsverhalten und verstehen es, zu ermutigen. Auseinandersetzungen gehen sie aus dem Wege.

- **Hektische Führungskräfte** stehen ständig unter Termindruck und Anspannungen. Sie haben wenig Zeit für die Probleme ihrer Mitarbeiter, setzen sich aber voll für das Unternehmen ein.

- **Nachlässige Führungskräfte** überlassen die Mitarbeiter sich selbst und kümmern sich nicht um ihre Führungsaufgaben. Deshalb entstehen Autoritätsprobleme.

- **Souveräne Führungskräfte** haben keine Probleme mit der Autorität. Sie besitzen die Fähigkeit zur präzisen Analyse, erkennen schnell das Machbare und haben viel Überzeugungskraft. Das geistige Potential der Mitarbeiter wird durch kooperatives Verhalten genutzt.

1.2 Mitarbeiter

Die Mitarbeiter, die vom Vorgesetzten zu führen sind, können als einzelne Personen oder als Personenmehrheiten in Form von Gruppen in Erscheinung treten:

- Die **Mitarbeiter als einzelne Personen** unterscheiden sich in mehrfacher Hinsicht. *Hambusch* nennt drei Kriterien:

Leistungsfähigkeit	Die Leistungsfähigkeit der Mitarbeiter bezieht sich auf die körperlichen und geistigen Anlagen. Der Vorgesetzte sollte bereits bei der Personalbeschaffung darauf achten, daß die ihm zu unterstellenden Mitarbeiter den gestellten Anforderungen gerecht werden. Sind die Mitarbeiter bei ihm tätig, muß er Sorge dafür tragen, daß möglichst keine Unter- oder Überforderung erfolgt.
Temperament	Das Temperament der Mitarbeiter kann sehr unterschiedlich sein. *Dirks* unterscheidet beispielsweise acht Menschentypen, die er charakterisiert als: - sachlich-selbstsicher - pflichtbewußt - unbekümmert - gutmütig - geltungsbedürftig - unzufrieden - pedantisch - schüchtern. Der Vorgesetzte kommt nicht umhin, die verschiedenen Temperamente bei der Personalführung zu berücksichtigen und sich jeweils geeignete Verhaltensmuster zu entwickeln.
Motive	Sie können ebenfalls von beträchtlicher Unterschiedlichkeit sein. Sie sollten vom Vorgesetzten herausgefunden und analysiert werden. Der Vorgesetzte hat sie nach Möglichkeit bei der Personalführung zu berücksichtigen, um Zufriedenheit und Motivation der Mitarbeiter herbeizuführen, zu sichern oder zu steigern.

Die Mitarbeiter lassen sich beispielsweise in folgende **Typen** einteilen *(Olfert/ Rahn, Rahn)*:

Jugendliches Personal	Dazu rechnet im Sinne des Arbeitsrechts, wer das 14. Lebensjahr vollendet und das 18. Lebensjahr noch nicht überschritten hat. Zu diesen Mitarbeitern zählen Auszubildende, Ungelernte, Volontäre und Praktikanten. Die Einflüsse der Pubertät sind bei der Führung zu berücksichtigen.
Älteres Personal	Von ihm wird gesprochen, wenn es über fünfzig Jahre alt ist. Mit zunehmendem Alter tritt weniger eine generelle Leistungsminderung als vielmehr ein Leistungswandel ein. Die Körperkräfte können nachlassen, aber Umsicht, Erfahrung, Geduld und Besonnenheit werden zunehmen.
Weibliches Personal	Ihm öffnet sich die Arbeitswelt fast in allen Berufssparten. Ein während des ganzen Berufslebens der meisten Frauen bestehendes Problem bildet die Doppelbelastung in Beruf und Haushalt. Für weibliches Personal bestehen im Arbeitsleben besondere Schutzvorschriften, beispielsweise das Mutterschutzgesetz.
Männliches Personal	Es nimmt zu einem sehr hohen Prozentsatz die Führungspositionen in Wirtschaft und Verwaltung wahr. Gleichberechtigung und Gleichbehandlung von Frauen und Männern sind im Arbeitsleben dort zu realisieren, wo sie auf der Grundlage gleicher Bedingungen stattfinden können *(Richter)*.
Behindertes Personal	Dazu zählen Rehabilitationsfälle, psychisch Kranke und Körperbehinderte. Auch Schwerbehinderte sind einzubeziehen. Nach § 5 des Schwerbehindertengesetzes sind Arbeitgeber mit mehr als 16 Arbeitsplätzen dazu verpflichtet, mindestens 6 % davon als Schwerbehinderte zu beschäftigen. Die Zahlung einer Ausgleichsabgabe in Höhe von 200 DM pro Monat und Pflichtplatz ist möglich. Sie entbindet aber nicht von der Verpflichtung zur Erfüllung der obigen Quote.
Ausländisches Personal	Das sind abhängig Beschäftigte ohne deutsche Staatsangehörigkeit. Es hat es im fremden Land nicht einfach, weil es sich - weitab von der Heimat - mit zum Teil neuen Bedingungen abfinden muß.

- Die Mitarbeiter sind im Unternehmen aber nicht nur als einzelne Personen zu betrachten, sondern auch als Personenmehrheiten in Form von Gruppen.

Unter einer **Gruppe** ist eine Reihe von Personen zu verstehen, die in einer bestimmten Zeitspanne häufig miteinander Umgang haben. Deren Anzahl ist so gering, daß jede Person mit einer anderen Person in Verbindung treten kann *(Homans)*. Zu unterscheiden sind:

Formelle Gruppen	Sie werden im Sinne der betrieblichen Zielerreichung geplant und bestimmt. Die betriebliche Aufgabenstellung steht im Vordergrund und die Rangordnung in der Gruppe wird von außen vorgegeben.
Informelle Gruppen	Sie bilden sich aus menschlichen Gesichtspunkten heraus aufgrund von Sympathiebeziehungen. Daraus ergibt sich die Rangordnung in der Gruppe. Die individuelle Befriedigung sozialer Bedürfnisse steht im Vordergrund.

In den Gruppen im Unternehmen befinden sich unterschiedliche **Gruppenmitglieder**, die anzuspornen, zu bremsen, zu fördern, zu ermutigen, zu integrieren bzw. wertzuschätzen sind. Zu den gruppenorientierten Führungsstilen zählen - siehe ausführlich *Olfert/Rahn, Rahn*:

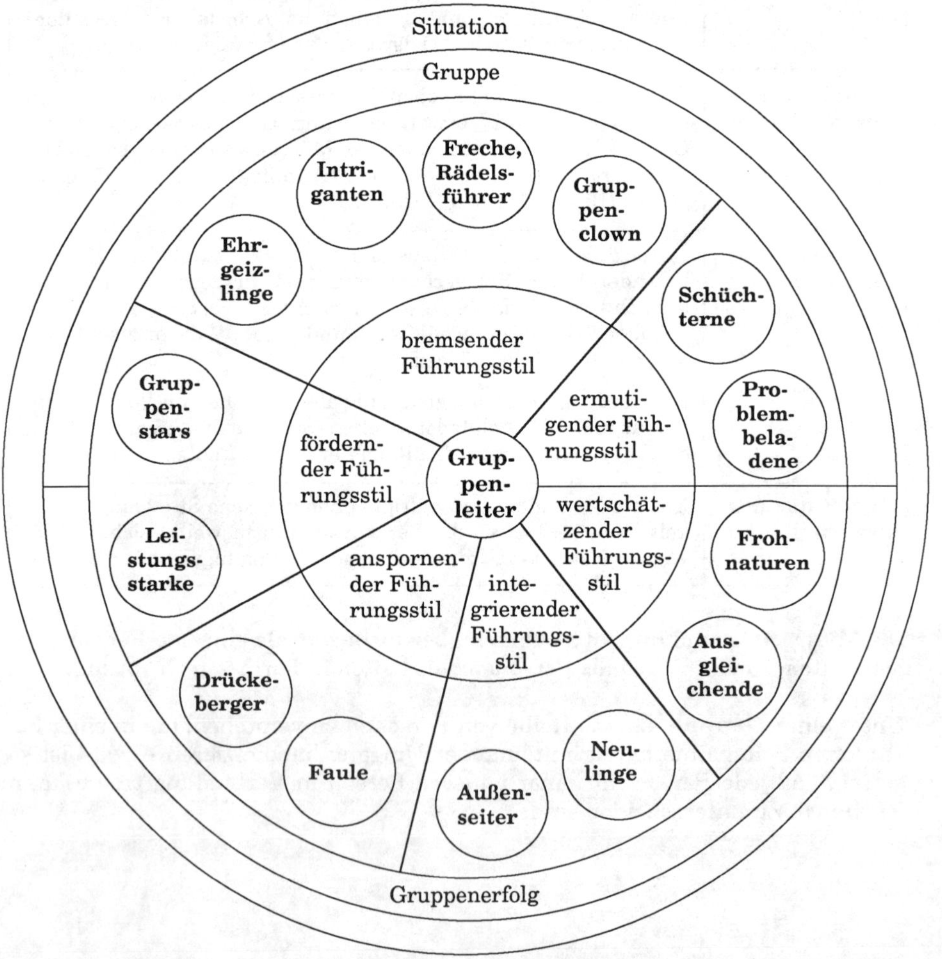

Über die Motivation von Mitarbeitern gibt es eine Reihe von Untersuchungen und Auffassungen. Die wichtigsten Theorien wurden mit

- der XY-Theorie
- dem Human Relations-Modell
- der Bedürfnispyramide
- der ERG-Theorie
- der Zwei-Faktoren-Theorie

im Kapitel A. dargestellt.

1.3 Weisungen

Wenn als eine der wesentlichen Aufgaben der Personalführung dargestellt wurde, Aufträge zu erteilen, dann handelt es sich dabei arbeitsrechtlich um Weisungen. Mit ihnen konkretisieren Vorgesetzte die Pflichten der Mitarbeiter, die mehr oder weniger genau, unmittelbar oder mittelbar - beispielsweise durch die fachliche Umschreibung in Form eines Berufsbildes oder durch allgemeine Umschreibung - in einem Arbeitsvertrag vereinbart sind. Die Weisungen der Vorgesetzten müssen damit - von Notfällen abgesehen - innerhalb der durch den Arbeitsvertrag getroffenen Regelungen liegen.

Weisungen können in verschiedenen **Formen** erfolgen:

- Als **Befehl**, wenn sie unpersönlich, ohne Namensnennung, ohne Begründung erfolgen und Einwendungen oder Widerspruch nicht zulassen.

- Als **Auftrag**, wenn sie persönlich, mit Anrede, höflich erfolgen, das »Was, Wie, Warum« einer Arbeit erklären und Mitdenken, Vorschläge, Initiative der Mitarbeiter fördern.

- Als **Anweisung**, wenn sie persönlich, mit Anrede, höflich erfolgen, jedoch auf eine Begründung verzichten, die bei Routinearbeiten nicht erforderlich ist, und dem Mitarbeiter eigene Disposition und Initiative ermöglichen.

Aber nicht jede Weisung von Vorgesetzten ist zulässig, auch wenn sie sich innerhalb der arbeitsvertraglichen Pflichten bewegt. Die Weisung muß zudem **billigem Ermessen** entsprechen, d.h. sie darf nicht willkürlich erfolgen und hat die Interessen des Mitarbeiters angemessen zu berücksichtigen. Letzteres bedeutet, daß sie sachlich begründet ist und der Vorgesetzte diejenige von mehreren gleich praktikablen Maßnahmen zu wählen hat, die für den Mitarbeiter die geringste Belastung darstellt.

Es gibt Weisungen, die dem Mitbestimmungsrecht des Betriebsrates unterliegen, beispielsweise in Verbindung mit Versetzungen und Überstunden, und Weisungen, denen eine Mitbestimmung des Betriebsrates nicht zugrundeliegt.

Weisungen können **unzulässig** oder **nur bedingt zulässig** sein:

- Bezüglich der **arbeitsvertraglichen Pflichten des Mitarbeiters.**

  Der Mitarbeiter genießt **Vertrauensschutz**, beispielsweise wenn durch eine bestimmte, gleichbleibende Tätigkeit des Mitarbeiters über viele Jahre hinweg eine allgemeine Aufgabenbeschreibung im Arbeitsvertrag konkretisiert wurde und der Arbeitsvertrag keine Versetzungsklausel enthält.

- Bezüglich des **Verhaltens des Mitarbeiters im Unternehmen.**

Politische Überzeugung	Der Mitarbeiter darf an einer maßvollen Bekundung politischer Überzeugung nicht gehindert werden.
Meinungs-freiheit	Der Mitarbeiter darf in seinem Recht auf Meinungsfreiheit grundsätzlich nicht beschränkt werden, es sei denn mit der Meinungsäußerung wird die Erfüllung seiner Arbeitspflicht gefährdet bzw. ein berechtigtes betriebliches Interesse verletzt.
Äußere Erscheinungs-form	Der Mitarbeiter darf seine äußere Erscheinungsform grundsätzlich selbst bestimmen, es sei denn, allgemeine Vorschriften (Unfallverhütung, Gesundheit, Hygiene) stehen dem entgegen, Arbeiten sind mit einer Dienstkleidung zu verrichten oder der Mitarbeiter steht in Kundenkontakt und die Geschäftsinteressen des Arbeitsgebers werden auf Grund von Kundenerwartungen objektiv nachvollziehbar beeinträchtigt, wenn der Mitarbeiter sich nicht an - allerdings nur ganz allgemeine diesbezügliche Regelungen - hält.
Rauchen	Der Mitarbeiter darf während der Arbeitszeit grundsätzlich nicht am Rauchen gehindert werden, es sei denn, allgemeine Vorschriften (Brandgefahr, Explosionsgefahr, Hygiene) stehen dem entgegen bzw. die Schnelligkeit der Arbeitsleistung oder Güte des Arbeitsergebnisses werden dadurch merklich beeinträchtigt.

  Der Mitarbeiter darf während der Arbeitszeit, nicht dagegen während der Pausen am Genuß von **Alkohol** gehindert werden.

- Bezüglich des **außerdienstlichen Verhaltens** des Mitarbeiters.

  Grundsätzlich dürfen dem Mitarbeiter keine diesbezüglichen Weisungen erteilt werden, es sei denn, er hat auf Grund seiner Position im Unternehmen - beispielsweise als leitender Angestellter - eine **erhöhte Verpflichtung**, die **Interessen des Unternehmens zu fördern.**

Weisungen, die durch den jeweiligen Arbeitsvertrag nicht gedeckt sind, gegen Gesetze oder die guten Sitten verstoßen, müssen vom Mitarbeiter nicht befolgt werden. Er hat in diesem Falle den Arbeitgeber jedoch deutlich auf die **Gründe** hinzuweisen, die ihn dazu bewegen, die Weisung nicht zu befolgen.

Eine zulässigerweise nicht befolgte Weisung beeinträchtigt auch dann den Vergütungsanspruch des Mitarbeiters nicht, wenn er auf Grund dessen keine Arbeitsleistung erbracht hat.

2. Grenzen

Die Personalführung stößt dort an Grenzen der freien Gestaltung, wo rechtliche Vorschriften bestehen, die sich auf Mitwirkungsmöglichkeiten der Arbeitnehmer beziehen. Vier Gesetze sind maßgeblich:

- Betriebsverfassungsgesetz von 1972
- Betriebsverfassungsgesetz von 1952
- Montan-Mitbestimmungsgesetz von 1951
- Mitbestimmungsgesetz von 1976.

Auf die Regelungen des BetrVG 1972, die Einfluß auf die Personalführung nehmen, soll näher eingegangen werden:

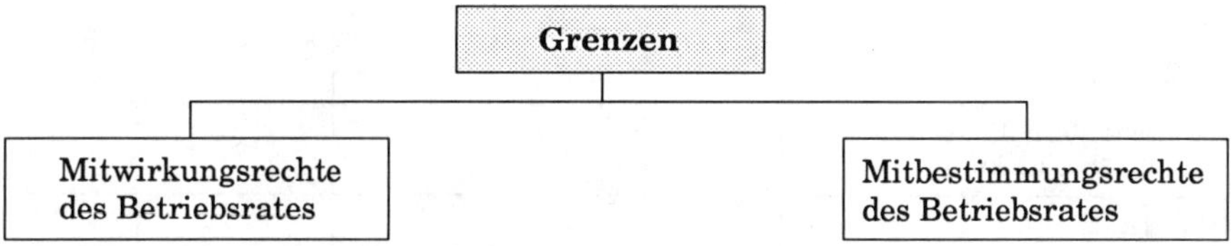

2.1 Mitwirkungsrechte des Betriebsrates

Unter Mitwirkung werden alle Formen der rechtlich abgesicherten Einflußnahme von Arbeitnehmern auf die Entscheidungsprozesse verstanden. Dabei behält der Arbeitgeber aber das Recht, seine Absichten auch gegen die Vorstellungen der Mitwirkenden durchzusetzen.

Das Betriebsverfassungsrecht sieht folgende Mitwirkungsrechte vor:

- Das **Informationsrecht**, welches den Arbeitgeber nur verpflichtet, die Arbeitnehmerseite rechtzeitig und umfassend zu unterrichten, ohne daß diese über ein Recht zur Diskussion und zur Abgabe einer Stellungnahme verfügt.

- Das **Anhörungsrecht**, bei welchem der Arbeitgeber der Arbeitnehmerseite Gelegenheit geben muß, ihre Auffassung zu einer Angelegenheit zu äußern. Er wird dadurch jedoch nicht verpflichtet, auf Einwände einzugehen, selbst wenn diese begründet sein sollten.

- Das **Beratungsrecht**, bei welchem der Arbeitgeber eine beabsichtigte Maßnahme vor ihrer Durchführung mit der Arbeitnehmerseite mit dem Ziel der Verständigung zu diskutieren hat.

Pullig stellt die Mitwirkungsrechte bei den verschiedenen Gegenständen der Mitbestimmung dar. Die Kreuze weisen auf Mitwirkungsrecht hin.

Mitwirkungsrechte / **Mitbestimmungsgegenstände**	**Recht auf Information**	**Recht auf Einsicht in Unterlagen**	**Recht auf Anhörung**	**Recht auf Beratung und Verhandlung mit Arbeitgeber**	**Recht auf Teilnahme an Besprechungen**
Soziale Angelegenheiten (§§ 87 - 89 BetrVG 72)					
Betriebsordnung					
Lage von Arbeitszeit und Arbeitspausen					
Entgeltmodalitäten					
Urlaubsplan					
Technische Verhaltens- und Leistungsüberwachung					
Unfallschutz		X			X
Verwaltung der Sozialeinrichtungen					
Verwaltung der Werkswohnungen					
Formen der Arbeitsbewertung					
Akkord und Prämiensätze					
Vorschlagswesen					
Gestaltung von Arbeitsplatz, (§§ 90, 91 BetrVG 72)					
Bauplanung, Anlageplanung, Ablauf- und Verfahrensplanung, Arbeitsplatzplanung	X			X	

Bei arbeitswissenschaftlich als gesichert anzusehende Folgelasten für die Arbeitnehmer					
Personelle Angelegenheiten (§§ 92 - 105 BetrVG 72)					
Planung des Personalbedarfs	X	X		X	
Stellenausschreibung					
Personalfragebogen und Beurteilungsgrundsätze					
Richtlinien für Auswahl, Versetzung und Umgruppierung					
Allgemeine Fragen der Berufsbildung				X	
Ausbilderbestellung					
Auswahl der Ausbildungsteilnehmer					
Einzelne Einstellungen, Versetzungen, Umgruppierungen	X	X			
Ordentliche Kündigungen			X		
Wirtschaftliche Angelegenheiten (Mitwirken über den Wirtschaftsausschuß) (§§ 106 - 113 BetrVG 72)					
Wirtschaftliche Angelegenheiten, insbesondere: Wirtschaftliche und finanzielle Lage Produktions- und Absatzlage Produktions-/Investitionsprogramme Rationalisierungsvorhaben Fabrikations- und Arbeitsmethoden Einschränkung, Stillegung, Verlegung Zusammenschluß von Betrieben/Betriebsteilen Änderung der Betriebsorganisation oder des Betriebszwecks					
Interessen-/Nachteilsausgleich (Sozialplan)	X				

2.2 Mitbestimmungsrechte des Betriebsrates

Bei der Mitbestimmung können rechtswirksame Entscheidungen nur zustandekommen durch:

- **Mehrheitsbeschluß** eines paritätisch besetzten Organes

  oder

- ausdrückliche Zustimmung der mitbestimmenden Partei als Wirksamkeitsvoraussetzung

  oder

- den **verbindlichen Spruch** einer dritten Institution bei Nichteinigung.

Pullig stellt die Mitbestimmungsrechte bei den verschiedenen Gegenständen der Mitbestimmung dar. Die Kreuze weisen auf Mitbestimmungsrechte hin.

Mitbestimmungsrechte / **Mitbestimmungsgegenstände**	**Erzwingbares Initiativrecht**	**Zustimmungs- oder Vetorecht**	**Aufhebungsanspruch**
Soziale Angelegenheiten (§§ 87 - 89 BetrVG 72)			
Betriebsordnung		X	
Lage von Arbeitszeit und Arbeitspausen		X	
Entgeltmodalitäten		X	
Urlaubsplan		X	
Technische Verhaltens- und Leistungsüberwachung		X	
Unfallschutz		X	
Verwaltung der Sozialeinrichtungen		X	
Verwaltung der Werkswohnungen		X	
Formen der Arbeitsbewertung		X	
Akkord und Prämiensätze		X	
Vorschlagswesen		X	
Gestaltung von Arbeitsplatz (§§ 90, 91 BetrVG 72)			

Bauplanung, Anlageplanung, Ablauf- und Verfahrensplanung, Arbeitsplatzplanung			
Bei arbeitswissenschaftlich als gesichert anzusehende Folgelasten für die Arbeitnehmer	X		
Personelle Angelegenheiten (§§ 92 - 105 BetrVG 72)			
Planung des Personalbedarfs			
Stellenausschreibung	X		
Personalfragebogen und Beurteilungsgrundsätze		X	
Richtlinien für Auswahl, Versetzung und Umgruppierung	> 1.000 MA	X	
Allgemeine Fragen der Berufsbildung			
Ausbilderbestellung		X	
Auswahl der Ausbildungsteilnehmer	X		X
Einzelne Einstellungen, Versetzungen, Umgruppierungen		X	
Ordentliche Kündigungen		X	
Wirtschaftliche Angelegenheiten (Mitwirken über den Wirtschaftsausschuß) (§§ 106 - 113 BetrVG 72)			
Wirtschaftliche Angelegenheiten, insbesondere: Wirtschaftliche und finanzielle Lage Produktions- und Absatzlage Produktions-/Investitionsprogramme Rationalisierungsvorhaben Fabrikations- und Arbeitsmethoden Einschränkung, Stillegung, Verlegung Zusammenschluß von Betrieben/ Betriebsteilen Änderung der Betriebsorganisation oder des Betriebszwecks			
Interessen-/Nachteilsausgleich (Sozialplan)			

3. Führungsprozeß

Führung erfolgt in mehreren Führungs- bzw. Managementebenen. *Grochla* versucht, die Führungsebenen nach Tätigkeitsschwerpunkten abzugrenzen:

Top-Management = Oberste Unternehmensleitung	**Beispiele:** Vorstand, Geschäftsführer
Middle-Management = Mittlere Führungsebene	**Beispiele:** Werksleiter, Abteilungsdirektor, Hauptabteilungsleiter, Abteilungsleiter
Lower-Management = Unterste Führungsebene	**Beispiele:** Büroleiter, Meister, Gruppenleiter

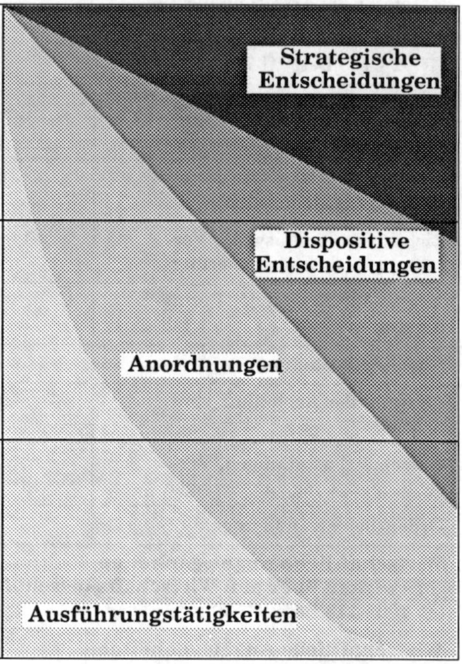

Der Führungsprozeß umfaßt grundsätzlich folgende **Phasen**:

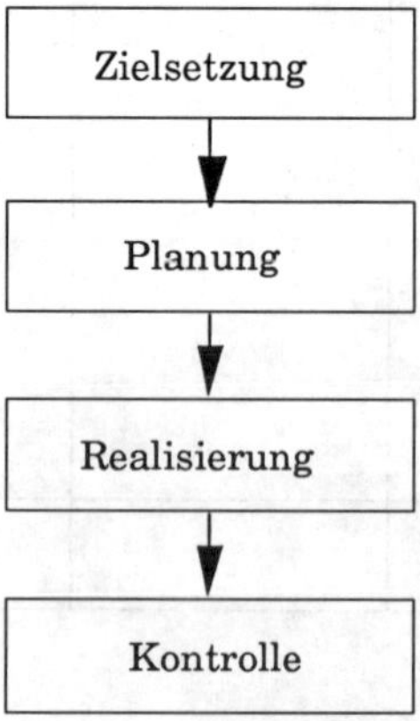

3.1 Zielsetzung

Der Führungsprozeß beginnt mit der Zielsetzung. Sie bezieht sich auf den Zustand, welchen das Unternehmen in der Zukunft erreichen will. Die Ziele sind dabei eindeutig nach Inhalt, Ausmaß und Zeit vorzugeben, beispielsweise:

Inhalt	Ausmaß	Zeit
Steigerung des Umsatzes ...	... um 10 % ...	... im 1. Quartal 1994
Verringerung der Mitarzahl ...	... um 5 Schreibkräfte ...	... ab 01.01.1994
Auslastung des Drehautomaten ...	... mit maximaler Kapazität ...	... vom 01.03.1994 bis 30.04.1994

Ziele lassen sich nach einer Vielzahl von Kriterien unterscheiden:

- Nach dem **Formalisierungsgrad** gibt es:

Formalziele	Sie beziehen sich auf die Art und Weise des betrieblichen Handelns und dienen der Ableitung von Verhaltensmaximen, beispielsweise Gewinn,-Umsatz-, Wachstums-, Macht- und soziale Ziele.
Sachziele	Sie dienen zur Realisierung der Formalziele und beziehen sich unmittelbar auf die Leistungserstellung. Dabei kann üblicherweise zwischen mehreren Alternativen gewählt werden. Beispielsweise kann als Formalziel ein Umsatz von 10 Millionen DM für das kommende Jahr vorgegeben sein. Das Sachziel kann darin bestehen, eine Umsatzsteigerung bei der Produktgruppe A um 15 %, bei den Produktgruppen B und C um 8 % zu bewirken, damit der geforderte Gesamtumsatz erreicht wird.

- Nach ihrer unterschiedlichen **Bedeutung** lassen sich betrachten:

Hauptziele	Ihnen kommt eine besonders große Bedeutung zu, beispielsweise die Bearbeitungsgenauigkeit einer Maschine.
Nebenziele	Sie haben eine geringere Bedeutung, beispielsweise der Raumbedarf der Maschine.

• Nach ihrer hierarchischen **Beziehung** lassen sich betrachten:

Oberziele	Sie werden - meist relativ global - auf der oberen Hierarchieebene formuliert und können Formalziele sowie Sachziele sein.
Unterziele	Sie werden aus den Oberzielen abgeleitet und stellen konkrete Handlungsanweisungen dar. Entsprechend können sie nur Sachziele sein.

Die Ableitung von Unterzielen ist erforderlich, weil die Mitarbeiter in den verschiedenen Hierarchieebenen aus den Oberzielen keine konkreten Handlungsweisungen erkennen können, beispielsweise:

Oberziel:	Umsatzsteigerung im nächsten Jahr um 10 Millionen DM Adressat: Geschäftsführer

↓

Unterziel:	Umsatzsteigerung im nächsten Jahr um 15 % für Produktgruppe A Adressat: Abteilungsleiter A	Umsatzsteigerung im nächsten Jahr um 8 % für Produktgruppe B Adressat: Abteilungsleiter B	Umsatzsteigerung im nächsten Jahr um 8 % für Produktgruppe C Adressat: Abteilungsleiter C

↓ ↓ ↓

Unterziel:	Erhöhung des Bekanntheitsgrades der Produktgruppe A durch eine Werbeaktion Adressat: Sachbearbeiter X	Erhöhung der Zahl der Kundenkontakte des Außendienstes Adressat: Sachbearbeiter Y	Erhöhung der Preise bestimmter Produkte Adressat: Sachbearbeiter Z

- Nach ihrem unterschiedlichen **Inhalt** lassen sich betrachten:

Monetäre Ziele	Sie lassen sich in Geld messen, beispielsweise als: - **Marktleistungsziele** Umsatzsteigerung, Ertragssteigerung, Kostensenkung - **Rentabilitätsziele** Gewinnerhöhung, Umsatz-, Eigenkapital-, Gesamtkapitalrentabilität - **Finanzwirtschaftliche Ziele** Liquiditätsverbesserung, Kapitalstrukturveränderung, Kapitalkostensenkung
Nicht-monetäre Ziele	Sie lassen sich nicht ohne weiteres in Geldeinheiten bestimmen, beispielsweise als: - **Ökonomische Ziele** Marktanteilsvergrößerung, Qualitätsverbesserung, Serviceverbesserung - **Soziale Ziele** Soziale Sicherheit, Arbeitszufriedenheit, soziale Integration - **Macht-/Prestigeziele** Unabhängigkeit, politischer Einfluß, gesellschaftlicher Einfluß

- Nach ihrem **Zusammenhang** lassen sich betrachten:

Komplementäre Ziele	Maßnahmen zur Erreichung eines Zieles führen gleichzeitig zur Förderung oder Erreichung eines anderen Zieles.
Konkurrierende Ziele	Maßnahmen zur Erreichung eines Zieles bewirken die Abnahme des Zielerreichungsgrades bei einem anderen Ziel.
Indifferente Ziele	Die Erfüllung eines Zieles hat keinen Einfluß auf den Zielerreichungsgrad eines anderen Zieles.

Weitere Einteilungen der Ziele können vorgenommen werden nach

- kurzfristigen und langfristigen Zielen
- quantitativen und qualitativen Zielen
- externen und internen Zielen.

Die **Zielbildung** wird durch interne und externe Interessengruppen beeinflußt, beispielsweise durch die Mitarbeiter, Eigenkapitalgeber, Fremdkapitalgeber, Kunden, Lieferanten, Gewerkschaften, Arbeitgeberverbände, staatliche Einrichtungen. Sie umfaßt nach *Weis* die folgenden **Phasen**:

- Die **Zielsuche**, welche das Vorgehen bei der Suche nach Zielideen beinhaltet, wobei häufig Kreativitätstechniken - beispielsweise das Brainstorming - angewendet werden.

- Die **Zielabstimmung**, bei der besonders zu klären ist, in welcher Beziehung die zu formulierenden Ziele zu bestehenden Zielen stehen, ob es sich um Ober- oder Unterziele bzw. Haupt- oder Nebenziele handelt.

- Die **Zielformulierung**, die nach Inhalt, Ausmaß und Zeit zu erfolgen hat, insbesondere um prüfen zu können, inwieweit eine Zielerreichung erfolgt ist.

- Die **Zielverbindlichkeitserklärung**, welche die Verbindlichkeit der formulierten Ziele bewirkt.

Ist die Zielbildung abgeschlossen, schließt sich die Planung als nächster Schritt des Führungsprozesses an.

3.2 Planung

Die Planung ist die systematische und zielorientierte Herbeiführung von Entscheidungen. Sie wird auch als **Willensbildung** bezeichnet und kann nach verschiedenen Kriterien unterschieden werden:

- Nach dem **Umfang** der Planung gibt es:

  - Die **Teilplanung**, die sich vor allem auf einzelne Funktionsbereiche des Unternehmens - beispielsweise die Material-, Fertigungs-, Absatz-, Personal-, Finanzwirtschaft - bezieht.

  - Die **Gesamtplanung**, die für alle Bereiche des Unternehmens vorgenommen wird. Sie kann **sukzessiv** erfolgen, indem von einem Teilplan - meist ist es der Absatzplan* - ausgegangen wird und alle weiteren Teilpläne daraus entwickelt werden. Es ist aber auch möglich, die Gesamtplanung **simultan** durchzuführen, indem der gesamte betriebliche Prozeß in ein Gleichungssystem gebracht und unter Beachtung von Nebenbedingungen optimiert wird.

---

* Beim Vorliegen eines Engpasses, beispielsweise im finanzwirtschaftlichen oder fertigungswirtschaftlichen Bereich, wird nicht vom Absatzplan ausgegangen, sondern vom Plan des Engpaß-Bereiches.

Die Gesamtplanung läßt sich in einem Schaubild darstellen:

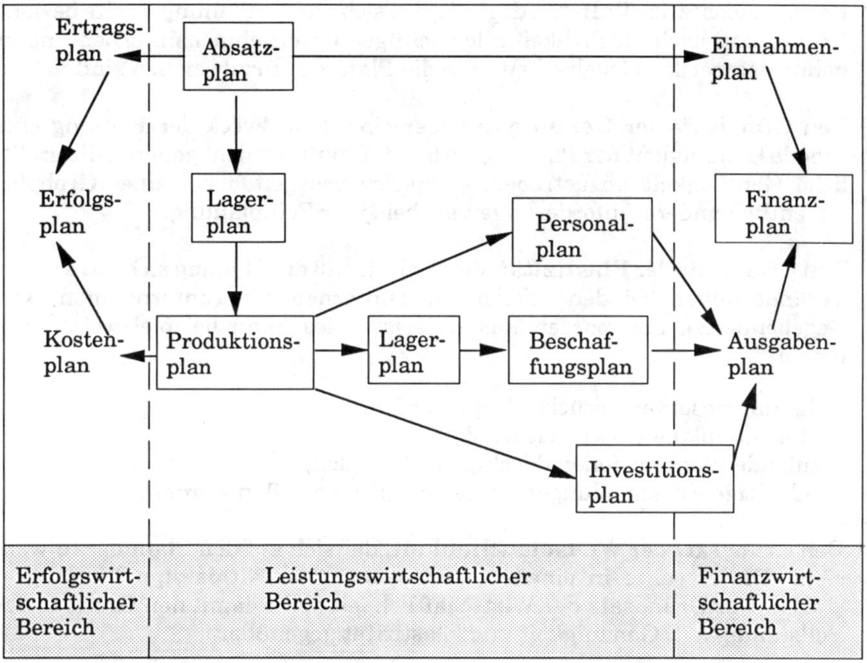

• Nach dem **Zeitbezug** der Planung gibt es:

Langfristige Planung	Sie umfaßt üblicherweise einen Zeitraum von mehr als fünf Jahren und wird auch als **strategische Planung** bezeichnet. Sie kann in einem marktwirtschaftlichen System nur eine Grob- und Globalplanung sein, weil sie von erheblicher Ungewißheit geprägt ist.
Mittelfristige Planung	Sie umfaßt üblicherweise einen Zeitraum zwischen einem Jahr und fünf Jahren und wird auch als **taktische Planung** bezeichnet. Sie kann feiner und detaillierter sein als die langfristige Planung, weil die Ungewißheit geringer ist.
Kurzfristige Planung	Sie umfaßt einen Zeitraum von bis zu einem Jahr, kann sich aber auch auf einen wesentlich kürzeren Zeitraum - beispielsweise einen Tag - beziehen. Sie wird auch als **operative Planung** bezeichnet und kann fein und detailliert erfolgen.

Bei der Planung gilt es, verschiedene **Grundsätze** zu beachten:

- Den Grundsatz der **Vollständigkeit**, der sich auf die Planungsbreite bezieht und fordert, daß nach Möglichkeit alle wichtigen unternehmensinternen und unternehmensexternen Gegebenheiten in die Planung einzubeziehen sind.

- Den Grundsatz der **Genauigkeit**, der eine dem Zweck der Planung entsprechende Genauigkeit der Planung verlangt. Damit ist nicht generell die größtmögliche Genauigkeit anzustreben, beispielsweise gelten bei einer Grobplanung wesentlich andere Anforderungen als bei einer Feinplanung.

- Den Grundsatz der **Elastizität**, der fordert, daß die Planung sich auf erkennbare Veränderungen bei den unternehmensinternen oder unternehmensexternen Gegebenheiten anzupassen imstande ist. Dies kann beispielsweise erfolgen, indem

  - Planungsreserven berücksichtigt werden,
  - Alternativpläne entwickelt werden,
  - laufende Planrevisionen durchgeführt werden,
  - endgültige Entscheidungen spätestmöglich getroffen werden.

- Den Grundsatz der **Wirtschaftlichkeit**, der sich auf den Planungsaufwand bezieht. Dieser sollte in einem angemessenen Verhältnis zum Planungsertrag stehen. Der Grundsatz der Wirtschaftlichkeit steht damit den Grundsätzen der Vollständigkeit, Genauigkeit und Elastizität gegenüber.

Die Planung umfaßt nach allgemeiner Auffassung drei **Phasen**:

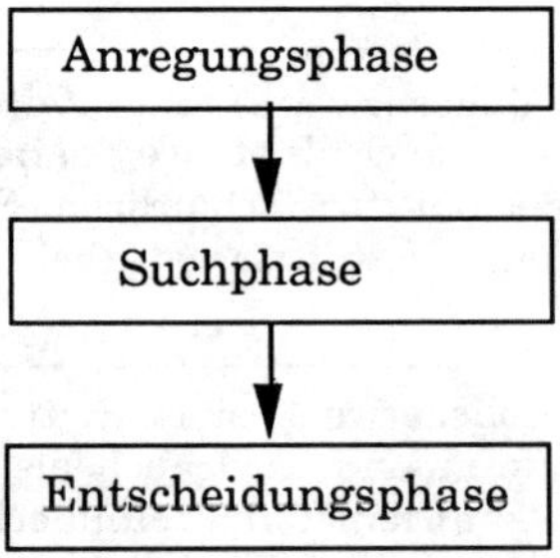

Sie sollen näher erläutert werden:

- Die **Anregungsphase** umfaßt die Feststellung des Problems und seine Klärung mit Hilfe einer Ursachenanalyse. Im einzelnen gilt es,

  - das Problem zu erkennen
  - die Ausgangssituation zu analysieren
  - die Unternehmensziele zu ermitteln

- die Unternehmensziele zu beachten
- die Entscheidungsaufgabe zu präzisieren
- die Entscheidungsaufgabe festzulegen

• Die **Suchphase** dient der Vorbereitung der Entscheidung. Sie umfaßt die folgenden Maßnahmen:

- Bestimmen der Entscheidungskriterien
- Suchen alternativer Lösungsmöglichkeiten
- Ausarbeiten alternativer Lösungsmöglichkeiten
- Ermitteln der Konsequenzen alternativer Lösungen
- Beurteilen der Konsequenzen alternativer Lösungen

• Die **Entscheidungsphase** baut auf den Erkenntnissen aus der Suchphase auf und stellt den Abschluß der Planung dar, indem

- die Lösungsalternativen beurteilt werden,
- eine Rangordnung der Lösungsalternativen vorgenommen wird,
- die vorteilhafteste Lösungsalternative ausgewählt wird.

3.3 Realisierung

Der Planung als Prozeß der Willensbildung schließt sich die Realisierung als Prozeß der **Willensdurchsetzung** an. Sie umfaßt vor allem zwei **Tätigkeitsbereiche**:

• Die **Organisation**, die als eine Strukturierung von Systemen zur Erfüllung von Daueraufgaben bezeichnet werden kann und umfaßt:

Aufbau-organisation	Sie kann als Gestaltungsaufgabe oder Unternehmensstruktur verstanden werden. Als Gestaltungsaufgabe ist sie eine Tätigkeit, welche sich auf die Erarbeitung der organisatorischen Unternehmensstruktur bezieht. Als Unternehmensstruktur ist sie das Ergebnis der Gestaltungsaufgabe, die organistorische Aufbaustruktur des Unternehmens.
Ablauf-organisation	Mit ihrer Hilfe wird der Arbeitsprozeß strukturiert, der beispielsweise in Stellenbeschreibungen, Funktionendiagrammen, Datenflußplänen, Ablaufkarten, Organisationsrichtlinien, Arbeitsanweisungen dokumentiert wird.

• Die **Personalführung**, die sich innerhalb der durch die Organisation getroffenen Regelungen vollzieht. Sie ist von besonderer Bedeutung, weil eine erfolgreiche Willensdurchsetzung von der Kooperationsbereitschaft und damit auch vom Willen der Mitarbeiter abhängig ist.

3.4 Kontrolle

Nach der Planung als Prozeß der Willensbildung und der Realisierung als Prozeß der Willensdurchsetzung schließt sich im Führungsprozeß die Kontrolle an. Sie besteht aus drei **Phasen**:

- Der Erstellung des **Kontrollstandards**, der meßbar sein muß.
- Dem **Soll-Ist-Vergleich**, welcher die geplanten und die tatsächlich eingetretenen Werte miteinander vergleicht.
- Der **Abweichungsanalyse**, welche die Gründe einer Abweichung von Soll- und Ist-Werten offenlegen und Korrekturentscheidungen vorbereiten soll.

Die Kontrolle kann nach mehreren Kriterien unterschieden werden:

- Nach dem **Objekt** der Kontrolle gibt es:

Ergebniskontrolle	Bei ihr wird geprüft, ob bzw. in welchem Umfang ein geplantes Ergebnis eingetreten ist.
Verfahrenskontrolle	Sie bezieht sich auf den Vergleich des geplanten Arbeitsverfahrens mit dem tatsächlich angewendeten Arbeitsverfahren.

- Nach dem **Träger** der Kontrolle sind zu nennen:

Selbstkontrolle	Hier nimmt der für die Ausführung der Tätigkeit verantwortliche Mitarbeiter auch die Kontrolle vor. Das setzt entsprechendes Verantwortungsbewußtsein des Mitarbeiters voraus.
Fremdkontrolle	Die Kontrolle wird durch nicht an der Ausführung der Tätigkeit beteiligte Mitarbeiter oder Einrichtungen vorgenommen. Sie vermeidet Selbsttäuschungen und dient der Objektivierung.

- Nach dem **Umfang** der Kontrolle werden unterschieden:

Gesamtkontrolle	Dabei werden alle geplanten Tätigkeiten bestimmter Art kontrolliert, beispielsweise indem alle Einträge in der Urlaubskartei auf ihre Richtigkeit hin überprüft werden.
Stichprobenkontrolle	Sie bezieht sich lediglich auf bestimmte, meist zufällig ausgewählte Teile der geplanten Tätigkeiten bestimmter Art, beispielsweise indem lediglich einzelne Buchstabengruppen überprüft werden.

Vielfach bestehen bei den Mitarbeitern Bedenken gegen die Kontrolle, die bis hin zur Ablehnung reichen können. *Bisani* nennt Gründe dafür:

- Die Zielsetzung ist unvernünftig.
- Das Vertrauen in die Objektivität fehlt.
- Die Furcht vor unerwünschten Konsequenzen besteht.
- Die Kontrollperson wird abgelehnt.

Das Unternehmen sollte den Mitarbeitern die Bedenken gegen die Kontrolle nehmen, indem es sachlich informiert und kooperativ führt.

4. Führungsstile

Ein Führungsstil ist die Art und Weise, in der ein Vorgesetzter die ihm unterstellten Mitarbeiter führt. Mit ihm wird ein von der konkreten Führungssituation unabhängiges Verhaltensmuster des Vorgesetzten beschrieben.

Die **Bestimmung** des Führungsstiles kann in zweifacher Weise erfolgen:

- Es kann der individuelle Führungsstil festgelegt werden, den ein Vorgesetzter seinen Mitarbeitern gegenüber anwendet.

- Es kann sich um die grundsätzliche Entscheidung handeln, wie die Mitarbeiter eines Unternehmens zu integrieren und beim Prozeß der Zielerreichung einzusetzen sind.

Eckardstein / Schnellinger nennen drei **Dimensionen der Integration**, die Wechselwirkungen zueinander aufweisen:

- Die Ausstattung der Mitarbeiter mit Mitwirkungs- und Mitentscheidungsrechten bei Ziel- und Mittelentscheidungen.

- Die Gestaltung der Über- und Unterstellungsverhältnisse, vor allem des Weisungssystems im Unternehmen.

- Die Teilhabe der Mitarbeiter an Informationen über das Unternehmen, in dem sie beschäftigt sind.

Mit dem festgelegten Führungsstil sollen die Leistung und die Zufriedenheit der Mitarbeiter gefördert werden. Indessen gibt es aber keinen optimalen Führungsstil schlechthin, eine Aussage über die Vorteilhaftigkeit eines Führungsstiles ist nur für eine bestimmte Führungssituation möglich.

Der Führungsstil des Vorgesetzten kann unterschiedliche Orientierung aufweisen. Es werden unterschieden:

- Der **aufgabenorientierte Führungsstil**, bei welchem die zu bewältigende Aufgabe im Mittelpunkt steht. *Bisani* beschreibt den aufgabenorientierten Führungsstil des Vorgesetzten:

  - Er tadelt mangelhafte Arbeit.
  - Er regt langsam arbeitende Mitarbeiter an, sich mehr anzustrengen.
  - Er legt besonderen Wert auf die Arbeitsmenge.
  - Er herrscht mit eiserner Hand.
  - Er achtet darauf, daß seine Mitarbeiter ihre Arbeitskraft voll einsetzen.
  - Er stachelt seine Mitarbeiter durch Druck und Manipulation zu größeren Anstrengungen an.
  - Er verlangt von leistungsschwachen Mitarbeitern, daß sie mehr aus sich herausholen.

  Untersuchungen von *Halpin/Winer* und *Pelz* zeigen, daß aufgabenorientiert führende Vorgesetzte

  - von ihren Vorgesetzten meist positiver beurteilt werden als personenorientiert führende Vorgesetzte,
  - von ihren Mitarbeitern eher positiv beurteilt werden, wenn sie Einfluß »nach oben« haben,
  - von ihren Mitarbeitern weder ausgesprochen positiv noch negativ beurteilt werden, wenn sie keinen Einfluß »nach oben« haben.

- Der **personenorientierte Führungsstil**, bei welchem die Mitarbeiter mit ihren Bedürfnissen und Erwartungen im Mittelpunkt stehen. *Bisani* umreißt den personenorientierten Führungsstil des Vorgesetzten:

  - Er achtet auf das Wohlergehen seiner Mitarbeiter.
  - Er bemüht sich um ein gutes Verhältnis zu seinen Unterstellten.
  - Er behandelt alle seine Unterstellten als Gleichberechtigte.
  - Er unterstützt seine Mitarbeiter bei dem, was sie tun oder tun müssen.
  - Er macht es seinen Mitarbeitern leicht, unbefangen und frei mit ihm zu reden.
  - Er setzt sich für seine Mitarbeiter ein.

  Ein Vorgesetzter, der personenorientiert führt, kann nicht ohne weiteres von einer hohen Zufriedenheit der Mitarbeiter ausgehen. Wichtig für deren Zufriedenheit sind auch sein Einfluß »nach oben« und seine Wertschätzung »von oben«, auf Grund derer er Interessen der Mitarbeiter durchzusetzen vermag.

Das Konzept des Führungsstiles weist vor allem drei **Probleme** auf:

- Die Leistung, die mit Hilfe des Führungsstiles erzielt werden soll, beinhaltet **mehrere Komponenten**, die nicht ohne weiteres zu einer einheitlichen Zielgröße zusammengefaßt werden können.

- Der Führungsstil wird als Ursache angesehen, mit der eine bestimmte Wirkung - die Leistung der Mitarbeiter - erzielt wird. Dieses **Ursachen-Wirkungs-Verhältnis** muß nicht zutreffen, vielmehr kann es vorkommen, daß die - gute oder schlechte - Leistung der Mitarbeiter den Vorgesetzten erst veranlaßt, einen speziellen Führungsstil anzuwenden.

- Die **Führungssituation** wird als **gleichbleibend** angesehen. Tatsächlich können die Mitarbeiter jedoch im Zeitablauf unterschiedliche Erwartungen an den Vorgesetzten richten, der Vorgesetzte kann seine Einstellung zu den einzelnen Mitarbeitern ändern.

Als Führungsstile sollen dargestellt werden:

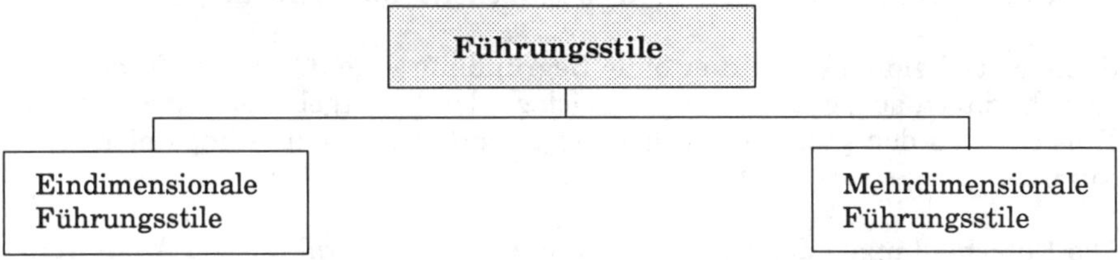

4.1 Eindimensionale Führungsstile

Ein Führungsstil ist - in seiner Darstellung - eindimensional, wenn ein einzelnes Beurteilungskriterium betrachtet wird, das mehr oder weniger erfüllt ist. Dabei bilden die beiden Extreme der Beurteilung die Begrenzungen einer Geraden, beispielsweise:

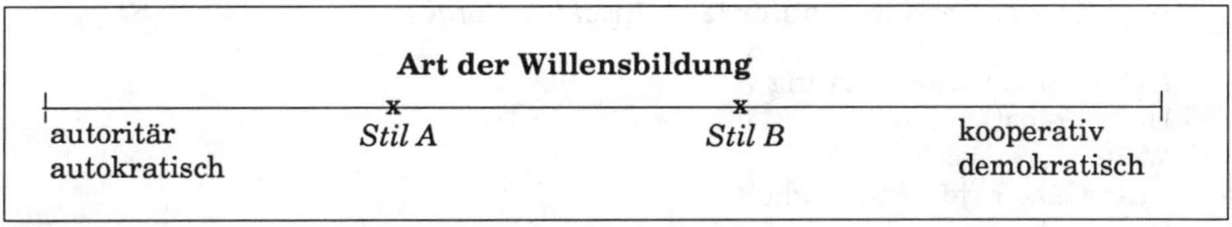

Eindimensionale Führungsstile sind:

- **Autoritärer Führungsstil**
- **Kooperativer Führungsstil**
- **Sonstige Führungsstile.**

4.1.1 Autoritärer Führungsstil

Beim autoritären Führungsstil werden die betrieblichen Aktivitäten vom Vorgesetzten gestaltet, ohne daß die Untergebenen beteiligt werden. Dieser Führungsstil kann bei der Bewältigung von Routineaufgaben angewendet werden und setzt ein Bildungsgefälle zwischen Vorgesetzten und Untergebenen sowie eine materielle Motivationsstruktur der Mitarbeiter voraus.

Idealtypische **Merkmale** des autoritären Führungsstiles sind:

- Der **Vorgesetzte**, welcher die Untergebenen kraft seiner Legitimationsmacht führt, die er aus der hierarchischen Ordnung des Unternehmens ableitet. Er erwartet von seinen Untergebenen entsprechenden Gehorsam.

  Seine Entscheidungen trifft er ohne Begründung gegenüber den Untergebenen. Er geht davon aus, daß er - im Vergleich zu den Untergebenen - über die höhere Einsicht und den größeren Sachverstand verfügt, was allerdings nicht so sein muß.

  Die Entscheidungen des Vorgesetzten haben den Charakter von Anordnungen, die von den Untergebenen bedingungslos ausgeführt werden müssen, andernfalls haben sie Sanktionen zu erwarten.

  Der Vorgesetzte hat ein distanziertes Verhältnis zu den Untergebenen. Er informiert sie nur über Tatbestände, die sie notwendigerweise für die Aufgabenerfüllung wissen müssen. Er kontrolliert, ob und inwieweit seine Anordnungen befolgt werden.

  Statussymbole unterstützen die Machtstellung des Vorgesetzten.

  Anforderungen an einen autoritär führenden Vorgesetzten sind nach *Stopp:*

  - Hohe Selbstverantwortung
  - Hohe Selbstkontrolle
  - Weite Voraussicht
  - Gute Entscheidungsfähigkeit
  - Durchsetzungsvermögen.

- Die **Untergebenen**, welche als Befehlsempfänger angesehen werden, die Gehorsam zu leisten haben. Insbesondere wird vielfach von der Theorie X der XY-Theorie ausgegangen, die u.a. besagt:

  - Der Durchschnittsmensch ist träge und geht der Arbeit soweit wie möglich aus dem Weg.

- Die Arbeitnehmer haben nur wenig Ehrgeiz, scheuen Verantwortung und möchten angeleitet werden.

- Durch Druck und mit Hilfe von Sanktionen muß versucht werden, die Unternehmensziele zu erreichen.

- Straffe Führung und häufige Kontrolle sind unerläßlich.

Die Motivation der Untergebenen ist bei diesem Führungsstil vielfach tatsächlich begrenzt, nicht etwa, weil die Theorie X zutreffend sein muß, sondern weil der Vorgesetzte sich sozial abgrenzt, tendenziell weniger interessante Arbeiten an die Untergebenen überträgt und wegen drohender Sanktionen Angst verbreitet.

Die Untergebenen entwickeln ein eher indifferentes Verhältnis zum Vorgesetzten wie auch zum Unternehmen. Informationen beschaffen sie sich wegen der vom Vorgesetzten errichteten Informationsschranken auf informalen Wegen.

Anforderungen an autoritär geführte Untergebene sind nach *Stopp*:

- Anerkennung des Vorgesetzten als alleinige Instanz
- Akzeptierung der Anordnungen des Vorgesetzten
- Ausführung der Anordnungen des Vorgesetzten
- Keine Geltendmachung von Kontrollrechten

Der autoritäre Führungsstil ermöglicht eine hohe Entscheidungsgeschwindigkeit, er ist tendenziell bei Routinearbeiten erfolgreich.

Die **Nachteile** des autoritären Führungsstiles liegen in der mangelnden Motivation, Selbständigkeit und Entwicklungsmöglichkeit der Untergebenen sowie in der Gefahr von Fehlentscheidungen durch den möglicherweise quantitativ und/oder qualitativ überforderten Vorgesetzten.

Der autoritäre Führungsstil kann in mehreren **Varianten** praktiziert werden, die sich immer mehr dem kooperativen Führungsstil nähern. *Tannenbaum / Schmidt* stellen das Kontinuum der Führungsstile unter dem Aspekt des Entscheidungsspielraumes dar:

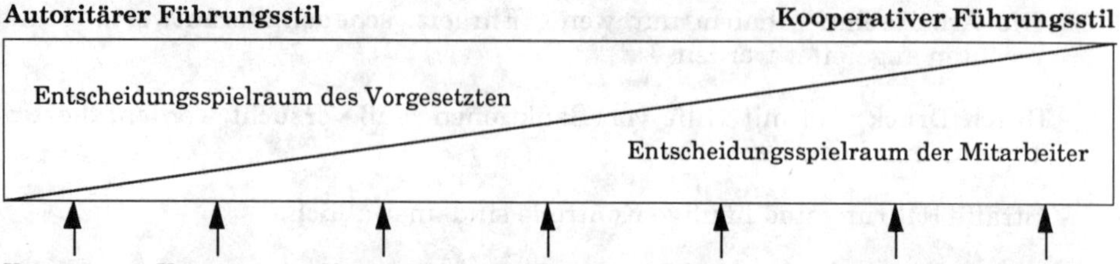

Vorgesetzter entscheidet und ordnet an. (wie oben idealtypisch beschrieben)	Vorgesetzter entscheidet, er ist aber bestrebt, die Untergebenen von seinen Entscheidungen zu überzeugen, bevor er sie anordnet.	Vorgesetzter entscheidet, er gestattet jedoch Fragen zu seinen Entscheidungen, um durch Beantwortung deren Akzeptierung zu erreichen.	Vorgesetzter informiert seine Untergebenen über seine beabsichtigten Entscheidungen. Die Untergebenen haben die Möglichkeit, ihre Meinung zu äußern, bevor der Vorgesetzte die endgültige Entscheidung trifft.	Die Gruppe entwickelt Vorschläge. Aus der Zahl der gemeinsam gefundenen und akzeptierten möglichen Problemlösungen entscheidet sich der Vorgesetzte für die von ihm favorisierte Lösung.	Die Gruppe entscheidet, nachdem der Vorgesetzte zuvor das Problem aufgezeigt und die Grenzen des Entscheidungsspielraumes festgelegt hat.	Die Gruppe entscheidet. Der Vorgesetzte fungiert als Koordinator nach innen und nach außen.

4.1.2 Kooperativer Führungsstil

Beim kooperativen Führungsstil werden die betrieblichen Aktivitäten im Zusammenwirken des Vorgesetzten und der Mitarbeiter gestaltet. Dieser Führungsstil kann bei der Bewältigung kreativer Arbeitsinhalte verwendet werden und setzt ein ähnliches Bildungsniveau zwischen Vorgesetzten und Mitarbeitern sowie eine immaterielle Motivationsstruktur der Mitarbeiter voraus.

Idealtypische **Merkmale** des kooperativen Führungsstiles sind:

- Der **Vorgesetzte**, welcher die Mitarbeiter führt, indem er sie in den Entscheidungsprozeß einbezieht, für den er die Verantwortung trägt. Er erwartet von seinen Mitarbeitern sachliche Unterstützung.

  Seine Entscheidungen trifft er unter Berücksichtigung der Überlegungen - auch Einwendungen - seiner Mitarbeiter. Er delegiert so viel wie möglich und schreibt so wenig wie nötig vor. Dabei erkennt er die Fähigkeiten der Mitarbeiter an und ist sich dessen bewußt, daß er nicht alles wissen und übersehen kann.

Die unvermeidliche Kontrolle nimmt der Vorgesetzte als Erfolgskontrolle vor, und nicht als detaillierte Ausführungskontrolle wie beim autoritären Führungsstil. In einem bestimmten Rahmen ist auch Selbstkontrolle durch die Mitarbeiter möglich.

Der Vorgesetzte informiert umfassend, nicht nur über Tatbestände, die notwendigerweise für die Aufgabenerfüllung bekannt sein müssen, sondern auch über die sonstigen betrieblichen Gegebenheiten. Die Informationen dienen als Führungsmittel.

Statussymbole benötigt der Vorgesetzte nicht.

Anforderungen an einen kooperativ führenden Vorgesetzten sind *Stopp* zufolge:

- Aufgeschlossenheit
- Vertrauen in die Mitarbeiter
- Verzicht auf persönliche Vorrechte
- Delegationsfähigkeit
- Delegationswilligkeit
- Dienstaufsicht
- Erfolgskontrolle.

• Die **Mitarbeiter**, die als Partner angesehen werden, welche das »Tagesgeschäft« relativ selbständig abzuwickeln vermögen. Bei der Einschätzung der Mitarbeiter wird meist von der Theorie Y der XY-Theorie ausgegangen, die u.a. besagt:

- Arbeitsunlust ist nicht von Natur angeboren, sondern Folge schlechter Arbeitsbedingungen, welche den natürlichen Arbeitswillen mindern.

- Mitarbeiter akzeptieren Zielvorgaben, sie besitzen Selbstdisziplin und Selbstkontrolle.

- Durch Belohnung und die Möglichkeit zur Persönlichkeitsentfaltung werden die Unternehmensziele am ehesten erreicht.

- Bei günstigen Erfahrungen suchen die Mitarbeiter Verantwortung.

Auf Grund der Beteiligung der Mitarbeiter wird deren Motivation gesteigert, was verbesserte Leistungen nach sich zieht.

Anforderungen an kooperativ geführte Mitarbeiter sind nach *Stopp*:

- Verantwortungswille
- Verantwortungsfähigkeit
- Selbstkontrolle
- Geltendmachen von Kontrollrechten.

Die **Vorteile** des kooperativen Führungsstiles liegen vor allem in den sachgerechten Entscheidungen, der hohen Motivation der Mitarbeiter und der Entlastung der Vorgesetzten. Außerdem werden die Mitarbeiter in ihrer Entwicklung gefördert.

Der kooperative Führungsstil kann die Entscheidungsgeschwindigkeit verlangsamen und verzögern.

Wie aus der Darstellung des Kontinuums der Führungsstile von *Tannenbaum / Schmidt* - Seite 202 - hervorgeht, kann der kooperative Führungsstil in mehreren Varianten praktiziert werden.

20 21

4.1.3 Sonstige Führungsstile

Es gibt neben dem autoritären und dem kooperativen Führungsstil weitere eindimensionale Führungsstile, die aber geringere Bedeutung aufweisen, beispielsweise:

- Den **bürokratischen Führungsstil**, bei welchem die Mitarbeiter als anonyme Faktoren angesehen und ihre Motivation durch - meist schriftliche - Anordnungen und Vorschriften bewirkt werden. Die Informationen fließen auf formellen Wegen, die Aufsicht und Kontrolle geschieht durch Berichte und schriftliche Überprüfungen.

- Den **patriarchalischen Führungsstil**, welcher die Mitarbeiter als »Kinder« behandelt und ihre Motivation durch Abhängigkeit bewirkt. Die Informationen fließen »wohlwollend« von oben, die Aufsicht und Kontrolle erfolgen nach Gefühl.

- Den **Laissez-Faire-Führungsstil**, bei welchem die Mitarbeiter als isolierte Individuen betrachtet und ihre Motivation durch Freiheit bewirkt werden. Die Informationen fließen zufällig, die Mitarbeiter nehmen Selbstkontrolle vor. Im Grunde genommen handelt es sich bei diesem Führungsstil eher um einen »Nicht-Führungsstil«.

4.2 Mehrdimensionale Führungsstile

Ein Führungsstil ist - in seiner Darstellung - mehrdimensional, wenn mehrere Beurteilungskriterien beachtet werden, wobei für jedes der Beurteilungskriterien eine Dimension vorhanden ist, auf welcher das einzelne Beurteilungskriterium unabhängig von dem oder den anderen Kriterien variiert, beispielsweise:

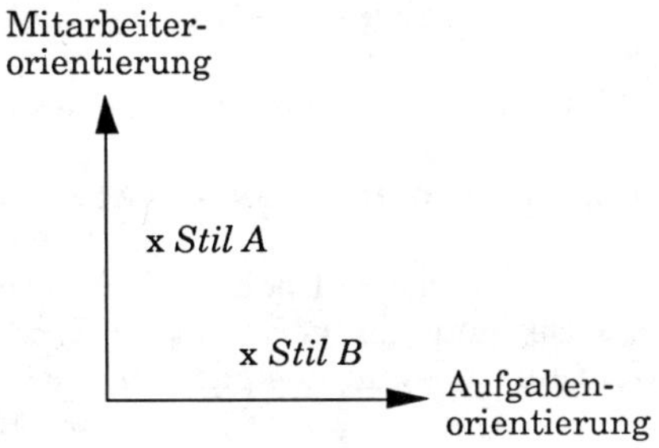

Im Hinblick auf die mehrdimensionale Darstellung von Führungsstilen gibt es mehrere Untersuchungen, die jedoch vorrangig theoretisch-wissenschaftlichen Charakter haben, beispielsweise von *Likert*.

Als mehrdimensionaler Führungsstil soll das von *Blake/Mouton* entwickelte **Verhaltensgitter** behandelt werden, das sich durch seine einfache und übersichtliche Darstellung auszeichnet:

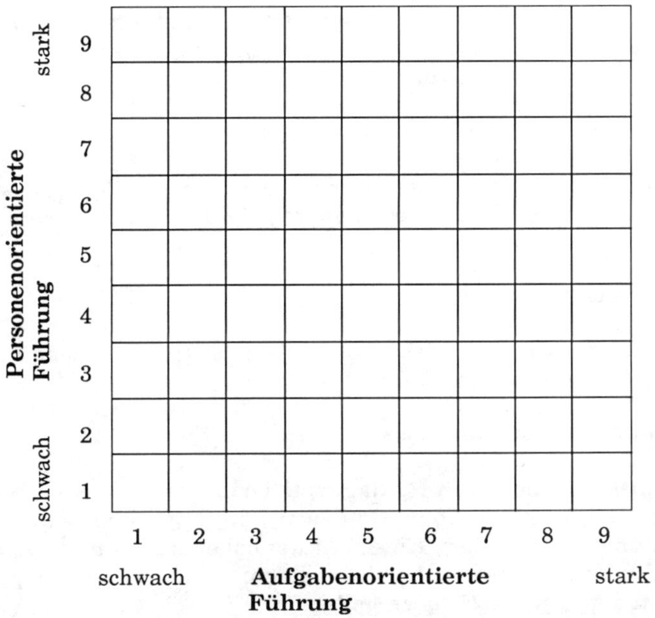

In der Vertikalen des Koordinatensystems wird das personenorientierte Führungsverhalten, in der Horizontalen das aufgabenorientierte Führungsverhalten dargestellt. Beide Variablen sind in jeweils neun Intensitätsgrade eingeteilt, die auf der Vertikalen und Horizontalen eingetragen sind. Die Ziffer 9 bezeichnet die höchste, die Ziffer 1 die niedrigste Intensität.

Das Verhaltensgitter läßt 81 mögliche Ausprägungen des Führungsstiles zu, die eindeutig definierbar sind. Sie unterscheiden sich, wenn sie unmittelbar nebeneinander oder unter- bzw. übereinander liegen, nur unwesentlich.

Es lassen sich fünf **typische Führungsstile** aus dem Verhaltensgitter ableiten:

- Der **1.1-Führungsstil**, der weder auf hohe Arbeitsleistung noch auf die Pflege zwischenmenschlicher Beziehungen gerichtet ist. Er ähnelt dem Laissez-faire-Führungsstil und kann Apathie und Resignation zur Folge haben.

  Konflikte werden vermieden.

- Der **1.9-Führungsstil**, bei welchem die zwischenmenschlichen Beziehungen eine spannungslose, freundliche Atmosphäre bewirken, die erbrachten Leistungen jedoch gering sind.

  Konflikte sind solange nicht zu erwarten, als die Mitarbeiter nicht unter Leistungsdruck geraten.

- Der **5.5-Führungsstil**, der auf durchschnittliche Leistungen und durchschnittliche Zufriedenheit der Mitarbeiter gerichtet ist. Er ist konservativ und ermöglicht insgesamt ausreichende Leistungen.

  Konflikte werden nach Möglichkeit beigelegt.

- Der **9.1-Führungsstil**, bei welchem eine hohe Arbeitsleistung erwartet wird, ohne daß zwischenmenschliche Beziehungen gefördert werden. Er entspricht dem autoritären Führungsstil.

  Konflikte werden unterdrückt.

- Der **9.9-Führungsstil**, der auf eine hohe Arbeitsleistung und hohe Zufriedenheit der Mitarbeiter gerichtet ist.

  Konflikte werden gemeinsam gelöst.

Das Verhaltensgitter, das auch **Managerial Grid** genannt wird, ist Grundlage zahlreicher Management-Seminare, in denen Führungsverhalten trainiert wird. Nach Darstellung des deutschen Grid-Institutes haben Befragungen von Führungskräften ergeben, daß die meisten Seminarteilnehmer den 9.9-Führungsstil für den zweckmäßigsten und erfolgreichsten halten.

Indessen kann es schwierig sein, den 9.9-Führungsstil zu praktizieren. *Stopp* nennt Gründe dafür:

- Das Ausbildungsniveau der Mitarbeiter ist niedrig.

- Die Ausbildung der Führungskräfte in Führungsfragen ist mangelhaft.

- Die Identifikation des Mitarbeiters mit der Aufgabe ist gering.

- Das betriebliche Informationssystem ist mangelhaft.

- Das traditionelle Job-Denken bewirkt eine geringe Verantwortungsbereitschaft.

- Die Wertvorstellungen von Vorgesetzten und Mitarbeitern sind unterschiedlich.

- Die Hierarchie führt zu emotionaler Unverträglichkeit von Vorgesetzten und Mitarbeitern.

Deshalb sollten die Ausbildung der Vorgesetzten und Mitarbeiter verstärkt und Bewußtseinsveränderungen herbeigeführt werden.

Das Verhaltensgitter wird von *Simon* erweitert, der eine dritte Dimension, das **Führungsverhalten**, einführt.

22

5. Führungstechniken

Führungstechniken beschreiben grundsätzliche Verhaltens- und Verfahrensweisen, die in einem Unternehmen zur Bewältigung der Führungsaufgaben anzuwenden sind. Sie werden auch bezeichnet als:

- Führungsprinzipien
- Führungskonzeptionen
- Managementtechniken
- Managementprinzipien
- Managementkonzeptionen

Während die Führungstechniken das Führungssystem eines Unternehmens beschreiben, das für jeden im Unternehmen Tätigen verbindlich ist, stellen die **Führungsstile** die vom jeweiligen Vorgesetzten - häufig innerhalb eines gewissen Rahmens - praktizierte Art der Personalführung dar.

Der Vorgesetzte hat demnach die Möglichkeit, innerhalb einer vorgegebenen Führungstechnik beispielsweise mehr oder weniger kooperativ zu sein. Dabei handelt es sich um einen notwendigen Freiraum, der ihm zugestanden werden muß.

In den vergangenen Jahren ist eine Vielzahl von Führungstechniken* entwickelt worden, die teilweise recht allgemein gefaßt sind und/oder lediglich Varianten der grundlegenden Führungstechniken darstellen, die nachfolgend behandelt werden:

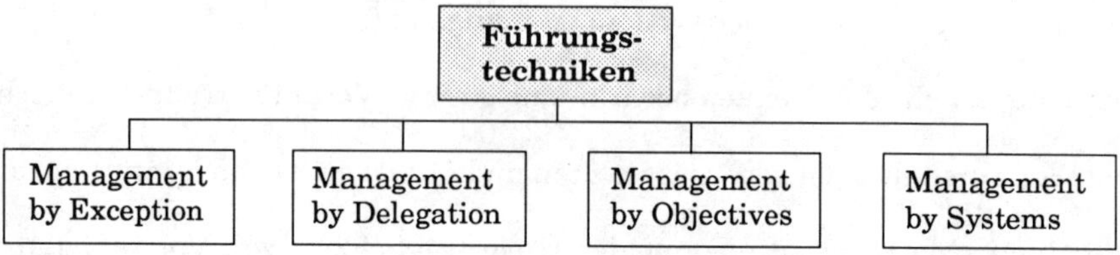

5.1 Management by Exception

Das Management by Exception ist eine Führungstechnik, bei welcher die Mitarbeiter innerhalb eines vorgegebenen Rahmens selbständig entscheiden dürfen. Der **Rahmen** kann sich beziehen auf:

- Die Wichtigkeit eines Vorganges.
- Die Unvorhersehbarkeit eines Vorganges.
- Eine bestimmte Norm.

Liegt eine besondere Wichtigkeit in einem Vorgang und/oder weicht ein Vorgang von der gesetzten Norm ab, muß der Mitarbeiter den Vorgang seinem Vorgesetzten zur Entscheidung vorlegen, der in diesem Ausnahmefall in den Entscheidungsprozeß eingreift.

---

* Beispielsweise:

- Management by Alternatives
- Management by Breakthrough
- Management by Communication and Participation
- Management by Control and Direction
- Management by Decision Rules
- Management by Innovation
- Management by Integration and Self Control
- Management by Motivation
- Management by Participation
- Management by Results

Damit ergibt sich grundsätzlich folgender Ablauf:

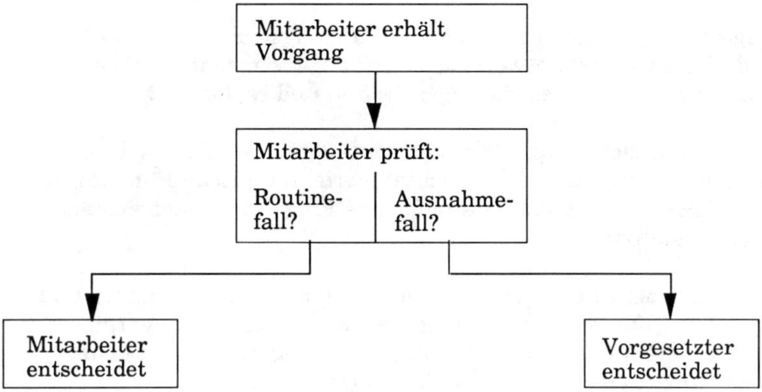

Durch das Management by Exception wird angestrebt, den Vorgesetzten von Routinearbeiten zu entlasten. Es soll außerdem der Systematisierung der Informationsflüsse und der Regelung der Zuständigkeiten im Unternehmen dienen.

Um dies erreichen zu können, müssen mehrere **Voraussetzungen** erfüllt werden:

- Delegation der Aufgaben an die Mitarbeiter
- Festlegung des Ermessensspielraumes der Mitarbeiter
- Festlegung der Ausnahmeregelungen
- Schaffung eines geeigneten Informationssystems
- Festlegung der Art des Eingreifens durch den Vorgesetzten.

Die **Vorteile** des Management by Exception sind:

- Der Vorgesetzte wird von Routinearbeiten entlastet.
- Die Mitarbeiter dürfen in einem bestimmten Rahmen selbständig handeln.
- Organisation und Kommunikation im Unternehmen werden verbessert.

Als **Nachteile** des Management by Exception können genannt werden:

- Es ist nur auf einen Teil der Führungsprobleme anwendbar.
- Die Festlegung der Toleranzbereiche kann sich schwierig gestalten.
- Die Mitarbeiter können durch ihre Beschränkung auf Routinearbeiten demotiviert werden.

5.2 Management by Delegation

Das Management by Delegation ist eine Führungstechnik, bei welcher Kompetenzen und Handlungsverantwortungen soweit wie möglich auf die Mitarbeiter übertragen werden, die Entscheidungen treffen und realisieren.

Die Delegation kann sich grundsätzlich auf alle Aufgabenstellungen im Unternehmen beziehen. Indessen muß darauf verzichtet werden, typische Führungsfunktionen der Unternehmensleitung sowie Aufgabenstellungen mit weitreichenden Konsequenzen zu delegieren.

Mit dem Management by Delegation soll der Vorgesetzte entlastet und die Mitarbeiter in ihrer Eigeninitiative, Leistungsmotivation und Verantwortungsbereitschaft gefördert werden. Außerdem sollen sie damit vertraut gemacht werden, wie Entscheidungen eigenverantwortlich zu treffen sind.

Um das Management by Delegation wirkungsvoll einsetzen zu können, müssen mehrere **Voraussetzungen** erfüllt werden:

- Delegation der Aufgaben an die Mitarbeiter
- Delegation der Kompetenz an die Mitarbeiter
- Delegation der Handlungsverantwortung an die Mitarbeiter
- Ausschluß der Zurück- und Weiterdelegation durch die Mitarbeiter
- Festlegung von Ausnahmeregelungen
- Ausschluß eines Eingriffes des Vorgesetzten bei richtiger Handlungsweise der Mitarbeiter
- Pflicht des Eingriffes des Vorgesetzten bei Fehlern und ausnahmegeregelten Ereignissen
- Übernahme der Führungsverantwortung durch den Vorgesetzten
- Schaffung eines geeigneten Informationssystems

Die übertragenen Aufgaben sollten den Fähigkeiten der Mitarbeiter angemessen sein. Gleichartigen Aufgaben ist der Vorzug vor Einzelaufgaben, vollständigen Aufgaben der Vorzug vor isolierten Teilaufgaben einzuräumen. Delegation, Kompetenz und Handlungsverantwortung sollten sich in ihrem Umfang entsprechen.

Die **Vorteile** des Management by Delegation sind:

- Der Vorgesetzte wird entlastet.
- Schnelle, sachgerechte Entscheidungen werden möglich.

- Die Mitarbeiter verfügen über Kompetenz und Handlungsverantwortung.
- Eigeninitiative, Leistungsmotivation und Verantwortungsbereitschaft der Mitarbeiter werden gefördert.

Als **Nachteile** des Management by Delegation sind zu nennen:

- Der Vorgesetzte delegiert möglicherweise weniger interessante Aufgaben.
- Die Hierarchie kann gefestigt werden.
- Die Aufgabenorientierung ist stark, die Mitarbeiterorientierung gering.
- Die horizontalen Hierarchiebeziehungen werden vernachlässigt.

5.3 Management by Objectives

Das Management by Objectives ist eine Führungstechnik, bei welcher die Personalführung auf der Grundlage von **Zielen** erfolgt. Dabei können die Ziele grundsätzlich auf unterschiedliche Weise festgelegt werden:

- Der Vorgesetzte gibt die Ziele vor.
- Der Vorgesetzte gibt die Ziele vor, die Mitarbeiter haben die Möglichkeit der Stellungnahme.
- Die Mitarbeiter entwerfen die Ziele, im gemeinsamen Gespräch mit dem Vorgesetzten werden sie festgesetzt.
- Der Vorgesetzte und die Mitarbeiter formulieren unabhängig voneinander die Ziele und stimmen sie anschließend ab.

Nach überwiegender Auffassung basiert das Management by Objectives auf der **Vereinbarung** der Ziele zwischen dem Vorgesetzten und den Mitarbeitern, nicht auf Vorgabe der Ziele durch den Vorgesetzten.

Das Management by Objectives baut *Bisani* zufolge auf drei grundlegenden **Elementen** auf:

- Dem **Zielsystem**, das aus Ober- und Unterzielen besteht. Die Oberziele werden von der Unternehmensleitung festgelegt, die Unterziele aus den Oberzielen im Rahmen von Vereinbarungen zwischen dem jeweiligen Vorgesetzten und seinen Mitarbeitern abgeleitet. Dabei ist darauf zu achten, daß die Ziele

  - zeitbezogen sind,
  - eindeutig formuliert sind,
  - operationalisierbar sind,
  - Prioritäten enthalten.

- Der **Organisation**, die klar festgelegt werden und eindeutig abgegrenzte Verantwortungsbereiche enthalten muß. Dazu werden insbesondere Stellenbeschreibungen entwickelt und Ausnahmeregelungen festgelegt.

  Aus den Oberzielen werden Schlüsselergebnisse für jeden einzelnen Verantwortungsbereich abgeleitet, nach denen der Vorgesetzte beurteilt wird.

  Die Festlegung der Schlüsselergebnisse kann von »oben« ausgehen, das ist das **Top-down-Prinzip**. Besser ist aber, wenn diese Zielplanung vom Vorgesetzten initiiert werden kann, das **Buttom-up-Prinzip** angewendet wird.

- Dem **Kontrollsystem**, mit welchem die Soll-Werte (Ziele) mit den Ist-Werten (Ergebnissen) verglichen, Abweichungen ermittelt und analysiert werden.

  Ursachen für **Abweichungen** können sein:

  - Unrealistische Zielvereinbarungen
  - Unvorhersehbare Ereignisse
  - Mangelhafte Zielerfüllungen

  Der Vorgesetzte ist verpflichtet, die Mitarbeiter in ihrer Zielerfüllung zu unterstützen. Er führt daher mit seinen Mitarbeitern auf der Grundlage der Kontrollergebnisse **Förder- und Beratungsgespräche**, in denen die Gründe für das Nicht-Erreichen der Zielvereinbarungen erörtert und Vorschläge unterbreitet werden, die eine Zielerfüllung erwarten lassen.

  Das Kontrollsystem ist außerdem die Grundlage für die Leistungsbeurteilung der Mitarbeiter.

Das Management by Objectives bezieht sich nicht auf einzelne Aktivitäten der Personalführung, sondern ist ein permanenter Prozeß, dessen Ablauf nach *Ordione* in folgender Weise dargestellt werden kann:

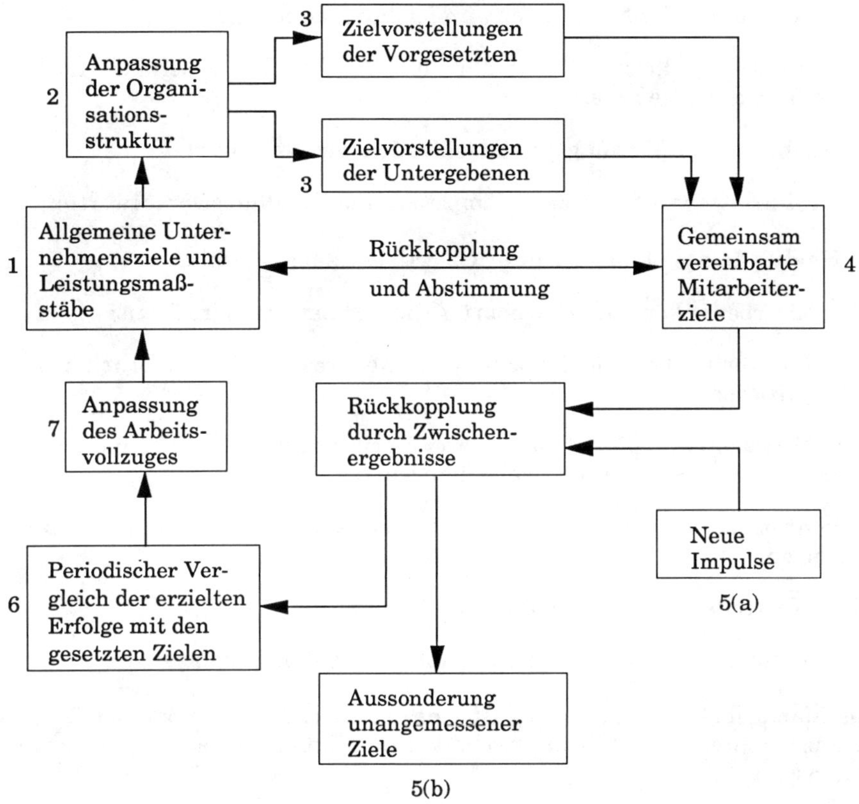

Für die Einsetzbarkeit des Management by Objectives gibt es mehrere **Voraussetzungen**:

- Delegation der Aufgaben an die Mitarbeiter
- Delegation der Kompetenz an die Mitarbeiter
- Delegation der Handlungsverantwortung an die Mitarbeiter
- Zielorientierte Organisation
- Gut organisiertes Planungs-, Informations- und Kontrollsystem
- Ausbildung der Mitarbeiter

Die **Vorteile** des Management by Objectives sind:

- Der Vorgesetzte wird entlastet.
- Die Identifikation mit den Unternehmenszielen wird verbessert.
- Die Beurteilung der Mitarbeiter wird objektiver.

- Die Entlohnung der Mitarbeiter wird leistungsgerechter.
- Eigeninitiative, Leistungsmotivation und Verantwortungsbereitschaft der Mitarbeiter werden gefördert.
- Die Effizienz von Planung und Organisation wird gesteigert.
- Die Mitarbeiter verfügen über Kompetenz und Handlungsverantwortung.

Als **Nachteile** des Management by Objectives sind zu nennen:

- Die Mitarbeiter können sich einem überhöhten Leistungsdruck ausgesetzt sehen.
- Die Mitarbeiter können sich nicht ohne weiteres mit den Unternehmenszielen identifizieren.
- Die Mitarbeiter (Typ X) können in ihrer Eigeninitiative, Leistungsmotivation und Verantwortungsbereitschaft gehemmt sein.
- Die Abstimmung auf meßbare Ziele kann qualitative Ziele in den Hintergrund drängen.
- Das Kontrollsystem kann überbetont werden.
- Die Abstimmung der Ziele über die Abteilungsgrenzen kann schwierig sein.

Das Management by Objectives ist eine umfassende, der modernen Führungstheorie entsprechende Führungstechnik, deren Einführung allerdings recht kostenintensiv ist.

5.4 Management by Systems

Das Management by Systems ist eine Führungstechnik, bei welcher die Personalführung durch Systemsteuerung erfolgt. Nach *Marr/Stitzel* werden alle betrieblichen Abläufe im Sinne von Regelkreisen der Zielsetzung, Realisation, Kontrolle und Rückmeldung gesteuert, die sich sowohl auf die Gesamtorganisation als auch auf die individuellen Aufgabenerfüllungen der Vorgesetzten und Mitarbeiter beziehen. Dabei gehen das Management by Objectives und das Management by Delegation in das Management by Systems ein.

Voraussetzung für die Durchführbarkeit des Management by Systems ist ein umfassendes computergestütztes Informationssystem. Außerdem müssen die einzelnen Regelkreise und ihre innere Struktur festgelegt werden.

Die **Vorteile** des Management by Systems entsprechen den beim Management by Objectives genannten. Zusätzlich sind zu nennen:

- Die Führungskräfte werden stark entlastet.
- Die Führungsfunktionen werden schneller wirksam.

Als **Nachteile** des Management by Systems können genannt werden:

- Die Anforderungen an die Vorgesetzten und Mitarbeiter sind sehr hoch.
- Die Führungskräfte lehnen diese Führungstechnik ab.
- Die Führungstechnik ist recht störungsanfällig.
- Die Führungstechnik kann zu einer Enthumanisierung im Unternehmen führen.

Das Management by Systems ist bisher noch nicht in befriedigender Weise realisiert worden.

23

6. Führungsmittel

Der Vorgesetzte verfügt - wie teilweise bereits ersichtlich wurde - über eine Reihe von Führungsmitteln, die er in bezug auf die Mitarbeiter einsetzen kann. Dazu zählen unter anderem:

- Die **Information** als zweckorientiertes, personen- bzw. arbeitsplatzbezogenes Wissen, das dem Mitarbeiter im Rahmen seiner Tätigkeit bereitgestellt werden sollte.

- Die **Kommunikation**, die der wechselseitigen Information zwischen Vorgesetzten und Mitarbeitern dient, beispielsweise als:

Gespräch	Es ist ein Zweiergespräch zwischen dem Vorgesetzten und Mitarbeiter, beispielsweise als Kontakt-, Anerkennungs-, Kritik-, Beschwerde-, Entwicklungsgespräch.
Besprechung	Hier werden zwei oder mehr Mitarbeiter in die Kommunikation einbezogen, beispielsweise um Berichte zu erstatten, Vorgänge zu analysieren, Informationen auszutauschen, Meinungen zu bilden, Entscheidungen vorzubereiten oder zu treffen.
Konferenz	Sie ist ein sachlich orientiertes Zusammentreffen, in dem mehrere Personen aktiv Informationen und Meinungen zusammentragen, die zu einem Ergebnis führen.
Verhandlung	Mehrere Personen versuchen, ihre jeweils zuvor festgelegten Ziele zu erreichen.

- Die **Partizipation**, worunter man die Teilnahme des Mitarbeiters an Entscheidungen versteht, beispielsweise über Mitbestimmung, Vorschlagswesen und Qualitätszirkel.

  Von einem Ziel, an dessen Festsetzung der Mitarbeiter beteiligt ist, geht eine beträchtliche Anreizwirkung aus, es auch tatsächlich zu erreichen.

Im folgenden sollen näher behandelt werden:

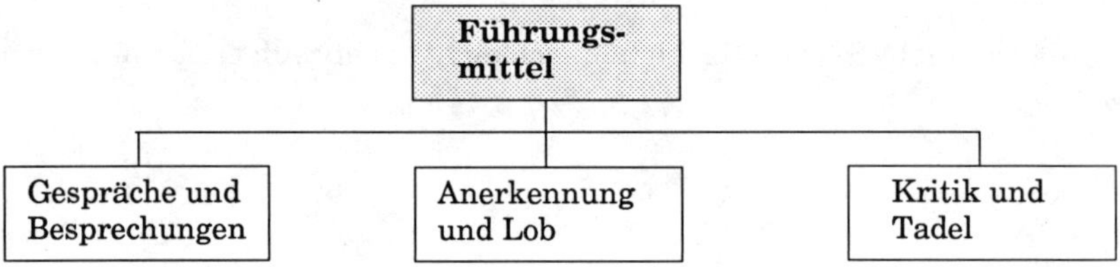

Aber auch die Mitarbeiter haben die Möglichkeit, in den Prozeß der Personalführung einzugreifen. Insbesondere haben sie das Recht der **Beschwerde** als einer Willens- und Meinungsäußerung, die auf Abhilfe eines ungünstigen Zustandes durch den Vorgesetzten oder das Management gerichtet ist.

24

6.1 Gespräche und Besprechungen

Für Gespräche und Besprechungen gilt es, einige Regeln zu beachten, damit Spannungen zwischen den Gesprächspartnern nicht auftreten oder ihre Verstärkung vermieden wird. *Marr / Stitzel* nennen folgende **Regeln**:

- Bei der **Vorbereitung** von Gesprächen bzw. Besprechungen sollte geachtet werden auf:

  - einen ruhigen Gesprächsort
  - einen Zeitpunkt innerhalb der Arbeitszeit
  - einen Zeitpunkt außerhalb der Pausen
  - einen ausreichenden Zeitumfang
  - eine rechtzeitige Ankündigung.

- Beim **Aufbau** von Gesprächen bzw. Besprechungen sollten festgelegt werden:

  - die Abfolge der Gesprächsschwerpunkte
  - ein nicht demotivierender Gesprächsbeginn
  - ein nicht demotivierendes Gesprächsende.

- Bei der **Durchführung** von Gesprächen bzw. Besprechungen sollte geachtet werden auf:

  - einen Dialog
  - die Bereitschaft zum Zuhören
  - die Bereitschaft zum gemeinsamen Problemlösen
  - eine verständliche, eindeutige Sprache
  - eine offene Gesprächsführung
  - eine ruhige Gesprächsführung
  - eine sachliche Gesprächsführung.

Folgende **Arten** von Gesprächen und Besprechungen sind zu unterscheiden:

- Das **Mitarbeitergespräch**, das bei der kooperativen Führung von großer Bedeutung ist. Es ist ein Zweiergespräch, das zwischen dem Vorgesetzten und einem Mitarbeiter erfolgt, und dient beispielsweise:

  - der Einweisung des Mitarbeiters
  - der Kritik am Mitarbeiter
  - der Erörterung von Spezialproblemen.

  Das Mitarbeitergespräch kann auch auf Grund einer Beschwerde des Mitarbeiters zustandekommen.

  Es dient der Information und Beratung. Der Vorgesetzte ist gleichberechtigter Gesprächspartner.

- Die **Mitarbeiterbesprechung**, die zwischen dem Vorgesetzten und mehreren Mitarbeitern geführt wird. Sie kann sich beziehen auf:

  - Routinevorgänge
  - besondere Vorgänge.

  Der Vorgesetzte hat die Gesprächsleitung. Wie das Mitarbeitergespräch dient auch die Mitarbeiterbesprechung der Information und Beratung. Der Vorgesetzte ist gleichberechtigter Gesprächspartner.

- Das **Dienstgespräch**, das ein Zweiergespräch zwischen dem Vorgesetzten und einem Mitarbeiter ist. Es dient dazu, den Mitarbeiter

  - über eine getroffene Entscheidung zu informieren,
  - zur Ausführung einer Entscheidung anzuweisen,
  - mit den notwendigen Informationen zu versorgen,
  - zu dienstlichen Auskünften zu veranlassen,
  - anzuerkennen oder zu kritisieren.

  Der Vorgesetzte führt mit Befehlsautorität, nicht mit Gesprächsautorität.

- Die **Dienstbesprechung**, die zwischen dem Vorgesetzten und mehreren Mitarbeitern geführt wird.

  Die Zwecke der Dienstbesprechung und die Stellung des Vorgesetzten entsprechen dem Dienstgespräch.

- Das **Beurteilungsgespräch**, das auch Fördergespräch genannt wird. Es wird nach der Personalbeurteilung geführt und bietet dem Mitarbeiter Gelegenheit, seine Stellungnahme zu der Beurteilung abzugeben sowie seine Entwicklungsmöglichkeiten kennenzulernen.

6.2 Anerkennung und Lob

Anerkennung und Lob sind Führungsmittel, die dazu dienen sollen, die Motivation der Mitarbeiter zu erhöhen.

- Die **Anerkennung** ist die schwächere Form. Sie sollte dem gut arbeitenden Mitarbeiter oder der gut arbeitenden Gruppe nicht vorenthalten werden, auch wenn sie von einem höheren Vorgesetzten ausgeht. Insbesondere Mitarbeiter, die eintönige Arbeiten ausführen, sind für Anerkennungen empfänglich.

- Ein **Lob** bietet sich an, wenn eine sehr gute Leistung erbracht wurde. Das Lob bezieht sich lediglich auf die Leistung, nicht hingegen auf die Person.

Anerkennung und Lob sollten zur rechten Zeit und am rechten Ort in angemessener Weise erfolgen. Jede Übertreibung ist schädlich, ebenso der häufige Gebrauch von Anerkennung und Lob.

6.3 Kritik und Tadel

Kritik und Tadel sind Führungsmittel, die bei mangelhaften Leistungen der Mitarbeiter angebracht werden müssen.

Die **Kritik** ist überwiegend sachbezogen. Sie wird damit auf die Arbeitsergebnisse ausgerichtet, deren Mängel genau zu beschreiben sind.

Untersuchungen zufolge ist die Form der Kritik von besonderem Einfluß auf die Arbeitsleistung:

Veränderung der Leistung	**Form der Kritik**		
	ruhig, sachlich unter vier Augen	ruhig, sachlich vor anderen	scharf, ironisch vor anderen
Leistung verbessert bei	83 %	40 %	7 %
Leistung gleichbleibend bei	10 %	14 %	24 %
Leistung verschlechtert bei	7 %	46 %	69 %

Der **Tadel** ist vorwiegend personenbezogen. Er bezieht sich auf die Einstellung der Mitarbeiter zur Arbeit.

7. Führungsmodelle

Führungsmodelle sind Systeme aufeinander abgestimmter Führungsstile, Führungstechniken und Führungsmittel. In Theorie und Praxis ist eine Vielzahl von Führungsmodellen entwickelt worden, die sich jedoch überwiegend nicht durchgesetzt hat.

Als Führungsmodelle werden behandelt:

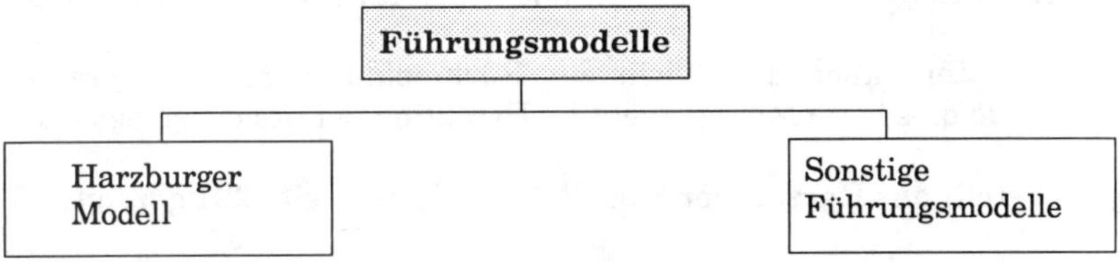

7.1 Harzburger Modell

Das bekannteste deutsche Führungsmodell ist das Harzburger Modell. Es beinhaltet wichtige Elemente des Management by Delegation und des Management by Exception. Häufig wird es als Variante des Management by Delegation bezeichnet.

Die Konzeption des Harzburger Modells beruht *Bisani* zufolge auf nachstehenden **Leitsätzen**:

- Betriebliche Entscheidungen sollen auf der Ebene getroffen werden, wo sie der Sache nach hingehören.

- Betriebliche Entscheidungen sollen nicht von einzelnen Personen auf der mittleren oder oberen Hierarchie-Ebene gefällt werden, sondern von vielen Mitarbeitern.

- Anstelle von Einzelaufträgen sollen festumrissene Aufgabenbereiche treten, innerhalb derer die Mitarbeiter selbständig entscheiden können.

- Anstelle der Konzentration der Verantwortung in der Führungsspitze soll ein Teil davon auf die Stellen delegiert werden, die sich mit den Problemen befassen.

- Die Aufgabenverteilung soll nicht mehr von oben nach unten erfolgen, sondern von unten nach oben, indem sachlich nicht treffbare Entscheidungen nach oben gegeben werden.

Das Harzburger Modell setzt eine klare, hierarisch gegliederte **Führungsstruktur** voraus. Die Vorgesetzten müssen zur Delegation, die Mitarbeiter zur Übernahme von Verantwortung bereit sein.

Die Verantwortung wird zwischen dem Vorgesetzten und dem Mitarbeiter aufgeteilt. Entsprechend sind zu unterscheiden:

- Die **Führungsverantwortung**, die beim Vorgesetzten liegt, dessen Führungsinstrumente die Dienstaufsicht und Erfolgskontrolle sind.

- Die **Handlungsverantwortung**, welche den Mitarbeitern übertragen wird.

Die Mitarbeiter haben die Pflicht zur Rückmeldung, insbesondere bei Abweichungen, wie dies beim Management by Exception bereits dargelegt wurde.

Ferguson stellt das Harzburger Modell dar, wie auf Seite 221 gezeigt.

Das Harzburger Modell beruht damit auf:

- Der **Stellenbeschreibung**, die eine formularisierte Darstellung aller wesentlichen Merkmale einer Stelle ist. Sie enthält typischerweise:

  - Stellenbezeichnung
  - Stelleneinordnung
  - Stellenaufgaben
  - Stellenziele
  - Stellenbefugnisse
  - Stellenverantwortung
  - Stellenvertretung
  - Stellenanforderungen.

  Die Stellenbeschreibung ist notwendiger Bestandteil des Harzburger Modells.

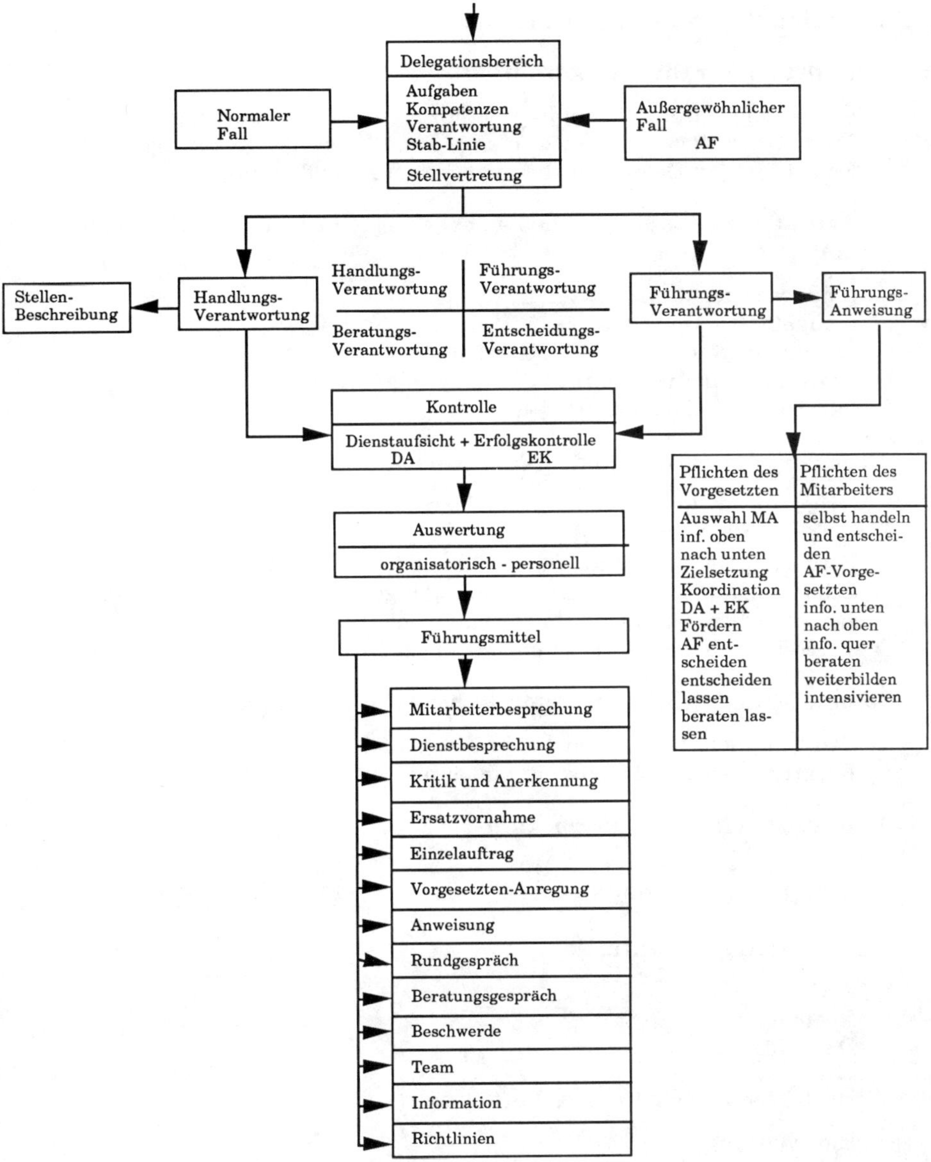

- Der **Führungsanweisung**, welche die Durchführungsprinzipien festlegt, die von den Vorgesetzten und Mitarbeitern einzuhalten sind. Sie umfaßt nach *Baumgarten* vor allem:

- **Kriterien des Führungserfolges**

- **Grundsätze für die Delegation**

  Festlegung von Aufgaben, Kompetenzen und Verantwortung
  Trennung Führungsverantwortung - Handlungsverantwortung
  Eingriff in den Delegationsbereich nur im Ausnahmefall

- **Vorgesetzter** ist **nicht** für alle Fehler seines Mitarbeiters verantwortlich, nur wenn:

  unklare Delegation
  mangelhafte Anleitung
  ungenügende Auswahl der Mitarbeiter
  unzureichende Information
  falsche Kontrolle

- **Regelung der Pflichten des Vorgesetzten**, beispielsweise:

  Sorge für fachliche Qualifikation der Mitarbeiter
  sachliches Lob und Kritik
  Förderung der Aus- und Weiterbildung der Mitarbeiter
  Schaffung adäquater Leistungsbedingungen
  Leistungsbeurteilung der Mitarbeiter
  Vertretung der Mitarbeiter gegen höhere Instanzen

- **Regelung der Pflichten der Mitarbeiter**, beispielsweise:

  Selbständigkeit des Handelns im Normalfall
  Beratung des Vorgesetzten in außergewöhnlichen Fällen

- **Grundsätze für die Information**

  in vertikaler Richtung
  in horizontaler Richtung

- **Grundsätze zur Kontrolle**

  Art
  Ausmaß
  Durchführung

- **Grundsätze zur Gruppenarbeit**

  Einschaltung
  Ablauf
  Ausmaß und Art der Teilnahme der Mitarbeiter
  an der Zielsetzung
  an der Festsetzung von Maßnahmen
  an der Lösung von Einzelproblemen

- **Regelung der Stellvertretung**

  Informationsrechte und -pflichten
  Kompetenzabgrenzung
  Verantwortungsabgrenzung.

Die **Vorteile** des Harzburger Modells sind:

- Die Stellenbeschreibungen ermöglichen eine Transparenz der Handlungs- und Aufgabenbereiche.

- Die Führungsanweisungen und Führungsmittel stellen ein geschlossenes System dar.

- Eigeninitiative, Leistungsmotivation und Verantwortungsbereitschaft der Mitarbeiter werden gefördert.

Nach **Nachteile** des Harzburger Modells sind zu nennen:

- Das Modell ist versteckt autoritär.
- Das Modell ist mit 3.150 Organisationsregeln bürokratisch.
- Das Modell ist statisch.
- Das Modell ist zu wenig differenziert.

7.2 Sonstige Führungsmodelle

In Deutschland hat - neben dem Harzburger Modell - das **DIB-Modell** einen gewissen Bekanntheitsgrad erreicht. Es besteht aus drei Subsystemen:

- Dem **Führungssystem**, das aus fünf Bausteinen besteht und sich damit befaßt, wie die Personalführung erfolgt.

- Dem **Leitungssystem**, das sich ebenfalls aus fünf Bausteinen zusammensetzt und aufzeigt, was vom Unternehmen in den verschiedenen Bereichen erreicht werden soll.

- Dem **Management**, das sich der bekannten Führungstechniken bedient.

Das Leitbild umfaßt die Sektoren Wachstum, Entwicklung, Gewinn, wie aus folgendem Bild ersichtlich ist:

Ein weiteres Führungsmodell ist das **SIB-Modell**, das eine Synthese zwischen dem Harzburger Modell und dem Management by Objectives versucht.

	Kontrollfragen	bearbeitet	Lösungshinweis	Lösung +	-
01	Was versteht man unter Führung?		173		
02	Worin unterscheiden sich Unternehmensführung und Personalführung?		173		
03	Aus welchen Gründen hat sich die Bedeutung der Personalführung in den letzten Jahren erhöht?		173		
04	Welche Arten der Personalführung können unterschieden werden?		174		
05	Worin bestehen die fünf wesentlichen Aufgaben der Personalführung?		174 f.		
06	Beschreiben Sie die Machtgrundlagen von Vorgesetzten!		176 f.		
07	Nennen Sie Kriterien, nach denen Mitarbeiter unterschieden werden können!		178		
08	Welche Menschentypen können nach ihrem Temperament unterschieden werden?		178		
09	Inwieweit sind die Motive der Mitarbeiter bei der Personalführung von Bedeutung?		178		
10	Wozu dienen Weisungen und wo liegen ihre Grenzen?		181		
11	Erläutern Sie, in welchen Formen Weisungen erfolgen können!		181		
12	Was versteht man unter der Aussage, eine Weisung müsse billigem Ermessen entsprechen?		181		
13	Geben Sie Beispiele für unzulässige oder nur bedingt zulässige Weisungen!		182		
14	Welche Gesetze sind geeignet, die Möglichkeiten, Weisungen zu geben, zu begrenzen?		183		
15	Erläutern Sie, welche Arten von Mitwirkungsrechten das Betriebsverfassungsgesetz vorsieht!		183 f.		
16	Auf welche Fälle beziehen sich die Mitwirkungsrechte des Betriebsrates?		184 f.		
17	Wie können rechtswirksame Entscheidungen im Rahmen der Mitbestimmungsrechte des Betriebsrates zustandekommen?		186		
18	In welchen Fällen hat der Betriebsrat ein Mitbestimmungsrecht?		186 f.		
19	Welche Phasen umfaßt der Führungsprozeß?		188		

	Kontrollfragen	bearbeitet	Lösungshinweis	Lösung +	Lösung -
20	Wie sind Ziele vorzugeben?		189		
21	Welche Ziele lassen sich nach dem Formalisierungsgrad unterscheiden?		189		
22	Beschreiben Sie die nach ihrer unterschiedlichen Bedeutung zu nennenden Ziele!		189		
23	Welche Ziele gibt es nach ihrer hierarischen Beziehung zueinander?		190		
24	Nennen Sie die nach ihrem Inhalt zu unterscheidenden Ziele!		191		
25	In welchen Phasen erfolgt die Zielbildung?		192		
26	Was versteht man unter der Planung?		192		
27	Welche Planungen können ihrem Umfang entsprechend unterschieden werden?		192		
28	Worin besteht der Unterschied zwischen simultaner und sukzessiver Planung?		192		
29	Unterscheiden Sie die Arten der Planung nach ihrem Zeitbezug!		193		
30	Welchen Begriffen sind die taktische, strategische und operative Planung zuzuordnen?		193		
31	Beschreiben Sie die Grundsätze der Planung!		194		
32	Nennen und erläutern Sie die Phasen, in denen die Planung nach allgemeiner Auffassung erfolgt?		194 f.		
33	Welche Tätigkeitsbereiche umfaßt die Realisierung der Planung?		195		
34	Worin unterscheiden sich Aufbauorganisation und Ablauforganisation grundlegend?		195		
35	In welchen Phasen erfolgt die Kontrolle?		196		
36	Welche Arten der Kontrolle lassen sich nach dem Objekt unterscheiden?		196		
37	Nennen Sie die trägerbezogenen Arten der Kontrolle!		196		
38	Welche Arten der Kontrolle werden ihrem Umfang ent- sprechend unterschieden?		196		
39	Worin sind vielfach die Gründe zu sehen, daß Mitarbeiter die Kontrolle ablehnen?		197		
40	Was versteht man unter dem Führungsstil?		197		

	Kontrollfragen	bearbeitet	Lösungshinweis	Lösung +	Lösung -
41	Inwieweit ist ein optimaler Führungsstil generell bestimmbar?		197		
42	Beschreiben Sie den aufgabenorientierten Führungsstil!		198		
43	Wie werden aufgabenorientiert führende Vorgesetzte nach Untersuchungen von *Halpin / Winer* und *Pelz* von ihren Mitarbeitern beurteilt?		198		
44	Wodurch ist der personenorientierte Führungsstil gekennzeichnet?		198		
45	Welche Probleme weist das Konzept des Führungsstiles auf?		198 f.		
46	Worin unterscheiden sich eindimensionale und mehrdimensionale Führungsstile?		199		
47	Nennen Sie die wichtigsten eindimensionalen Führungsstile!		199		
48	Beschreiben Sie den autoritären Führungsstil!		200		
49	Wie ist die Stellung des Vorgesetzten beim autoritären Führungsstil?		200		
50	Nennen Sie Anforderungen, die ein autoritär führender Vorgesetzter zu erfüllen hat!		200		
51	Wie wird der Untergebene beim autoritären Führungsstil gesehen?		200 f.		
52	Welche Anforderungen sind an autoritär geführte Untergebene zu stellen?		201		
53	Beurteilen Sie den autoritären Führungsstil!		201		
54	Was versteht man unter dem kooperativen Führungsstil?		202		
55	Welche Merkmale weist der kooperative Führungsstil beim Vorgesetzten auf?		202 f.		
56	Nennen Sie Anforderungen, die an einen kooperativ führenden Vorgesetzten zu stellen sind!		203		
57	Worin sind die Merkmale des kooperativen Führungsstils beim Mitarbeiter zu sehen?		203		
58	Welchen Anforderungen muß ein kooperativ geführter Mitarbeiter erfüllen?		203		
59	Wie ist der kooperative Führungsstil insgesamt zu beurteilen?		204		
60	Beschreiben Sie den bürokratischen und partriarchalischen Führungsstil!		204		

	Kontrollfragen	bear-beitet	Lösungs-hinweis	Lösung +	Lösung -
61	Warum könnte man den Laissez-faire-Führungsstil eher als »Nicht-Führungsstil« bezeichnen?		204		
62	Erläutern Sie, was unter dem Verhaltensgitter zu verstehen ist!		205		
63	Nennen Sie die fünf typischen Führungsstile, die aus dem Verhaltensgitter abgeleitet werden können!		206		
64	Weshalb kann es schwierig sein, den 9.9-Führungsstil zu praktizieren?		206		
65	Was versteht man unter Führungstechniken?		207		
66	Wie werden Führungstechniken häufig auch noch genannt?		207		
67	Nennen Sie die wichtigsten Führungstechniken!		208		
68	Beschreiben Sie das Management by Exception!		208 f.		
69	Welche Voraussetzungen müssen für die Anwendbarkeit des Management by Exception erfüllt sein?		209		
70	Wie ist das Management by Exception zu beurteilen?		209		
71	Beschreiben Sie das Management by Delegation!		210		
72	Welche Voraussetzungen müssen für die Anwendbarkeit des Management by Delegation erfüllt sein?		210		
73	Beurteilen Sie das Management by Delegation!		210 f.		
74	Was versteht man unter dem Management by Objectives?		211		
75	Wie können die Ziele beim Management by Objectives festgelegt werden?		211		
76	Auf welchen grundlegenden Elementen baut das Management by Objectives auf?		211 f.		
77	Welche Voraussetzungen müssen für die Einsetzbarkeit des Management by Objectives erfüllt sein?		213		
78	Wie ist das Management by Objectives zu beurteilen?		213 f.		
79	Beschreiben Sie das Management by Systems!		214		
80	Beurteilen Sie das Management by Systems!		214 f.		
81	Welche Führungsmittel können grundsätzlich unterschieden werden?		215		
82	Welche Regeln gibt es für die Vorbereitung, den Aufbau und die Durchführung von Gesprächen und Besprechungen?		216 f.		

	Kontrollfragen	bear-beitet	Lösungs-hinweis	Lösung +	Lösung -
83	Worin unterscheiden sich das Mitarbeitergespräch und die Mitarbeiterbesprechung?		217		
84	Erläutern Sie, was unter dem Dienstgespräch und der Dienstbesprechung zu verstehen ist!		217 f.		
85	Wozu dient das Beurteilungsgespräch und wie wird es häufig auch noch genannt?		218		
86	Worin unterscheiden sich Anerkennung und Lob?		218		
87	Wie sollten Anerkennung und Lob eingesetzt werden?		218		
88	Erläutern Sie, was unter Kritik und Tadel zu verstehen ist!		218 f.		
89	Was versteht man unter Führungsmodellen?		219		
90	Nennen Sie die bekanntesten Führungsmodelle!		219		
91	Auf welchen Leitsätzen beruht das Harzburger Modell?		219 f.		
92	Was versteht man beim Harzburger Modell unter Führungs- und Handlungsverantwortung?		220		
93	Nennen Sie die beiden Grundlagen, auf denen das Harzburger Modell beruht!		220 f.		
94	Welche Informationen enthält die Stellenbeschreibung beim Harzburger Modell typischerweise?		220		
95	Wozu dient die Führungsanweisung beim Harzburger Modell?		221		
96	Erläutern Sie die Elemente der Führungsanweisung!		222		
97	Wie ist das Harzburger Modell zu beurteilen?		223		
98	Aus welchen Subsystemen besteht das DIB-Modell?		223		
99	Charakterisieren Sie kurz, was unter dem SIB-Modell zu verstehen ist!		224		
100	Was kann als wesentliches Merkmal des SIB-Modells angesehen werden?		224		

E. Personalbeurteilung

Zunehmend wird in den deutschen Unternehmen eine regelmäßige Personalbeurteilung durchgeführt. Sie dient:

- den **Mitarbeitern**, denn dadurch können sie ihre Leistungen und ihr Verhalten beurteilt sehen;

- den **Vorgesetzten**, denn durch die Beurteilungsergebnisse können die Mitarbeiter richtig geführt und eingesetzt werden;

- dem **Personalwesen** für die Durchführung ihrer Aufgaben.

Die vielfältigen **Aufgaben** des Personalwesens

- Personalplanung
- Personaleinsatz
- Personalführung
- Personalbetreuung
- Personalentwicklung
- Personalentlohnung

können nur dann sachgerecht und optimal ausgeführt werden, wenn eine systematische und möglichst objektive Personalbeurteilung die Grundlage bildet.

Auch aus der Sicht der Mitarbeiter sollte auf eine regelmäßige, objektivierte Personalbeurteilung nicht verzichtet werden, denn nur dadurch haben die Mitarbeiter einen hohen Grad an Sicherheit, daß sie gerecht beurteilt werden.

Für die Personalbeurteilung sind vor allem bedeutsam:

Personalbeurteilung	Merkmale
	Methoden
	Einsatz

1. Merkmale

Während die - in Kapitel F beschriebene - Arbeitsbewertung, die auch als Stellenbewertung oder Arbeitsplatzbewertung bezeichnet wird, die Aufgabe hat, die

Gesamtanforderungen an die Arbeitsplatzinhaber zu bewerten, wird mit der Personalbeurteilung die persönliche Leistung des Mitarbeiters beurteilt.

Dabei können zwei **Arten** von Personalbeurteilungen unterschieden werden:

- Die **Leistungsbeurteilung**, bei welcher die in der Vergangenheit, oftmals in einem bestimmten Zeitraum, erbrachte Leistung eines Mitarbeiters als Beurteilungsgegenstand dient. Diese vergangenheitsbezogene Personalbeurteilung wird überwiegend angewandt.

- Die **Potentialbeurteilung**, bei welcher die Eignung von Mitarbeitern für bestimmte Aufgaben und die Möglichkeiten zur weiteren beruflichen Entwicklung im Mittelpunkt stehen. Sie ist zukunftsorientiert. Ihr Ausgangspunkt ist jedoch stets eine vergangenheitsbezogene Leistungsbeurteilung.

  Potentialbeurteilungen werden weder regelmäßig noch für alle Mitarbeiter durchgeführt. Sie dienen vornehmlich für

  - individuelle Entwicklungsplanungen
  - Besetzungsentscheidungen
  - Freistellungsüberlegungen

  Sie werden häufig mit Testverfahren erarbeitet.

Da die vergangenheitsbezogene Leistungsbeurteilung im Mittelpunkt der betrieblichen Personalbeurteilung steht, wird nachfolgend auf sie eingegangen:

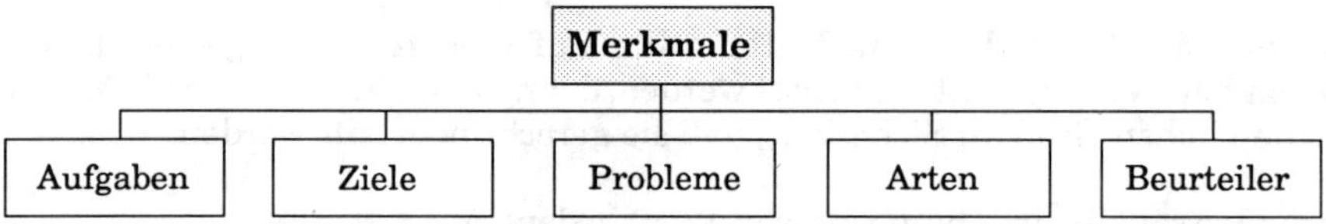

1.1 Aufgaben

Mehr als die Hälfte der deutschen Großunternehmen beurteilt ihre Mitarbeiter regelmäßig. Die Personalbeurteilung kann mehreren **Aufgaben** dienen:

- Zur **Entgeltermittlung**, denn nur durch eine objektive Leistungsbeurteilung ist es möglich, die Mitarbeiter leistungsgerecht zu bezahlen. Die Personalbeurteilung ist damit eine der Grundlagen zur gerechten Vergütung der Mitarbeiter.

- Als **Führungsinstrument**, denn mit der Personalbeurteilung kann dem Mitarbeiter aufgezeigt werden, wo er leistungsmäßig steht. Gemeinsam mit dem

Beurteilungsgespräch, das häufig nach der Personalbeurteilung durchgeführt wird, ist ein wirksames Führungsinstrument gegeben.

- Als **Entwicklungsbasis**, denn die regelmäßige Personalbeurteilung dient der

  - Auswahl der förderungswürdigen Mitarbeiter,
  - Ermittlung der Fortbildungsziele,
  - Beurteilung der Ergebnisse der Personalentwicklung.

  Eine systematische Personalentwicklung bedarf der regelmäßigen Personalbeurteilung.

- Zum **Personaleinsatz**, denn die Personalbeurteilung ist für seine Optimierung unabdingbar bei der

  - Besetzung von Stellen
  - Beförderung von Mitarbeitern
  - Versetzung von Personal
  - Entscheidung über Freisetzungen

- Als **Motivator**, denn die regelmäßige Personalbeurteilung ist ein Ansporn für ein bewußtes Leistungsverhalten vieler Mitarbeiter. Die Bedeutung der Beurteilung für die Entgeltbemessung kann diese Motivation wesentlich verstärken.

Eine empirische **Untersuchung** des Instituts für sozialwissenschaftliche Forschung e.V. ergab nach *Gaugler* folgende Aufgaben der Personalbeurteilung in deutschen Unternehmen:

Beurteilungsaufgaben	Häufigkeit
Personaleinsatz	66 %
Führungsinstrument	62 %
Entgeltermittlung	56 %
Entwicklungsbasis	53 %
Motivator	43 %

Andere Aufgaben haben gemäß dieser Untersuchung wesentlich geringere Bedeutung. Dabei waren Mehrfachnennungen möglich.

1.2 Ziele

Für die Personalbeurteilung sind insbesondere folgende **Ziele** von Bedeutung:

- Eine **Objektivierung der Personalarbeit,** insbesondere die objektive Vergleichbarkeit von Beurteilungsergebnissen. Ob dieses Ziel jedoch weitgehend erreicht wird, hängt von einer Vielzahl von Einflußfaktoren ab.

- Eine **Verbesserung der Führungsqualität**, die durch periodische und systematische Personalbeurteilung angestrebt wird, da sich die Führungskräfte und ihre Mitarbeiter auf Grund der Personalbeurteilung gezwungen sehen, sich mit den Führungsgegebenheiten auseinanderzusetzen.

- Eine **Einheitlichkeit des Führungsverhaltens,** da ein einheitliches Beurteilungssystem erwarten läßt, daß das Führungsverhalten sich angleicht und damit an Schlagkraft gewinnt.

- Eine größere **Potentialnutzung**, wobei die Belegschaft eines Unternehmens das gegebene Potential darstellt, das bestmöglichst auszunutzen ist.

- Eine **Steigerung der Leistung**, da Personalbeurteilungen ein Ansporn für die Beurteilten sind. Der Effekt einer Leistungssteigerung ist auf Dauer wesentlich von der richtigen Personalbeurteilung abhängig.

Die Anstrebung dieser Ziele ist jedoch in der Regel mit dem Entstehen von Problemen verbunden, auf die näher einzugehen ist.

1.3 Probleme

Regelmäßige und systematische Personalbeurteilungen verursachen in der betrieblichen Praxis eine Reihe von Problemen. Deswegen ist es erforderlich, vor der Einführung eines Personalbeurteilungssystems die Auswirkungen zu ermitteln und nach Lösungen zu suchen.

Beachtenswert sind vornehmlich die nachstehenden **Probleme**:

- Die **Arbeitsbelastung**, die bei fundierten Personalbeurteilungen für die Beurteilung einen Zeitbedarf von durchschnittlich zwei Stunden und für das Beurteilungsgespräch von ungefähr einer Stunde pro Mitarbeiter erfordert. Ein Vorgesetzter hat folglich eine wesentliche Arbeitsbelastung, wenn Personalbeurteilungen regelmäßig durchgeführt werden.

- Eine **Konfliktauslösung**, die bei latenten Konflikten und unterdrückten Frustrationen durch Beurteilungen und durch Beurteilungsgespräche zu erheblichen Auseinandersetzungen führen können.

- Die **Fehlerträchtigkeit**, die auch bei intensiver Schulung der Beurteiler bei Personalbeurteilungen nur gesenkt werden kann. Fehlerlose Beurteilungen sind nicht erreichbar. Auf die Beurteilungsfehler wird noch eingegangen.

Durch eine intensive Vorbereitung und Schulung der Mitarbeiter kann die Entstehung von Problemen gering gehalten werden.

1.4 Arten

Die Arten der Personalbeurteilung sind nach mehreren Kriterien zu unterscheiden, die in der betrieblichen Praxis eingesetzt werden:

- Hinsichtlich der **Systematik** der Personalbeurteilung lassen sich zwei Extremarten gegenüberstellen:

Systematische Beurteilung	Das Beurteilungssystem ist durch Festlegung aller wesentlichen Merkmale der Beurteilung gegeben, beispielsweise - Beurteilungsverfahren - Beurteilungskriterien - Beurteilungsmaßstab Man spricht dabei auch von einer gebundenen Beurteilung.
Systemlose Beurteilung	Bei ihr bleibt dem Beurteiler die Wahl überlassen bezüglich - Beurteilungsmaßstab - Beurteilungsverfahren - Beurteilungskriterien

In Deutschland wird zunehmend mit detailliert vorgegebenen Beurteilungssystemen gearbeitet.

- Nach der **Regelmäßigkeit** der Personalbeurteilung gibt es zwei Arten der Beurteilung:

Regelmäßige Beurteilung	Sie wird überwiegend eingesetzt. Solche Beurteilungssysteme schreiben eine kontinuierliche Anwendung vor. Dies besonders dann, wenn sie zur Entgeltermittlung benutzt werden. Übliche Frequenzen für kontinuierliche Personalbeurteilung sind: - Halbjährliche Beurteilung - Jährliche Verfahrensanwendung - Zweijährlicher Einsatz
Anlaßbedingte Beurteilung	Sie kann aus verschiedenen Gründen erforderlich werden, beispielsweise bei: - Ablauf einer Probezeit - Versetzungen und Beförderungen - Disziplinarmaßnahmen - Wunsch eines Zwischenzeugnisses - Ausscheiden aus dem Unternehmen. Da unterschiedliche Anlässe auch verschiedenartige Beurteilungsverfahen empfehlen, besteht bei anlaßbedingten Personalbeurteilungen keine Notwendigkeit für ein einheitliches Beurteilungsverfahren.

Regelmäßige und anlaßbedingte Beurteilungen nebeneinander einzusetzen, empfiehlt sich nicht.

- Nach den **Kriterien**, die zur Beurteilung herangezogen werden, lassen sich zwei Arten von Personalbeurteilungen unterscheiden:

Quantitative Beurteilung	Bei ihr wird ausschließlich mit quantitativen Kriterien zur Leistungsbeurteilung gearbeitet. Benutzt wird dazu vornehmlich die Leistungsmenge der Mitarbeiter, beispielsweise: - Zahl der bearbeiteten Vorgänge - Höhe des erreichten Umsatzes - Erreichter Leistungsgrad.
Qualitative Beurteilung	Sie wird mit Hilfe von qualitativen Merkmalen vorgenommen, beispielsweise: - Führungsverhalten - Zuverlässigkeit - Initiative.

Beide Beurteilungen werden auch gemischt angewandt.

Eine Sonderform ist die »**Methode der kritischen Vorfälle**«. Hier werden qualitative Merkmale dadurch quantifiziert, daß jeweils die positiven und negativen Vorfälle gezählt werden. Aus dem Überwiegen der einen oder anderen Vorfallart kann ein quantitatives Ergebnis gewonnen werden. Durch Gewichtung können die betrachteten Vorfälle gemäß ihrer Bedeutung berücksichtigt werden.

- Der Grad der **Differenzierung** von Kriterien bedingt ebenfalls unterschiedliche Arten der Personalbeurteilung:

Summarische Beurteilung	Dabei wird die Leistung des Mitarbeiters als Gesamtleistung betrachtet. Eine Betrachtung der einzelnen Leistungskriterien erfolgt nicht.
Analytische Beurteilung	Sie erfolgt anhand von einzelnen Kriterien. Das Gesamtergebnis ergibt sich durch Ermittlung einer Wertsumme über alle Beurteilungskriterien.

In der betrieblichen Praxis wird überwiegend mit der analytischen Beurteilung gearbeitet.

- Nach dem **Umfang** der Personalbeurteilung sind zwei Arten zu nennen:

Einzel-beurteilung	Sie ergibt sich aus besonderen Anlässen, beispielsweise Versetzung, Beförderung oder auf Grund des Wunsches nach einem Zwischenzeugnis und bezieht sich auf einzelne Mitarbeiter.
Gesamt-beurteilung	Dabei werden alle Mitarbeiter des Unternehmens oder einer Organisationeinheit einer Personalbeurteilung unterzogen. Bei dem Einsatz von Beurteilungssystemen wird in der Regel mit Gesamtbeurteilungen gearbeitet.

Personalbeurteilungen können mit und ohne Kenntnis der Beurteilten durchgeführt werden. Dabei kann sich die Kenntnis darauf beziehen, ob die Durchführung der Personalbeurteilung bekannt ist oder nicht oder darauf, ob die Mitarbeiter Kenntnis von den Beurteilungsergebnissen erhalten oder ob sie ihnen vorenthalten werden.

Da nach § 83 BetrVG der Arbeitnehmer ein Einsichtsrecht in seine Personalakte genießt und da jede Personalbeurteilung zu den einsichtsfähigen Unterlagen innerhalb der **Personalakte** gehört, kann das Ergebnis solcher Beurteilungsverfahren durch Einsicht in die Personalakte in Erfahrung gebracht werden.

1.5 Beurteiler

In der Regel wird die Personalbeurteilung vom **direkten Vorgesetzten** vorgenommen, denn nur er hat die dauernde Möglichkeit

- Arbeitsergebnisse
- Arbeitsverhalten

umfassend zu kennen. Haben Mitarbeiter mehrere Vorgesetzte, ist eine gemeinsame Beurteilung aller Vorgesetzten üblich.

In der Literatur werden weitere Vorschläge im Hinblick auf den Beurteiler gemacht:

- Selbstbeurteilung
- Kollegenbeurteilung.

Diese Techniken werden in der betrieblichen Praxis nicht eingesetzt. Von einzelnen Unternehmen ist bekannt, daß sie Vorgesetzte von ihren Mitarbeitern beurteilen lassen. Dieses Verfahren wird auch in der Zukunft eine Ausnahme bleiben.

2. Methoden

Die Beurteilungsmethoden für Mitarbeiter werden durch vier **Faktoren** bestimmt:

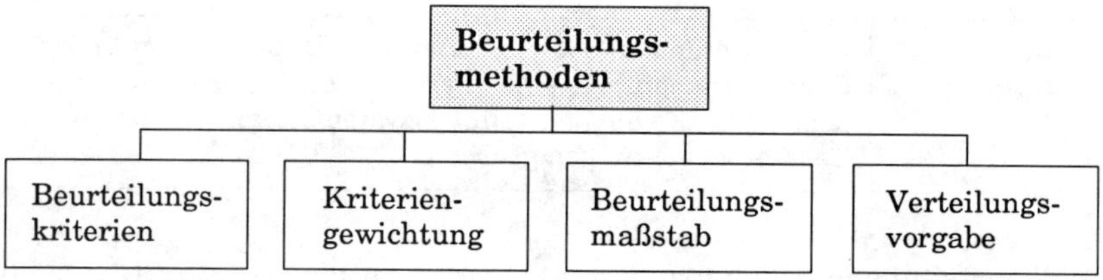

2.1 Beurteilungskriterien

Die zur Personalbeurteilung verwandten Kriterien sind vielfältig. Bei einer empirischen Untersuchung wurden von *Gaugler* insgesamt 618 verschiedene Kriterien gezählt. Durchschnittlich werden in einem Beurteilungssystem 12 unterschiedliche Kriterien verwandt.

Die Vielzahl der möglichen Beurteilungskriterien macht es erforderlich, sie zu gruppieren. *Raschke* spricht dabei von **Hauptkriterien**. In den eingesetzten und den vorgeschlagenen Personalbeurteilungssystemen gibt es eine Reihe von Hauptkriterien. Typische Gliederungen sind beispielsweise:

Gollnow	*Möhl / Winterfeldt*	*Nutzhorn*	*Raschke*
Arbeitsverhalten	Leistungsbild	Körperlicher Bereich	Arbeit
Verhalten gegenüber Kollegen und Vorgesetzten		Geistiger Bereich	Körper
Führungsverhalten	Verhaltensbild	Bereich des Willens	Geist
Geistige Anlagen			
Persönliches Auftreten	Persönlichkeitsbild	Bereich der Persönlichkeit	Charakter

In vielen betrieblichen Personalbeurteilungssystemen wird auf eine Gliederung in Hauptkriterien verzichtet und nur **Einzelkriterien** betrachtet. Benutzt man die Gliederung und die Kriteriendefinition von *Gollnow*, so ergibt sich die nachstehende Einteilung:

- **Arbeitsverhalten**

Arbeitsplanung	Gedankliche Vorausschau der zukünftigen Arbeit und Bereitstellung der benötigten Mittel
Arbeitsqualität	Güte der Arbeitsdurchführung
Arbeitstempo	Zeitaufwand zur Bewältigung der Arbeit
Augenmaß	Richtigkeit der Einschätzung von Personen und Sachverhalten
Ausdauer	Beständigkeit bei der Arbeitsausführung
Belastbarkeit	Körperliche und geistige Ermüdung erkennen lassen
Entschlußkraft	Sich in angemessener Zeit entscheiden zu können
Fleiß	Kontinuität der Arbeitsdurchführung
Fachkenntnisse	Anwendung von Fachwissen auf die zu lösenden Aufgaben
Fehlerhaftigkeit	Verhältnis Fehler zu Arbeitsmenge
Initiative	Aus eigenem Antrieb tätig werden
Lernwillen	Bemühen, sich weiterzubilden
Pünktlichkeit	Vereinbarte Termine einhalten
Selbständigkeit	Nach Anleitung ohne Rückfragen tätig werden
Verantwortungsreitschaft	Die Konsequenzen der eigenen Handlung tragen
Zuverlässigkeit	Erfüllung von Zusagen

- **Verhalten gegenüber Kollegen und Vorgesetzten**

Agressivität	Erzeugen von Konfrontationen
Aufgeschlossenheit	Aktiv am Umweltgeschehen teilnehmen
Empfindlichkeit	Sensibilität in bezug auf das eigene Selbstwertgefühl
Hilfsbereitschaft	Unterstützung der Mitmenschen
Mitteilungsbereitschaft	Information und Wissen weitergeben
Toleranz	Eigenschaften auch gelten lassen, wenn sie nicht der eigenen Überzeugung entsprechen
Zusammenarbeit	Bereitschaft zu gemeinsamen Aufgabenlösungen

- **Führungsverhalten**

Arbeitsanleitung	Den Mitarbeitern Aufgaben zuteilen, die angestrebten Ziele zu definieren und Hilfsmittel zur Zielerrichtung aufzeigen
Ausgeglichenheit	Gemütszustände nicht erkennen lassen
Delegation	Aufgabenübertragungen an Mitarbeiter
Durchsetzungsvermögen	Die Mitarbeiter zur Ausführung der Anordnungen bewegen
Kontrolle	Überwachung der Mitarbeiter
Motivationsfähigkeit	Mitarbeiter zur langfristigen Leistungssteigerung bewegen
Objektivität	Gleichheit der Mitarbeiterbehandlung

- **Geistige Anlagen**

Auffassungsgabe	Sachverhalte und Zusammenhänge schnell aufnehmen können
Gedächtnis	Merkfähigkeit
Kreativität	Neue, originelle Lösungen finden
Logik	Das Ziehen folgerichtiger Schlüsse

- **Persönliches Auftreten**

Ausdrucksvermögen	In angemessener Weise sich ausdrücken
Erscheinungsbild	Zustand der Kleidung und Körperpflege
Selbstbewußtsein	Sich ohne Überheblichkeit seines Wertes bewußt sein
Umgangsformen	Art des Auftretens

Nach einer Untersuchung von *Grunow* werden in der betrieblichen Personalbeurteilung die nachstehenden Kriterien am häufigsten benutzt:

Beurteilungskriterium	**Häufigkeit %**
Fachkenntnisse	80
Fleiß und Arbeitseinsatz	74
Verhalten gegenüber Vorgesetzen und Mitarbeitern	72
Zuverlässigkeit	64
Arbeitsqualität	62
Belastbarkeit	58
Ausdrucksfähigkeit	54
Arbeitstempo	54
Organisations- und Planungsvermögen	48
Verantwortungsbereitschaft	45

2.2 Kriteriengewichtung

Wird mit einem analytischen Personalbeurteilungssystem ein Gesamtergebnis ermittelt, stellt sich die Frage, ob alle Kriterien gleichgewichtig in dieses Gesamtergebnis eingehen sollen oder ob bestimmten Kriterien ein größeres Gewicht gegeben werden soll.

Sollen die Beurteilungskriterien unterschiedlich gewichtet werden, kann das mit unterschiedlichen **Gewichtungsarten** erfolgen. Zu nennen sind:

- **Gewichtungsfaktoren**, die jedem Beurteilungskriterium als Multiplikationsfaktor zugeordnet werden. Dadurch können Beurteilungskriterien beispielsweise mit doppeltem oder dreifachem Gewicht versehen werden.

- Der **Anteilsausweis**, bei dem durch die Benutzung von Prozentanteilen ebenfalls eine Gewichtung der Beurteilungskriterien erfolgen kann.

Ein großes deutsches Unternehmen benutzt beispielsweise die nachstehende Kriteriengewichtung:

Kriterien für Führungsmitarbeiter	Gewichtung
Qualität der Leistung	2
Berufliches Können	1
Veranwortungsbewußtsein	1
Führungsqualitäten	2
Dispositionsfähigkeit	1
Rationalisierungserfolge	1

Durch die Benutzung unterschiedlicher Kriterienkataloge für verschiedenartige Mitarbeitergruppen, beispielsweise für

- Fertigungsmitarbeiter
- Büromitarbeiter
- Vorgesetzte

lassen sich Gewichtungsunterschiede indirekt in ein Beurteilungssystem einfügen.

2.3 Beurteilungsmaßstab

Sollen durch ein Personalbeurteilungssystem nicht nur die Ergebnisse vergleichbar sein, sondern auch der persönliche, subjektive Einfluß der Beurteiler auf das Beurteilungsergebnis möglichst klein gehalten werden, bedarf es eines vorgegebenen Beurteilungsmaßstabes.

Nur mit definierten Graduierungen ist es möglich, ein quantitatives Gesamturteil rechnerisch zu ermitteln:

- **Skalenverfahren**
- **Rangordnungsverfahren**
- **Methode der kritischen Vorfälle**
- **Vorgabevergleichsverfahren.**

2.3.1 Skalenverfahren

Beim Skalenverfahren wird für jedes Beurteilungskriterium eine **Beurteilungsskala** vorgegeben. Das kann eine allgemeingültige Beurteilungskala für alle Kriterien sein. Es kann aber auch mit besonderen Skalen für jedes Kriterium gearbeitet werden.

Der Beurteiler ist bei der Beurteilung aufgefordert, einen der vorgegebenen Skalenwerte anzukreuzen und damit seine Beurteilung abzugeben.

Dabei kann mit unterschiedlichen **Skalenarten** gearbeitet werden:

- Bei der **Skalenwertbeschreibung** werden für jeden Skalenwert verbale Definitionen vorgegeben.

  Beispiel:

Beurteilungskriterium	Fehlerhäufigkeit
Beurteilungsskala	Arbeitet ohne vermeidbare Fehler. Manchmal unterlaufen vermeidbare Fehler. Es werden häufig vermeidbare Fehler verursacht

- Bei einer **Nominalskala** verzichtet man auf textliche Beschreibungen und gibt die Skalendefinition mit einzelnen Begriffen vor:

  - Sehr gut / gut / zufriedenstellend / schlecht
  - Stets / häufig / manchmal / selten / nie
  - Hoch / mittel / schwach
  - Überdurchschnittlich / durchschnittlich / unterdurchschnittlich.

  Beispiel:

Beurteilungskriterium	Pünktlichkeit
Beurteilungsskala	Stets / häufig / manchmal / selten / nie

- Bei einer **numerischen Skala** werden unmittelbar zifferndefinierte Beurteilungswerte vorgegeben. Das können beispielsweise die Ziffern von 1 bis 10 sein. Dabei findet man sowohl auf- und absteigende Skalen in der betrieblichen Praxis vor. Diese Skalenart erinnert natürlich sehr an Schulnoten.

- Bei einer **grafischen Skala** erfolgt eine grafische Darstellung, die in zwei Arten gestaltet sein kann:

  - **Skalenstrahl**

  - **Skalenscheibe**

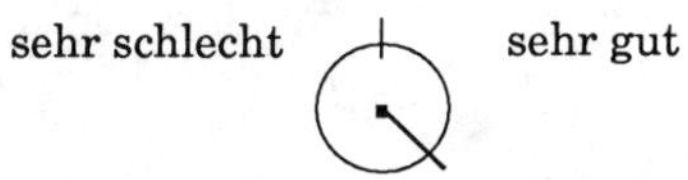

Selbstverständlich können auch mehrere Skalenarten kombiniert werden. Ein **Beispiel** aus einem deutschen Großunternehmen mag eine solche Kombination erläutern:

Beurteilungskriterium: Leistungsquantität	
5	Es wird sehr schnell gearbeitet. Alles geht sehr flott von der Hand. Es wird stets die jeweils höchstmögliche Menge ohne Überhastung geschafft.
4	Es wird schnell gearbeitet. Die Arbeit geht flott von der Hand. Die jeweils mögliche Menge wird ohne Überhastung geschafft.
3	Es wird gleichmäßig, wenn auch nicht sehr schnell, gearbeitet. Mengenmäßig wird das geschafft, was man im Durchschnitt erwarten kann.
2	Es wird langsam gearbeitet und zu allem etwas mehr Zeit gebraucht, wenn auch beständig bei der Sache geblieben wird. Die durchschnittliche Mengenleistung wird nicht ganz erbracht.
1	Es wird müde und lahm gearbeitet. Nichts kommt richtig vorwärts. Die zu erwartende Mengenleistung wird bei weitem nicht erbracht.

Es empfiehlt sich, nicht zu viel Stufen in einem Beurteilungsmaßstab vorzugeben. Die häufigste Stufenzahl liegt nach einer empirischen Untersuchung bei fünf Stufen.

2.3.2 Rangordnungsverfahren

Beim Rangordnungsverfahren werden für die einzelnen Beurteilungskriterien Rangordnungen der Mitarbeiter gebildet. Das erfolgt mit Paarvergleichen. Der zu beurteilende Mitarbeiter wird paarweise mit den anderen Mitarbeitern verglichen.

Beispiel:

Beurteilungskriterium	**Initiative**
Beurteilungsordnung:	1. Schmidt ← Beurteilter 2. Mai 3. Glock 4. Zerb 5. Müller

Zur praktischen Durchführung einer Personalbeurteilung nach dem Rangordnungsverfahren erstellt man Namensschilder, die dann durch Paarvergleiche in eine Rangordnung sortiert werden.

Durch die Rangplätze für die betrachteten Beurteilungskriterien kann bei diesem Verfahren ein Gesamturteil ermittelt werden.

2.3.3 Methode der kritischen Vorfälle

Bei der Methode der kritischen Vorfälle werden zur Beurteilung der Mitarbeiter in einem festgelegten Zeitraum alle Vorfälle gesammelt, welche durch den zu beurteilenden Mitarbeiter verursacht oder beeinflußt wurden:

- **Negative Vorfälle**, beispielsweise Unpünktlichkeit, Fehlerverursachungen oder Aggressivität.
- **Positive Vorfälle,** beispielsweise Verhandlungserfolge, Selbständigkeit oder Kostenminderungen.

Die gesammelten Vorfälle können verschiedenartig zur Personalbeurteilung eingesetzt werden. Möglich sind:

- **Summarische Aufrechnung** positiver und negativer Vorfälle.
- **Analytische Gliederung** zur Gewinnung von Beurteilungen gemäß vorgegebener Beurteilungskriterien.
- **Gewichtung** der unterschiedlichen Vorfälle nach vorgegebenen Gewichtungsrichtlinien.

Die Methode der kritischen Vorfälle wird bisher in der betrieblichen Praxis noch nicht als Einzelverfahren angewandt. Sie wird ausschließlich zusammen mit anderen Verfahren benutzt.

25

2.3.4 Vorgabevergleichsverfahren

Sind jedem Mitarbeiter quantitative Ziele vorgegeben, kann die Beurteilung der Mitarbeiter an der Erreichung der anzustrebenden Ziele erfolgen. Die Beurteilungsstufen sind dabei in der Regel Prozentangaben für die Zielerreichung. Ein Wert von 100 % bedeutet, daß das vorgegebene Ziel vollständig erreicht wurde:

- Werte **unter 100 %** bedeuten ein Unterschreiten der vorgegebenen Ziele.
- Werte **über 100 %** weisen eine Übererfüllung der anzustrebenden Ziele aus.

Wird mit einem analytischen Beurteilungsverfahren gearbeitet, kann das Vorgabevergleichsverfahren beispielsweise zu folgendem Ergebnis führen:

Personalbeurteilung	Herr Müller-Scharf
Beurteilungskriterium	**Zielerreichung**
Leistungsqualität	110 %
Berufliches Können	105 %
Verantwortungsbereitschaft	90 %
Führungsqualität	100 %
Dispositionsfähigkeit	90 %
Rationalisierungserfolge	70 %
Gesamtergebnis	97 %

2.4 Verteilungsvorgabe

Üblicherweise wird davon ausgegangen, daß sich bei der Beurteilung einer größeren Zahl von Mitarbeitern die Beurteilungsergebnisse entsprechend einer Normalverteilung verhalten. Um eine breite Mittelgruppe schart sich eine geringere Zahl besser und schlechter beurteilter Mitarbeiter. Extrem schlecht oder extrem gut beurteilte Mitarbeiter werden bei einer Normalverteilung sehr selten vorkommen:

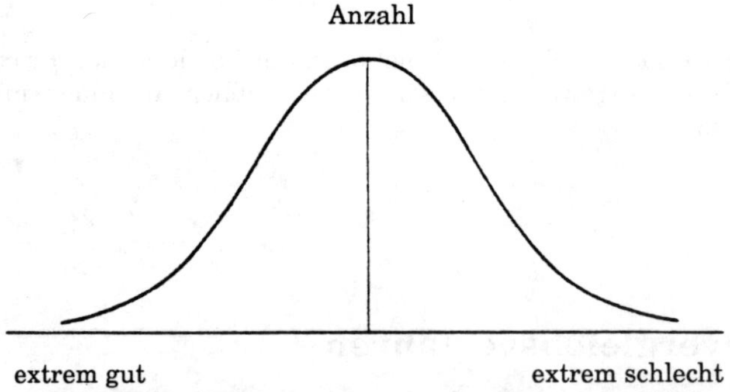

Von dieser Normalverteilung weichen üblicherweise die Mitarbeiterbeurteilungen einiger Vorgesetzter wesentlich ab. Man unterscheidet:

- **Nachsichtige Beurteiler**, die es nicht über sich bringen, über ihre Mitarbeiter etwas Negatives auszusagen. Sie heben die Beurteilung ihrer Mitarbeiter entweder absichtlich oder unbeabsichtigt an und kommen damit zu einer "schiefen" Beurteilungskurve:

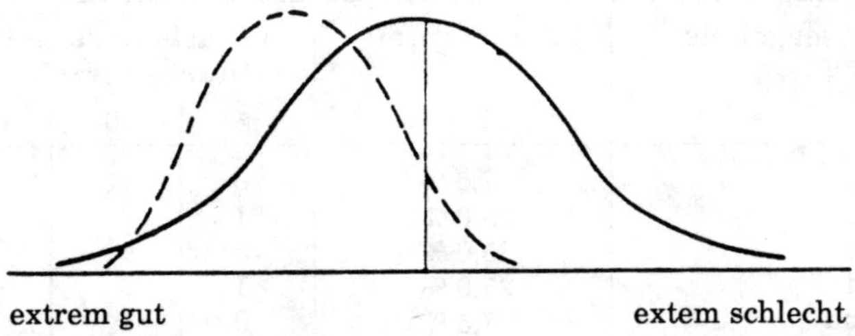

- **Strenge Beurteiler**, für die gute Leistungen das Normale sind. Eine "mittlere" Beurteilung ist das Beste, was sie glauben vergeben zu können. Ihre Verteilungskurve liegt deswegen fast ausschließlich im unterdurchschnittlichen Bereich:

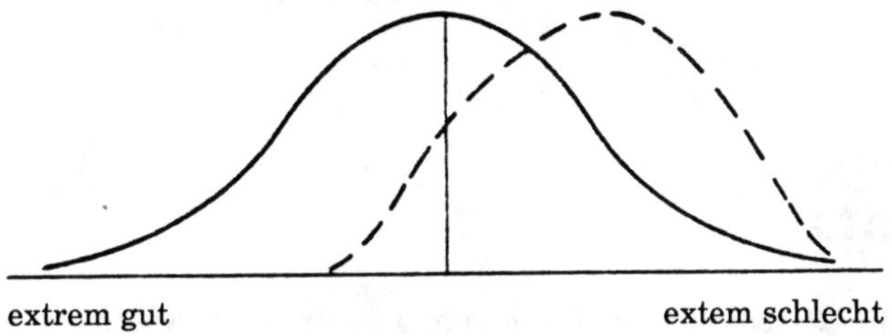

- **Vorsichtige Beurteiler**, die ihre Mitarbeiter möglichst durchschnittlich beurteilen, um damit keinem Mitarbeiter zu sehr weh zu tun. Dadurch kann ihr Ergebnis, glauben sie, nie besonders falsch sein.

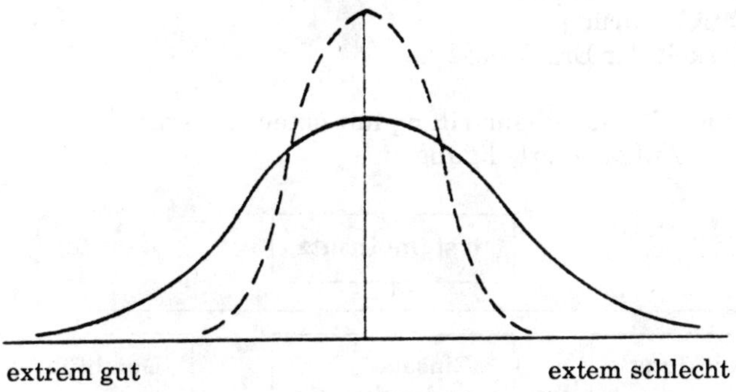

Um solche Verfälschungen des Beurteilungsergebnisses weitgehend auszuschließen, wird in einigen Personalbeurteilungssystemen die Verteilung der Beurteilungsergebnisse vorgegeben, so daß die Beurteiler weder zu nachsichtig, noch zu vorsichtig urteilen können. Das kann durch Vorgabe von Tabellenwerten erfolgen:

Beurteilungsergebnis	Prozentanteil	Mitarbeiteranteil bei einer Mitarbeiterzahl von			
		5	10	15	25
Sehr gut	7,5 %	0	1	1	2
Gut	25,0 %	1	2	4	6
Befriedigend	35,0 %	3	4	5	9
Ausreichend	25,0 %	1	2	4	6
Unzureichend	7,5 %	0	1	1	2

Bei Verteilungsvorgaben sind die Beurteiler gezwungen, mit ihren Beurteilungsergebnissen die Vorgaben zu erfüllen.

26

3. Einsatz

Während es für Personalbeurteilungen aus besonderen Anlässen - beispielsweise Ablauf der Probezeit, Versetzung, Beförderung, Zeugniswunsch - nicht notwendig ist, mit einem einheitlichen Beurteilungssystem zu arbeiten, erweist es sich für eine **regelmäßige Personalbeurteilung** als unumgänglich, ein solches System einzusetzen, das folgenden **Grundsätzen** gerecht wird:

- Einheitlichkeit der Beurteilung
- Einfache Durchführung
- Vergleichbarkeit der Ergebnisse

Eine regelmäßige Personalbeurteilung mit einem Personalbeurteilungssystem erfordert folgende Aufgabenerledigungen:

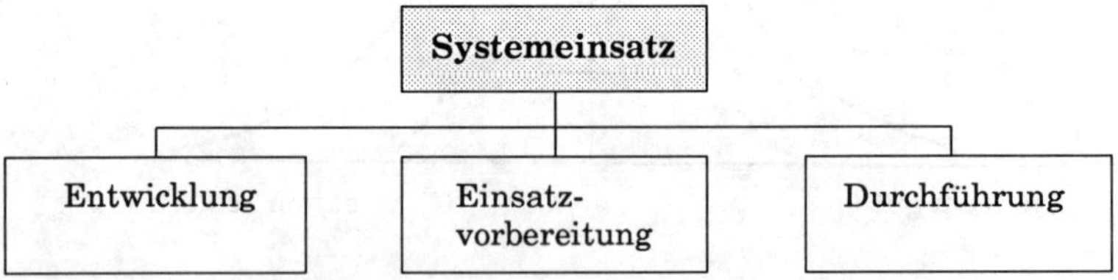

3.1 Entwicklung

Zum Einsatz eines Personalbeurteilungssystems ist die Verfügbarkeit über ein geeignetes System erforderlich. Ein solches Personalbeurteilungssystem kann auf mehrere Arten erlangt werden:

- Entwicklung durch die Personalabteilung.
- Auftragsentwicklung durch eine geeignete Unternehmensberatung.
- Benutzung eines in der Literatur veröffentlichen Systems.
- Übernahme von einem befreundeten Unternehmen.

Wird für die **Eigenentwicklung** eines Personalbeurteilungssystems entschieden, sind die nachstehenden Aufgaben auszuführen:

- Die **Systemwahl**, bei der zunächst die wesentlichen Merkmale des gewünschten Personalbeurteilungssystems zu bestimmen sind, beispielsweise:

  - Einheitliches oder unterschiedliches System für die verschiedenen Personalgruppen wie Vorgesetzte, Arbeiter, Angestellte
  - Quantitative und /oder qualitative Beurteilung
  - Summarisches oder analytisches Verfahren
  - Leistungs- und/oder Potentialbeurteilung

- Die **Kriteriendefinition**, bei welcher die Beurteilungskriterien und ihre Gewichtung festzulegen sind. Dazu sollten einige Forderungen beachtet werden:

  - Eindeutige Definition der Kriterien
  - Formulierung in der Umgangssprache
  - Wertfreie Festlegung der Beurteilungskriterien

- Die **Maßstabvorgabe**, bei welcher die Art des Beurteilungsmaßstabes und deren Skalierung bei Skalenmaßstäben zu bestimmen sind.

- Die **Formulargestaltung**, wobei das oder die Beurteilungsformulare so zu gestalten sind, daß sie problemlos von den Beurteilern eingesetzt werden können.

  Inhalt eines Beurteilungsformulares sollten neben Beurteilungskriterien und Maßstabsangaben folgende Daten sein:

  - Name und Vorname des Beurteilten
  - Personal- und Arbeitsplatznummer
  - Aufgaben- oder Tätigkeitsgebiet
  - Name und Stellung des Beurteilers
  - Datum der Beurteilung.

Werden die Beurteilungen den Mitarbeitern zur Kenntnis gebracht, wird oftmals noch die Bestätigung der Kenntnisnahme durch den betreffenden Mitarbeiter auf dem Formular ausgewiesen.

Bei der **Ausarbeitung** eines Beurteilungssystems sowie bei der **Einführung** solcher Systeme ist zu beachten:

- Gemäß § 94 Abs. 2 BetrVG besitzt der Betriebsrat ein weitgehendes Mitbestimmungsrecht für die Aufstellung von Beurteilungsgrundsätzen.
- In Tarifverträgen können Regelungen über Leistungsbeurteilungen enthalten sein, die beachtet werden müssen.

Die Einführung eines Personalbeurteilungssystems kann durch eine Betriebsvereinbarung geregelt werden.

3.2 Einsatzvorbereitung

Zur Vorbereitung der Benutzung eines eigenentwickelten oder anderweitig erworbenen Personalbeurteilungssystems sollten folgende Punkte entsprechende Beachtung finden:

- Die **Beurteilerschulung**, in welcher die Beurteiler über das einzuführende Personalbeurteilungssystem informiert werden, vor allem über:

  - Aufgaben
  - Ziele
  - Verfahren
  - Anwendung

  In einigen Unternehmen wurde mit einem Beurteilungstraining für die Beurteiler gute Erfahrungen gemacht.

- Die **Hilfsmittelbereitstellung**, die zur Beurteilungsdurchführung erforderlich sind, beispielsweise:

  - Beurteilungsformulare
  - Arbeitsanweisungen
  - Beurteilungsunterlagen

- Die **Einsatzterminierung**, mit welcher die Beginn- und Endtermine der Beurteilungsaktion festzulegen sind.

- Die **Mitarbeiterinformation**, welche die Mitarbeiter über die Beurteilungsaktion in Kenntnis zu setzen hat. Dabei sollte auch versucht werden, eine motivierende Wirkung zu erreichen.

3.3 Durchführung

Personalbeurteilungen erfolgen üblicherweise in zwei Schritten. Zunächst wird die Beurteilung der Mitarbeiter vorgenommen. Daran schließen sich die Beurteilungsgespräche mit den beurteilten Mitarbeitern an.

Beide Vorgänge haben eine wesentliche Bedeutung für die Mitarbeitermotivation und das Betriebsklima. Deswegen sollten sie von den Beurteilern mit großem Verantwortungsbewußtsein durchgeführt werden:

- **Beurteilung**
- **Beurteilungsgespräch.**

3.3.1 Beurteilung

Die Beurteilung wird in der Regel vom direkten Vorgesetzten vorgenommen. Um die Beurteilung angemessen und unparteiisch durchführen zu können, sollte jeder Beurteiler darauf achten, Beurteilungsfehler zu vermeiden. Typische Beurteilungsfehler sind zum Beispiel:

- Der **Haloeffekt**, bei welchem der Beurteiler von einem wesentlichen Merkmal des Beurteilten auf alle oder viele Kriterien schließt.

- **Egozentriefehler**, bei welchen der Beurteiler von sich selbst ausgeht, ohne die unterschiedliche Ausbildung oder Erfahrung des Beurteilten bei der Beurteilung zu berücksichtigen.

- **Belastungsfehler**, bei welchen die Zahl der Fehlbeurteilungen mit der Zahl der Beurteilungen in einem Arbeitsgang steigt. Deswegen sollte immer nur eine kleine Zahl von Beurteilungen in einem Arbeitsgang vorgenommen werden.

- **Ideologiefehler**, bei den Mitarbeitern, welche die gleichen politischen und weltanschaulichen Vorstellungen haben wie der Beurteiler, bei der Beurteilung oftmals begünstigt werden.

- **Projektionsfehler**, bei denen eigene Stärken und Schwächen vom Beurteiler auf den Beurteilten projiziert werden.

- **Übernahmefehler**, bei denen früher vorgenommene Beurteilungen übernommen werden, obwohl zwischenzeitlich positive oder negative Veränderungen eingetreten sind.

Nicht jede fehlerhafte Beurteilung ist aber dem Beurteiler anzulasten, da auch ein fehlerhaftes Beurteilungsverfahren oder andere Einflußfaktoren Fehler verursachen können.

3.3.2 Beurteilungsgespräch

Das häufig durchgeführte Beurteilungsgespräch des Beurteilers mit dem Beurteilten dient einmal der Information über das Beurteilungsergebnis. Daneben sollte es auch weiteren **Aufgaben** dienen:

- Erläuterung der Schwachpunkte des Beurteilten
- Motivation zur Leistungsverbesserung.

Für die Gesprächsführung bei einem Beurteilungsgespräch stellt *Baumgarten* folgende **Regeln** auf:

- Gespräch am besten unter vier Augen
- Gespräch nicht auf Statussymbolen und Amtsautorität aufbauen.
- Gespräch der Persönlichkeitsstruktur des Beurteilten anpassen.
- Positiven Kontakt aufbauen.
- Merkmale der Leistung, nicht der Person besprechen.
- Keine übertriebene und keine schematische Kritik.
- Stellungnahme des Beurteilten erfragen.
- Konkrete Hinweise zur Verbesserung von Fehlern geben und Vertrauen bekunden.
- Gemeinsam nach Möglichkeiten zur Förderung des Mitarbeiters suchen und neue Arbeitsziele festlegen.

Nach § 82 Abs. 2 BetrVG kann jeder Arbeitnehmer die Erörterung seiner Beurteilung verlangen. Dazu kann der Mitarbeiter ein Mitglied des Betriebsrates hinzuziehen.

	Kontrollfragen	bearbeitet	Lösungshinweis	Lösung +	Lösung -
01	Wem dient eine regelmäßige Personalbeurteilung?		231		
02	Unterscheiden Sie Leistungs- und Potentialbeurteilung!		232		
03	Welchen Aufgaben dient die Personalbeurteilung?		232 f.		
04	Nennen Sie die Ziele, die mit Personalbeurteilungen angestrebt werden!		233 f.		
05	Gibt es in der betrieblichen Praxis Probleme mit Personalbeurteilungen?		234 f.		
06	Worin unterscheidet sich ein Beurteilungssystem von einer systemlosen Beurteilung?		235		
07	Welche Arten von Kriterien werden bei Beurteilungssystemen benutzt?		236		
08	Was verstehen Sie unter einer »analytischen Beurteilung«?		237		
09	Sollen Personalbeurteilungen nur vom direkten Vorgesetzten vorgenommen werden?		238		
10	Nennen Sie einige Hauptbeurteilungskriterien!		238 f.		
11	Mit Hilfe welcher Kriterien kann das Führungsverhalten beurteilt werden?		240		
12	In welcher Weise können die Beurteilungskriterien gewichtet werden?		241		
13	Welche Beurteilungsmaßstäbe können benutzt werden?		242 ff.		
14	Was versteht man unter einer Nominalskala?		243		
15	Erläutern Sie grafische Skalen zur Personalbeurteilung!		243		
16	Beschreiben Sie das Rangordnungsverfahren!		244 f.		
17	Was verstehen Sie unter der »Methode der kritischen Vorfälle«?		245		
18	Erläutern Sie das Vorgabevergleichsverfahren!		245 f.		
19	Warum werden Verteilungsvorgaben für Beurteilungsergebnisse gemacht?		246		
20	Welche Abweichungsarten von der Normalverteilung können gefunden werden?		246 f.		
21	Welchen Grundsätzen sollte ein Personalbeurteilungssystem gerecht werden?		248		
22	Nennen Sie die Aufgaben, die bei der Ausarbeitung eines Personalbeurteilungssystems durchgeführt werden müssen!		249 f.		

	Kontrollfragen	bearbeitet	Lösungshinweis	Lösung +	Lösung -
23	Ist für die Einführung eines Personalbeurteilungssystems eine Betriebsvereinbarung erforderlich?		250		
24	Welche Vorbereitungen zum Einsatz eines Personalbeurteilungssystems müssen getroffen werden?		250 f.		
25	Was versteht man unter einem »Haloeffekt«?		251		
26	Welche anderen Fehler werden bei Personalbeurteilungen noch gemacht?		251 f.		
27	Welche Regeln sind bei der Führung des Beurteilungsgesprächs zu beachten?		252		
28	Kann zu einem Beurteilungsgespräch ein Betriebsratsmitglied hinzugezogen werden?		252		

F. Personalentlohnung

Als Personalentlohnung sind die **geldlichen Leistungen** des Unternehmens an die Arbeitnehmer zu verstehen, die in unmittelbarem Zusammenhang mit den von ihren erbrachten Arbeitsleistungen stehen. Sie erfolgen in Form des Arbeitslohnes als:

- Zeit-, Akkord-, Prämienlohn
- Zulage, Prämie, Honorar, Provision.

In einzelnen Fällen zählen zu der Personalentlohnung aber auch **geldwerte Leistungen** des Unternehmens, beispielsweise:

- Privat nutzbares Dienstfahrzeug
- Mietfreie Dienstwohnung.

Die mit der Personalentlohnung verbundenen Gestaltungsmaßnahmen sind ein bedeutsamer Teil der Personalführung, der als **strukturelle Personalführung** bezeichnet wird.

Zu der Personalentlohnung **nicht** gerechnet werden die Erfolgbeteiligung, die betrieblichen Sozialleistungen und die Leistungen für Verbesserungsvorschläge, obgleich sie ebenfalls Leistungen des Unternehmens an die Arbeitnehmer darstellen:

- Die **Erfolgsbeteiligung** der Arbeitnehmer, vielfach vor allem der Führungskräfte, weist grundsätzlich den Charakter einer Gewinnverwendung auf. Sie hat nur dann - wie die Personalentlohnung - Kostencharakter, wenn sie den Arbeitnehmern in einer bestimmten Höhe garantiert wird.

  Die **Bezugsgrößen** für die Erfolgbeteiligung können unterschiedlich sein. Sie orientiert sich beispielsweise am:

Ertrag	Die Erfolgsbeteiligung kann als Umsatzbeteiligung, Wertschöpfungsbeteiligung oder Netto-Ertragsbeteiligung erfolgen.
Gewinn	Die Erfolgsbeteiligung kann als Unternehmens-Gewinnbeteiligung, Ausschüttungs-Gewinnbeteiligung oder Substanz-Gewinnbeteiligung gestaltet werden.

- Die **betrieblichen Sozialleistungen** stehen in keinem unmittelbaren Zusammenhang mit den von den Arbeitnehmern erbrachten Leistungen. Sie können sich vor allem beziehen auf:

- Mitarbeiterverpflegung
- Werksarzt
- Wohnungswesen
- Altersversorgung
- Betriebsveranstaltungen

Im Kapitel G wird näher auf sie eingegangen.

- Die **Leistungen für Verbesserungsvorschläge** beziehen sich auf Anregungen der Arbeitnehmer, die von diesen als zusätzliche, über die Arbeitsaufgabe hinausgehende Leistungen freiwillig erbracht werden. Sie sind insbesondere gerichtet auf die

  - Verbesserung der Arbeitsleistungen
  - Vereinfachung der Arbeitsverfahren
  - Erhöhung der Arbeitssicherheit.

  Von den Arbeitnehmern eingereichte Verbesserungsvorschläge werden von einem Ausschuß auf ihre Eignung hin geprüft, dem zweckmäßigerweise Arbeitgeber- und Arbeitnehmervertreter angehören sollten.

  Der Ausschuß beschließt, ob die Verbesserungsvorschläge angenommen oder abgelehnt werden. Bei Annahme entscheidet er über die Prämiierung, die als Geldprämie oder Sachprämie erfolgen kann.

  Die **Grundsätze** über das Vorschlagswesen sind nach § 87 Ziff. 12 BetrVG mitbestimmungspflichtig und umfassen:

  - Organisation des Vorschlagswesens
  - Verfahren bei der Prämienermittlung
  - Kreis der Vorschlagsberechtigten

Im Rahmen der Personalentlohnung sollen betrachtet werden:

Personalentlohnung	Grundlagen
	Arbeitsleistung
	Arbeitsbewertung
	Arbeitslöhne
	Vorgabezeiten

1. Grundlagen

Die Personalentlohnung ist nicht nur ein wesentlicher Teil der Personalführung, sie ist auch ein konfliktträchtiger Teil, da es den »**gerechten**« Lohn nicht gibt. Auf die hiermit verbundenen Probleme und den rechtlichen Rahmen soll zunächst eingegangen werden:

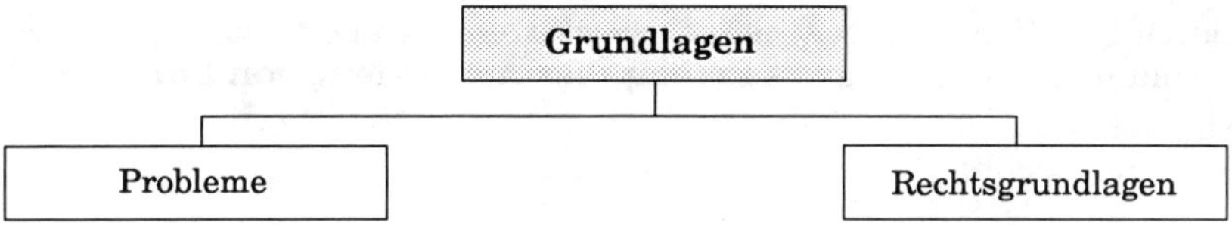

1.1 Probleme

Als Probleme der Personalentlohnung stellen sich vor allem:

- **Lohnhöhe**
- **Lohngerechtigkeit.**

1.1.1 Lohnhöhe

Die Lohnhöhe als der Betrag, welcher den Arbeitnehmern für die von ihnen erbrachten Arbeitsleistungen entgolten wird, ist nach *Kosiol* unter zwei Gesichtspunkten zu sehen:

- Der **absoluten Lohnhöhe**, die sich im Vergleich zu anderen Unternehmen - beispielsweise der gleichen Branche - als Lohnniveau im Unternehmen ergibt. Sie läßt sich vom Unternehmen nur in recht begrenztem Umfang gestalten.

  Die Tarifverträge bestimmen grundsätzlich die absolute Lohnhöhe, jedoch nur ihre Untergrenze. In der betrieblichen Praxis liegt die tatsächliche Lohnhöhe vielfach über der tarifvertraglich vereinbarten Lohnhöhe, insbesondere in Zeiten guter Konjunktur, um Arbeitnehmer an das Unternehmen zu binden.

- Der **relativen Lohnhöhe**, die sich aus der Differenzierung der Löhne innerhalb des Unternehmens ergibt. Um sie festzulegen, bedarf es der folgenden Entscheidungen:

Lohnsätze	Sie müssen nach Maßgabe der Anforderungsgrade der verschiedenen Tätigkeiten ermittelt werden, was mit Hilfe der Arbeitsbewertung geschieht.
Lohnformen	Sie sind als Zeitlöhne, Akkordlöhne, Prämienlöhne aufgabengerecht zu gestalten, wobei gegebenenfalls auch Zuschläge zu berücksichtigen sind.

Die Lohnhöhe soll den von den Arbeitnehmern erbrachten Leistungen entsprechen. *Kosiol* nennt diese Forderung das **Prinzip der Äquivalenz von Lohn und Leistung.**

1.1.2 Lohngerechtigkeit

Die Personalentlohnung muß darauf angelegt sein, eine gerechte Verteilung der Löhne zu gewährleisten. Indessen gibt es eine **absolute Lohngerechtigkeit** nicht. Objektive Maßstäbe zu ihrer Beurteilung fehlen, sie ist ein ethischer Wert.

Es kann lediglich versucht werden, eine **relative Lohngerechtigkeit** herbeizuführen. Sie ist das Ergebnis von Verhandlungen zwischen den Arbeitgebern und den Arbeitnehmern, die individuell von diesen oder von deren Organisationen geführt werden.

Um die relative Lohnhöhe festlegen zu können, bedient man sich mehrerer **Ersatzgerechtigkeiten**. *Kupsch / Marr* nennen:

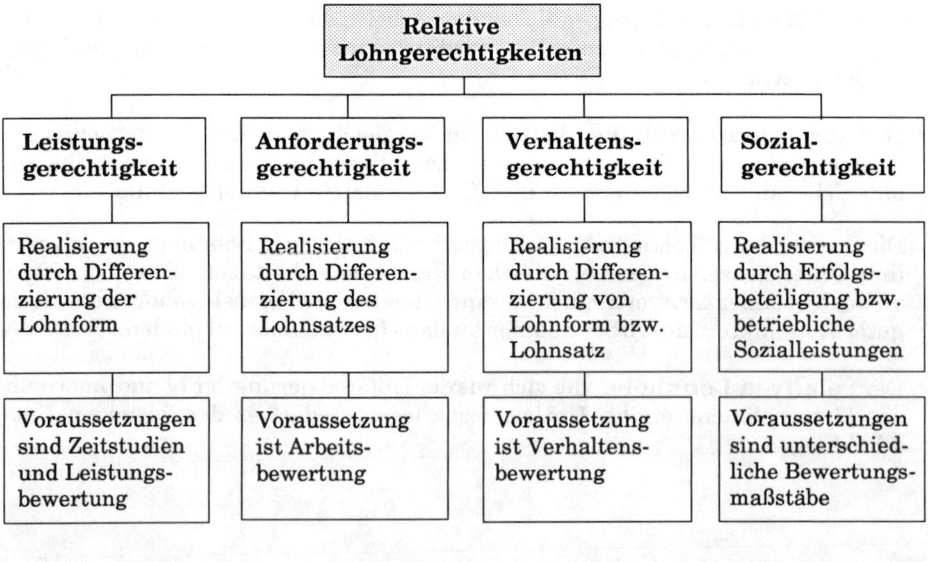

Die Arbeitsbewertung und Zeitstudien werden in diesem Kapital noch behandelt.

1.2 Rechtsgrundlagen

Die Rechtsgrundlagen für die Personalentlohnung können vielfältiger Natur sein. Neben **gesetzlichen Regelungen** sind von besonderer Bedeutung:

- **Tarifverträge**
- **Betriebsvereinbarungen**
- **Einzelarbeitsverträge.**

Außerdem sind bei den Rechtsgrundlagen für die Personalentlohnung die **Einzelvereinbarungen** und die **betriebliche Übung** zu nennen.

1.2.1 Tarifverträge

Als Tarifverträge, die Auswirkungen auf die Personalentlohnung haben, werden vor allem unterschieden:

- Der **Manteltarifvertrag**, welcher die Rechte und Pflichten der Tarifparteien sowie den räumlichen und fachlichen Geltungsbereich festlegt. Er ist meist über mehrere Jahre hinweg gültig.

  Die Personalentlohnung betreffen im Manteltarifvertrag beispielsweise folgende Regelungen:

  - Allgemeine Entlohnungsbestimmungen
  - Zeitlohnarbeit, Akkordarbeit
  - Einstufung
  - Zuschläge
  - Lohngarantie bei Versetzung
  - Lohnzahlung im Krankheitsfall.

- Der **Lohn- oder Gehaltstarifvertrag**, der jedes Jahr neu abgeschlossen wird. Er enthält vor allem:

  - Lohn- oder Gehaltsgruppen
  - Lohn- oder Gehaltssätze
  - Ortsklassen
  - Leistungszulagen.

Die einzelnen Lohngruppen sind mit Prozentsätzen versehen, welche die Lohnrelationen der jeweiligen Lohngruppen zu einer ausgewählten Lohngruppe angeben. Diese Lohngruppe entspricht als Bezugslohngruppe 100 % und wird als **Ecklohngruppe** bezeichnet, der für diese Lohngruppe festgelegte Stundenlohnsatz als **Ecklohn**.

Der Ecklohn ist für Arbeitsstellen in Orten einer bestimmten Größenklasse gültig. Für andere **Ortsklassen** erfolgt eine prozentuale Korrektur.

Die Tarifverträge können als **Verbandstarifverträge** zwischen einer oder mehreren Gewerkschaften und einem oder mehreren Arbeitgeberverbänden geschlossen werden. Es ist aber auch möglich, daß ein einzelner Arbeitgeber mit einer oder mehreren Gewerkschaften einen **Firmen- oder Haustarifvertrag** vereinbart.

Nach dem **Spezialitätsprinzip** hat der räumlich und fachlich nähere Tarifvertrag den Vorrang, beispielsweise der Haustarifvertrag vor dem Verbandstarifvertrag.

Die tarifvertraglichen Vereinbarungen gelten für nicht gewerkschaftlich organisierte Arbeitnehmer nicht, werden aber von den Arbeitgebern aus Gründen der Gleichbehandlung auch auf sie angewendet.

Die Arbeitnehmer können auf ihre Rechte aus tarifvertraglichen Vereinbarungen nicht wirksam verzichten.

28

1.2.2 Betriebsvereinbarungen

Betriebsvereinbarungen sind Vereinbarungen zwischen dem Betriebsrat und einem Arbeitgeber. Sie bedürfen der **Schriftform**.

Gemäß § 87 Abs. 1 Ziff. 10 und 11 BetrVG hat der Betriebsrat ein **Mitbestimmungsrecht**

- bei Fragen der betrieblichen Lohngestaltung, insbesondere der Aufstellung von Entlohnungsgrundsätzen und der Einführung und Anwendung neuer Entlohnungsmethoden sowie deren Änderung.

- bei der Festsetzung der Akkord- und Prämiensätze und vergleichbarer leistungsbezogener Entgelte einschließlich der Geldfaktoren.

Die **Zulässigkeit** von Betriebsvereinbarungen wird durch § 77 Abs. 3 BetrVG eingeschränkt. Danach können Arbeitsentgelte und sonstige Arbeitsbedingungen, die durch Tarifvertrag geregelt sind oder üblicherweise geregelt werden, nicht Gegenstand von Betriebsvereinbarungen sein, es sei denn, ein Tarifvertrag läßt den Abschluß ergänzender Betriebsvereinbarungen ausdrücklich zu.

Werden den Arbeitnehmern durch eine Betriebsvereinbarung Rechte eingeräumt, so ist ein Verzicht auf sie nur mit Zustimmung des Betriebsrates zulässig.

1.2.3 Einzelarbeitsverträge

Die Personalentlohnung kann nur dann Gegenstand von Einzelarbeitsverträgen sein, wenn:

- Tarifverträge und Betriebsvereinbarungen nicht zur Anwendung kommen,
- Tarifverträge und Betriebsvereinbarungen sachlich nicht entgegenstehen,
- gesetzliche Vorschriften beachtet werden.

Für Einzelarbeitsverträge gilt grundsätzlich **Formfreiheit**, d.h. sie können rechtsgültig mündlich oder schriftlich geschlossen werden. Die Schriftform ist jedoch zu empfehlen. Sie kann tarifvertraglich vorgeschrieben sein.

2. Arbeitsleistung

Die Personalentlohnung erfolgt für die von den Arbeitnehmern erbrachten Arbeitsleistungen. Deshalb soll auf sie eingegangen werden:

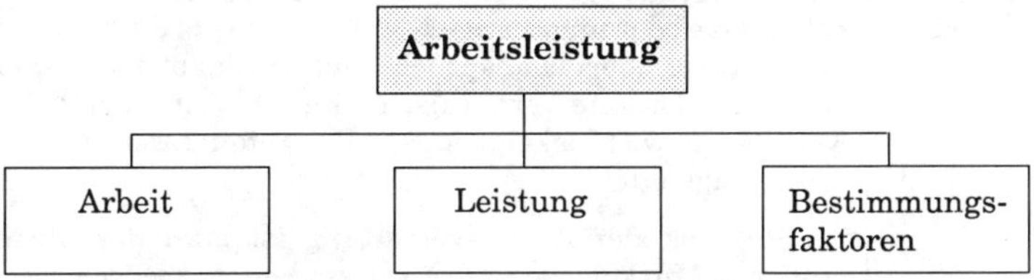

2.1 Arbeit

Die Arbeit ist die Tätigkeit eines Menschen, welche der Erfüllung einer Aufgabe dient.

REFA 1 bezeichnet die Arbeit im ergonomischen Sinne als »die Summe von Energie und Informationen, die bei der Erfüllung von Arbeitsaufgaben durch den Menschen umgesetzt bzw. verarbeitet wird«.

Die menschliche Arbeit kann schwerpunktmäßig beruhen auf:

- **Geistiger Arbeit**, die alle Fähigkeiten umfaßt, welche *REFA 1* zufolge gekennzeichnet sind durch:

  - Selbständiges geistiges Erfassen von Zusammenhängen
  - Selbständiges geistiges Durchdringen von Zusammenhängen
  - Vergleichen
  - Beurteilen
  - Ableiten allgemeiner Schlüsse
  - Ableiten von Urteilen.

  Mit geistiger Arbeit sind immer auch Anteile muskelmäßiger Arbeit verbunden.

- **Muskelmäßiger Arbeit**, die nach *REFA 1* durch den "Einsatz vieler Muskeln und durch Bewegungen des Gesamtkörpers und seiner Gliedmaßen gekennzeichnet" ist.

  Ausschließlich muskelmäßige Arbeit kommt normalerweise nicht vor. Muskelmäßige Arbeit ist durch geistige Arbeit zu ergänzen, wenn eine Arbeitsaufgabe erfüllt werden soll.

  Muskelmäßige Arbeit kann sein:

Statische Muskelarbeit	Bei ihr werden bestimmte Muskeln oder Muskelgruppen - durch eine starre oder ungünstige Körperhaltung bedingt - über längere Zeit unvermindert beansprucht und erst danach wieder entlastet. Die Folge ist eine verminderte Durchblutung der betreffenden Muskeln bzw. Muskelgruppen. Es treten rasch Ermüdungserscheinungen auf. Im Rahmen der Arbeitsgestaltung ist man deshalb bestrebt, statische Muskelarbeiten zu vermeiden, was jedoch nicht immer möglich ist.
Dynamische Muskelarbeit	Durch ständige Bewegung der arbeitenden Körperteile des Menschen erfolgt eine fortwährend wechselnde Beanspruchung und Entlastung der betreffenden Muskeln bzw. Muskelgruppen. Dadurch wird die Durchblutung der Muskeln gefördert. Kurzzeitig wirkende Ermüdungserscheinungen wie bei der statischen Muskelarbeit treten nicht auf, sofern die Muskelarbeit nicht einseitig-dynamisch ist.

2.2 Leistung

Die Leistung ist das bewertete Ergebnis, das aus der menschlichen Arbeit resultiert. Sie umfaßt

- die Qualität des Ergebnisses,
- die Quantität des Ergebnisses,
- die benötigte Zeit.

Die Leistungen, die von den Arbeitnehmern eines Unternehmens zu erbringen sind, unterscheiden sich im Hinblick auf ihre qualitativen und quantitativen Elemente teilweise beträchtlich. Je höher der einzelne Arbeitsplatz hierarchisch eingeordnet ist, um so stärker werden tendenziell die qualitativen Elemente.

2.3 Bestimmungsfaktoren

Die Arbeitsleistung wird - mehr oder weniger - durch eine ganze Reihe von Faktoren bestimmt. Um welche Faktoren es sich im einzelnen handelt, ist innnerhalb der Betriebswirtschaftslehre umstritten.

Weitgehende Übereinstimmung besteht jedoch darin, die folgenden Gruppen von Bestimmungsfaktoren zu unterscheiden:

- **Leistungsfähigkeit**
- **Leistungsbereitschaft.**

2.3.1 Leistungsfähigkeit

Unter der Leistungsfähigkeit werden mehrere Faktoren zusammengefaßt. *Marr/ Stitzel* nennen:

- **Aufgabenbezogene Aspekte**

  - Ausbildung
  - Fähigkeiten
  - Fertigkeiten
  - Erfahrungen

- **Persönlichkeitsbezogene Aspekte**

  - Physische Gesundheit
  - Psychische Gesundheit

- Ermüdung
- Belastbarkeit
- Resistenz
- Anpassungsfähigkeit
- Teamfähigkeit
- Koordinationsfähigkeit
- Konfliktfähigkeit
- Durchsetzungsfähigkeit

Die genannten Aspekte können die Anforderungen an die zu besetzenden Stellen beschreiben.

2.3.2 Leistungsbereitschaft

Die Leistungsbereitschaft des Menschen hängt ebenfalls von mehreren Faktoren ab. Das sind insbesondere:

2.3.2.1 Arbeitslohn

Die Leistungsbereitschaft der Arbeitskraft steht grundsätzlich in Zusammenhang mit dem ihr gewährten Arbeitslohn. Falsch wäre jedoch anzunehmen, daß der Arbeitslohn stets das wirksamste Mittel der Personalpolitik ist, um die erwartete Leistungsbereitschaft herbeizuführen.

Pullig erläutert, weshalb mehr Arbeitslohn nicht zwangsweise eine höhere Leistungsbereitschaft bewirkt:

- Der Arbeitslohn muß unmittelbar an die Leistung gekoppelt sein.

- Die Aussicht auf höheren Arbeitslohn ist nur ein Anreiz von mehreren.

- Die Bedeutung des Arbeitslohnes kann durch die soziale Bindung des arbeitenden Menschen in die Gruppenstruktur eingeschränkt werden.

- Die Leistung hängt von den Erfahrungen der Vergangenheit und den Erwartungen der Zukunft ab.

- Die Leistung hängt nicht nur vom individuellen Arbeitsverhalten sondern auch von der gesamten Arbeitssituation ab.

Eckardstein / Schnellinger weisen darauf hin, daß der direkte Leistungslohn eine die Leistung steigernde motivationale Wirkung auslösen kann, der Zeitlohn eher zu einem Absinken der Leistung führt.

2.3.2.2 Arbeitsbedingungen

Die Arbeitsbedingungen beeinflussen die Leistungsbereitschaft des arbeitenden Menschen. Neben den in Kapitel D bereits beschriebenen

- Führungsstilen
- Führungstechniken

sind die arbeitsplatzbezogenen Arbeitsbedingungen von besonderer Bedeutung. *REFA 3* unterscheidet folgende Möglichkeiten der Gestaltung arbeitsplatzbezogener Arbeitsbedingungen:

- **Anthropometrische Gestaltung**
- **Physiologische Gestaltung**
- **Psychologische Gestaltung**
- **Organisatorische Gestaltung**
- **Informationstechnische Gestaltung**
- **Sicherheitstechnische Gestaltung.**

2.3.2.2.1 Anthropometrische Gestaltung

Die anthropometrische Gestaltung der Arbeitsbedingungen ist die Gestaltung des Arbeitsplatzes unter Berücksichtigung der menschlichen Körpermaße einschließlich der Griffgestaltung.

Die **Anpassung des Arbeitsplatzes an den Menschen** bezieht sich vor allem auf:

- Die **Arbeitsplatzhöhe**, die für stehende Verrichtungen 102 cm bei Männern und 95 cm bei Frauen, für sitzende Tätigkeiten 72 cm bei Männern und 69 cm bei Frauen beträgt.

- Den **Griffbereich**, der von der Größe der menschlichen Gliedmaßen abhängt. Zu beachten ist, daß sich nicht sämtliche Zonen des Griffbereiches mit der gleichen Schnelligkeit und Wirkkraft erreichen lassen.
- Das **Gesichtsfeld**, das grundsätzlich 60 ° umfaßt, durch Kopfbewegungen aber erheblich erweitert werden kann. Die Lichtverhältnisse am Arbeitsplatz beeinflussen die Größe des Gesichtsfeldes.

Die **Anpassung der Arbeitsmittel** an den Menschen betrifft insbesondere die Gestaltung der

- Handgriffe
- Pedale
- Drehknöpfe
- Druckknöpfe
- Schalter

nach Abmessungen, Materialform, Materialdichte usw.

2.3.2.2.2 Physiologische Gestaltung

Die physiologische Gestaltung der Arbeitsbedingungen dient dazu, die Arbeitsmethoden und Arbeitsbedingungen dem menschlichen Körper anzupassen.

Die Anpassung der **Arbeitsmethoden** an den menschlichen Körper kann erfolgen durch:

- wirtschaftlichen Muskeleinsatz
- Verringerung auszuübender Kräfte
- Vermeidung statischer Muskelarbeit
- Optimierung der Kraftrichtung
- Vorgabe von Erholungszeiten
- Arbeitswechsel.

Damit ist es möglich, den Wirkungsgrad menschlicher Arbeit zu erhöhen, der sich ergibt aus:

$$\text{Wirkungsgrad} = \frac{\text{Arbeitsergebnis}}{\text{Beanspruchung}}$$

Die Anpassung der **Arbeitsbedingungen** an den menschlichen Körper bezieht sich auf die Umgebungseinflüsse, denen der Mensch unterliegt:

- Die **Beleuchtung**, für die von Arbeitsmedizinern folgende Forderungen gestellt werden:

  - Ausreichende Beleuchtungsstärke im Arbeitsfeld
  - Ausgewogener Leuchtdichtekontrast im Gesichtsfeld
  - Vermeidung von Direktblendung
  - Natürliche Farbwiedergabe.

- Das **Klima**, das sich auf folgende physikalischen Faktoren der Arbeitsumwelt bezieht:

  - Temperatur
  - Feuchtigkeit
  - Sauberkeit
  - Luftgeschwindigkeit.

- Den **Lärm**, der Geräusche darstellt, die stören und belästigen. Dauernde Lärmbelästigung kann zu erheblichen Gesundheitsschädigungen führen.

  Für die Wirkung des Lärmes sind bedeutsam:

  - Stärke des Schalls
  - Einwirkungsdauer des Schalls
  - Zusammensetzung des Schalls
  - Zeitliche Anordnung des Schalls.

- Die **Lüftung**, die für die Zufuhr von Sauerstoff notwendig ist. Bei einem Sauerstoffgehalt in der Atemluft, der unter 16 % liegt, ergeben sich Müdigkeit und Konzentrationsschwäche.

- Die **Farben**, die ein subjektives Temperaturempfinden bewirken und anziehende oder abstoßende Wirkung oder eine besondere Raumwirkung beim Menschen verursachen.

- Der **Staub**, der in den Arbeitsräumen abzusaugen ist.

2.3.2.2.3 Psychologische Gestaltung

Die psychologische Gestaltung der Arbeitsbedingungen umfaßt alle Maßnahmen, welche die Umwelt des arbeitenden Menschen angenehmer gestalten. Dazu zählen:

- Farbgestaltung des Arbeitsplatzes
- Farbgestaltung des Arbeitsraumes
- Musik am Arbeitsplatz
- Pflanzen am Arbeitsplatz.

Der arbeitende Mensch sollte an der Gestaltung seiner Umwelt mitwirken können.

2.3.2.2.4 Organisatorische Gestaltung

Die organisatorische Gestaltung der Arbeitsbedingungen bezieht sich auf die Gestaltung der Aufgabenstellung und der zeitlichen Bindung des Menschen an den Arbeitsablauf.

Die **Aufgabenstellung** des arbeitenden Menschen kann auf verschiedene Weise gestaltet werden, vor allem mit Hilfe von:

- **Job rotation,** einem planmäßigen Wechsel des Arbeitsplatzes und der Arbeitsaufgaben, welcher die Monotonie, Sättigung und einseitige Belastung der Arbeitskraft vermindert sowie ihre Flexibilität erhöht.

- **Job enlargement**, einer Erweiterung der Arbeitsaufgabe durch Verminderung der horizontalen Arbeitsteilung, indem bestimmte Arbeitselemente mehrerer Arbeitsplätze an einem Arbeitsplatz zusammengefaßt werden. Dadurch werden die Monotonie und einseitige Belastung beim Arbeitnehmer vermindert.

- **Job enrichement,** einer Erweiterung der Arbeitsaufgabe sowohl in horizontaler Sicht - wie beim Job enlargement - als auch vertikal, indem der Entscheidungs- und Kontrollspielraum des Arbeitnehmers erhöht wird. Dadurch können sich persönliche Erfolgserlebnisse ergeben, die Monotonie und einseitige Belastung lassen sich erheblich abbauen.

- **(Teil-) autonome Arbeitsgruppen**, die für bestimmte Arbeitsbereiche über besonders weitgehende Entscheidungs- und Kontrollspielräume verfügen, nach *Hentze* beispielsweise über:

  - Aufgabenverteilung innerhalb der Gruppe
  - Einstufung in die Lohngruppe
  - Planung und Durchführung der Stellenrotation
  - Festlegung der Arbeitszeit, Pausenregelung, Überstunden
  - Arbeitsplatzgestaltung
  - Personalauslese und Entscheidung über Neueinstellungen
  - Pesonalentwicklung und Personalbildung
  - Festlegung des kurzfristigen Produktionsziels nach den Bedarfszahlen der Ab satzplanung.

Die **zeitliche Bindung** des Menschen an den Arbeitsablauf bezieht sich auf:

- Die **Arbeitszeit**, das ist die Zeit vom Beginn bis zum Ende der Arbeit ohne Ruhepausen. Sie ist vor allem in der Arbeitszeitordnung (AZO) und in der Gewerbeordnung (GewO) geregelt, außerdem im Jugendarbeitsschutzgesetz (JArbSchG) und im Mutterschaftsgesetz (MuSchG), die u.a. Aussagen über den Umfang der täglichen bzw. wöchentlichen Arbeitszeit machen.

Hentze unterscheidet mehrere **Gestaltungsmöglichkeiten** der Arbeitszeit im Unternehmen:

Feste Arbeitszeit	Ihr Beginn und Ende sowie häufig auch die dazwischenliegenden Pausen sind grundsätzlich festgelegt.
Gestaffelte Arbeitszeit	Es besteht die Wahlmöglichkeit zwischen mehreren alternativen festen Arbeitszeiten.
Gleitende Arbeitszeit	Sie besteht aus Kernarbeitszeit und Gleitzeit. Die Kernarbeitszeit kommt einer festen Arbeitszeit gleich, über die Gleitzeit kann der Arbeitnehmer individuell bestimmen.
Dynamische Arbeitszeit	Sie gewährt dem Arbeitnehmer die größte Freiheit. Praktisch stellt sie ausschließlich eine Gleitzeit dar.

- Die **Tagesrhythmik**, die Schwankungen der physiologischen Leistungsbereitschaft erkennen läßt:

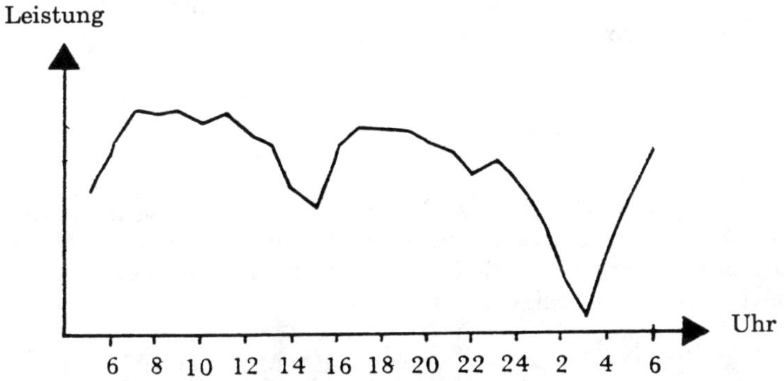

- Die **Arbeitspausen**, welche der körperlichen und geistigen Erholung der Arbeitskraft dienen. Sie sind durch die Arbeitszeitordnung vorgeschrieben, auch in ihrer Anzahl und Mindestdauer entsprechend der täglichen Arbeitszeit.

  Die Erholung ist in den ersten Minuten einer Pause am größten. Je länger die Pause dauert, um so länger ist die Einarbeitungszeit danach. Der geeignete Zeitpunkt für den Beginn einer Pause ist dann, wenn die Arbeitsleistung nachzulassen beginnt.

2.3.2.2.5 Informationstechnische Gestaltung

Die informationstechnische Gestaltung der Arbeitsbedingungen bezieht sich auf:

• **Sehen**, wobei es vor allem um den richtigen Sehabstand und die richtige Beleuchtung geht.

• **Hören**, wobei insbesondere Warnsignale eine große Rolle spielen.

• **Tasten**, wobei Hebel, Drehknöpfe usw. «informationsgerecht« gestaltet werden.

2.3.2.2.6 Sicherheitstechnische Gestaltung

Die sicherheitstechnische Gestaltung der Arbeitsbedingungen dient dazu, Unfälle am Arbeitsplatz zu verhindern. Sie umfaßt vor allem folgende **Maßnahmen**:

• Betriebsmittelschutz
• Betriebsmittelüberwachung
• Brandschutz
• Explosionsschutz
• Elektrizitätsschutz.

Für den Unfallschutz ist eine Vielzahl von Vorschriften bedeutsam, beispielsweise Arbeitsschutzgesetze, -verordnungen, -vorschriften, Normen.

3. Arbeitsbewertung

Die Arbeitsbewertung dient der Untersuchung von Arbeiten innerhalb eines Unternehmens, um deren Verhältnis zueinander nach dem Arbeitsinhalt oder den Arbeitsanforderungen festzulegen. Sie ist von der persönlichen Leistung des einzelnen Arbeitnehmers unabhängig.

Für die zu bewertenden Arbeiten wird ein bestimmtes Maß menschlicher Leistung zugrundegelegt, die **Normalleistung**. Darunter versteht man nach *REFA 2* die menschliche Leistung, die von jedem hinreichend geeigneten Arbeitnehmer bei voller Übung und Einarbeitung ohne Gesundheitsschädigung auf die Dauer im Durchschnitt mindestens erreicht und erwartet werden kann, wenn er die in der Vorgabe enthaltenen richtigen Verteilzeiten und Erholungszeiten beachtet.

Das Ergebnis der Arbeitsbewertung ist keine absolute Lohnbestimmungsgröße sondern ein Zahlensymbol für die Höhe der Arbeitsschwierigkeit. Es dient sowohl der Lohndifferenzierung als auch insbesondere der Personalauswahl und dem Personaleinsatz.

Die Arbeitsbewertung kann als »sonstige Arbeitsbedingungen« tarifvertraglich geregelt werden (§ 77 Abs. 3 BetrVG). Der Betriebsrat hat bei der Durchführung der Arbeitsbewertung ein **Mitbestimmungsrecht**.

Die Grundlage für die Arbeitsbewertung ist die **qualitative Arbeitsanalyse.** Sie besteht aus einer genauen Arbeitsuntersuchung und in der Anfertigung einer darauf aufbauenden Arbeitsbeschreibung:

- In der **Arbeitsuntersuchung** erfolgt die Abgrenzung des zu bewertenden Gegenstandes. Dabei muß geklärt werden, ob der Arbeitsgang oder der Arbeitsplatz bewertet werden soll. Wenn diese Entscheidung gefallen ist, wird der Arbeitsablauf nach

  - Art
  - Inhalt
  - Umfang

  der Teilarbeiten erfaßt. Es ist festzustellen, welche Verrichtungen im einzelnen erforderlich sind.

  Die Untersuchung muß sich auch auf die Arbeitsgeräte und Betriebsmittel, die Arbeitsbedingungen und die Organisation des Arbeitsablaufes erstrecken. Schließlich sind Anleitung, Aufsicht und Kontrolle sowie Nachprüfung und Abnahme des Arbeitsergebnisses zu berücksichtigen.

  Dennoch muß eine objektive Stellungnahme zu jeder einzelnen Anforderungsart gegeben und Höhe und Dauer der Belastung festgestellt werden.

  Als Methoden der Untersuchung kommen Beobachtung und Befragung in Betracht. Häufig wird man beide anwenden, um ein vollständiges Bild von der Arbeit zu bekommen.

- Die Arbeitsuntersuchung mündet in eine **Arbeitsbeschreibung**. Sie kann nicht alle Einzelheiten enthalten, muß aber so viele Angaben umfassen, wie für eine sichere Bewertung erforderlich sind.

  Da die Arbeitsbeschreibung als Grundlage der späteren Bewertung dient, ist sehr genau vorzugehen. Sie darf keine Vorbewertung darstellen. Nach *REFA 4* muß sie sein:

  - eindeutig
  - richtig
  - ausführlich
  - verständlich
  - sachlich
  - einheitlich

  Der Inhalt der Arbeitsbeschreibung umfaßt insbesondere:

  - Gestellte Arbeitsaufgabe
  - Gewünschtes Arbeitsergebnis

- Arbeitsablauf
- Verwendete »Mittel«.

Auf Grund aller Anforderungen an die Beschreibung ist die Verwendung eines Schemas oder Formulars in der betrieblichen Praxis unentbehrlich.

Die Informationen aus der qualitativen Arbeitsanalyse ermöglichen es, die Arbeitsbewertung vorzunehmen. Sie ist mit Hilfe folgender Methoden möglich:

- **Summarische Arbeitsbewertung**
- **Analytische Arbeitsbewertung.**

3.1 Summarische Arbeitsbewertung

Die summarische Arbeitsbewertung betrachtet den Gegenstand der Bewertung als geschlossene Einheit. Es erfolgt eine Gesamteinschätzung, die aber nicht ausschließt, daß auch besondere Bewertungsmerkmale berücksichtigt werden können.

Die Beanspruchung wird nicht durch eine systematische Analyse der einzelnen Anforderungsarten bestimmt, die Bewertungsmerkmale werden vielmehr in einer allgemeinen Betrachtungsweise beurteilt. Damit entscheidet die Gesamtvorstellung, welche der Arbeitsbewerter von der Arbeit hat.

Die summarische Arbeitsbewertung kann mit Hilfe von zwei Verfahren durchgeführt werden:

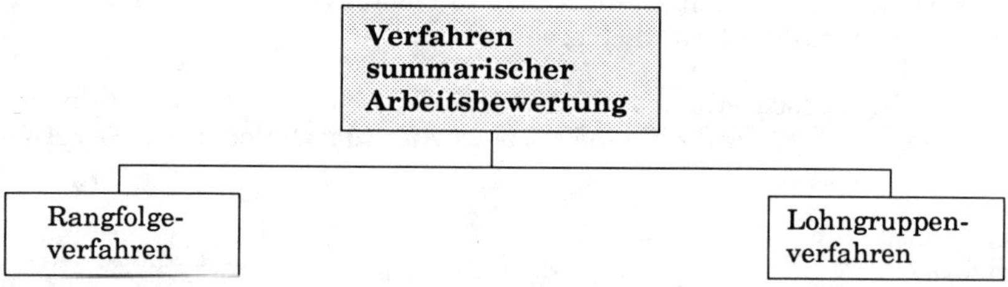

3.1.1 Rangfolgeverfahren

Die im Unternehmen anfallenden Arbeiten werden zunächst aufgelistet. Hierzu dienen die Arbeitsbeschreibungen.

Beispiel:

Arbeit A
Arbeit B
Arbeit C
Arbeit D
Arbeit E

Danach werden diese Arbeiten nach Maßgabe der Arbeitsschwierigkeit in eine Rangfolge gebracht. Dies geschieht durch paarweise Gegenüberstellung oder gegenseitigen Vergleich.

Beispiel:

		Schwierigkeitsgrad
A < C	ergibt als Rangfolge:	Arbeit D
B > A		Arbeit C
C > B		Arbeit B
D > C		Arbeit A
E < A		Arbeit E

Die **Vorteile** des Rangfolgeverfahrens liegen in:

- Einfacher Handhabbarkeit
- Kostengünstigkeit
- Leichter Verständlichkeit.

Demgegenüber weist das Rangfolgeverfahren mehrere **Nachteile** auf:

- Die Größe der Rangabstände ist unbekannt.
- Die Anforderungsarten sind nicht gewichtet.
- Die Bewertung ist sehr subjektiv.

Das Rangfolgeverfahren kann damit nur in kleineren Unternehmen eingesetzt werden, wenn Fehlurteile vermieden werden sollen.

3.1.2 Lohngruppenverfahren

Beim Lohngruppenverfahren oder **Katalogverfahren** werden mehrere Lohn- oder Gehaltsgruppen gebildet, die unterschiedliche Schwierigkeitsgrade darstellen. Diese werden durch inhaltliche Beschreibungen und Beispiele erläutert.

Das Lohngruppenverfahren findet häufig in Tarifverträgen Anwendung. Darin sind meist sechs bis zwölf Lohn- oder Gehaltsgruppen genannt.

Beispiel: Auszug aus dem Lohnrahmenabkommen der Eisen-Metall- und Elektroindustrie Nordrhein-Westfalen

Gruppe	Lohngruppen-Definitionen	Lohnschlüssel
1	Arbeiten einfacher Art, die ohne vorherige Arbeitskenntnisse nach kurzer Anweisung ausgeführt werden können und mit geringen körperlichen Belastungen verbunden sind.	75 %
2	Arbeiten, die ein Anlernen von 4 Wochen erfordern und mit geringen körperlichen Belastungen verbunden sind.	80 %
3	Arbeiten einfacher Art, die ohne vorherige Arbeitskenntnisse nach kurzer Anweisung ausgeführt werden können.	85 %
4	Arbeiten, die ein Anlernen von 4 Wochen erfordern.	90 %
5	Arbeiten, die ein Anlernen von 3 Monaten erfordern.	95 %
6	Arbeiten, die eine abgeschlossene Anlernausbildung in einem anerkannten Anlernberuf oder eine gleichzuwertende Ausbildung erfordern.	100 % *
7	Arbeiten, deren Ausführung ein Können voraussetzt, das erreicht wird durch eine entsprechende ordnungsgemäße Berufslehre (Facharbeiten). Arbeiten, deren Ausführung Fertigkeiten und Kenntnisse erfordert, die Facharbeiten gleichzusetzen sind.	108 %
8	Arbeiten schwieriger Art, deren Ausführung Fertigkeiten und Kenntnisse erfordert, die über jene der Gruppe 7 wegen der notwendigen mehrjährigen Erfahrungen hinausgehen.	118 %
9	Arbeiten hochwertiger Art, deren Ausführung an das Können, die Selbständigkeit und die Verantwortung im Rahmen des gegebenen Arbeitsauftrages hohe Anforderungen stellt, die über die der Gruppe 8 hinausgehen.	125 %
10	Arbeiten höchstwertiger Art, die hervorragendes Können mit zusätzlichen theoretischen Kenntnissen, selbständige Arbeitsausführung und Dispositionsbefugnis im Rahmen des gegebenen Arbeitsauftrages bei besonders hoher Verantwortung erfordern.	130 %

* Ecklohn nach Tarifvertrag

Die zu bewertenden Arbeiten werden - entsprechend ihrem Schwierigkeitsgrad - in die zutreffenden Lohngruppen eingeordnet.

Das Lohngruppenverfahren weist folgende **Vorteile** auf:

- Einfache Handhabbarkeit
- Kostengünstigkeit
- Leichte Verständlichkeit.

Als **Nachteile** des Lohngruppenverfahrens können genannt werden:

- Gefahr der Schematisierung
- Mangelnde Berücksichtigung individueller Gegebenheiten
- Mangelnde Berücksichtigung technischer Entwicklungen.

3.2 Analytische Arbeitsbewertung

Bei der analytischen Arbeitsbewertung wird - im Gegensatz zu der summarischen Arbeitsbewertung - nicht die Arbeitsschwierigkeit als Ganzes bewertet, sondern die Höhe der Beanspruchung für jede Anforderungsart einzeln ermittelt. Die Gesamtbeanspruchung ergibt sich aus den verschiedenen Einzelurteilen.

Als **Anforderungsarten** können unterschieden werden:

- Die Anforderungsarten nach dem **Genfer Schema:**

	Können	**Belastung**
Geistige Anforderungen	X	X
Körperliche Anforderungen	X	X
Verantwortung		X
Arbeitsbedingungen		X

Wie zu sehen ist, sind Können und Belastung die Oberbegriffe des Schemas, denen sich die geistigen und körperlichen Anforderungen unterordnen, so daß sechs Anforderungsarten entstehen.

- Die Anforderungsarten nach **REFA**, die eine Erweiterung des Genfer Schemas durch Einbeziehung ergonomischer Gesichtspunkte darstellen.

REFA 4 nennt:

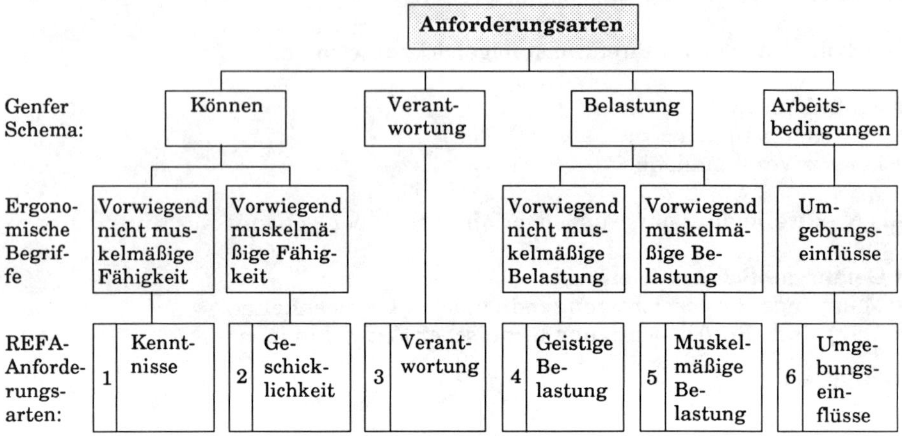

- Die **Kenntnisse** werden durch das geistige Können bestimmt, das aus Ausbildung und Erfahrung sowie auf Denkfähigkeit beruht, soweit diese zur Erfüllung der Arbeitsaufgabe benötigt werden.

- Die **Geschicklichkeit** wird durch Handfertigkeit und Körpergewandtheit bestimmt, soweit diese zur Erfüllung der Arbeitsaufgabe benötigt werden. Sie beruht auf Anlagen, Übung, Erfahrung und Anpassung und äußert sich in der Sicherheit und Genauigkeit der Bewegungen des Körpers oder einzelner Gliedmaßen.

- Die **Verantwortung** wird durch die erforderliche Gewissenhaftigkeit und Zuverlässigkeit, die notwendig ist, um die verschiedenen Arbeitsaufgaben ordnungsgemäß erfüllen zu können, die notwendige Sorgfalt, um Personen- und Sachschaden vermeiden zu können, und die aufzuwendende Umsicht bestimmt, um Behinderungen und Störungen des Arbeitsablaufes und der Ablauforganisation nicht eintreten zu lassen.

- Die **geistige Belastung** entsteht, wenn Abläufe von Menschen beobachtet, überwacht oder gesteuert werden müssen und/oder eine geistige Tätigkeit im engeren Sinne ausgeführt werden muß.

- Die **muskelmäßige Belastung** entsteht durch dynamische Muskelarbeit, statische Muskelarbeit und einseitige Muskelarbeit.

- Die **Umgebungseinflüsse** führen unter bestimmten Bedingungen zu Erschwernissen, welche den Arbeitenden bei der Erfüllung seiner Arbeitsaufgabe behindern, belästigen oder gefährden können.

Die Verfahren der analytischen Arbeitsbewertung sind:

Verfahren analytischer Arbeitsbewertung

- Rangreihen-verfahren
- Stufenwertzahl-Verfahren

3.2.1 Rangreihenverfahren

Beim Rangreihenverfahren wird - gleich dem Rangfolgeverfahren - eine Einordnung von der einfachsten bis zur schwierigsten Verrichtung vorgenommen, allerdings für jede Anforderungsart getrennt. Die Stellung einer bestimmten Tätigkeit in der Rangreihe wird in Prozenten ausgedrückt. Die am niedrigsten bewertete Arbeitsverrichtung wird mit 0 %, die am höchsten bewertete mit 100 % angesetzt.

Ein Katalog mit Arbeitsbeispielen unterschiedlichen Schwierigkeitsgrades, beispielsweise REFA-Brückenbeispielen, ermöglicht üblicherweise die nicht immer leichte Einordnung.

Das Rangreihenverfahren kann Anwendung finden als:

- **Rangreihenverfahren mit getrennter Gewichtung,** bei welchem die Einreihung der Anforderungsart und ihre Gewichtung getrennt durchgeführt werden, d.h. die Einreihung erfolgt zunächst von 0 % bis 100 % und erst danach wird die Gewichtung der einzelnen Anforderungsart berücksichtigt.

  Der Gesamt-Arbeitswert ergibt sich, indem die Prozentzahl mit dem Gewichtungsfaktor multipliziert wird.

  Beispiel:

Anforderungsart	Maximale Punktzahl	Bewertungsstufe					Gewichtung
		I	II	III	IV	V	
Können	30	0	6,25	12,50	18,75	25,00	1,2
Verantwortung	20	0	6,25	12,50	18,75	25,00	0,8
Belastung	25	0	6,25	12,50	18,75	25,00	1,0
Arbeitsbedingungen	25	0	6,25	12,50	18,75	25,00	1,0
Summe	100	0	25,00	50,00	75,00	100,00	

- **Rangreihenverfahren mit gebundener Gewichtung**, bei welchem der Gewichtungsfaktor bereits in der Wertzahl berücksichtigt ist. Damit ergibt sich, daß die Spanne der Einreihungswerte nicht mehr bis 100 (%) gehen muß.

  Die Multiplikation - wie bei der getrennten Gewichtung - entfällt hier, die Werte können direkt addiert werden, um zum Gesamt-Arbeitswert zu gelangen.

  Beispiel:

Anforderungsart	Maximale Punktzahl	Bewertungsstufe				
		I	II	III	IV	V
Können	30	0	7,50	15,00	22,50	30,00
Verantwortung	20	0	5,00	10,00	15,00	20,00
Belastung	25	0	6,25	12,50	18,75	25,00
Arbeitsbedingungen	25	0	6,25	12,50	18,75	25,00
Summe	100	0	25,00	50,00	75,00	100,00

Das Rangreihenverfahren weist im Vergleich zu den Verfahren der summarischen Arbeitsbewertung folgende **Vorteile** auf:

- Verbesserung der Genauigkeit
- Verbesserung der Objektivität.

Die **Nachteile** des Rangreihenverfahrens beziehen sich auf:

- den großen Ermessenspielraum des Bewerters, der allerdings durch Arbeitsbeispiele vermindert werden kann,

- die Gewichtung der einzelnen Anforderungsarten, die nicht einfach vorzunehmen ist, da wissenschaftlich-objektive Grundlagen fehlen.

Das Rangreihenverfahren eignet sich, wenn die zu bewertenden Arbeitsplätze vergleichbar und nicht zu umfangreich sind.

3.2.2 Stufenwertzahl-Verfahren

Beim Stufenwertzahl-Verfahren wird für jede einzelne Anforderungsart eine Punktwert-Reihe erstellt. Jede Bewertungsstufe der Punktwert-Reihe ist definiert und durch Arbeitsbeispiele erläutert.

Das Stufenwertzahl-Verfahren kann auf zweifache Weise durchgeführt werden:

- Mit **getrennter Gewichtung**. Die Gewichtung der einzelnen Anforderungsarten erfolgt mit Hilfe von Gewichtungsfaktoren, die mit den jeweiligen Stufen-Wertzahlen zu multiplizieren sind. Die Summe der gewichteten Stufen-Wertzahlen ergibt die Gesamt-Wertzahl.

- Mit **gebundener Gewichtung.** Die Gewichtung, welche den einzelnen Anforderungsarten zuzumessen ist, wird durch die unterschiedliche Höhe der Wertzahlen für die jeweiligen Stufen realisert. Die Gesamt-Wertzahl ergibt sich als Summe der erfaßten Stufen-Wertzahlen.

Beispiel nach *Platt*:

Stufe	Beschreibung der Tätigkeit	Wertzahl
1	Die Tätigkeit erfordert **ausreichende** Kenntnisse in einer Fremdsprache. Dies bedeutet die Fähigkeit, einfachere fremdsprachliche Texte zu lesen, einfachen Schriftwechsel zu führen, allgemeine Auskünfte zu erteilen usw.	7
2	Die Tätigkeit erfordert **gute** Kenntnisse in einer Fremdsprache. Dies bedeutet die Fähigkeit, etwas schwierigeren Schriftwechsel zu führen, Texte mittlerer Schwierigkeit zu übersetzen, Fachliteratur und Publikationen der Unternehmensleitung und der Schwesterhäuser zu lesen und auszuwerten sowie das Sachgebiet betreffende Unterhaltungen zu führen.	28
3	Die Tätigkeit erfordert **sehr gute** Beherrschung einer Fremdsprache. Dies bedeutet die Fähigkeit, schwierigere Texte zu übersetzen, schwierigen Schriftwechsel zu führen, Protokolle zu verfassen, Geschäfte für die Firma im Ausland zu tätigen bzw. Schwesterfirmen im dienstlichen Auftrag aufzusuchen. Wenn darüber hinaus die ausreichende Kenntnisse einer weiteren Fremdsprache erforderlich ist, so wird gleichfalls nach dieser Stufe bewertet.	49
4	Die Tätigkeit erfordert die **hervorragende** Beherrschung einer Fremdsprache. Dies bedeutet die Fähigkeit, selbst schwierige fachtechnische Texte zu übersetzen und bei Diskussionen, Besprechungen, Vorträgen usw. als Dolmetscher zu fungieren. Daneben ist bei dieser Stufe die sehr gute Kenntnis einer weiteren Fremdsprache erforderlich.	70
	Es sind nur die Fremdsprachenkenntnisse zu bewerten, die zur Ausübung der Tätigkeit erforderlich sind.	

Vorteile des Stufenwertzahl-Verfahrens sind:

- Die Gesamt-Wertzahl läßt sich leicht in Geldeinheiten umrechnen.
- Die Objektivität der Bewertung ist im Vergleich zu den übrigen Verfahren der Arbeitsbewertung am ehesten gewahrt.

Der **Nachteil** des Stufenwertzahl-Verfahrens liegt vor allem in seiner möglichen Unübersichtlichkeit.

Das Stufenwertzahl-Verfahren wird in der betrieblichen Praxis vielfach verwendet.

29

4. Arbeitslöhne

Mit Hilfe der Arbeitsbewertung wurden die unterschiedlichen Anforderungen ermittelt, denen die Arbeitskräfte gerecht werden müssen. Damit konnten die Lohnsätze für die verschiedenen Anforderungsgrade festgestellt werden.

Im folgenden sollen die Arbeitslöhne unter verschiedenen Gesichtspunkten behandelt werden:

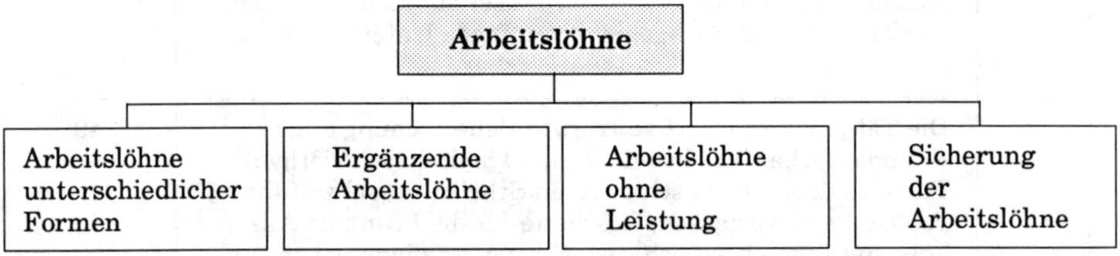

4.1 Arbeitslöhne unterschiedlicher Formen

Nachdem die Lohnsätze für die verschiedenen Anforderungsgrade festgestellt werden konnten, besteht der nächste Schritt in der Bestimmung der jeweils geeigneten Lohnformen, die sein können:

- **Zeitlohn**
- **Akkordlohn**
- **Prämienlohn.**

Der Akkordlohn und Prämienlohn werden als **Leistungslohn** bezeichnet, da sie nach der geleisteten Arbeitsmenge gezahlt werden.

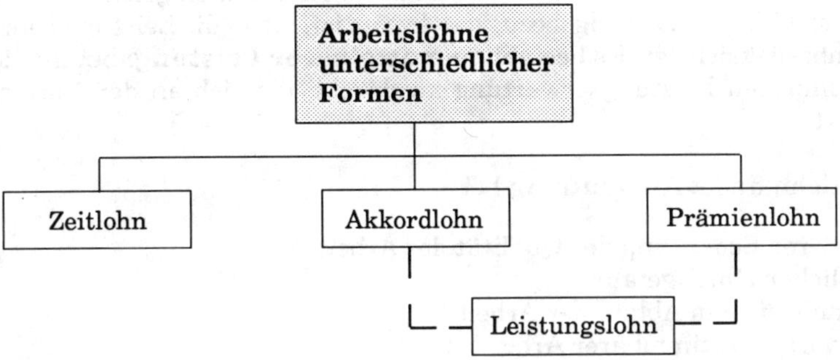

Innerhalb der gewählten Lohnformen ist zu entscheiden, ob eine Einzelentlohnung oder Gruppenentlohnung vorgenommen werden soll, d.h. ob die Leistung einer einzelnen Arbeitskraft oder einer Arbeitsgruppe für die Feststellung der Lohnhöhe zugrundegelegt wird.

Außerdem ist festzulegen, ob ein Brutto- oder Nettolohn vereinbart werden soll. Die Vereinbarung eines **Bruttolohnes** ist meist üblich, von ihr ist auch auszugehen, wenn nur ein bestimmter Lohnbetrag ohne nähere Kennzeichnung vereinbart wurde. Der Arbeitnehmer erhält den um die Lohnsteuer und den Arbeitnehmeranteil zur Sozialversicherung - sofern er sozialversicherungspflichtig ist - gekürzten Betrag als Nettolohn ausgezahlt. Bei Vereinbarung eines **Nettolohnes** muß der Arbeitgeber dem Arbeitnehmer den vereinbarten Lohnbetrag in voller Höhe auszahlen und dazu noch die Lohnsteuer und ggfs. den Arbeitnehmeranteil zur Sozialversicherung abführen.

Schließlich muß geregelt werden, zu welchen **Zeitpunkten** - beispielsweise an einem bestimmten Tag des Monats oder der Woche - und in welcher **Form** - bar oder unbar - der Arbeitslohn auszuzahlen ist.

4.1.1 Zeitlohn

Der Zeitlohn kann als Zeitlohn ohne Leistungszulage oder als Zeitlohn mit Leistungszulage gewährt werden:

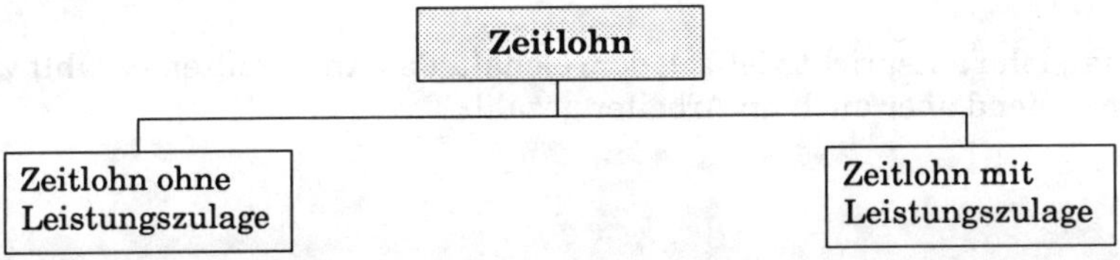

4.1.1.1 Zeitlohn ohne Leistungszulage

Beim Zeitlohn wird ein bestimmter Lohnsatz pro Zeiteinheit gezahlt. Obwohl damit kein unmittelbarer Leistungsbezug geschaffen ist, bleibt die Leistung beim Zeitlohn nicht unberücksichtigt. Es besteht ein **mittelbarer Leistungsbezug**, der sich in einer konkreten Leistungserwartung ausdrückt, die sich an der Normalleistung orientiert.

Der Zeitlohn findet **Anwendung** bei

- besonderer Bedeutung der Qualität der Arbeit
- erheblicher Unfallgefahr
- kontinuierlichem Ablauf der Arbeit
- nicht vorherbestimmbarer Arbeit
- quantitativ nicht meßbarer Arbeit
- schöpferisch-künstlerischer Arbeit.

Die **Ermittlung** des Zeitlohnes als Bruttolohn wird in folgender Weise vorgenommen:

$$\text{Zeitlohn} = \text{Lohnsatz je Zeiteinheit} \cdot \text{Anzahl der Zeiteinheiten}$$

Beispiel: Ein Arbeiter hat im Abrechnungszeitraum 40 Stunden gearbeitet. Der Lohnsatz beträgt 18,70 DM/Std.

$$\text{Zeitlohn} = 18{,}70 \text{ x } 40 = \underline{\underline{748{,}00 \text{ DM}}}$$

Beträgt die Normalleistung - als Leistungsgrad von 100 % - 10 Stück/Std. und wurden vom Arbeiter im Abrechnungszeitraum 380 Stück hergestellt, ergeben sich:

$$\text{Leistungsgrad} = \frac{380}{400} \cdot 100 = \underline{\underline{95\ \%}}$$

$$\text{Stückkosten} = \frac{748}{380} = \underline{\underline{1{,}9684 \text{ DM/Stück}}}$$

Der Zeitlohn kann als Stundenlohn, Schichtlohn, Tageslohn, Wochenlohn, Dekadenlohn, Monatslohn oder Jahreslohn gewährt werden.

Der Monatslohn entspricht vielfach dem Gehalt, das Angestellten bezahlt wird. Er wird zunehmend aber auch an Arbeiter gezahlt.

Der tarifvertraglich festgelegte Lohn ist ein Mindestlohn. Er darf nicht unterschritten werden, wird häufig aber - insbesondere in Zeiten guter Konjunktur - überschritten.

Die **Vorteile** des Zeitlohnes können sein:

- Vereinfachung der Abrechnung
- Schonung der Betriebsmittel
- Schonung des Menschen
- Verringerung der Unfallgefahr
- Erhöhung der Qualität.

Als **Nachteile** des Zeitlohnes lassen sich nennen:

- Das Unternehmen trägt das Risiko geringer Arbeitsleistung.
- Die Arbeitskräfte erhalten keinen Anreiz zur Mehrleistung.

30

4.1.1.2 Zeitlohn mit Leistungszulage

Der fehlende Anreiz beim Zeitlohn ohne Leistungszulage, Mehrleistungen zu erbringen, soll durch den Zeitlohn mit Leistungszulage ausgeglichen werden.

Der Zeitlohn mit Leistungszulage soll jedoch kein Leistungslohn - wie der Akkordlohn und Prämienlohn - sein. Während die Prämie des Prämienlohnes sich an objektiv meßbaren Bezugsgrößen orientiert, ist dies bei der Leistungszulage nicht gegeben.

Die Leistungszulage beim Zeitlohn wird vielfach als **Prämie** gewährt, beispielsweise:

- Qualitätsprämie
- Mengenprämie
- Pünktlichkeitsprämie
- Anwesenheitsprämie
- Ersparnisprämie.

Leistungszulagen können **tarifvertraglich** festgelegt oder von den Unternehmen **freiwillig** gewährt werden. Bezüglich der freiwillig gewährten Leistungszulagen ist gemäß § 94 Abs. 2 BetrVG für die Aufstellung allgemeiner Beurteilungsgrundsätze die Zustimmung des Betriebsrates erforderlich.

4.1.2 Akkordlohn

Beim Akkordlohn wird die Arbeitskraft für die geleistete Arbeitsmenge entlohnt. Er weist einen **unmittelbaren Leistungsbezug** auf.

Die übliche Form des Akkordlohnes ist der Proportionalakkord, bei welchem der Lohn sich proportional zu der Zeiteinsparung bzw. Leistungssteigerung verändert.

Der Akkordlohn kann Anwendung finden, wenn folgende **Voraussetzungen** erfüllt sind:

- Die **Akkordfähigkeit**, die gegeben ist, wenn der Ablauf der Arbeit im voraus bekannt, gleichartig und regelmäßig wiederkehrend sowie leicht und genau meßbar ist.

- Die **Akkordreife**, die gegeben ist, wenn der Arbeitsablauf keine Mängel aufweist und von der Arbeitskraft nach entsprechender Übung und Einarbeitung ausreichend beherrscht wird.

- Die **Beeinflußbarkeit** der Leistungsmengen, welche der Arbeitskraft unmittelbar möglich sein muß.

Der Akkordlohn besteht aus zwei **Teilen**:

- Dem **Mindestlohn**, der tariflich garantiert ist und meist dem Mindestlohn beim Zeitlohn entspricht.

- Dem **Akkordzuschlag**, der üblicherweise zwischen 15 % und 25 % des Mindestlohnes beträgt.

Mindestlohn und Akkordzuschlag werden als Grundlohn oder Akkordrichtsatz bezeichnet.

Akkordrichtsatz = Mindestlohn + Akkordzuschlag

Er stellt den Lohn einer Arbeitskraft bei Normalleistung dar und liegt höher als der Zeitlohn für eine vergleichbare Arbeitsleistung.

Die **Vorteile** des Akkordlohnes können sein:

- Anreiz der Arbeitskraft zu erhöhten Arbeitsleistungen
- Ausschluß des unternehmerischen Risikos für Minderleistungen
- Einfache Kostenrechnung durch konstante Lohnkosten pro Stück.

Als **Nachteile** des Akkordlohnes lassen sich nennen:

- Überanstrengung der Arbeitskräfte
- Überbelastung der Betriebsmittel
- Verminderung der Qualität.

Der Akkordlohn kann gestaltet werden als:

- **Stück- und Zeitakkord**
- **Einzel- und Gruppenakkord.**

4.1.2.1 Stück- und Zeitakkord

Beim **Stückakkord*** wird der Arbeitskraft ein Geldbetrag für die Erbringung einer bestimmten Arbeitsleistung vorgegeben, der als **Akkordsatz** bezeichnet wird:

$$\text{Akkordsatz} = \frac{\text{Akkordrichtsatz}}{\text{Leistungseinheiten bei Normalzeit}}$$

Für die Festlegung des Akkordsatzes ist es erforderlich, die Normalzeit für eine Leistungseinheit vorzugeben. Dies erfolgt in Form der **Vorgabezeit**, der auf Grund von Zeitaufnahmen ermittelten Soll-Zeit. Auf sie wird auf Seite 294 ff. näher eingegangen.

Beispiel: Der Zeitlohn beträgt 18,00 DM/Std., der Akkordzuschlag 20 %. Die Vorgabezeit für ein gefertigtes Stück umfaßt 10 Minuten.

Der Akkordsatz beträgt als Stückakkord:

$$\text{Akkordsatz} = \frac{18 + 18 \cdot 0{,}20}{6} = 3{,}60 \text{ DM/Stück}$$

Der Akkordlohn der Arbeitskraft ergibt sich:

$$\text{Akkordlohn} = \text{Leistungsmenge} \cdot \text{Akkordsatz}$$

* Der Stückakkord wird vielfach auch als **Geldakkord** bezeichnet.

Beispiel: Unter Verwendung der obigen Daten erhält ein Arbeiter, der durchschnittlich 8 Stück pro Stunde fertigt:

Akkordlohn = 8 x 3,60 = 28,80 DM/Std.

Der Stückakkord weist folgende **Nachteile** auf:

- Die Zeitvorgabe ist unmittelbar nicht erkennbar.
- Tarifänderungen erfordern eine völlige Neuberechnung der Akkordvorgaben.

Diese Nachteile vermeidet der **Zeitakkord**, bei welchem die Arbeitskraft für jedes von ihr hergestellte Stück eine im voraus festgesetzte gleichbleibende Zahl von Zeiteinheiten gutgeschrieben wird, welche der Vorgabezeit entspricht.

Die Umrechnung in Geldeinheiten erfolgt erst am Ende der Abrechnungsperiode:

$$\text{Akkordlohn} = \text{Leistungsmenge} \cdot \text{Vorgabezeit} \cdot \text{Minutenfaktor}$$

wobei

$$\text{Minutenfaktor} = \frac{\text{Akkordrichtsatz}}{60}$$

Beispiel: Der tarifliche Mindestlohn beträgt 18,00 DM und der Akkordzuschlag 25 %. Die Vorgabezeit für ein gefertigtes Stück ist 20 Minuten, in einer Stunde werden 6 Stück gefertigt.

$$\text{Minutenfaktor} = \frac{18{,}00 + 18{,}00 \cdot 0{,}25}{60} = 0{,}375$$

$$\text{Akkordlohn} = 6 \cdot 20 \cdot 0{,}375 = 45{,}00 \text{ DM/Std.}$$

Der Zeitakkord weist gegenüber dem Stückakkord mehrere **Vorteile** auf:

- Die Zeitvorgabe ist unmittelbar erkennbar.
- Tariferhöhungen erfordern lediglich die Korrektur des Minutenfaktors.

Deshalb ist der Zeitakkord die heute in der betrieblichen Praxis vorrangig verwendete Form des Akkordes.

4.1.2.2 Einzel- und Gruppenakkord

Beim **Einzelakkord** wird die Arbeitsleistung der einzelnen Arbeitskraft erfaßt und entlohnt. Er ist die überwiegend verwendete Form der Akkordentlohnung.

Der **Gruppenakkord** ist die gemeinsame Entlohnung mehrerer Arbeitskräfte. Um zum Lohn der einzelnen einer Arbeitsgruppe angehörenden Arbeitskraft zu gelangen, sind folgende Schritte erforderlich:

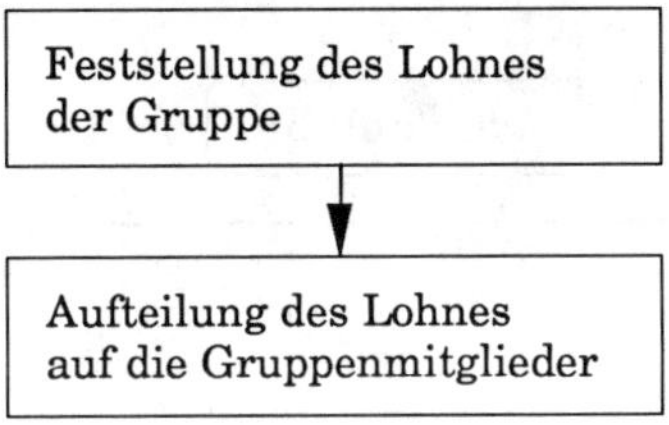

Die Feststellung des Lohnes der Gruppe ist einfach. Sie erfolgt wie beim Einzelakkord.

Schwieriger ist die gerechte Aufteilung des Lohnes auf die Gruppenmitglieder. Sie wird zweckmäßigerweise mit Hilfe von Äquivalenzziffern, beispielsweise in Form der Tariflöhne, durchgeführt.

Die Entlohnung im Gruppenakkord erscheint nach *Rosenstiel* unter bestimmten **Voraussetzungen** zweckmäßig, beispielsweise:

- Die Arbeitsgruppe muß klein und stabil sein.
- Die Mitglieder müssen ähnliche Arbeiten verrichten.
- Die Mitglieder dürfen keine großen Leistungsunterschiede zeigen.
- Die Entlohnungsform muß einfach und transparent sein.
- Die Entlohnungsform muß für jedes Mitglied nachkontrollierbar sein.

Die **Vorteile** des Gruppenakkordes bestehen in folgenden Punkten:

- Die Mitglieder kontrollieren sich gegenseitig.
- Schwächere Mitglieder werden zu größerer Leistung angeregt.
- Die Arbeitsteilung kann optimal gestaltet werden.
- Die Mitglieder werden zu kooperativem Verhalten angeregt.

Als **Nachteile** des Gruppenakkordes können genannt werden:

- Größere Gruppen führen zu Unübersichtlichkeit
- Leistungsstarke Mitglieder werden unzufrieden.

32

4.1.3 Prämienlohn

Die verstärkte Mechanisierung und Automatisierung des Produktionsprozesses schränkt die Möglichkeit der Arbeitnehmer immer mehr ein, das quantitative Arbeitsergebnis zu beeinflussen. Damit wird der Einsatz des Akkordlohnes fragwürdig. Der Prämienlohn tritt zunehmend an seine Stelle.

Der Prämienlohn besteht aus einem leistungsunabhängigen und einem leistungsabhängigen Teil:

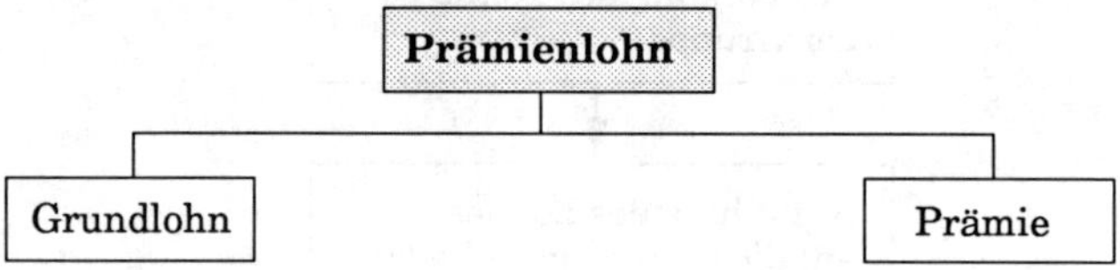

Bei den meisten Systemen der Prämienentlohnung teilen sich das Unternehmen und die Arbeitskraft in den Erfolg der Mehrleistung der Arbeitskraft, beispielsweise bei dem

- *Halsey*-System
- *Rowan*-System
- *Gantt*-System
- *Bedeaux*-System.

Der Prämienlohn findet **Anwendung**, wenn das Arbeitsergebnis vom Arbeitnehmer (noch) beeinflußbar ist, beispielsweise aber die Ermittlung genauer Akkordvorgaben

- wegen zu kleiner Auftragsgrößen unwirtschaftlich ist,
- wegen fehlender Arbeitsstudien-Fachkräfte nicht möglich ist.

4.1.3.1 Grundlohn

Der Grundlohn ist meist ein **Zeitlohn**, der insbesondere in Form des Tariflohnes verwendet wird. Er stellt den leistungsunabhängigen Teil des Prämienlohnes dar.

Auf den Grundlohn wird die Prämie als leistungsabhängiger Teil des Prämienlohnes gesetzt. Bei unterschiedlicher Leistung einer Arbeitskraft innerhalb eines gleichen Zeitraumes stellt sich der Prämienlohn wie folgt dar:

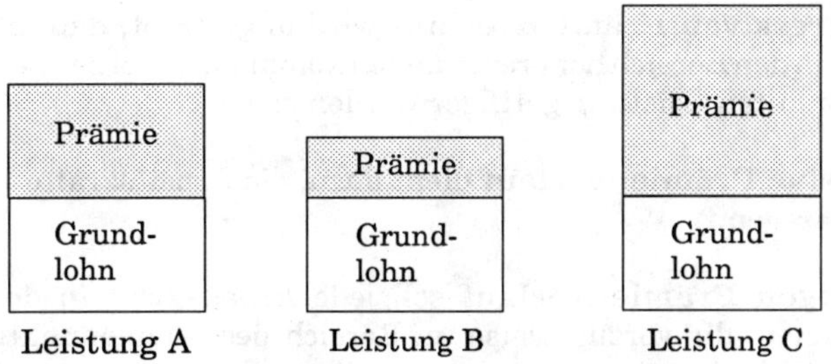

4.1.3.2 Prämie

Die Prämie ist der leistungsbezogene Teil des Prämienlohnes. Sie wird planmäßig und zusätzlich gewährt. Die Mehrleistung muß objektiv feststellbar sein. Sie kann sich auf qualitative oder quantitative Merkmale beziehen.

Nach der Art ihrer **Zurechnung** ist es möglich, als Prämien zu unterscheiden:

- Die **Einzelprämie**, die einer einzelnen Arbeitskraft auf Grund ihrer Leistung gezahlt wird.

- Die **Gruppenprämie**, die mehreren Arbeitskräften für eine von ihnen erbrachte Leistung gemeinsam gewährt wird.

Der **Verlauf der Prämie** kann unterschiedlich sein. Durch seine Festlegung kann die Arbeitskraft in ihrem Leistungsverhalten grundsätzlich beeinflußt werden.

Typische Prämienverläufe sind:

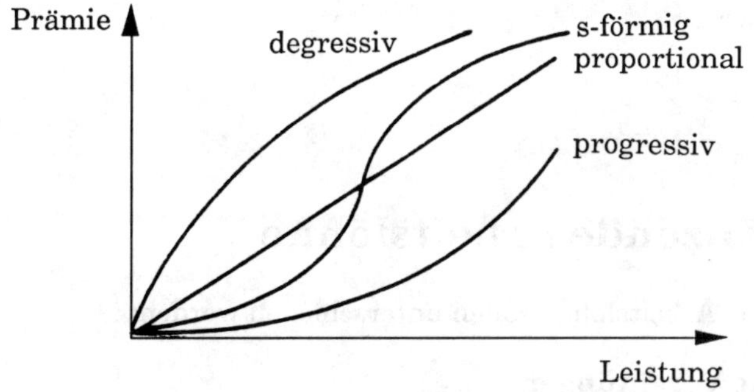

- Mit dem **degressiven Prämienverlauf** wird angestrebt, daß möglichst viele Arbeitskräfte in den Bereich höherer Prämien kommen, wobei der Leistungsanreiz ab einer bestimmten Leistung geringer werden soll.

- Der **progressive Prämienverlauf** dient dazu, die Arbeitskräfte zu maximaler Leistung anzuregen.

- Beim **s-förmigen Prämienverlauf** soll jede Arbeitskraft in den Genuß von Prämien kommen, die vorzugsweise im Bereich des Wendepunktes der Kurve liegen. Wesentlich darunter oder darüber liegende Leistungen sind nicht erwünscht.

- Der **proportionale Prämienverlauf** dient ausschließlich dazu, die Mehrleistungen der Arbeitskräfte zu entgelten. Maßnahmen zur Steuerung der Leistung sind nicht beabsichtigt.

Die Prämie kann für unterschiedliche Leistungen gewährt werden, beispielsweise als:

- **Mengenleistungsprämie**, wenn die quantitative Leistung über der Normalleistung liegt.

- **Güteprämie**, wenn der Ausschuß und die Nacharbeiten verringert werden.

- **Ersparnisprämie**, wenn Hilfs-, Betriebs-, Fertigungsstoffe eingespart oder die Kosten für Werkzeuge und Instandhaltung der Betriebsmittel vermindert werden.

- **Nutzungsprämie**, wenn die Ausnutzung der Betriebsmittel verbessert wird.

Weitere Prämien sind Termineinhalteprämien, Unfallverhütungsprämien, Umsatzprämien usw.

33 34

4.2 Ergänzende Arbeitslöhne

Als ergänzende Arbeitslöhne sollen unterschieden werden:

- **Zusätzliche Vergütungen**
- **Sondervergütungen**
- **Zuschläge.**

4.2.1 Zusätzliche Vergütungen

Eine zusätzliche Vergütung für die vom Mitarbeiter geleistete Arbeit stellt das **13. Monatsgehalt** dar, das ein Bestandteil des Gehaltes des Mitarbeiters ist.

Zusätzliche Leistungen des Arbeitgebers können dann als zusätzliche Vergütungen angesehen werden, wenn der Arbeitgeber hierfür keine weiteren Voraussetzungen für den Anspruch nennt.

Die Frage, ob es sich bei einer zusätzlichen Leistung um eine zusätzliche Vergütung handelt, ist insofern bedeutsam, als der Mitarbeiter bei einer Kündigung die Arbeitsverhältnisse hier einen Anspruch nach dem Umfang der von ihm abgeleisteten Dienstzeit hat, im Gegensatz zu Sondervergütungen wie der Weihnachtsgratifikation.

4.2.2 Sondervergütungen

Sondervergütungen oder Gratifikationen aus besonderen Anlässen stellen - wie die zusätzlichen Vergütungen - ein zusätzliches Entgelt für die vom Mitarbeiter geleistete Arbeit dar, darüber hinaus sind sie aber auch ein Anreiz für weitere Betriebstreue.

Besondere **Anlässe** können sein:

- Weihnachten
- Urlaub
- Geschäftsjubiläen
- Dienstjubiläen.

Zahlt ein Arbeitgeber dreimal hintereinander ohne Vorbehalt - beispielsweise »jederzeit widerruflich«, »ohne Anerkennung einer Rechtspflicht«, »ohne Rechtsanspruch« - eine Sondervergütung, entsteht ein **Anspruch** auf Zahlung der Sondervergütung für die Zukunft.

Im Gegensatz zu den zusätzlichen Vergütungen kann der Arbeitgeber

- die Gewährung der Sondervergütung davon abhängig machen, daß der Mitarbeiter das Arbeitsverhältnis zum Auszahlungszeitpunkt nicht gekündigt hat,

- die Rückzahlung der Sondervergütung verlangen, wenn dies arbeitsvertraglich vereinbart war, die Sondervergütung mehr als 200 DM betrug und der Mitarbeiter bei einer Sondervergütung von bis zu einem Monatsgehalt bis spätestens zum 31.03. des folgenden Jahres ausscheidet.

4.2.3 Zuschläge

Zuschläge sind nach Grund und Höhe arbeitsvertraglich vereinbarte oder tarifvertraglich festgelegte über die Grundvergütung hinausgehende Entgeltteile, beispielsweise als:

- Nachtzuschläge
- Sonntagszuschläge
- Feiertagszuschläge
- Gefahrenzuschläge
- Schmutzzuschläge
- Erschwerniszuschläge
- Leistungszuschläge
- Trennungsentschädigungen
- Auslösungen
- Kinderzuschläge
- Überstundenzuschläge.

Überstundenzuschläge sind zu vergüten, wenn die geleistete Arbeitszeit über die arbeitsvertraglich festgelegte regelmäßige Arbeitszeit hinausgeht. **Voraussetzung** ist allerdings, daß der Arbeitgeber

- die Leistung der Überstunden angeordnet hat,

- Arbeit zugewiesen hat, die nur unter Einsatz von Überstunden bewältigt werden konnte,

- die Leistung von Überstunden kennt und sie duldet.

Ein Überstunden leistender Mitarbeiter hat dann Anspruch auf einen Überstundenzuschlag, wenn er tarifvertraglich, durch Betriebsvereinbarung, arbeitsvertraglich vereinbart bzw. betriebs- oder branchenüblich ist. Der Überstundenzuschlag beträgt häufig 25 % der Grundvergütung, tarifvertraglich mitunter auch mehr.

Durch arbeitsvertragliche Vereinbarung einer entsprechend höheren Grundvergütung kann der Arbeitgeber den Anspruch auf Zahlung von Überstunden einschließlich möglicher Zuschläge abgelten.

4.3 Arbeitslöhne ohne Leistung

Arbeitslöhne, denen keine Leistung des Mitarbeiters gegenübersteht, sind vom Arbeitgeber aus folgenden **Gründen** zu leisten:

- Bei **Krankheit** hat der Arbeitgeber für die Dauer bis zu sechs Wochen Lohn zu zahlen, wenn der Mitarbeiter ohne sein Verschulden an der Arbeitsleistung gehindert wird. Ein Verschulden ist dann gegeben, wenn der Mitarbeiter sich besonders leichtfertig verhalten hat, beispielsweise auch bei Alkoholmißbrauch und Nichtanlegen des Sicherheitsgurtes.

- Bei **Kuren** und **Heilverfahren** zur Erhaltung, Besserung oder Wiederherstellung der Erwerbsfähigkeit hat der Mitarbeiter für sechs Wochen einen Anspruch auf Fortzahlung der Vergütung, auch wenn er - medizinisch gesehen - nicht arbeitsunfähig ist.

- Bei ärztlich verschriebener **Schonzeit** im Anschluß an ein Heilverfahren haben Angestellte einen Anspruch auf Fortzahlung der Vergütung, auch wenn sie - medizinisch gesehen - nicht arbeitsunfähig sind. Arbeiter haben einen Anspruch nur, wenn sie auch arbeitsunfähig sind.

- Bei **persönlicher Verhinderung** hat der Mitarbeiter, sofern der Tarifvertrag oder der Arbeitsvertrag nichts anderes vorsieht, aus mehreren Gründen einen Anspruch auf Fortzahlung der Vergütung, beispielsweise bei

  - Geburt, Sterbefall, Begräbnis in der Familie
  - eigener Hochzeit
  - silberner oder goldener Hochzeit der Eltern
  - Arztbesuch, der außerhalb der Arbeitszeit nicht möglich ist
  - gerichtlicher Ladung als Zeuge oder Beisitzer
  - Musterung
  - Gesellenprüfung
  - schwerwiegender Erkrankung naher Angehöriger
  - Erkrankung eines Kindes unter acht Jahren.

- Bei **Annahmeverzug** des Arbeitgebers, der den Mitarbeiter am Betreten des Unternehmens hindert oder ihm keine Arbeit zuweist.

4.4 Sicherung der Arbeitslöhne

Der Arbeitslohn soll grundsätzlich dem Mitarbeiter zufließen, der einen entsprechenden Anspruch gegenüber dem Arbeitgeber hat. Zur Sicherung des Arbeitslohnes hat der Gesetzgeber mehrere **Regelungen** getroffen:

- Die **Pfändung** der Lohnforderung, die der Mitarbeiter gegenüber dem Arbeitgeber hat, ist einem Gläubiger des Mitarbeiters zwar möglich, wenn er einen vollstreckbaren Titel gegen den Arbeitnehmer als Schuldner hat, hierfür gibt es aber zwei **Beschränkungen**:

- Ein Teil des (Netto-)Lohnes darf nicht gepfändet werden. Dieser pfändungsfreie Betrag ist der Lohnpfändungstabelle zu entnehmen.

- Ebenso dürfen nicht gepfändet werden und zwar insgesamt: Reisespesen, Auslösungsgelder, Gefahrenzulagen, Schmutzzulagen, Erschwerniszulagen, zusätzliches Urlaubsgeld.

• Die **Aufrechnung** der Lohnforderung, die der Mitarbeiter gegenüber dem Arbeitgeber hat, ist dem Arbeitgeber nur dann möglich, wenn die Forderung des Arbeitgebers fällig und auch eine Geldforderung ist, beispielsweise als Schadensersatzforderung. Die Aufrechnung kann im übrigen durch Tarifvertrag, Betriebsvereinbarung oder Arbeitsvertrag ausgeschlossen sein.

• Das **Abtretungsverbot**, das eine Abtretung des Mitarbeiters gegenüber einem Gläubiger bezüglich des nicht pfändbaren Teiles des Lohnes nichtig macht, beispielsweise also die Abtretung des gesamten Monatsgehaltes.

• Das **Konkursausfallgeld**, das vom Arbeitsamt auf Antrag des Mitarbeiters als Ausgleich von Ansprüchen auf rückständigen Lohn für die der Eröffnung des Konkursverfahrens vorausgegangenen letzten drei Monate des Arbeitsverhältnisses gezahlt wird. Dies gilt auch für den Fall, daß der Konkursantrag »mangels Masse« abgelehnt wurde.

5. Vorgabezeiten

Beim Einsatz des Akkordlohnes ist es erforderlich, die Zeiten zu ermitteln, in denen die Arbeitskraft in der Lage sein kann, bestimmte Leistungen zu erbringen. Dabei muß die **Normalleistung** zugrundegelegt werden.

Zur Darstellung der Vorgabezeiten, die auf die Arbeitskraft bezogene Auftragszeiten sind, erscheint es zweckmäßig, zunächst zu zeigen, welche Ablaufarten der Arbeitskraft unterschieden werden. Schließlich soll erläutert werden, wie die Vorgabezeiten zu ermitteln sind.

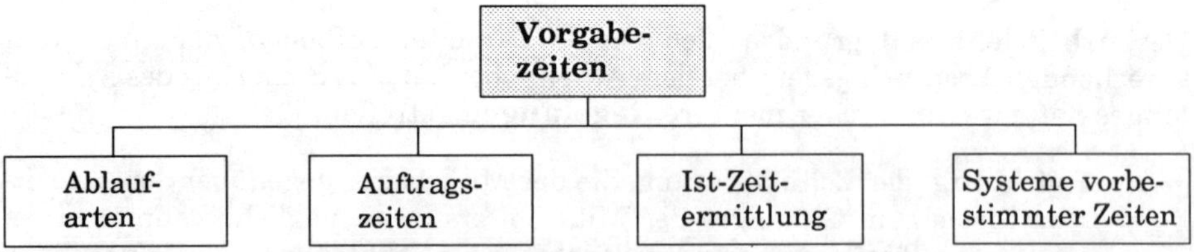

5.1 Ablaufarten

Ausgangspunkt jeder Zeitermittlung ist die Analyse der betreffenden Tätigkeiten. Die Gliederung des Arbeitsablaufs wird in verschiedene Abschnitte aufgeteilt. Diese Abschnitte, die dann durch Zeitarten beschrieben werden, sind Grundlagen zur Erlangung anderer für den betrieblichen Leistungsprozeß interessanter Informationen, beispielsweise der Vorgabezeiten.

REFA 2 beschreibt die Ablaufarten nach drei Kriterien:

- Menschenbezogene Ablaufarten
- Betriebsmittelbezogene Ablaufarten
- Arbeitsgegenstandbezogene Ablaufarten.

Zur Ermittlung der Vorgabezeiten der Arbeitskräfte sind lediglich die **menschenbezogenene Ablaufarten** bedeutsam.

REFA 2 unterscheidet - siehe das Schaubild Seite 296:

- **Im Einsatz**: Der Mensch führt innerhalb der festgelegten Arbeitszeit Arbeitsaufgaben aus. In einfachster Unterscheidung können dies Rüsten oder Ausführen sein.

Rüsten	Beim Rüsten wird das Arbeitssystem auf die Erfüllung der Arbeitsaufgabe vorbereitet und - wenn notwendig - auch wieder in den ursprünglichen Zustand zurückversetzt. **Beispiele**: Bohrer einspannen, Zeichnung lesen, Probelauf durchführen, Bohrer ausspannen, Bohrer zur Werkzeugrückgabe bringen.
Ausführen	Beim Ausführen erfolgt die Realisierung der eigentlichen Arbeitsaufgabe. **Beispiele**: Bohren, Fräsen, Hobeln, Feilen von Werkstücken entsprechend dem Arbeitsauftrag.

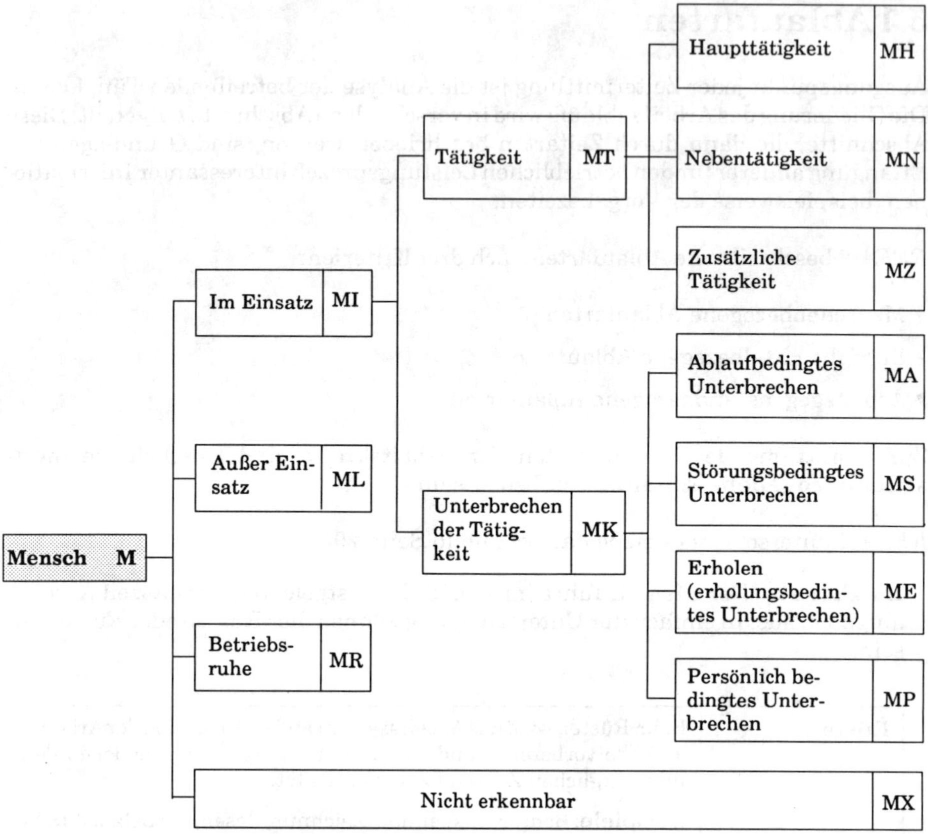

- **Außer Einsatz:** Der Mensch steht zur Erfüllung der Arbeitsaufgaben innerhalb der festgesetzten Arbeitszeit über längere Zeit nicht zur Verfügung oder der Betrieb kann ihn über längere Zeit nicht einsetzen.

  Beispiele: Mitarbeiter ist erkrankt, Mitarbeiter ist in Urlaub, Betrieb hat zu wenig Aufträge.

- **Betriebsruhe**: Der Mensch kann die Arbeitsaufgaben nicht erfüllen, da im Betrieb oder in einzelnen Betriebsteilen nicht gearbeitet wird.

  Beispiele: Gesetzliche Feiertage, tariflich festgelegte Pausen, Sonntage, Kurz arbeit, Katastrophen.

- **Haupttätigkeit**: Der Mensch übt eine planmäßige Tätigkeit aus, die unmittelbar zur Erfüllung der Arbeitsaufgabe dient.

Beispiele: Bohren, Fräsen, Hobeln, Feilen von Werkstücken entsprechend dem Arbeitsauftrag.

- **Nebentätigkeit**: Der Mensch übt eine planmäßige Tätigkeit aus, die mittelbar zur Erfüllung der Arbeitsaufgabe dient.

Beispiele: Planmäßiges Hobeln eines Werkstückes, Bohrer einspannen, Zeichnung lesen, Bohrer zur Werkzeugrückgabe bringen.

- **Zusätzliche Tätigkeit**: Der Mensch führt eine Tätigkeit durch, deren Ablauf oder Vorkommen nicht vorherbestimmt werden kann. Sie beruht auf organisatorischen, technischen ode Informationsmängeln oder wird ohne einen besonderen Auftrag durchgeführt.

Beispiele: Behebung einer Störung, Nacharbeiten, Rückfragen bezüglich der Arbeitspapiere, besondere Wartungsarbeiten.

- **Ablaufbedingtes Unterbrechen**: Der Mensch wartet planmäßig auf die Beendigung von Ablaufabschnitten des Betriebsmittels oder Arbeitsgegenstandes.

Beispiele: Erreichen der Arbeitstemperatur abwarten, Farbe trocknen lassen, Warten auf Beendigung eines automatischen Dreh,- Fräs- oder Hobelvorganges.

- **Störungsbedingtes Unterbrechen**: Der Mensch muß wegen technischer, organisatorischer oder Informationsmängel die Tätigkeit kurzfristig unplanmäßig unterbrechen.

Beispiele: Warten auf die Zeichnung, Warten während einer Reparatur, Warten auf Werkzeug.

- **Erholen**: Der Mensch unterbricht die Tätigkeit zwecks Abbauf der aus dieser Tätigkeit resultierenden Arbeitsermüdung.

Beispiele: Ausruhen nach Heben einer schweren Last, Ausruhen nach starker Konzentration.

- **Persönlich bedingtes Unterbrechen**: Der Mensch unterbricht seine Tätigkeit kurzfristig aus Gründen, die nicht arbeitsablaufbedingt, sondern persönlicher Natur sind.

Beispiele: Zigaretten holen, Privatgespräche mit Kollegen, privates Telefonieren, verspäteter Arbeitsbeginn.

35

5.2 Auftragszeiten

Nachdem die Ablaufarten bekannt sind, müssen die Zeitarten näher betrachtet werden, d.h. die Ablaufarten sind mit Zeitwerten versehen.

Vorgabezeiten nach *REFA 2* sind Soll-Zeiten, die für Arbeitsabläufe angesetzt werden, welche von Menschen und Betriebsmitteln ausgeführt werden. Sie sind die Grundlage für die Entlohnung nach Leistungsmenge.

REFA 2 nennt zwei **Arten von Vorgabezeiten:**

- Auftragszeiten
- Belegungszeiten.

Die Belegungszeiten beziehen sich auf die Betriebsmittel. Insofern sollen sie nicht näher betrachtet werden.

Die Auftragszeiten beziehen sich auf die Arbeitskraft.

REFA 2 unterscheidet:

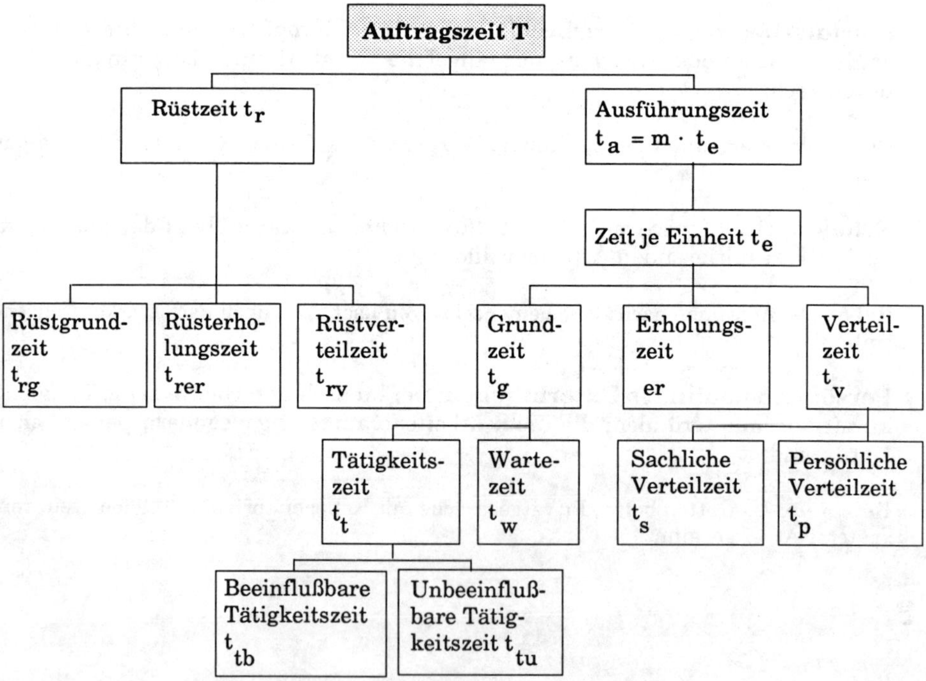

- **Rüstgrundzeit**: Sie ist die Zeit, während der ein Betriebsmittel vom Menschen gerüstet wird.

- **Grundzeit**: Sie ist die Zeit, die zum Ausführen einer Mengeneinheit durch den Menschen erforderlich ist. Sie enthält:

Zeitarten	**Ablaufarten**
Tätigkeitszeit	Haupttätigkeit Nebentätigkeit
Wartezeit	Ablaufbedingtes Unterbrechen

- **Rüsterholungszeit**: Sie ist die Zeit, die beim Rüsten notwendig ist, um die Ermüdung abzubauen, die durch das Rüsten eingetreten ist.

- **Erholungszeit**: Sie ist die Zeit, die für das Erholen des Menschen erforderlich ist und bezieht sich auf eine Mengeneinheit.

  Die Länge der Erholungszeit orientiert sich an den Anforderungen, die an den Menschen gestellt werden. Der Erholungszeit können auch »erholungswirksame Zeiten«, die während der Arbeitszeit ablaufbedingt oder störbedingt anfallen, zugerechnet werden. Wichtig ist, daß dem Arbeiter seine Erholungszeit bekannt ist, damit er sich darauf einstellen kann.

  Die Erholungszeit kann als prozentualer Erholungszuschlag zur Grundzeit angegeben werden.

- **Rüstverteilzeit**: Sie ist die Zeit, die beim Rüsten zusätzlich unplanmäßig durch den Menschen entsteht.

- **Verteilzeit**: Sie ist die Zeit, die zusätzlich zur planmäßigen Ausführung eines Ablaufes durch den Menschen erforderlich ist und bezieht sich auf eine Mengeneinheit. Sie enthält:

Zeitarten	**Ablaufarten**
Sachliche Verteilzeit	Zusätzliche Tätigkeit Störungsbedingtes Unterbrechen
Persönliche Verteilzeit	Persönlich bedingtes Unterbrechen

Die Verteilzeit wird häufig als prozentualer Zuschlag zur Grundzeit angegeben.

36

5.3 Ist-Zeitermittlung

Die Ist-Zeitermittlung dient dazu, die Dauer eines Arbeitsvorganges festzustellen. Sie kann erfolgen als:

- **Zeitschätzung**
- **REFA-Zeitaufnahme**
- **Multimomentaufnahme.**

5.3.1 Zeitschätzung

Das einfachste, aber auch ungenaueste Verfahren der Ist-Zeitermittlung ist das Schätzen. Es wird angewendet, wenn

- andere Verfahren nicht anwendbar sind,
- der Aufwand einer genaueren Zeitermittlung nicht vertretbar ist.

Wichtige **Voraussetzungen** dafür, daß dieses Verfahren überhaupt angewendet wird, sind:

- Erfahrung des Arbeitsstudienmannes
- Übung des Arbeitsstudienmannes
- Genaue Kenntnis des Arbeitsablaufes durch den Arbeitsstudienmann.

Die Schätzung der Arbeitszeit sollte nicht als Ganzes erfolgen, sondern einzelne Teilvorgänge sind getrennt zu schätzen und zum Schluß zusammenzufassen. Damit wird eine genauest mögliche Schätzung gefördert.

5.3.2 REFA-Zeitaufnahme

In der Zeitaufnahme wird die auf den Menschen bezogene Zeit erfaßt. Die Zeitaufnahme kann als zweckmäßig angesehen werden, wenn der untersuchte Ablauf auch zukünftig hinsichtlich

- Arbeitsverfahren
- Arbeitsmethode
- Arbeitsbedingungen

in gleicher Weise wiederholt wird. Damit erreicht man, über die Messung und Auswertung der Ist-Zeiten zu Soll-Zeiten zu gelangen.

Drei Aspekte der Zeitaufnahme, für die verschiedene Vorschriften gelten, sind:

- Die **Durchführung** der Zeitaufnahme, bei der verschiedene Vorschriften zu beachten sind, beispielsweise:

  - Betriebliche Regelungen
  - Tarifvertragliche Regelungen
  - Unterrichtung des beobachteten Mitarbeiters
  - Information des Vorgesetzten des Beobachteten
  - Information des Betriebsrates
  - Urkundencharakter des Zeitaufnahmebogens.

  Die Informationen, die der Arbeitsstudienmann zu sammeln hat, werden in dem **REFA-Zeitaufnahmebogen** dokumentiert.

- Die **Zeitaufnahmegeräte**, welche dem Arbeitsstudienmann in vielfältiger Zahl zur Verfügung stehen siehe Seite 302.

  Göltenboth nennt vier **Forderungen**, die an ein zweckmäßiges Zeitaufnahmegerät zu stellen sind:

  - Zweckmäßige Gestaltung und Anbringung der Bedienungselemente
  - Schnelle, sichere und genaue Registriermöglichkeit
  - Ausreichende Ganggenauigkeit
  - Vertretbare Ansachaffungs- und Betriebskosten.

- Der **Leistungsgrad**, der bei der einzelnen Arbeitskraft unterschiedlich sein kann. Beispielsweise benötigt eine Arbeitskraft für die Ausführung eines Arbeitsvorganges 5 Minuten, eine andere 10 Minuten, wenn beide ihre Höchstleistung bieten. Es ist daher erforderlich, den Leistungsgrad einer Ist-Zeit festzustellen, um die Ist-Zeit auf eine Zeit bestimmter Bezugsleistung umrechnen zu können.

  Der Leistungsgrad ergibt sich nach *REFA 2*:

$$\text{Leistungsgrad} = \frac{\text{(Beobachtete) Ist-Leistung}}{\text{(Vorgestellte) Bezugsleistung}} \cdot 100$$

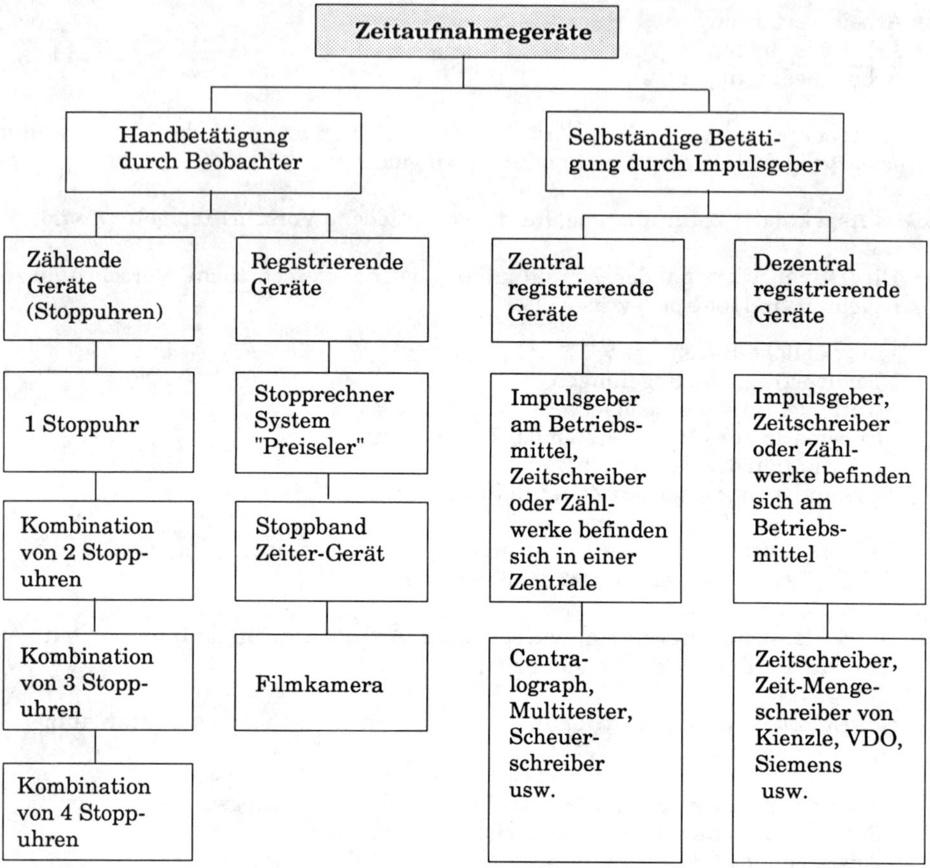

Entsprechend kann auch der **Leistungsfaktor** angegeben werden:

$$\text{Leistungsfaktor} = \frac{\text{(Beobachtete) Ist-Leistung}}{\text{(Vorgestellte) Bezugsleistung}}$$

Als **Bezugsleistung** wird die einer Soll-Zeit zugrundeliegende Leistung bezeichnet. Im allgemeinen erhält die Bezugsleistung den Leistungsgrad 100%.

Beispiel: Die gemessene Ist-Zeit beträgt 5,0 Min/Stück. Der Leistungsgrad wird mit 120 % beurteilt.

$$\text{Soll-Zeit} = \frac{120}{100} \cdot 5{,}0 = \underline{\underline{6{,}0\ \text{Min/Stück}}}$$

Die Höhe des Leistungsgrades hängt von zwei **Faktoren** ab:

- Der **Intensität**, die durch die Bewegungsgeschwindigkeit sowie durch die körperliche und geistige Anspannung des arbeitenden Menschen bestimmt wird.

- Der **Wirksamkeit**, die ein Ausdruck für die Beherrschung des Arbeitsvorganges durch die Arbeitskraft ist.

5.3.3 Multimomentaufnahme

Die Multimomentaufnahme ist ein Stichprobenverfahren, das Aussagen über die prozentuale Häufigkeit bzw. über die Dauer von vorwiegend unregelmäßig auftretenden Vorgängen oder Größen beliebiger Art für eine frei wählbare Genauigkeit bei einer statistischen Sicherheit von 95 % gibt.

Die Multimomentaufnahme kann eingesetzt werden:

- Zum **Zählen von Häufigkeiten.** Beim Multimoment-Häufigkeitszählverfahren werden Ereignisse an zufällig bestimmten Zeitpunkten gemessen mit dem Ziel, eine Auskunft über die absoluten oder prozentualen Häufigkeiten von Vorgängen zu erhalten.

- Zum **Messen von Zeiten**. Beim Multimoment-Zeitmeßverfahren werden - unter zufallsbestimmter Festlegung der Zeitmeßpunkte - Zeitwerte ermittelt.

Während die Zeitaufnahme vor allem aus dem

- Gliedern des zu untersuchenden Ablaufes in aufeinander folgende Ablaufabschnitte
- fortlaufenden Messen der Zeiten für die einzelnen Ablaufabschnitte

besteht, sind wesentliche **Merkmale** der Mutlimomentaufnahme

- das Gliedern des zu untersuchenden Ablaufes in Ablaufarten,

- das stichprobenmäßige Erfassen der vorliegenden Ablaufarten zum Zeitpunkt der Beobachtung.

Die Multimomentaufnahme läuft grundsätzlich in folgenden **Schritten** ab :

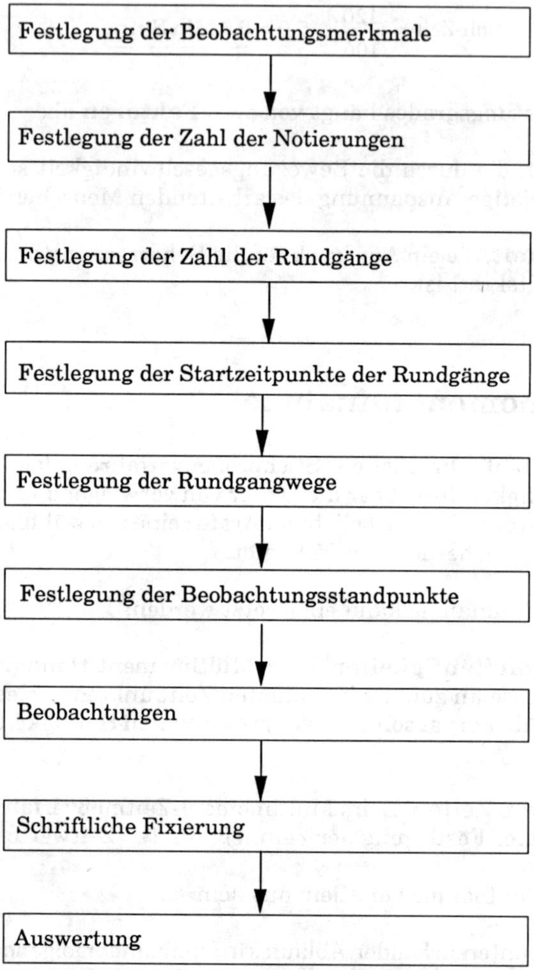

5.4 Systeme vorbestimmter Zeiten

Die Systeme vorbestimmter Zeiten gehen von dem Gedanken aus, daß manuelle Tätigkeiten, die vom Menschen beeinflußbar sind, systematisch ermittelt werden können. Dabei wird grundsätzlich in zwei **Schritten** vorgegangen:

- Zunächst erfolgt die **Analyse des Bewegungsablaufes,** mit welcher die in einem Ablaufabschnitt enthaltenen Bewegungselemente ermittelt werden, beispielsweise:

  - Hinlangen
  - Bringen
  - Greifen
  - Loslassen
  - Vorrichten
  - Fügen

- Danach erfolgt die **Zuordnung der Zeiteinheiten** zu den festgestellten Bewegungselementen unter Verwendung von Bewegungszeittabellen.

Es gibt eine Vielzahl von Verfahren, welche den Systemen vorbestimmter Zeiten zugerechnet werden können, beispielsweise:

- **Work-Factor-Verfahren**
- **Methods-Time-Measurement-Verfahren.**

5.4.1 Work-Factor-Verfahren

Beim Work-Factor-Verfahren werden acht Standardelemente als Grundbewegungen mit ihren Unterelementen verwendet, mit deren Hilfe praktisch manuelle Arbeit beschrieben werden kann:

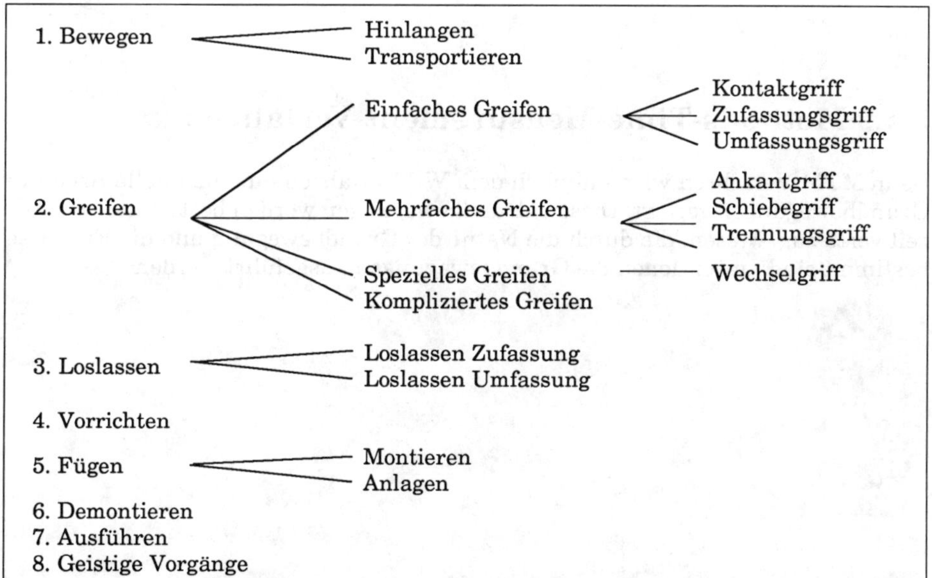

Für diese Bewegungsarten finden sich in den **Bewegungszeittabellen** die jeweiligen Zeiten, wobei als Einflußgrößen berücksichtigt werden:

- Bewegtes Körperteil
- Zurückgelegter Weg
- Zu transportierendes Gewicht bzw. zu überwindender Widerstand
- Erforderliche Bewegungsbeherrschung.

Ebenso ist die Form der **Bewegungsbeherrschung** für die Festlegung der Zeiten von Bedeutung. Sie wird ausgedrückt durch:

- Richtungskontrolle
  (Steuern)
- Sorgfalt
  (Präzision, Vorsicht)
- Richtungsänderung
  (Umweg)
- Bestimmtes Ziel.

5.4.2 Methods-Time-Measurement-Verfahren

Beim MTM-Verfahren wird - ähnlich dem WF-Verfahren - die manuelle Arbeit in Grundbewegungen zerlegt. Diesen Grundbewegungen werden bestimmte Normalzeitwerte zugewiesen, die durch die Natur der Grundbewegung und die Einflüsse bestimmt sind, unter denen die Grundbewegungen ausgeführt werden.

Grundbewegungen des MTM-Verfahrens sind:

	Grundbewegung	Einflußfaktoren
Hand-Arm-Bewegungen	Hinlangen	Bewegungslänge, Bewegungsfall, Typ des Bewegungsverlaufs, Richtungsänderung des Bewegungsverlaufs
	Bringen	Bewegungslänge, Bewegungsfall, Typ des Bewegungsverlaufs, Kraftaufwand
	Drehen	Drehwinkel, Kraftaufwand
	Drücken	
	Greifen	
	Handhabung	Passungsklasse, Symmetriebedingungen, Handhabungen
	Anfügen	
Blick-funktionen	Trennen	
	Blickverschieben	
	Prüfen	
Körper-, Bein-, Fußbewegungen	Fußbewegungen	
	Beinbewegungen	
	Seitenschritt	
	Körperdrehung	
	Gehen	

Im Gegensatz zu dem WF-Verfahren gibt es bei einigen Grundbewegungen des MTM-Verfahrens qualitative, allgemein definierte Einflußgrößen, die vom Arbeitsstudienmann zu beurteilen sind.

	Kontrollfragen	bearbeitet	Lösungshinweis	Lösung +	Lösung -
01	Was versteht man unter Personalentlohnung?		255		
02	Nennen Sie geldwerte Leistungen der Personalentlohnung!		255		
03	Inwieweit ist die Personalentlohnung ein Teil der Personalführung?		255		
04	Warum zählt die Erfolgsbeteiligung nicht zur Personalentlohnung?		255		
05	Welche Bezugsgrößen bieten sich für die Erfolgsbeteiligung an?		255		
06	Weshalb werden die betrieblichen Sozialleistungen nicht der Personalentlohnung zugerechnet?		255 f.		
07	Worauf beziehen sich Verbesserungsvorschläge?		256		
08	Wie werden Verbesserungsvorschläge im Unternehmen behandelt?		256		
09	Inwieweit sind die Grundsätze über das Vorschlagswesen mitbestimmungspflichtig?		256		
10	Was versteht man unter der absoluten Lohnhöhe und wo ist sie festgelegt?		257		
11	Welche Entscheidungen sind erforderlich, um die relative Lohnhöhe festzulegen?		257 f.		
12	Inwieweit gibt es eine absolute und relative Lohngerechtigkeit?		258		
13	Welche relativen Lohngerechtigkeiten lassen sich unterscheiden?		258		
14	Nennen Sie die möglichen Rechtsgrundlagen für die Personalentlohnung!		259		
15	Beschreiben Sie die Arten der Tarifverträge, die Einfluß auf die Personalentlohnung haben!		259 f.		
16	Was versteht man unter einer Ecklohngruppe?		260		
17	Worin unterscheiden sich Verbands- und Haustarifverträge?		260		
18	Was besagt das Spezialitätsprinzip?		260		
19	Inwieweit können Arbeitnehmer auf Rechte aus tarifvertraglichen Vereinbarungen rechtswirksam verzichten?		260		
20	Welche Mitbestimmungsrechte hat der Betriebsrat gemäß § 87 Abs. 1 Ziff. 10 und 11 BetrVG?		260		

	Kontrollfragen	bearbeitet	Lösungshinweis	Lösung +	Lösung -
21	Können Betriebsvereinbarungen sachlich uneingeschränkt geschlossen werden?		260 f.		
22	Inwieweit bestehen für Einzelarbeitsverträge Formvorschriften?		261		
23	Was versteht man unter der Arbeit ?		261		
24	Welche Arten der Arbeit können unterschieden werden?		262		
25	Worin unterscheiden sich statische und dynamische Muskelarbeit?		262		
26	Erläutern Sie, was unter der Leistung zu verstehen ist!		263		
27	Wodurch wird die Arbeitsleistung des Menschen bestimmt?		263		
28	Nennen Sie die Bestimmungsfaktoren der Arbeitsleistung!		263		
29	Welche Faktoren werden unter der Leistungsfähigkeit des Menschen zusammengefaßt?		263 f.		
30	Wovon hängt die Leistungsbereitschaft des Menschen grundsätzlich ab?		264		
31	Inwieweit bewirkt ein höherer Arbeitslohn auch eine höhere Leistungsbereitschaft des Menschen?		264		
32	Wie können sich der Zeitlohn und der Leistungslohn auf die Motivation des Menschen auswirken?		265		
33	Welche Tatbestände können unter den Arbeitsbedingungen zusammengefaßt werden?		265		
34	Welche arbeitsplatzbezogenen Arbeitsbedingungen lassen sich unterscheiden?		265		
35	Was versteht man unter der anthropometrischen Gestaltung der Arbeitsbedingungen?		265 f.		
36	Beschreiben Sie, was unter der physiologischen Gestaltung der Arbeitsbedingungen zu verstehen ist!		266		
37	Nennen Sie die Umgebungseinflüsse, denen der arbeitende Mensch unterliegen kann!		266 f.		
38	Worauf bezieht sich die psychologische Gestaltung der Arbeitsbedingungen?		267		
39	Was versteht man unter der organisatorischen Gestaltung der Arbeitsbedingungen?		268		
40	Worin unterscheiden sich Job rotation, Job enlargement und Job enrichement?		268		

	Kontrollfragen	bearbeitet	Lösungshinweis	Lösung +	Lösung -
41	Beschreiben Sie, was unter (teil-)autonomen Arbeitsgruppen zu verstehen ist!		268		
42	Welche Gestaltungsmöglichkeiten der Arbeitszeit im Unternehmen können unterschieden werden?		269		
43	Was ist unter der Tagesrhythmik zu verstehen?		269		
44	Wozu dienen Arbeitspausen und wie ist ihre Wirkung zu beurteilen?		269		
45	Was versteht man unter der informationstechnischen Gestaltung der Arbeitsbedingungen?		269 f.		
46	Beschreiben Sie, was unter der sicherheitstechnischen Gestaltung der Arbeitsbedingungen zu verstehen ist!		270		
47	Wozu dient die Arbeitsbewertung?		270		
48	Was ist eine Normalleistung?		270		
49	Inwieweit kann die Arbeitsbewertung tarifvertraglich geregelt werden?		270		
50	Hat der Betriebsrat Mitbestimmungsrechte bei der Arbeitsbewertung?		270		
51	Erläutern Sie die Schritte, in denen die qualitative Arbeitsanalyse durchgeführt wird!		271 f.		
52	Welche Methoden der Arbeitsbewertung lassen sich unterscheiden?		272		
53	Erläutern Sie, was unter der summarischen Arbeitsbewertung zu verstehen ist!		272		
54	Wie geht man beim Rangfolgeverfahren vor?		272 f.		
55	Wie ist das Rangfolgeverfahren zu beurteilen?		273		
56	Beschreiben Sie das Lohngruppenverfahren und seine Eignung!		273 ff.		
57	Was versteht man unter der analytischen Arbeitsbewertung?		275		
58	Welche Anforderungsarten werden nach dem Genfer Schema und nach REFA unterschieden?		275		
59	Wie sind die Anforderungsarten nach REFA definiert?		276		
60	Beschreiben Sie das Rangreihenverfahren!		277		
61	Worin unterscheiden sich die getrennte und die gebundene Gewichtung beim Rangreihenverfahren?		277 f.		

	Kontrollfragen	bearbeitet	Lösungshinweis	Lösung +	Lösung -
62	Wie ist die Eignung des Rangreihenverfahrens zu beurteilen?		278		
63	Wie geht man beim Stufenwertzahl-Verfahren vor?		278 f.		
64	Beurteilen Sie die Eignung des Stufenwertzahl-Verfahrens!		280		
65	Welche Formen von Arbeitslöhnen lassen sich unterscheiden?		280		
66	Was versteht man unter Einzel- und Gruppenentlohnung?		281		
67	Worin unterscheiden sich Brutto- und Nettolohn?		281		
68	Wo findet der Zeitlohn ohne Leistungszulage Anwendung und wie wird er errechnet?		282 f.		
69	Wie ist der Zeitlohn ohne Leistungszulage zu beurteilen?		283		
70	Soll der Zeitlohn mit Leistungszulage einem Leistungslohn entsprechen?		283		
71	Wie wird die Leistungszulage beim Zeitlohn vielfach gewährt? Geben Sie Beispiele!		283		
72	Inwieweit ist bei der Gewährung freiwilliger Leistungszulagen die Zustimmung des Betriebsrates erforderlich?		283		
73	Was versteht man unter dem Akkordlohn?		284		
74	Welche Voraussetzungen müssen erfüllt sein, damit der Akkordlohn angewendet werden kann?		284		
75	Aus welchen Teilen besteht der Akkordlohn?		284		
76	Was versteht man unter dem Grundlohn und dem Akkordrichtsatz?		284		
77	Beurteilen Sie Eignung des Akkordlohnes!		284 f.		
78	Worin unterscheiden sich der Stückakkord und der Zeitakkord?		285 f.		
79	Was sind Akkordsatz, Akkordlohn und der Minutenfaktor?		285 f.		
80	Wie sind Stückakkord und Zeitakkord zu beurteilen?		286		
81	An welche Voraussetzungen ist der Gruppenakkord gebunden und wie ist er zu beurteilen?		287		
82	Beschreiben Sie den Prämienlohn!		288		
83	Welche Prämienarten lassen sich nach ihrer Art der Zurechnung unterscheiden?		289		
84	Erläutern Sie, welche Prämienverläufe es gibt!		289 f.		

	Kontrollfragen	bearbeitet	Lösungshinweis	Lösung +	Lösung -
85	Nennen Sie Prämien, die für unterschiedliche Leistungen gewährt werden!		290		
86	Was sind »ergänzende Arbeitslöhne«?		290		
87	Erläutern Sie, was unter zusätzlichen Vergütungen zu verstehen ist!		291		
88	Geben Sie Beispiele für Sondervergütungen!		291		
89	Gibt es einen Anspruch auf Zahlung von Sondervergütungen in künftigen Jahren?		291		
90	Inwieweit kann der Arbeitgeber die Zahlung von Sondervergütungen mit Rückzahlungsklauseln belegen?		291		
91	Was versteht man unter Zuschlägen?		292		
92	Geben Sie Beispiele für Zuschläge!		292		
93	Unter welchen Voraussetzungen hat ein Arbeitgeber Überstundenzuschläge zu vergüten?		292		
94	Aus welchen Gründen sind vom Arbeitgeber Arbeitslöhne zu leisten, obwohl vom Arbeitnehmer keine Leistung erbracht wurden?		293		
95	Welche Regelungen zur Sicherung der Arbeitslöhne können unterschieden werden?		293 f.		
96	Welche Beschränkungen gibt es bei der Pfändung von Lohnforderungen?		294		
97	Kann eine Aufrechnung von Lohnforderungen ausgeschlossen werden?		294		
98	Welche grundsätzliche Regelung gilt für das Konkursausfallgeld?		294		
99	Was versteht man unter Vorgabezeiten?		294		
100	Stellen Sie die menschenbezogenen Ablaufarten schematisch dar!		295		
101	Was versteht man unter diesen Ablaufarten?		295 f f.		
102	Wie ergibt sich die Auftragszeit?		298		
103	Geben Sie Beispiele für die in der Auftragszeit enthaltenen Zeiten!		299		
104	Wie kann die Ist-Zeitermittlung grundsätzlich erfolgen?		300		
105	Wann wendet man die Zeitschätzung an und welche Voraussetzungen gibt es hierfür?		300		

	Kontrollfragen	bear-beitet	Lösungs-hinweis	Lösung +	-
106	Beschreiben Sie, wie die REFA-Zeitaufnahme durchgeführt wird!		300 f.		
107	Was versteht man unter dem Leistungsgrad und dem Leistungsfaktor?		301		
108	Was ist eine Multimomentaufnahme und in welchen Schritten läuft sie grundsätzlich ab?		303		
109	Wie wird bei den Systemen vorbestimmter Zeiten grundsätzlich vorgegangen?		304		
110	Nennen Sie zwei Verfahren, welche den Systemen vorbestimmter Zeiten zuzurechnen sind, und beschreiben Sie diese kurz!		305 f.		

G. Personalbetreuung

Unter der Personalbetreuung werden alle Leistungen zusammengefaßt, die den Mitarbeitern vom Arbeitgeber über das vereinbarte Entgelt hinaus gewährt werden. Die Leistungen der Personalbetreuung werden mit unterschiedlichen Bezeichnungen benannt:

- Sozialleistungen
- Wohlfahrtsleistungen
- Zusatzleistungen.

Grundsätzlich können zwei **Arten** der Personalbetreuung unterschieden werden:

- **Sozialmaßnahmen**, die direkte Übertragungen von Sozialleistungen an die Mitarbeiter umfassen, beispielsweise:

  - Fahrkostenzuschuß
  - Urlaubsgeld
  - Deputate

- **Sozialeinrichtungen**, die indirekte Übertragungen von Sozialleistungen an die Mitarbeiter bewirken, beispielsweise:

  - Betriebsarzt
  - Mitarbeiterzeitschrift
  - Werksbücherei.

Die Kosten der Sozialleistungen betragen in der Bundesrepublik Deutschland weit über 50 % der direkten Personalkosten. Deswegen bedarf es einer intensiven Gestaltung und Kontrolle der Personalbetreuung im Rahmen des Personalwesens.

Für die Personalbetreuung sind die folgenden Gesichtspunkte besonders bedeutsam:

Personalbetreuung	Gründe
	Formen
	Betreute
	Schwerpunkte
	Mitbestimmung
	Dokumentation

1. Gründe

Grundsätzlich können drei Arten von Sozialleistungen unterschieden werden:

1.1 Gesetzlich bedingte Sozialleistungen

Gesetzliche Vorschriften sind für verschiedene Arten von Sozialleistungen maßgeblich:

- Bei den **Sozialversicherungen** ist der Arbeitgeber verpflichtet, für die Hälfte der nachstehenden Sozialversicherungsbeiträge aufzukommen:

  - Krankenversicherung
  - Rentenversicherung
  - Arbeitslosenversicherung

- Bei der **Unfallversicherung** sind die Beiträge vollständig vom Arbeitgeber zu bezahlen.

- Eine **Entgeltverpflichtung** besteht beim Arbeitgeber für eine Reihe von Tagen, an denen keine Arbeit geleistet wird, beispielsweise:

  - Krankheitstage nach dem Lohnfortzahlungsgesetz
  - Urlaubstage gemäß dem Bundesurlaubsgesetz
  - Feiertage nach dem Gesetz zur Regelung der Lohnzahlung an Feiertagen
  - Mutterschutz gemäß dem Mutterschutzgesetz
  - Sonderurlaub für Schwerbehinderte nach dem Schwerbehindertengesetz
  - Freistellungen für Betriebsräte nach dem Betriebsverfassungsgesetz.

Daneben gibt es eine Reihe weiterer gesetzlicher Vorschriften über Sozialleistungen, die jedoch geringere Bedeutung haben.

1.2 Tarifvertraglich bedingte Sozialleistungen

In Tarifverträgen ist eine Vielzahl unterschiedlicher Vereinbarungen über Sozialleistungen enthalten, beispielsweise:

- Bezahlung von Pausen
- Übernahme von Bankgebühren für Gehalts- und Lohnkonten
- Fahrtkostenzuschüsse
- Sonderurlaub aus persönlichen Gründen
- Zuschüsse zum Krankengeld
- Lohnfortzahlung im Krankheitsfall.

Die große Zahl von Tarifverträgen in der Bundesrepublik Deutschland erschwert eine vollständige Übersicht über alle tarifvertraglichen Sozialleistungen.

1.3 Freiwillige Sozialleistungen

Freiwillige Sozialleistungen können auf Grund von Betriebsvereinbarungen zwischen dem Arbeitgeber und dem Betriebsrat und auf Grund einseitiger Willenserklärungen des Arbeitgebers erfolgen. Dafür gibt es unterschiedliche Motive. *Reichwein* nennt beispielsweise:

- Für- und Vorsorge für die Betriebsangehörigen
- Erziehung der Belegschaftsmitglieder
- Erhaltung und Steigerung der Arbeitsleistung
- Verbesserung des Betriebsklimas
- Bindung der Mitarbeiter an das Unternehmen
- Anwerbung neuer Arbeitskräfte
- Abwehr außerbetrieblicher Einflüsse
- Herrschaftssicherung.

Daneben wird auch die»legale« Steuerminderung oder Steuervermeidung als Motiv genannt.

2. Formen

Die Personalbetreuung kann in unterschiedlichen Formen erfolgen. Bedeutsam sind vor allem die nachstehenden Formen:

- **Geldliche Leistungen**, die beispielsweise gewährt werden können als:
  - Fahrtkostenzuschuß
  - Gratifikation
  - Sterbegeld
  - Trennungsgeld
  - Umzugskostenübernahme
  - Urlaubsgeld

- **Sachmittelversorgung**, die eine unentgeltliche Versorgung mit Sachmitteln darstellt und sich beziehen kann auf:
  - Arbeitsschutzkleidung
  - Betriebsverpflegung
  - Deputate wie Haustrunk, Freibrot oder Zigarettenabgabe
  - Geschenke, beispielsweise aus Anlaß von Jubiläen, Geburtstagen, besonderen Leistungen

- **Sachmittelverbilligung** für die Belegschaftsangehörigen, beispielsweise als:
  - Belegschaftsrabatt für Erzeugnisse wie Jahreswagen oder Flugreisen
  - Zuschüsse für verbilligte Betriebsverpflegung
  - Verbilligter Bezug von Gas, Kohle, Elektroenergie oder Wasser
  - Einkaufsmöglichkeiten mit verbilligten Preisen

- **Sachmittelnutzung**, die unentgeltlich oder gering bezahlt gewährt werden, beispielsweise:
  - Betriebswohnungen
  - Berufskleidung
  - Private Nutzung von Dienstwagen
  - Werkbücherei
  - Werkzeugausleihe
  - Sporteinrichtungen

- **Dienstleistungen**, die beispielsweise bereitgestellt werden als:
  - Beratung für Do-it-yourself-Aktivitäten
  - Betriebsarzt und Sanitätsdienst
  - Darlehensgewährung
  - Renten-, Versicherungs- und Steuerberatung.

Neben diesen, allgemein als Sozialleistungen anerkannten Formen der Personalbetreuung, können weitere Leistungsformen der Personalbetreuung zugerechnet werden:

- **Statussymbole** als »wahrnehmbare Zeichen der sozialen Stellung«, beispielsweise:

- Arbeitsplatzgestaltung wie Einzelzimmer, Vorzimmer oder Ruheraum
- Arbeitsplatzausstattungen wie Möbel, Teppiche oder Fensterzahl
- Benutzungrechte wie Casino oder Direktionsfahrstuhl
- Immaterielle Symbole wie Mitgliedschaften im »Führungskreis« oder Teilnahme an wichtigen Besprechungen
- Konsumsymbole wie Dienstwagen oder Dienstvilla

• **Titel**, wie beispielsweise:

- Direktor
- Oberingenieur
- Obermeister

• **Information** über wichtige Angelegenheiten, beispielsweise als:

- Anschläge am schwarzen Brett
- Mitarbeiteranschreiben
- Mitarbeiterbesprechung
- Mitarbeiterzeitschrift.

Die Teilnahme an Fortbildungsveranstaltungen, gleichgültig ob es sich um innerbetriebliche oder externe Kurse, Seminare oder Kongresse auf Unternehmenskosten handelt, muß ebenfalls zur Personalbetreuung gerechnet werden, obwohl hier sowohl der Arbeitgeber als auch die Arbeitnehmer ihren Nutzen haben.

37

3. Betreute

Die Personalbetreuung ist eine Aufgabe, die sich auf alle Belegschaftsmitglieder bezieht. Dies muß jedoch nicht in gleicher Weise erfolgen. Deswegen muß die kollektive und individuelle Betreuung unterschieden werden:

• Die **kollektive Personalbetreuung** wendet sich an alle Arbeitnehmer des Unternehmens. Typische Beispiele für eine kollektive Personalbetreuung sind Maßnahmen und Einrichtungen wie

- Mitarbeiterzeitschrift
- Urlaubsgeld
- Werksbücherei

• Die **individuelle Personalbetreuung** bezieht sich nicht auf alle Mitarbeiter, sondern sie wird nur für einzelne Belegschaftsmitglieder erbracht, beispielsweise:

- Dienstwagen mit kostenloser Privatnutzung
- Statussymbole
- Titelverleihungen

Der Rahmen der Pesonalbetreuung kann auch über die Belegschaft hinausgehen. Oftmals erhalten auch Nichtbelegschaftsmitglieder einzelne Leistungen der Personalbetreuung:

- Pensionäre
- Geschäftsfreunde
- Vertreter.

Teilzeitmitarbeiter haben anteilige Ansprüche auf alle gewährten Sozialleistungen.

4. Schwerpunkte

Besondere Schwerpunkte der Personalbetreuung sind vornehmlich die nachstehenden Sozialleistungen:

4.1 Mitarbeiterverpflegung

Die Versorgung der Mitarbeiter während ihrer Arbeitsanwesenheit erfolgt üblicherweise auf zwei **Arten**:

- Bereitstellung von **Getränken und Imbissen** durch Verkaufsstellen, Kioske, Automaten usw. Die Abgabepreise sind oftmals Selbstkostenpreise, so daß die Kosten der erforderlichen Mitarbeiter

  - Verkäuferinnen
  - Automatenfüller

  vom Unternehmen übernommen werden. Zunehmend werden aber Kioske auch verpachtet und Automaten von Automatengesellschaften versorgt.

- Bereitstellung von **Mittagessen**. Kantine und Küche haben wesentliche Bedeutung für das Betriebsklima. Deswegen wird mit verschiedenen Maßnahmen versucht, das Mittagessen im Unternehmen bei den Mitarbeitern populär zu machen oder zu erhalten. Maßnahmen dazu sind zum Beispiel:

  - Bildung eines Küchen- oder Kantinenausschusses zur laufenden Mitbestimmung
  - Zuschüsse zu den Küchen- und Kantinenkosten
  - Abwechslung und Auswahlmöglichkeiten bei den Speisen
  - Keine Wartezeiten bei der Esseneinnahme

  Besitzt ein Unternehmen keine eigene Kantine, so kann es seine Mitarbeiter trotzdem auf diesem Gebiet betreuen. Möglichkeiten sind:

  - Vergabe von Essengutscheinen für nahegelegene Gaststätten
  - Vertragliche Vereinbarungen mit Gaststätten für die Belegschaftsmitglieder
  - Einrichtung einer Gemeinschaftskantine mit benachbarten Unternehmen.

Zur Einnahme von Essen, Imbissen und Getränken für Gäste und Kunden sind vielfach auch ein Casino, eine Cafeteria oder ein Gästezimmer eingerichtet. Leitende Mitarbeiter erhalten häufig das Privileg, solche Einrichtungen regelmäßig benutzen zu dürfen.

4.2 Werksarzt

Die Gesundheit der Mitarbeiter hat eine große Bedeutung in ökonomischer, psychologischer und sozialer Hinsicht.

Der medizinische Werksdienst hat einen umfangreichen Katalog an **Aufgaben**:

- Durchführung von Einstellungsuntersuchungen
- Erste Hilfe-Leistungen
- Regelmäßige Vorbeugungsuntersuchung der Beschäftigten
- Arbeitsmedizinische Beratung
- Arbeitsschutzkontrolle und Unfallverhütung
- Werkshygieneuntersuchungen
- Mitwirkung bei Rehabilitationsmaßnahmen.

Der Einsatz eines hauptamtlichen oder teilzeitlichen Werksarztes und die Einrichtung einer Sanitätsstelle sind wesentlich von der Unternehmensgröße abhängig. Selbstverständlich wird das Ergebnis einer Wirtschaftlichkeitsuntersuchung nicht allein maßgeblich für das betriebliche Gesundheitswesen sein können. Auf diese Betrachtungsart sollte trotzdem nicht verzichtet werden.

4.3 Wohnungswesen

Den Mitarbeitern bei der Befriedigung ihrer Wohnbedürfnisse behilflich zu sein, ist eine häufig geübte Art der Personalbetreuung. Diese Hilfe wird in unterschiedlichen **Formen** gewährt:

- Bereitstellung von Arbeiterunterkünften und Internaten für Montage- und Bauarbeiter, Gastarbeiter und Auszubildende

- Erstellung und Vergabe von Werkswohnungen an Mitarbeiter

- Gewährung von Mietzuschüssen

- Hilfe bei der Wohnungssuche durch Kostenübernahme, Suchanzeigen und innerbetriebliche Wohnungsvermittlung

- Förderung des Haus- und Wohnungseigentums der Mitarbeiter durch zinsverbilligte Darlehen oder Bürgschaften.

Die Bedeutung der **Werkswohnungen ist rückgängig**, denn viele Unternehmen haben in den vergangenen Jahren keine Wohnungen mehr gebaut oder vorhandene Werkswohnungen verkauft. Die Gründe dafür sind mannigfaltig:

- Der Verwaltungsaufwand ist hoch
- Die Kosten der Werterhaltung steigen überproportional
- Die verstärkte Einflußnahme des Betriebsrates.

Die Notwendigkeit der Betreuung von Mitarbeitern im Hinblick auf Wohnungen hängt wesentlich vom Standort des Unternehmens ab. Für viele Standorte sind Werkswohnungen nicht mehr erforderlich - an anderen Standorten können ohne sie keine Facharbeiter und Büromitarbeiter angeworben werden.

4.4 Altersversorgung

Von deutschen Unternehmen wird eine Altersversorgung der Mitarbeiter in unterschiedlichen **Arten** vorgenommen:

- Durch **Pensionszusagen**, die auch als Ruhegeldverpflichtungen oder Direktzusagen bezeichnet werden. Dabei ist das Unternehmen der unmittelbare Träger der Versorgungsleistung, wozu es steuerrechtlich wirksame Pensionsrückstellungen in die Bilanz einstellt. Für die Mitarbeiter besteht bei einer Pensionszusage ein rechtsverbindlicher Versorgungsanspruch gegenüber ihrem Arbeitgeber.

- Durch **Pensionskassen**, die in Form von Versicherungsvereinen auf Gegenseitigkeit betrieben werden. Sie können von einem oder gemeinsam von mehreren Unternehmen gegründet und getragen werden. Die Mitarbeiter erwerben bei der Pensionskasse ebenfalls einen verbindlichen Versorgungsanspruch. Dabei sind Eigenleistungen der Berechtigten zulässig.

- Durch **Unterstützungskassen**, die neben Versorgungsleistungen im Altersfall auch Hilfe in Notfällen gewähren. Wesentlich für die Mitarbeiter ist, daß sie keinen Rechtsanspruch auf Versorgungsleistungen haben. Die Zuwendungen einer Unterstützungskasse erfolgen auf freiwilliger Basis. Unterstützungskassen werden geführt:

  - ohne Rechtperson
  - als GmbH
  - als Stiftung
  - als eingetragener Verein (e.V.)

- Durch **Direktversicherungen**, bei denen private Lebensversicherungen die Träger der Versorgungsleistungen sind. Der Arbeitgeber trägt dabei die Versicherungsbeiträge entweder vollständig oder zum Teil.

Durch das »Gesetz zur Verbesserung der betrieblichen Altersversorgung« (BetrAVG) wurden die Bedingungen wesentlich verbessert.

Als **Gründe** für die betriebliche Altersversorgung nennen *Grätz / Mennecke:*

- Minderung der Fluktuation
- Werbung neuer Arbeitskräfte
- Verbesserung des Betriebsklimas
- Erhöhung der Mitarbeiterleistung
- Verbesserung der materiellen Lage der Mitarbeiter
- Reduzierung der Steuerlast.

Für die Altersversorgung der Angestellten und Arbeiter im öffentlichen Dienst gibt es **Versorgungskassen**.

4.5 Betriebsveranstaltungen

Zur Personalbetreuung gehören auch Betriebsveranstaltungen. Durch diese Art der Betreuung der Mitarbeiter werden häufig mehrere **Ziele** angestrebt:

- Förderung des Betriebsklimas
- Stärkung des Zusammengehörigkeitsgefühls

- Abbau der hierarchischen Schranken
- Motivation der Mitarbeiter
- Dank für geleistete Arbeit.

Betriebsveranstaltungen werden aus unterschiedlichen Anlässen durchgeführt. In deutschen Unternehmen findet man vornehmlich die nachstehenden Formen von Veranstaltungen:

- **Betriebsfeste**, die als Sommerfeste, Weihnachts- oder Jahresabschlußfeiern veranstaltet werden. Sachzuwendungen zu Betriebsfesten sind bis zu einem bestimmten Betrag lohnsteuerfrei.

- **Betriebsausflüge**, die als Eisenbahnfahrten, Busreisen und Wanderungen mit anschließendem gemütlichen Beisammensein der Belegschaftsmitglieder früher sehr beliebt waren, heute aber nur noch vereinzelt durchgeführt werden.

- **Jubilarfeiern**, die zur Ehrung von Mitarbeitern mit langandauernder Betriebszugehörigkeit veranstaltet werden. Ehrenswerte Betriebszugehörigkeiten sind 25, 40 und 50 Jahre.

- **Freisprechungen**, die oftmals zur Entlassung der Auszubildenden aus dem Ausbildungsverhältnis veranstaltet werden, zu denen auch die Angehörigen der Auszubildenden eingeladen werden.

Aus **besonderen Anlässen** werden weitere Mitarbeiterveranstaltungen durchgeführt:

- Unternehmensjubiläum
- Grundsteinlegungen und Richtfeste
- Eröffnungen von Filialen und Werken
- Ehrung besonders verdienter Mitarbeiter
- Geburtstage von Geschäftsleitungsmitgliedern.

Da die Kosten von Betriebsveranstaltungen erheblich sind, wurden in der jüngeren Vergangenheit die Durchführung von Mitarbeiterveranstaltungen erheblich eingeschränkt.

38

5. Mitbestimmung

Der Betriebsrat hat nach § 87 BetrVG ein **Mitbestimmungsrecht** bei bestimmten Sozialleistungen:

- Bei der Form, Ausgestaltung und Verwaltung von **Sozialeinrichtungen**, deren Wirkungsbereich auf den Betrieb, das Unternehmen oder den Konzern beschränkt ist (§ 87 Abs. 1, 8 BetrVG).

- Bei Regelungen über die Verhütung von **Arbeitsunfällen** und **Berufskrankheiten** sowie über den Gesundheitsschutz (§ 87 Abs. 1, 7 BetrVG).

- Bei der Zuweisung und Kündigung von **Wohnräumen**, die den Arbeitnehmern mit Rücksicht auf das Bestehen eines Arbeitsverhältnisses vermietet werden (§ 87 Abs. 1, 9 BetrVG).

Die Errichtung von Sozialeinrichtungen kann durch Betriebsvereinbarung geregelt werden (§ 88 Abs. 2 BetrVG).

6. Dokumentation

In zunehmendem Umfang werden die im Rahmen der Personalbetreuung erbrachten Sozialleistungen dokumentiert in

- Sozialbilanzen
- Sozialberichten.

In ihnen wird Rechenschaft über Gegebenheiten und Entwicklungen gegeben, beispielsweise:

- Zahl und Struktur der Mitarbeiter
- Kosten der Sozialleistungen
- Aus- und Fortbildung
- Betriebliches Wohnungswesen
- Altersversorgung
- Gesundheitsfürsorge
- Mitarbeiterverpflegung
- Betriebskrankenkasse
- Unfallschutz.

Diese Sozialdokumentationen werden breit gestreut:

- Ergänzung zum Geschäftsbericht
- Verteilung an die Mitarbeiter
- Presseveröffentlichungen.

Sozialdokumentation sind in vielen Unternehmen ein wichtiger Teil der Imagepflege, also der Public Relations. Dieser Teil der Imagepflege wird auch als **Human Relations** bezeichnet.

	Kontrollfragen	bearbeitet	Lösungshinweis	Lösung +	Lösung -
01	Was versteht man unter dem Begriff »Personalbetreuung«?		315		
02	Worin unterscheiden sich Sozialmaßnahmen und Sozialeinrichtungen?		315		
03	Nennen Sie die gesetzlich bedingten Sozialleistungen!		316		
04	Was sind typische tarifvertraglich bedingte Sozialleistungen?		317		
05	Nennen Sie einige Beispiele für freiwillige Sozialleistungen!		317		
06	Welche Formen von Sozialleistungen können unterschieden werden?		317 ff.		
07	Definieren Sie den Begriff »Statussymbol«!		318		
08	Ist die Verleihung von Titeln auch zur Pesonalbetreuung zu zählen?		319		
09	Worin unterscheiden sich kollektive und individuelle Personalbetreuung?		319 f.		
10	Werden üblicherweise auch Nichtbelegschaftsmitglieder in die Personalbetreuung einbezogen?		320		
11	Welche Schwerpunkte hat in der Regel die Personalbetreuung?		320		
12	Nennen Sie die Aufgaben eines medizinischen Werksdienstes!		321		
13	In welcher Weise arbeitet ein betriebliches Wohnungswesen?		322		
14	Warum nimmt die Zahl der Werkswohnungen in Deutschland ab?		322		
15	Erläutern Sie den Begriff »Pensionszusage«!		333		
16	Was ist eine Pensionskasse?		323		
17	Unterscheiden Sie Unterstützungs- und Pensionskasse!		323		
18	Welche Gründe werden für die betriebliche Altersversorgung genannt?		323		
19	Geben Sie einige typische Beispiele für Betriebsveranstaltungen!		324		
20	Erläutern Sie die Mitbestimmungsrechte des Betriebsrates bei Sozialleistungen!		324 f.		

H. Personalentwicklung

Nach *Zielinski* ist die Personalentwicklung zum **Produktionsfaktor** geworden. Damit treten Investitionen zur Personalentwicklung beispielsweise gleichrangig neben Investitionen zur Vergrößerung und Verbesserung der Maschinenkapazität.

Die Personalentwicklung kann als die Gesamtheit der Maßnahmen verstanden werden, welche die Verbesserung der Mitarbeiterqualifikation zum Ziel hat. Sie umfaßt vornehmlich drei **Aufgaben**:

- Die **Ausbildung**, die als berufliche Erstausbildung neben einer breit angelegten beruflichen Grundausbildung dem Erwerb von beruflichen

  - Kenntnissen
  - Fertigkeiten
  - Erfahrungen

  dient.

- Die **Fortbildung**, welche die Aufgabe hat, die beruflichen Kenntnisse und Fertigkeiten zu erweitern und den Entwicklungen anzupassen. Fortbildung kann zwei Aufgaben verfolgen:

  - Anpassung der fachlichen Qualifikation an die Erfordernisse
  - Erwerb von zusätzlichen Qualifikationen insbesondere zum beruflichen Aufstieg.

  Der in fast allen Bereichen in geringerem oder stärkerem Umfang gegebene Wissenszuwachs erfordert für viele Mitarbeiter in der Zukunft verstärkte Fortbildung.

- Die **Umschulung**, welche eine Zweitausbildung ist. Man versteht darunter jede berufliche Neuorientierung. Nach *Schanz* besteht das Ziel der Umschulung darin, »erwachsene Arbeitnehmer für eine andere als die bisher ausgeübte, völlig neue berufliche Tätigkeit zu befähigen«.

Mit Ausnahme der Aufstiegsschulung sind die Aufgaben der Personalentwicklung im § 1 des Berufsbildungsgesetzes definiert. Der von diesem Gesetz benutzte Oberbegriff ist die **Berufsbildung**.

Die Einarbeitung neuer Mitarbeiter auf ihrem Arbeitsplatz gehört nur zu einem geringen Teil zu den Aufgaben der Personalentwicklung.

Während der Ausbildung in aller Regel eine **kontinuierliche Maßnahme** zur Personalentwicklung ist, die mit hauptberuflichen oder teilzeitlich tätigen, aber hauptamtlichen Mitarbeitern durchgeführt wird, handelt es sich bei den Personalentwicklungsmaßnahmen

- Fortbildung
- Umschulung

um üblicherweise **unregelmäßig durchgeführte Maßnahmen**, die von wechselnden Mitarbeitern ausgeführt werden. Daneben stehen betriebsexterne Maßnahmen zur Personalentwicklung, beispielsweise

- Seminar- und Kursbesuche
- Kongreßteilnahmen
- Messe- und Ausstellungsbesuche
- Überbetriebliche Berufsbildung
- Berufliche Rehabilitation Behinderter.

Dafür sind Verwaltungsaufgaben wie Anmeldung, Reisevorbereitung usw. durchzuführen.

Im folgenden werden behandelt:

Personalentwicklung	Grundlagen
	Ausbildung
	Fortbildung
	Umschulung

1. Grundlagen

Für die Personalentwicklung sind vor allem folgende Gesichtspunkte bedeutsam:

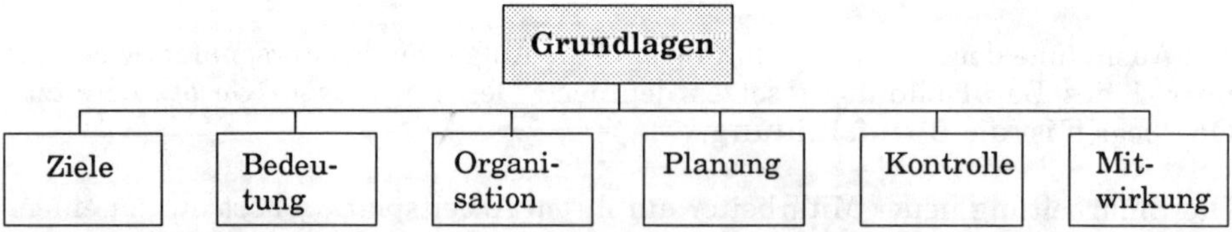

Die zunehmende Dynamik in Wirtschaft und Technik bedingt eine wachsende Bedeutung der Personalentwicklung.

1.1 Ziele

Zur optimalen Aufgabendurchführung braucht jedes Unternehmen **bestgeeignete Mitarbeiter**. Die Gewinnung solcher Mitarbeiter kann auf zwei Arten erfolgen durch:

- Personalbeschaffung
- Personalentwicklung.

Die Personalentwicklung sollte dabei im Vordergrund stehen. Mit ihr werden vornehmlich die folgenden betrieblichen **Ziele** verfolgt:

- Verfügbarmachung bestgeeigneter Mitarbeiter
- Unterstützung von bildungsbeflissenen Mitarbeitern
- Vermittlung neuen Wissens und neuer Erfahrungen
- Sicherung eines qualifizierten Berufsnachwuchses
- Verbesserung des Führungsverhaltens von Vorgesetzten und Führungsnachwuchs
- Verminderung der Fluktuation
- Verbesserung des Unternehmensimages am Arbeitsmarkt

Für die unterschiedlichen Aufgaben der Personalentwicklung sind jeweils die spezifischen Teilziele aus diesen Hauptzielen abzuleiten.

1.2 Bedeutung

Die Bedeutung der Personalentwicklung ergibt sich aus ihrer **Vorrangigkeit** gegenüber der Personalbeschaffung. Nur wenn keine Mitarbeiter für einen bestimmten Bedarf verfügbar sind und wenn keine Mitarbeiter für diesen Bedarf entwickelt werden können, sollte an eine externe Personalbeschaffung gedacht werden.

Neben der innerbetrieblichen Bedeutung, die sich aus den genannten Zielen ergibt, hat die Personalentwicklung eine noch weitergehende Bedeutung:

- Für die **Volkswirtschaft** hat die Personalentwicklung der Wirtschaftsunternehmen erhebliche Tragweite:

  - Übernahme eines wesentlichen Teiles der Berufsbildungsmaßnahmen

- Finanzielle Entlastung der anderen Bildungsträger
- Ermöglichen des dualen Bildungssystems durch gemeinsam von Unternehmen und Schule vermittelte Berufsausbildung
- Unmittelbare Ausrichtung von Bildungsinhalten auf die Praxisbedürfnisse
- Gezielte Aufstiegsförderung geeigneter Leistungsträger
- Aktivierung des volkswirtschaftlichen Leistungspotentials.

• Aus **gesellschaftlicher Sicht** ist die betriebliche Personalentwicklung ebenfalls bemerkenswert:

- Anhebung des gesellschaftlichen Bildungsniveaus
- Beeinflussung der Sozialstruktur
- Erhöhung des gesellschaftlichen Leistungswillens

• Für den einzelnen **Mitarbeiter** oder möglichen Mitarbeiter ist die Bedeutung der Personalentwicklung ebenfalls groß:

- Erreichen eines bestimmten beruflichen Qualifikationsniveaus
- Verbesserung des gegebenen Qualifikationsniveaus ohne Arbeitsunterbrechung
- Befähigung für höherwertige Positionen
- Verbesserung der individuellen Lebensgestaltungsmöglichkeiten
- Veränderung der beruflichen Ausrichtung und damit der Tätigkeitsart

Die zunehmende Dynamik der modernen industriellen Gesellschaft läßt der betrieblichen Personalentwicklung auch in der Zukunft weiterhin steigende Bedeutung zukommen.

1.3 Organisation

Die Personalentwicklung kann in unterschiedlicher Weise organisiert werden. Häufig sind die nachstehenden aufbauorganisatorischen Gestaltungsarten in der betrieblichen Personalentwicklung vorzufinden:

• Bei der **fachlichen Organisation** wird in die beiden Hauptbereiche der Personalentwicklung gegliedert:

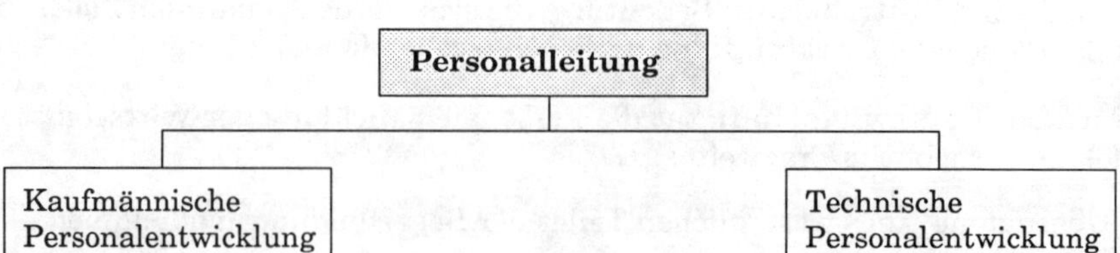

• Bei der **funktionalen Organisation** wird die Gestaltung nach den Tätigkeitsarten unterschieden:

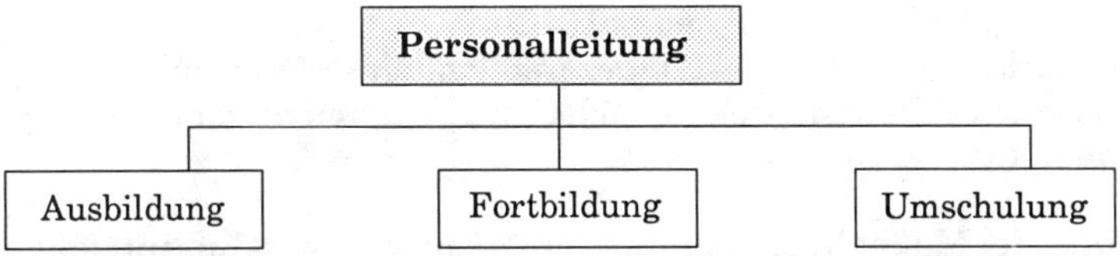

• In Großunternehmen, welche häufig in Form der Matrixorganisation oder der Tensororganisation gestaltet sind, wird oftmals die Personalentwicklungspolitik von einer Zentralabteilung "Personalpolitik" bestimmt. Hier erfolgt also eine Trennung zwischen der Gestaltungsvorgabe und der Durchführung der Personalentwicklung.

Da in Großunternehmen die Personalentwicklung eine Vielzahl hauptamtlicher Mitarbeiter und sehr unterschiedliche Aufgaben umfassen kann, findet sich hier häufig eine weitere Untergliederung der Personalentwicklung.

1.4 Planung

Die Personalentwicklung eines Unternehmens hat zwei planerische Aspekte:

• Die **Personalplanung** ist die mitarbeiterbezogene Planungsaufgabe. Die kollektive und individuelle Planung der Teilnahme an Maßnahmen zur Personalentwicklung ist Aufgabe der Personalplanung, beispielsweise bei der

  - Stellenbesetzungsplanung
  - Entwicklungsplanung

• Die **Maßnahmenplanung** ist das zweite Planungserfordernis. Die Planung der Entwicklungsmaßnahmen für die

  - Ausbildung
  - Fortbildung
  - Umschulung

  steht im Mittelpunkt der Planungsaufgaben der Personalentwicklung.

Die Planung von Maßnahmen zur Personalentwicklung ist von unterschiedlichen Gegebenheiten abhängig:

• Quantitativer Bedarf an Mitarbeitern bestimmter Qualifikation
• Inhalt von Ausbildungsordnungen und Ausbildungsplänen

- Veränderungen der betrieblichen Bedarfsanforderungen
- Wachstum und Innovationsstärke des Unternehmens
- Vorliegende Entwicklungs- und Stellenbesetzungspläne
- Budgetvorgabe für die Personalentwicklung
- Verfügbarkeit entwicklungsfähiger und -williger Mitarbeiter
- Einsatzmöglichkeiten eigener oder unternehmensfremder Kapazitäten zur Personalentwicklung.

Der **Inhalt** der Maßnahmenplanung zur Personalentwicklung umfaßt insbesondere die nachstehenden Punkte:

- Zunächst sind die **Ziele** jeder Entwicklungsmaßnahme festzustellen. Diese Zieldefinition kann für unterschiedliche Teilnehmergruppen in verschiedener Weise erforderlich sein.

- Der **Inhalt** jeder Bildungsmaßnahme ist in Abhängigkeit von den definierten Zielen festzusetzen.

- Die **Durchführungsart** ist zu bestimmen. Es ist dabei zu entscheiden, ob eine geplante Maßnahme beispielsweise von

  - eigenen Mitarbeitern
  - externen Institutionen

  durchgeführt werden soll.

- Die anzuwendenden **Methoden** sind zu definieren:

  - Lehrverfahren
  - Didaktik
  - Medieneinsatz

- Die **Teilnehmer** jeder Entwicklungsmaßnahme sind zu ermitteln. Dabei muß oftmals mit großem psychologischem Geschick vorgegangen werden, um nichtberücksichtigte Mitarbeiter nicht zu stark zu frustrieren.

- Der oder die **Instruktoren**, welche die Maßnahme durchführen sollen, sind mit diesem Auftrag vertraut zu machen. Als Instruktor kommen in Frage:

  - Hauptberufliche Ausbilder
  - Mitarbeiter in anderen Funktionen
  - Unternehmensfremde Spezialisten

- Die **Dauer** jeder Fortbildungsmaßnahme ist zu bestimmen. Im Gegensatz zu Ausbildungsmaßnahmen, bei denen die Dauer häufig vorgegeben ist, bedarf es bei anderen Maßnahmen der Festlegung der Dauer der Maßnahme. Sie ist wesentlich vom Maßnahmeninhalt abhängig. Andererseits beeinflußt die Dauer den Kostenanfall erheblich.

- Der **Ort** der Maßnahme ist in geographischer und lokaler Hinsicht festzulegen. Bildungsmaßnahmen können in eigenen Räumen oder in externen Räumlichkeiten durchgeführt werden:

  - Schulungszentren
  - Kongreßgebäude
  - Hotels mit geeigneten Räumen.

Die **terminliche Festlegung** der Maßnahme schließt die wesentlichen Planungsaufgaben ab.

1.5 Erfolgskontrolle

Zur Ermittlung des Erfolges von Maßnahmen zur Personalentwicklung müssen zwei Maßnahmegruppen unterschieden werden:

- Ausbildung und Umschulung
- Fortbildung.

Überbetriebliche Kontrollen erfolgen bei der Ausbildung üblicherweise und bei der Umschulung in anerkannten Berufsbildern durch

- Zwischenprüfungen
- Abschlußprüfungen.

Daneben treten **innerbetriebliche Erfolgskontrollen** bei der Ausbildung und Umschulung, um einerseits die Effizienz der Maßnahmen zu prüfen und andererseits den Lernerfolg bei den auszubildenden oder umzuschulenden Mitarbeitern zu ermitteln. Hierzu stehen mehrere **Methoden** zur Verfügung:

- Bewertung des Berichtsheftes
- Schriftliche Verständnis- und Lernerfolgskontrolle
- Mündliche Abfragen
- Praktische Prüfungen
- Erstellung von Arbeitsproben.

Für den Bereich der Fortbildung st die Erfolgskontrolle ungemein schwieriger, da Abschlußprüfungen weder üblich sind noch die angestrebten Ergebnisse kontrollieren. Ergebniskontrollen der Fortbildung und Aufstiegsschulung haben nach *Schanz* die Aufgabe zu prüfen, ob die gewünschten Verhaltenserwartungen bei der Aufgabenerfüllung im Betrieb tatsächlich zur Anwendung gelangen.

Die **Befragung** der Teilnehmer von Maßnahmen zur Fortbildung und Aufstiegsschulung können deswegen nicht der Ergebniskontrolle, sondern nur der Kontrolle der **Maßnahmequalität** dienen:

- Beurteilung des behandelten Stoffes
- Angemessenheit der Stoffvermittlung
- Niveau der Maßnahme
- Nutzen für die Arbeitsaufgaben
- Güte der Teilnehmerunterlagen
- Leistungsbeurteilung des Instruktors
- Dauer der Maßnahmendurchführung
- Organisation der Veranstaltung.

Zur Ermittlung des **Maßnahmenerfolges** stehen deswegen in diesem Bereich vornehmlich die nachstehenden Methoden zur Verfügung:

- Wiederholte Personalbeurteilung
- Vergleichende Leistungsmessung
- Test und Vergleich mit Kontrollgruppen.

Die Erfolgskontrolle von Maßnahmen zur Personalentwicklung muß mit einer Kontrolle des Kostenanfalles der Maßnahmendurchführung einhergehen.

1.6 Mitwirkung

Der Betriebsrat hat im Hinblick auf die Personalentwicklung verschiedene **Mitwirkungsrechte** gemäß §§ 96 - 98 BetrVG:

- **Beratungsrechte**, die sich beziehen auf:

  - Fragen der Berufsbildung der Arbeitnehmer
  - Errichtung und Ausstattung betrieblicher Einrichtungen zur Berufsbildung
  - Einführung betrieblicher Berufsbildungsmaßnahmen
  - Teilnahme an außerbetrieblichen Berufsbildungsmaßnahmen

- **Vorschlagsrechte**, die bei der Personalentwicklung die folgenden Gebiete betreffen:

  - Förderung der Berufsausbildung der Arbeitnehmer
  - Teilnahme von Arbeitnehmern oder Gruppen von Arbeitnehmern an Maßnahmen zur beruflichen Bildung

- **Mitbestimmungsrechte**, die sich auf die Durchführung von Maßnahmen der betrieblichen Berufsbildung beziehen.

Personalentwicklungsmaßnahmen für leitende Angestellte unterliegen diesen Mitwirkungsrechten des Betriebsrates nicht.

2. Ausbildung

Die berufliche Erstbildung in einem Betrieb wird üblicherweise als Ausbildung bezeichnet. Während die Teilnehmer früher Lehrlinge oder Anlernlinge genannt wurden, hat sich in den letzten Jahren der Ausdruck des Gesetzes »Auszubildender« oder dessen Abkürzung »Azubi« durchgesetzt.

Ausbildung erfolgt in der Bundesrepublik Deutschland üblicherweise in einem **»dualen System«**:

- Betriebliche Ausbildung
- Ausbildungsbegleitender Berufsschulbesuch.

Vereinzelt wird die betriebliche Ausbildung auch in **überbetrieblichen Lehrwerkstätten** durchgeführt. Solche Lehrwerkstätten werden von unterschiedlichen Institutionen eingerichtet und getragen:

- Mehreren Unternehmen
- Innungen
- Kammern
- Gewerkschaften.

Für die betriebliche Ausbildung sind verschiedene Gesichtspunkte zu betrachten:

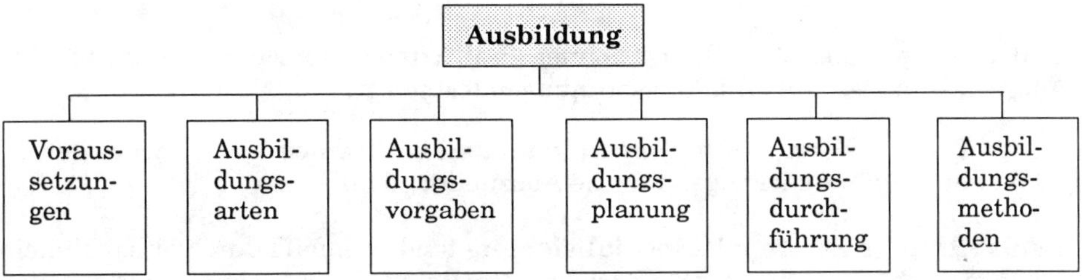

2.1 Voraussetzungen

Die Ausbildungsfähigkeit eines Unternehmens für einen oder mehrere Ausbildungsberufe ist von mehreren Voraussetzungen abhängig:

- Die **Unternehmenseignung**, wobei die generelle Eignung eines Unternehmens als Ausbildungsstätte im § 22 des Berufsbildungsgesetzes (BBiG) geregelt ist.

- Die **Ausbildungsanforderungen**, die sich auf die persönliche und fachliche Eignung der Ausbilder beziehen und in § 20 BBiG geregelt sind. Die fachliche Qualifikation zur Ausbildung liegt vor, wenn ein Ausbilder sowohl berufliche als auch berufs- und arbeitspädagogische Kenntnisse besitzt. Die fachliche Eignung wird durch folgende Gegebenheiten nachgewiesen:
  - Vollendung des 24. Lebensjahres
  - Abschlußprüfung in einer dem Ausbildungsberuf entsprechenden Fachrichtung oder einer abgelegten Fach-, Fachhoch- oder Hochschulprüfung mit angemessener Berufspraxis oder einer Zuerkennung der fachlichen Eignung
  - Nachweis der berufs- und arbeitspädagogischen Kenntnisse gemäß der Ausbildereignungsverordnung.

  Die persönliche Eignung umfaßt Forderungen wie persönliche Autorität, Integrität und die Eignung als Vorbild.

- Die **Eignung der Auszubildenden**, welche die Gewähr geben müssen, daß sie die körperlichen, geistigen und charakterlichen Voraussetzungen zu einem erfolgreichen Abschluß der Ausbildungsmaßnahme aufweisen.

Die Vorschriften des Jugendarbeitsschutzgesetzes sind für die Ausbildung ebenfalls maßgebend.

2.2 Ausbildungsarten

In der betrieblichen Ausbildung können drei Arten unterschieden werden. Ihre Ausgestaltung ist in Ausbildungsordnungen festgelegt:

- **Ausbildungsberufe ohne Spezialisierung** besitzen ein einheitliches Berufsbild ohne Differenzierungen für alle Auszubildenden.

- **Ausbildungsberufe mit Spezialisierung** sind ebenfalls durch einen einheitlichen Ausbildungsberuf gekennzeichnet. Im Rahmen der Ausbildung erfolgt aber eine Spezialisierung nach Fachrichtungen oder nach Schwerpunkten.

Beispiel:

Kraftfahrzeugmechaniker		→ Ausbildungsberuf
Kfz-Instandsetzung	Motorinstandsetzung	→ Fachrichtung

Wesentliche Teile der Ausbildung sind für beide Fachrichtungen identisch.

- In **Stufenausbildungsberufen** ist die Ausbildung in zwei oder drei Stufen gegliedert, die jeweils mit einem anerkannten Abschluß endet. Das bedeutet, daß bereits mit dem Abschluß der ersten Stufe eine volle Berufstätigkeit in einem qualifizierten Beruf ausgeübt werden kann und eine abgeschlossene Berufsausbildung gegeben ist.

In einer zweiten und manchmal auch dritten Stufe wird zu einer besonders qualifizierten Berufstätigkeit ausgebildet.

Beispiel:

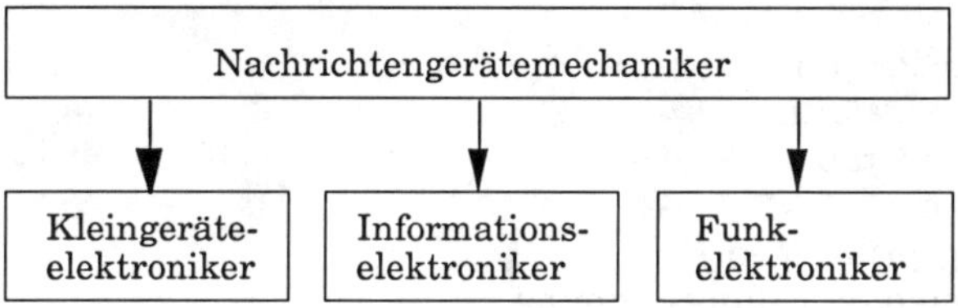

1. Stufe *Abschlußprüfung*

2. Stufe *Abschlußprüfung*

Eine zweite Ausbildungsstufe kann auch zu einem späteren Zeitpunkt ausgeführt werden.

Stufenausbildungsberufe werden sich zunehmend durchsetzen.

2.3 Ausbildungsvorgaben

Neben den Voraussetzungen für Ausbildungsunternehmen, Ausbilder und Auszubildende gibt es eine Reihe von Vorgaben für die betriebliche Ausbildung:

- Im **Ausbildungsberufsbild** sind die Ausbildungsinhalte festgelegt, die in jedem Fall zu vermitteln sind:

  - Kenntnisse
  - Fertigkeiten

- **Ausbildungsordnungen** gibt es für jedes anerkannte Ausbildungsberufsbild. Nach dem Berufsbildungsgesetz enthält die Ausbildungsordnung die nachstehenden Mindestinhalte:

  - Bezeichnung des Ausbildungsberufes
  - Ausbildungsdauer

- Kenntnisse und Fertigkeiten
- Sachliche und zeitliche Gliederung
- Prüfungsanforderungen

• Der **Ausbildungsrahmenplan** weist ausführlich Inhalt und Umfang der einzelnen Lehrstoffe eines Ausbildungsberufsbildes aus. In ihm erfolgt auch eine zeitliche Gestaltung der Ausbildung. Der Ausbildungsrahmenplan ist in der Regel die Basis für die betriebliche Ausbildungsplanung.

• In der **Prüfungsordnung** für die Abschlußprüfung sind üblicherweise folgende Regelungen enthalten:

- Zulassung zur Prüfung
- Gliederung der Prüfung
- Bewertungsmaßstab
- Prüfungszeugnis
- Wiederholungsprüfungen
- Verstöße gegen die Prüfungsordnung

Diese Vorgaben für die einzelnen Ausbildungsberufsbilder sind die Basis für die Ausbildungsplanung.

2.4 Ausbildungsplanung

Die Ausbildungsplanung erfolgt auf der Grundlage unternehmensinterner **Ausbildungspläne**. Sie sind aus mehreren Gründen zu erstellen:

• Zur Ergänzung der gesetzlichen Ausbildungsrahmenpläne um zusätzliche **Ausbildungsinhalte**. Es darf jedoch keine Verminderung der geforderten und prüfungsrelevanten Kenntnisse und Fertigkeiten vorgenommen werden.

• Zur **zeitlichen Anpassung** an die betrieblichen und berufsschulischen Gegebenheiten:

- Verkürzte Ausbildungsdauer
- Urlaubszeit und Betriebsferien
- Blockunterricht in der Berufsschule
- Externe Ausbildungsmaßnahmen
- Anpassung an die Gegebenheiten der Fachabteilungen

• Zur Planung des Fachabteilungsbesuches, in welchen die **betriebspraktischen Ausbildungsinhalte** erworben werden sollen:

- Zuordnung von Lerninhalten und Fachabteilungen
- Dauer des Fachabteilungsbesuches
- Reihenfolge des Besuchs der Fachabteilungen
- Zeitplan für den Aufenthalt in den Fachabteilungen

• Zur Planung des **innerbetrieblichen Unterrichtes**.

Das Ergebnis der Ausbildungsplanung kann in zwei **Formen** ausgearbeitet werden:

• **Einzelausbildungsplan** für jeden Auszubildenden.

<table>
<tr><th colspan="13">Ausbildungsplan für Most, Karlheinz</th></tr>
<tr><td>Monat</td><td>01</td><td>02</td><td>03</td><td>04</td><td>05</td><td>06</td><td>07</td><td>08</td><td>09</td><td>10</td><td>11</td><td>12</td></tr>
<tr><td>1. Jahr</td><td colspan="4">Verkauf</td><td colspan="2">Werbung</td><td>Url.</td><td colspan="5">Buchhaltung</td></tr>
<tr><td>2. Jahr</td><td colspan="4">Kostenrechnung</td><td colspan="2">EDV</td><td>Url.</td><td colspan="3">Versand</td><td colspan="2">Verwaltung</td></tr>
<tr><td>3. Jahr</td><td colspan="2">Personal</td><td colspan="4">Material-
wirtschaft I</td><td>Url.</td><td colspan="5">Material-
wirtschaft II</td></tr>
</table>

• **Gesamtausbildungsplan** für alle Auszubildenden

Ausbildungsplan Bürokaufmann Ausbildungsdauer: 3 Jahre	
Fachabteilung	Monate
Buchhaltung	5
EDV	2
Kostenrechnung	4
Materialwirtschaft I	4
Materialwirtschaft II	5
Personal	2
Verkauf	4
Versand	3
Verwaltung	2
Werbung	2
Urlaub	3
Summe	36

Nur bei einer genauen Ausbildungsplanung lassen sich Mehrfachtätigkeiten und Leerlauf in der Ausbildung vermeiden.

2.5 Ausbildungsdurchführung

Für die Verwirklichung der Ausbildung gibt es mehrere **Formen**. Sie unterscheiden sich in der Abwicklung und in der Zuordnung der Ausbildungsinhalte:

- Betriebspraktische Unterweisung in den Fachabteilungen
- Begleitender Berufsschulbesuch
- Betrieblicher Ergänzungsunterricht.

Die nachstehenden Formen des Berufsschulbesuches sind gebräuchlich:

- Der **Wochentageunterricht** ist die in der Bundesrepublik Deutschland am meisten eingesetzte Form der Ausbildung. Sie sieht einen regelmäßigen Berufsschulbesuch an einem oder mehreren bestimmten Tagen in der Woche vor.

- Beim **Blockunterricht** wechseln Zeitblöcke von mehreren Wochen oder Monaten ab:

  - Unternehmensblock
  - Berufsschulblock

- Die **didaktische Koordination** ist der Begriff für ein offensichtliches Erfordernis. Häufig sind sowohl beim Wochentageunterricht als auch beim Blockunterricht die Ausbildungsinhalte der Unterweisung in den Fachabteilungen und der Berufsschulunterricht inhaltlich nicht aufeinander abgestimmt. Mit dem Einsatz des »Prinzips der didaktischen Koordination« wird versucht, diesen Mangel zu beheben:

Unterweisung	Berufsschule	Unterweisung	Berufsschule
Buchhaltung		Verkauf	

  Das »Münchener Modell« war der erste Test dieser Ausbildungsform.

Eine weitere Gestaltungsform der Ausbildung ist die Vorschaltung eines **Berufsgrundbildungsjahres** vor die Ausbildung. Das Berufsgrundbildungsjahr wird unternehmensunabhängig in schulischer Form durchgeführt. Es verkürzt die Ausbildungszeit gemäß der **Anrechnungsverordnung**.

2.6 Ausbildungsmethoden

Für die Ausbildung im Unternehmen besteht die Forderung, durch den Einsatz effizienter Methoden eine bestmögliche Vermittlung der erforderlichen Kenntnisse und der notwendigen Tätigkeiten zu erreichen. Das gilt in gleicher Weise für

- **betriebspraktische Ausbildung**
- **betrieblichen Ergänzungsunterricht**.

Der Einsatz von unterstützenden Medien sollte wesentlicher Teil jeder Ausbildung sein.

2.6.1 Betriebspraktische Ausbildung

Die betriebspraktische Ausbildung in den Fachabteilungen steht üblicherweise im Mittelpunkt der Ausbildung im Unternehmen. Dazu ist es notwendig,

- geeignete Abteilungen, Werkstätten, Baustellen auszuwählen,
- fähige Ausbilder einzusetzen,
- exemplarische Ausbildungsinhalte festzulegen.

Besonders zwei **Methoden** bestimmen die betriebspraktische Ausbildung in den Fachabteilungen:

- Die **Arbeitsunterweisung**, mit der mehrere Aufgaben gelöst werden:

  - Vermittlung von betriebspraktischem Wissen
  - Erläuterung des Arbeitsverfahrens
  - Schulung des Arbeitsverhaltens
  - Training der Arbeitsdurchführung

  Zweckmäßigerweise wird die Arbeitsunterweisung in vier Stufen durchgeführt:

1. Stufe	Die Arbeitsaufgabe und ihre Bedeutung werden erläutert. Die einzelnen Arbeitsschritte und ihre Ausführung werden dargestellt.
2. Stufe	Die Arbeitsausführung wird zunächst langsam, dann mit der üblichen Arbeitsgeschwindigkeit vom Ausbilder vorgemacht.
3. Stufe	Der Auszubildende führt zunächst langsam und unter Kontrolle die Arbeit aus. Dabei werden alle auftretenden Fragen und Probleme gemeinsam geklärt.
4. Stufe	Die Arbeitsaufgabe wird nun vom Auszubildenden ohne direkte Aufsicht ausgeführt. Die Arbeitsergebnisse werden kontrolliert. Notwendigenfalls wird korrigierend in die Arbeitsausführung eingegriffen.

- Das **Lehrgespräch**, das einen gesteuerten Dialog zwischen dem Ausbilder und dem oder den Auszubildenden darstellt und bei der berufspraktischen Ausbildung besondere Bedeutung hat. Dieser Dialog wird durch Fragen sowohl vom Ausbilder als auch vom Auszubildenden bestimmt. Die Steuerung des Lehrprozesses und damit auch des Lehrgesprächs muß jedoch bei dem Ausbilder liegen.

Das Lehrgespräch eignet sich besonders für

- logisch entwickelbare Lehrstoffe,
- die Umsetzung praktischer Tätigkeiten in gesichertes Wissen,
- die Abrundung und Ergänzung vorhandener Kenntnisse,
- das Erkennen und Verstehen von Zusammenhängen,
- die Motivation der Auszubildenden.

Das Lehrgespräch ist zur auschließlichen Vermittlung von Informationen ungeeignet. Es sollte für die vertiefende Unterweisung Einzelner und auch für Gruppen eingesetzt werden. Dabei sollte aber die Gruppenstärke 10 Auszubildende nicht überschreiten.

Die richtige **Fragetechnik** des Ausbilders bestimmt den Erfolg des Lehrgespräches. Deshalb ist eine gründliche Vorbereitung jedes Lehrgespräches erforderlich:

- Ermittlung der Teillernziele des Lehrgespräches
- Festlegung möglicher Fragen
- Erarbeitung von Denkanstößen
- Ausarbeitung von Unterlagen und Medien
- Zeitliche Strukturierung des Lehrgespräches.

Das Lehrgespräch weist eine Reihe von **Vorteilen** auf:

- Der Auszubildende wird zur Aufmerksamkeit und Mitarbeit aktiviert.
- Das konstruktive Denken wird angeregt und trainiert.
- Vorhandene Kenntnisse werden strukturiert, ergänzt und gefestigt.
- Die sprachliche Ausdrucksweise wird geübt.
- Der Ausbilder bekommt persönlichen Kontakt, er kann individueller auf den Auszubildenden eingehen.

Für die Grundausbildung und die Ausbildung in speziellen Fertigkeiten werden - zumindest von Großunternehmen - besondere Ausbildungseinrichtungen eingesetzt:

- **Lehrwerkstätten**, Lehrstätten oder Lehrecken, in denen Lehrmeister oder Lehrgesellen als Ausbilder wirken. Dort kann die Vermittlung von Fertigkeiten besonders effizient durchgeführt werden.

- **Übungsfirmen**, die Nachbildungen realer Unternehmen darstellen und typischerweise über 10 bis 30 kaufmännische Arbeitsplätze verfügen. In ihnen ist es den Auszubildenden bei der zunehmenden Komplexität betrieblicher Abläufe besser möglich, ein Firmengeschehen zu überschauen und betriebswirtschaftliche Vorgänge zu erkennen.

- In **Übungsbüros** werden im Gegensatz zu den Übungsfirmen nur einzelne Teilbereiche der kaufmännischen Aufgabenerledigung lediglich simuliert und die theoretische Ausbildung damit ergänzt. Übungskontor und Schulungsbüro sind Synonyme zum Übungsbüro.

Die Ausbildung in den Fachabteilungen sollte nicht vollkommen durch besondere Ausbildungseinrichtungen ersetzt, sondern nur ergänzt werden, um den Auszubildenden die Teilnahme am betrieblichen Arbeitsprozeß zu ermöglichen.

2.6.2 Betrieblicher Ergänzungsunterricht

In vielen Unternehmen ist der betriebliche Ergänzungsunterricht eine regelmäßige Einrichtung für alle Auszubildenden. Kleinere und mittlere Unternehmen setzen den Ergänzungsunterricht gelegentlich und fallweise ein.

Vielfach bedient man sich beim betrieblichen Ergänzungsunterricht des Vortrages, der neuerdings oft als **Frontalunterricht** bezeichnet wird. Nach *Kaiser* »widerspricht der Vortrag den didaktischen Prinzipien des Aktivierens, der Rückmeldung, des Motivierens und des Vermittelns von Erfolgserlebnissen«. Dennoch wird auf den Frontalunterricht nicht verzichtet werden können. Ziel muß jedoch sein, seinen Einsatz wesentlich zu vermindern.

Der Frontalunterricht sollte möglichst effizient gestaltet werden. Hilfreich sind:

- Klare Strukturierung des Unterrichts mit wohldosierten Lerneinheiten.
- Bildhaft sprechen, Beispiele und Vergleiche benutzen.
- Medien wie Tageslichtprojektor, Videos, Dias usw. einsetzen.
- Anschauungsmaterial wie Modelle, Abbildungen, Werkzeuge gebrauchen.
- Mit rhetorischen und Verständnisfragen arbeiten.
- Einfach sprechen und, soweit wie möglich, auf Fremdwörter verzichten.

Neben dem Frontalunterricht sollten im Ergänzungsunterricht weitere **Lehrmethoden** eingesetzt werden:

- Bei der **Gruppenarbeit** werden Aufgaben nicht durch einzelne Auszubildende, sondern von einer Gruppe gelöst. Dabei ist wichtig, daß das erarbeitete Ergebnis eine gemeinsame Leistung aller Gruppenmitglieder ist. Es sollte durch Zusammenarbeit im Team erarbeitet worden sein. Die Gruppenergebnisse werden häufig vom Gruppensprecher im Plenum vorgetragen und unter Leitung des Ausbilders diskutiert.

  Bei der Gruppenarbeit empfiehlt sich eine Gruppenstärke von drei bis vier Auszubildenden. Jede Gruppe sollte einen eigenen Arbeitsraum oder zumindest eine schallgeschützte Ecke zur Durchführung ihrer Aufgaben besitzen.

Für die Gruppenarbeit sprechen nach *Kaiser* mehrere **Vorteile**:

- Zeitersparnis durch Zusammenarbeit und Arbeitsteilung
- Erlernen und Training von kooperativem Verhalten
- Korrektur falscher oder extremer Meinungen
- Aktivierung aller Teilnehmer durch Abbau von Hemmungen
- Hoher Lernerfolg durch Engagement
- Identifikation mit der Gruppenleistung
- Hinleitung zum selbständigen Arbeiten

Mit Gruppenarbeit wurde schon über viele Jahrzehnte hervorragende Ergebnisse erzielt.

- **Übungen** sind ein wesentlicher Teil jeder Personalentwicklung. Für viele Lehrstoffe ist die Wiederholung unabdingbar. Das gilt besonders für den Erwerb von Fertigkeiten. Die Methode der Übung reicht vom stereotypen Wiederholen identischen Tuns bis zur mannigfaltigen Variation in unterschiedlichen Anwendungen.

Die ermittelten Übungs- oder Lernkurven haben den folgenden Verlauf:

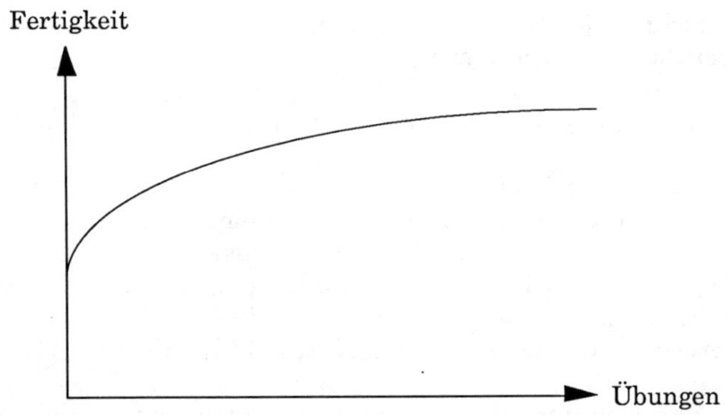

Übungen sind selbstverständlich sowohl in der betriebspraktischen Ausbildung wie auch im betrieblichen Ergänzungsunterricht unabdingbar.

- **Computerunterstützter Unterricht** (CUU) wird zunehmend eingesetzt. Durch die immer stärkere Verbreitung der Dialogdatenverarbeitung kann dieses Instrument,

- Computer,
- Terminal als Schnittstelle zum Auszubildenden,

ohne besonders hohe Kosten auch zur Ausbildung eingesetzt werden. Dazu ist aber die Verfügbarkeit von Unterweisungsprogrammen Voraussetzung:

- Unterrichtsprogramme zur Vermittlung von Kenntnissen
- Trainings- und Drillprogramme zum Erwerb von Fertigkeiten
- Schulungsprogramme für betriebliche Anwendungen der Dialogarbeit

Die eigene Ausarbeitung solcher EDV-Programme ist in aller Regel zu aufwendig, so daß nur der Erwerb solcher Programme in Frage kommt.

- Der **Besuch** von Betrieben, Ausstellungen, Ausbildungseinrichtungen und die Ausbildung unterstützenden Institutionen sollte ebenfalls in das Ausbildungsprogramm aufgenommen werden. Solche Besuche werden oftmals als Exkursion bezeichnet.

Auf Methode wie Fallstudien oder Planspiele, die ebenfalls zur Ausbildung benutzt werden können, wird in den nachfolgenden Kapiteln eingegangen.

2.6.3 Medieneinsatz

Der Einsatz von geeigneten Medien bei der Ausbildung steigert den Lerneffekt wesentlich. *Kaiser* nennt dafür folgende Zahlen:

Medieneinsatz	Lerneffekt
Konventioneller Frontalunterricht	100 %
+ Tonband	113 %
+ Textvorlage	113 %
+ Tonfilm	121 %
+ Tonband und Textvorlage	139 %
+ Film und Textvorlage	146 %

Als Ausbildungsmedien werden vornehmlich eingesetzt:

- **Lehrmittel**, zu denen insbesondere gehören: Film, Tonbildschau, Sprachlabor
- **Ausbildungshilfsmittel**, deren bedeutendste sind: Schaubilder, Modelle, Erzeugnisse
- **Lernmittel**, zu denen vor allem zählen: Fachbücher und -zeitschriften, Programmierte Unterweisungen, Skripten und Vortragsmanuskripte
- **Arbeitsmittel**, deren wichtigste sind: Aufgabenblätter, Formulare und Ausfüllanweisungen, Zeichnungen und Pläne.

Der Medieneinsatz in der Ausbildung darf nicht zum Selbstzweck werden. Medien haben die Aufgabe, den Ausbildungseffekt zu steigern, die Lehrinhalte zu veranschaulichen und die Lernstoffvermittlung zu vervollkommnen.

3. Fortbildung

Im Mittelpunkt der Fortbildung steht die **Verbesserung der fachlichen Qualifikation** der Mitarbeiter in ihrem Beruf oder in ihrem Einsatzgebiet:

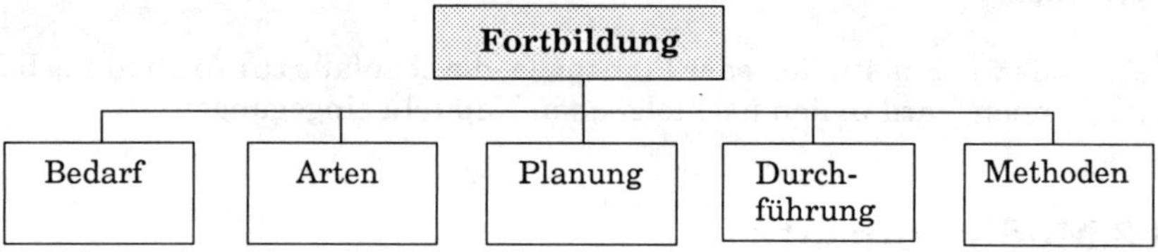

Ausbildung und Umschulung sollten getrennt von der Fortbildung betrachtet werden.

3.1 Bedarf

Es ist eine bekannte Tatsache, daß die Inhalte der beruflichen Ausbildung nicht für eine **lebenslange Berufsausübung** ausreichen. In den meisten Berufen muß während der Berufstätigkeit eine Fortbildung erfolgen:

- Erwerb neuer Berufskenntnisse und -fertigkeiten
- Reaktivierung bisher nicht benutzter Kenntnisse und Fertigkeiten
- Verbesserung und Erweiterung der Qualifikation
- Kenntniserwerb über neue Verfahren und Techniken
- Verbesserung der Arbeitsqualität und -quantität
- Anpassungsschulung an geänderte Arbeitsverfahren.

Vier **Arten** der Fortbildung sind zu unterscheiden:

- Die **Erhaltungsfortbildung**, die Kenntnis- und Fertigkeitsverluste ausgleichen will, welche durch die fehlende Ausübung des Berufs oder von Berufsteilen entstanden sind. Die Auffrischung der Kenntnisse einer Sekretärin, welche mehrere Jahre nicht berufstätig war, ist ein Beispiel hierfür.

- Die **Erweiterungsfortbildung**, mit welcher der Erwerb von zusätzlichen Berufsfähigkeiten angestrebt wird, beispielsweise das Erlernen einer zusätzlichen Fremdsprache für einen Übersetzer.

- Die **Anpassungsfortbildung**, welche der Angleichung an veränderte Anforderungen am Arbeitsplatz dient. Der Erwerb von EDV-Kenntnissen für einen Sachbearbeiter, der in Zukunft mit der Dialogdatenverarbeitung arbeiten soll, ist eine häufige Anpassungsfortbildung.

- Die **Aufstiegsfortbildung**, die dazu dient, den Mitarbeitern notwendiges Managementwissen zu vermitteln, ihr Führungsverhalten zu trainieren und ihnen Unternehmensspezifika zu eigen zu machen. Dabei kann auch versucht werden, den Mitarbeitern bestimmte Denk- und Verhaltensweisen beizubringen, die das Unternehmen bie ihren Führungskräften wünscht.

Diese Arten der Fortbildung werden oftmals in Kombination miteinander eingesetzt.

3.2 Techniken

Zur Fortbildung von Mitarbeitern müssen grundsätzlich zwei Techniken der Fortbildung unterschieden werden:

- Die **unternehmensinterne Fortbildung** kann am Arbeitsplatz oder außerhalb des Arbeitsplatzes erfolgen.

- Die **unternehmensexterne Fortbildung** wird von außerhalb des Unternehmens stehenden Institutionen und Trainern vorgenommen.

Die Wahl der Fortbildungstechnik ist sorgsam vorzunehmen, da durch sie die Qualität und die Wirtschaftlichkeit der Maßnahme wesentlich bestimmt wird.

3.2.1 Unternehmensexterne Fortbildung

Die unternehmensexterne Fortbildung kann ausschließlich für die Mitarbeiter des Unternehmens eingesetzt und damit unternehmensspezifisch ausgerichtet werden oder ihr Angebot an die Mitarbeiter verschiedener Unternehmen richten.

Die Einflußnahme des Arbeitgebers auf die Fortbildung von Mitarbeitern kann unterschiedlich sein:

- **Empfehlung** zur Durchführung bestimmter Fortbildungsmaßnahmen durch den Mitarbeiter

- **Übernahme** eines Teiles oder der gesamten Fortbildungskosten durch den Arbeitgeber

- **Freistellung** während de r Arbeitszeit für Fortbildungsveranstaltungen und -prüfungen
- **Delegation** zu Fortbildungsveranstaltungen während der Arbeitszeit und Kostenübernahme durch den Arbeitgeber.
- **Beurlaubung** bei Fortzahlung der Bezüge zu einem Studium oder zu anderen Fortbildungsarten.

Externe **Maßnahmen** zur Fortbildung von Mitarbeitern können beispielsweise sein:

- Studium an einer Fern- oder Präsenzhochschule
- Besuch einer Akademie oder einer Fachschule
- Teilnahme an Berufsseminaren, Fachkursen, Workshops, Lehrgängen usw.
- Besuch von Messen, Ausstellungen usw.
- Teilnahme an Kongressen, Foren, Symposien u.a.
- Absolvierung eines Fernlehrganges
- Durcharbeitung von Fachbüchern und -artikeln
- Beteiligung an Betriebsbesichtigungen und Exkursionen
- Delegation zu einem Fremdpraktikum.

Weitere Fortbildungsarten sind möglich, aber selten.

3.2.2 Unternehmensinterne Fortbildung

Fortbildung am Arbeitsplatz (on-the-job)	Die **Anleitung** und **Beratung durch** den **Vorgesetzten** als gelenkte Erfahrungsvermittlung. Der Einsatz als **Assistent**, der stufenweise Aufgaben der übergeordneten Stelle übernimmt und damit auf eine Nachfolge oder Stellvertretung vorbereitet wird. Die **Übertragung** von **Sonderaufgaben**, die über Routineaufgaben hinausgehen, um auf neue Aufgabenstellungen vorzubereiten. Der **Arbeitsplatzwechsel** (job rotation), bei dem Aufgaben an unterschiedlichen Arbeitsplätzen zu erledigen sind.
Fortbildung außerhalb des Arbeitsplatzes (off-the-job)	Der **Seminarunterricht**, bei welchem sich Frontalunterricht und Diskussionsphasen abwechseln. Die **Fallmethode**, bei der die Teilnehmer Entscheidungssituationen analysieren und Handlungsalternativen herausarbeiten. Die **Sachverständigenbefragung**, mit der sowohl Kenntnisse als auch Erfahrungen vermittelt werden können.

	Das **Planspiel**, mit dem ein Unternehmen simuliert wird, für das Entscheidungen zu treffen sind. Das **Rollenspiel**, bei dem vornehmlich Verhaltensweisen geübt und trainiert werden können.

Unternehmenseigene Fortbildungsveranstaltungen sollten nur dann durchgeführt werden, wenn eine der folgenden **Voraussetzungen** gegeben ist:

- Der Lehrstoff und die Lernziele werden nicht am Fortbildungsmarkt angeboten.
- Die Qualität der angebotenen Fortbildungsmaßnahmen ist unzureichend.
- Die Fortbildungskosten sind bei eigener Durchführung wesentlich geringer.
- Die angebotenen Fortbildungsveranstaltungen erfordern zu große An- und Rückreisezeiten.
- Unternehmensspezifische Lernziele sind zu vermitteln.
- Die Vermittlung von besonderen Denk- und Verhaltensweisen werden angestrebt.

Da externe Fortbildungskosten erheblich sein können, ist immer dann eine **Kostenvergleichsrechnung** zu machen, wenn mehrere Mitarbeiter die gleiche Fortbildungsmaßnahme besuchen sollen:

Beispiel:

Kostenvergleich: Fremdfortbildung und Eigenfortbildung		
1. Fremdfortbildung	DM	DM
Kurgebühren für 6 Mitarbeiter je DM 1.500	9.000	
Fahrtkosten zum Fortbildungsort	600	
Tagesspesen für 5 Arbeitstage	1.100	
Übernachtungskosten für 4 Nächte	1.200	
Summe		11.900
2. Eigenfortbildung		
Dozentenhonorar 4 Unterrichtstage zu DM 1.200	4.800	
Fahrtkosten Dozent	300	
Tagesspesen Dozent	200	
Übernachtungskosten Dozent	300	
Summe		5.600
Kosteneinsparung bei Eigenfortbildung		6.300

Bei dieser Rechnung ist besonders beachtenswert, daß

- die Fortbildung vom identischen Dozenten ausgeführt wird,
- der Dozent bei der Eigenfortbildung auf die besonderen Belange des Unternehmens eingehen kann,
- bei der Eigenfortbildung wesentlich mehr als sechs Mitarbeiter teilnehmen können,
- die Fortbildungsdauer bei Eigenfortbildung einen Arbeitstag einspart, da keine Fahrzeiten anfallen,
- die Fortbildungsteilnehmer in Notfällen dem Unternehmen kurzfristig zur Verfügung stehen.

Kann für die Eigenfortbildung ein Mitarbeiter als Dozent eingesetzt werden, reduzieren sich die Fortbildungskosten zusätzlich.

3.2.2.1 Planung

Neben der Analyse und Entscheidung für Fremd- oder Eigenfortbildungsveranstaltungen sind bei bestehendem Fortbildungsbedarf eine Reihe von **Planungen** vorzunehmen, nachdem die Entscheidung für eine unternehmenseigene Fortbildungsveranstaltung getroffen wurde:

- Die mit der Fortbildungsveranstaltung anzustrebenden **Ziele** sind festzulegen und für die weitere Fortbildungsplanung vorzugeben.
- Die **Inhalte** der Fortbildungsveranstaltung sind auf Grund der vorgegebenen Fortbildungsziele festzulegen.
- Die einzusetzenden **Methoden** sind für die Fortbildungsveranstaltung in Abhängigkeit von

  - Fortbildungszielen
  - Fortbildungsinhalten

  zu bestimmen. Dazu ist der Einsatz geeigneter **Medien** zu planen.
- Der oder die **Dozenten** sind für die Fortbildungsveranstaltung auszuwählen. Wenn es sich um unternehmensfremde Dozenten handelt, sind Verträge abzuschließen.

- Jede Fortbildungsveranstaltung bedarf der **Terminierung**:

  - Dauer
  - Zeitliche Lage

- Geeignete **Räumlichkeiten** für die Durchführung der Fortbildungsveranstaltung sind auszuwählen und zu reservieren.

- Die **Teilnehmer** einer Fortbildungsveranstaltung sind so frühzeitig auszuwählen und einzuladen, daß sie den Besuch dieser Veranstaltung problemlos durchführen können.

- Der **Fortbildungsstoff** ist von dem oder den Dozenten auszuarbeiten. Dazu zählt auch die Erarbeitung von Teilnehmerunterlagen und von Medien zur Stoffvermittlung.

- Alle benötigten **Hilfsmittel** zur geplanten Fortbildungsveranstaltung sind vorzubereiten, beispielsweise:

  - Druck der Teilnehmerunterlagen
  - Erstellen von Folien für den Tageslichtprojektor
  - Programmierung von Terminaldemonstrationen.

Die gute Planung und Vorbereitung einer Fortbildungsveranstaltung ist die Voraussetzung für ihren Erfolg.

3.2.2.2 Durchführung

Die Durchführung von Fortbildungsveranstaltungen muß nach dem **ökonomischen Prinzip** erfolgen, d.h. mit einem vorgegebenen Aufwand sollte ein größtmöglicher Erfolg erzielt werden. Das bedeutet für die Durchführung von Fortbildungsveranstaltungen, daß sie in optimaler Weise erfolgen sollte. Zu beachten sind:

- Die richtige Auswahl der Teilnehmer im Hinblick auf deren Voraussetzungen
- Der angemessene räumliche Rahmen für die Fortbildung
- Die straffe Durchführung der Veranstaltung
- Die den Lernzielen und den Teilnehmern angemessene Stoffvermittlung
- Keine Über- und Unterforderung der Teilnehmer
- Pünktlichkeit bei Anfang, Pausen und Ende
- Der angemessene Einsatz von Medien

Besondere Bedeutung bei der Durchführung von Fortbildungsveranstaltungen haben:

- Die **Raumausstattung**, insbesondere die Bestuhlung und Anordnung der Arbeitstische:

  - Roundtableanordnung
  - Kleingruppenbestuhlung.

  Alle anderen Arten der Raumbelegung haben für Fortbildungsveranstaltungen Nachteile.

- Die **Verfügbarkeit der Hilfsmittel**, zu denen beispielsweise zählen:

  - Projektoren (Film-, Dia- oder Overheadprojektor)
  - Tafeln (Whiteboard, Flipchart, Schultafel)
  - Terminal und Mikrocomputer mit Projektionseinrichtung
  - Videoanlage, notwendigerweise mit Videokamera.

- Die Methodenwahl, wobei sich vor allem **Methoden** eignen, bei denen die Mitarbeiter

  - sich mit dem Lehrstoff identifizieren
  - zu aktivem Handeln angeregt werden,
  - Erfolgserlebnisse haben,
  - eine Motivation erfahren.

Am Ende einer Fortbildungsveranstaltung sollte nicht auf eine **Beurteilung** der Veranstaltung durch die Teilnehmer verzichtet werden.

39

3.3 Methoden

Zur Fortbildung der Mitarbeiter sollte der Frontalunterricht möglichst nicht die einzige Unterweisungemethode sein, sondern durch weitere Methoden ergänzt werden:

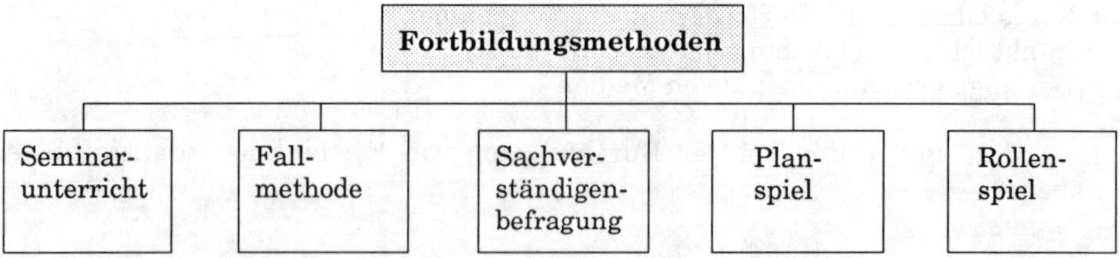

Für die Fortbildung von Erwachsenen empfiehlt sich eine möglichst abwechslungsreiche Vermittlung des Fortbildungsinhaltes.

Neben den nachstehend auszuführenden Fortbildungsmethoden werden gelegentlich weitere Fortbildungsarten benutzt:

- Podiumsdiskussion von Fachleuten

- Diskussion von Meinungsumfragen unter den Teilnehmern

- Supervision ist die Beurteilung und Beratung durch einen Sachverständigen

- Programmierte Unterweisung, bei welcher der Lehrstoff schrittweise vermittelt wird

- Computertraining mit Lehrprogrammen oder der Einsatz von Anwendungsprogrammen.

Die Wahl der Fortbildungsmethode muß insbesonders durch den Fortbildungsstoff bestimmt werden. Die Effizienz der Vermittlung ist dabei besonders zu berücksichtigen.

3.3.1 Seminarunterricht

Die Verbindung von Frontalunterricht mit Diskussionen über den vorgetragenen Lehrstoff wird als Seminarunterricht bezeichnet. In den Diskussionsphasen wird der lehrstoff des Frontalunterrichts analysiert, von allen Seiten beleuchtet und beurteilt.

In der **Diskussion** sollten möglichst alle Teilnehmer der Fortbildungsveranstaltung einbezogen werden. Um die Diskussion möglichst effizient zu gestalten, hat der Referent nicht nur den Stoffvortrag, sondern auch die Diskussion vorzubereiten:

- Ermittlung von provozierenden Fragen
- Zurechtlegen von Denkanstößen
- Ausarbeitung von zusätzlichen Beispielen und Vergleichen
- Bereitstellung von Diskussionsmaterialien
- Strukturierung von erwartbaren Diskussionspunkten.

Die Lehrdiskussion sollte immer mit einem Überblick und einer Zusammenfassung der Teilnehmeraussagen abschließen.

3.3.2 Fallmethode

Die Fallmethode eignet sich in besonderem Maße für Fortbildungsmaßnahmen für die betriebliche Praxis.

Anhand praxisnaher Arbeitssituationen werden Lösungen für Anwendungsaufgaben entweder allein oder in Gruppenarbeit erarbeitet. Den Teilnehmern kann der Inhalt von Fallstudien in unterschiedlicher Art vermittelt werden:

- Schriftlich, beispielsweise in Form von Aktenvorgängen
- Videofilm
- Tonband.

In der Regel wird der gleiche Fall von mehreren Mitarbeitern oder von mehreren Gruppen von Mitarbeitern bearbeitet. Das kann in den folgenden **Schritten** vorgenommen werden:

1. Schritt: **Analyse**	Der aufgezeigte Praxisfall ist zu untersuchen und die aufgabenrelevanten Inhaltsinformationen sind zu ermitteln.
2. Schritt: **Alternativenermittlung**	Es sind die möglichen Alternativen zur Lösung des Falles festzustellen.
3. Schritt: **Alternativenauswahl**	Die beste Alternative ist zu ermitteln und für die Lösung auszuwählen.
4. Schritt: **Lösungsausarbeitung**	Für die ausgewählte Alternative ist nun die Lösung in allen Details auszuarbeiten.
5. Schritt: **Lösungsvorstellung**	Die ausgearbeiteten Lösungen werden im Plenum vorgestellt und gemeinsam diskutiert.

Die Fallmethode eignet sich vornehmlich für die nachstehenden **Lernziele**:

- Erkennen und Lösen von Problemen
- Ausarbeiten komplexer Lösungen
- Förderung der Entscheidungsbereitschaft und -fähigkeit
- Training der Teamarbeit.

Mit der Methode der Fallstudie wurden bei der betrieblichen Fortbildung besonders gute Erfahrungen gemacht.

3.3.3 Sachverständigenbefragung

Sachverständigenbefragung ist eine bisher noch selten angewandte Methode. Qualifizierte Fachleute werden zur Befragung in die Fortbildungsveranstaltung eingeladen. Dadurch ist es möglich, besonders betriebsspezifische Fortbildungsprobleme praxisnah und fachgerecht zu lösen.

Voraussetzungen für den Einsatz dieser Methoden sind:

- Verfügbarkeit von qualifizierten und befragungsbereiten Fachleuten
- Vorherige Abstimmung zwischen Moderator und Sachverständigen
- Verfügbarkeit von ausreichender Zeit für die Befragung.

Üblicherweise wird die Sachverständigenbefragung in folgenden Schritten durchgeführt:

1. Schritt: **Einführung**	Der Sachverständige führt mit einem Kurzreferat in die Aufgabenstellung ein.
2. Schritt: **Problemdarstellung**	Vom Sachverständigen werden die Problematiken der Aufgabenstellung dargestellt und Lösungsalternativen aufgezeigt.
3. Schritt: **Befragung**	Die Teilnehmer befragen den Sachverständigen unter besonderer Berücksichtigung der aufgezeigten Problematiken.
4. Schritt: **Lösung**	Vom Sachverständigen wird eine Zusammenfassung in form der optimalen Lösung zur Aufgabenstellung gegeben.

Zu einer Sachverständigenbefragung können auch mehrere Sachverständige mit gegensätzlichen Meinungen eingeladen werden.

3.3.4 Planspiel

Planspiele sind dynamische Fallstudien, welche über mehrere Zeitperioden gespielt werden und bei denen die Entscheidungen der Teilnehmer den Spielfortgang beeinflussen. Sie sind Praxissimulationen. *Kaiser* unterscheidet folgende Planspielarten:

Anwendung:	Universalspiele, Spezialspiele, Branchenspiele
Inhalt:	Funktions- und Integrationsspiele
Einflußnahme:	Stochastische und deterministische Planspiele
Teilnehmerart:	Einzel- und Gruppenspiele
Spielerverhältnis:	Solo-, Parallel-, Konkurrenzspiele
Ergebnisrechnung:	Manuelle und computergestützte Spiele

Für den Einsatz von Planspielen bei der Aufstiegsschulung sprechen mehrere **Vorteile**:

- Die Wirkungen von Handlungen werden unmittelbar erkennbar.
- Der Blick für das Wesentliche wird geschärft.
- Realitäts- und Arbeitsplatznähe.
- »Praktische« Erfahrungen werden erworben.
- Das Engagement wird gefördert.
- Es wird eine große Wirkung bei den Denk- und Verhaltensweisen erzielt.
- Lernen nach dem Prinzip »Versuch und Irrtum«.

In der Bundesrepublik Deutschland wurden über 100 Planspiele entwickelt und eingesetzt.

3.3.5 Rollenspiel

Das **Rollenspiel** ist eine Methode, bei der durch die Übernahme von definierten Rollen in einer risikofreien Situation insbesondere Verhaltensweisen geübt und trainiert werden:

Vorgesetzter:	Mitarbeitergespräch, Auftragserteilung
Projektleiter:	Mitarbeiterkoordination, Meinungsbildung
Spezialist:	Managementberatung, Lösungsdurchsetzung
Mitarbeiter:	Entscheidungsherbeiführung, Gehaltserhöhung
Ausbilder:	Gruppenbeeinflussung, Teammoderation
Nachwuchskraft:	Vorschlagseinbringung, Durchsetzungsgespräch

Für das Rollenspiel sprechen einige **Vorteile**:

- Vorbereitung auf betriebsrelevante Situationen

- Steigerung der Reaktionssicherheit
- Risikofreier Erfahrungserwerb
- Möglichkeit der Korrektur ungünstiger Verhaltensgewohnheiten
- Erlernen des zielgerichteten Umgangs mit Arbeitspartnern.

Besonders für die Aufstiegsschulung hat sich das Rollenspiel bewährt.

4. Umschulung

Kann eine bisher ausgeübte Tätigkeit nicht mehr versehen werden, so stellt sich die Frage, ob der Mitarbeiter durch eine Umschulung weiter eingesetzt werden kann.

Die Notwendigkeit einer Umschulung kann aus verschiedenen **Gründen** entstehen:

- Einsatz neuer Techniken, Methoden und Anlagen
- Berufsstrukturelle Veränderungen
- Altersbedingte Tätigkeitsumorientierung
- Unfall- oder krankheitsbedingte berufliche Veränderung.

Für eine Umschulung kommen verschiedene **Träger** in Betracht. Sie kann durchgeführt werden durch

- das arbeitgebende Unternehmen
- das Rehabilitationszentrum bei Unfall oder Krankheit
- eine private Bildungseinrichtung.

Mitarbeiterschulungen im Rahmen der Durchführung von organisatorischen oder kapazitiven Veränderungen sind üblich. Die Schulung beispielsweise eines kaufmännischen Sachbearbeiters zum EDV-Sachbearbeiter oder eines Elektromechanikers zum Elektroniker sind typische Beispiele, die oftmals nicht als Umschulung erkannt und bezeichnet werden.

Daneben gibt es spezielle **Umschulungserfordernisse**, die nicht mit Veränderungsschulungen kaschiert sind:

- Aufgabe eines Produkts oder einer Erzeugnisgruppe
- Einstellung einer Fertigungsart oder einer Fertigungsstufe
- Verzicht auf eine bestimmte Technologie.

Für solche Umschulungsmaßnahmen können Förderungsmittel nach dem **Arbeitsförderungsgesetz** (AFG) erlangt werden. Dafür sind die gültigen Förderungsrichtlinien über das örtliche Arbeitsamt zu prüfen.

	Kontrollfragen	bearbeitet	Lösungshinweis	Lösung +	Lösung -
01	Kann die Personalentwicklung als Produktionsfaktor bezeichnet werden?		327		
02	Nennen Sie die Hauptaufgaben der Personalentwicklung!		327		
03	In welchem Gesetz sind die Aufgaben der Personalentwicklung definiert?		328		
04	Welche Ziele werden mit der Personalentwicklung verfolgt?		329		
05	Ist Personalbeschaffung oder Personalentwicklung zu bevorzugen?		329		
06	Für welche Bereiche hat die Personalentwicklung besondere Bedeutung?		329 f.		
07	Worin unterscheiden sich Personal- und Maßnahmenplanung bei der Personalentwicklung?		331		
08	Was ist der Inhalt der Maßnahmenplanung zur Personalentwicklung?		332		
09	In welcher Weise können Personalentwicklungsmaßnahmen durchgeführt werden?		332		
10	Wer kommt als Instruktor in Frage?		332		
11	Nennen Sie externe Maßnahmen zur Personalentwicklung!		333		
12	Erläutern Sie die Erfolgskontrolle von Maßnahmen zur Personalentwicklung!		333 f.		
13	Welche Mitwirkungsrechte stehen dem Betriebsrat im Hinblick auf die Personalentwicklung zu?		334 f.		
14	Woher kommt der Ausdruck »Azubi«?		335		
15	Was versteht man im Hinblick auf die Ausbildung unter dem »dualen System«?		335		
16	Nennen Sie die Voraussetzungen für die Ausbildungsfähigkeit eines Unternehmens!		335 f.		
17	Welche Ausbildungsarten müssen unterschieden werden?		336 f.		
18	Erläutern Sie den Begriff »Stufenausbildungsberuf«!		337		
19	Was ist ein Ausbildungsberufsbild?		337		
20	Nennen Sie den Mindestinhalt einer Ausbildungsordnung!		337 f.		
21	Erläutern Sie den Begriff »Ausbildungsrahmenplan«!		338		
22	Warum sind unternehmensinterne Ausbildungspläne zu erstellen?		338 f.		

	Kontrollfragen	bearbeitet	Lösungshinweis	Lösung +	Lösung -
23	Worin unterscheiden sich Einzel- und Gesamtausbildungspläne?		339		
24	Was versteht man unter »Blockunterricht«?		340		
25	Erklären Sie den Begriff »didaktische Koordination«!		340		
26	Welche Methoden eignen sich besonders zur betriebspraktischen Ausbildung?		341 f.		
27	In welchen Stufen wird bei der Arbeitsunterweisung vorgegangen?		341		
28	Was ist ein Lehrgespräch?		341 f.		
29	Wofür eignet sich das Lehrgespräch besonders?		342		
30	Wie wird ein Lehrgespräch vorbereitet?		342		
31	Beschreiben Sie eine Übungsfirma!		342		
32	Unterscheiden Sie Übungsbüro und Übungsfirma!		342 f.		
33	Erläutern Sie den Begriff »Frontalunterricht«!		343		
34	Nennen Sie einige Regeln zur Gestaltung des Frontalunterrichtes!		343		
35	Was versteht man unter Gruppenarbeit?		343		
36	Welche Vorteile sprechen für die Gruppenarbeit?		344		
37	Erklären Sie den computerunterstützten Unterricht!		344 f.		
38	Nennen Sie einige typische Ausbildungsmedien!		345		
39	Welche Fortbildungsarten werden unterschieden?		346 f.		
40	Was versteht man unter dem Begriff »unternehmensinterne Fortbildung«?		347		
41	Welchen Inhalt muß eine Kostenvergleichsrechnung zwischen Fremd- und Eigenfortbildung haben?		349		
42	Beschreiben Sie die Planungsaufgaben für eine Fortbildungsveranstaltung!		350 f.		
43	Erläutern Sie den Seminarunterricht!		353 f.		
44	Was versteht man unter der »Fallmethode«?		354 f.		
45	Stellen Sie die Vorgehensweise bei der Fallmethode dar!		354		
46	Erklären Sie die Sachverständigenbefragung!		355		
47	Was ist ein Planspiel?		356 f.		

	Kontrollfragen	bear-beitet	Lösungs-hinweis	Lösung +	-
48	Welche Vorteile bietet das Planspiel?		356		
49	Erläutern Sie das Rollenspiel!		356		
50	Aus welchen Gründen kann eine Umschulung erforderlich sein?		357		

I. Personalverwaltung

Die **Abwicklung** der administrativen, routinemäßigen Aufgaben des Personalbereiches kann in einer eigenen Organisationseinheit oder auch bei den jeweiligen Personalaufgaben erfolgen. Für die Entgeltrechnung - Lohnrechnung, Gehaltsrechnung, Provisionsrechnung - werden üblicherweise eine oder mehrere besondere Organisationseinheiten gewählt, da es sich dabei um Nebenbuchhaltungen handelt. Sie können sowohl dem Personalbereich als auch dem Rechnungswesen zugeordnet werden.

Die Personalverwaltung ist durch eine Vielzahl unterschiedlicher Aufgaben gekennzeichnet, für deren Durchführung es unterschiedliche **Gründe** gibt:

- Gesetzliche und behördliche Veranlassungen

- Erfordernisse auf Grund von Tarifverträgen und Betriebsvereinbarungen

- Anforderungen durch Verbände, Sozialversicherungsträger usw.

- Innerbetriebliche Bedürfnisse des Managements, der Personalleitung, der Abteilungsleitungen usw.

- Anforderungen und Wünsche der Mitarbeiter

Daneben sind für die verschiedenen Personalbereiche umfangreiche Verwaltungsaufgaben abzuwickeln.

Zunächst sind die Merkmale der Personalverwaltung darzustellen, danach ihre Aufgaben zu beschreiben:

Personal-verwaltung	Merkmale
	Personaldatenverwaltung
	Personalarbeit
	Entgeltrechnung
	Sozialverwaltung
	Personalstatistik

1. Merkmale

Für die Personalverwaltung sind insbesondere die nachstehenden Merkmale bedeutsam:

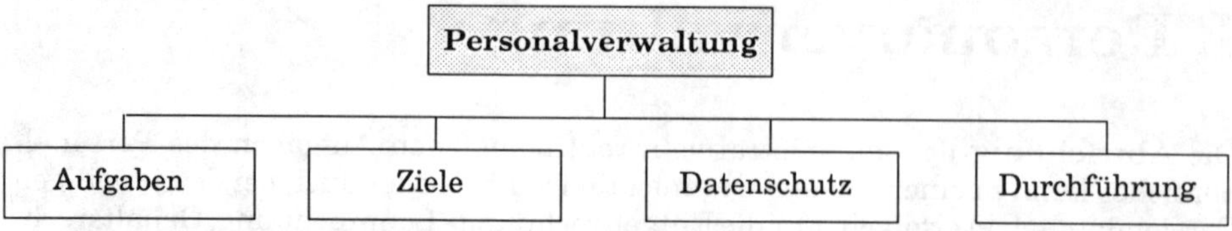

Durch gesetzliche, tarifvertragliche und andere Vorgaben ist die Personalverwaltung nur in einem eingeschränkten Rahmen durch das Unternehmen gestaltbar.

1.1 Aufgaben

Der Aufgabenkatalog der Personalverwaltung ist umfangreich und vielfältig. Wesentliche **Aufgaben** der Personalverwaltung sind:

- **Informationsaufgaben**, welche vornehmlich zwei Informationsinhalte enthalten: individuelle Informationen über einzelne Mitarbeiter und Informationen über Gruppen oder die Gesamtheit der Belegschaft. Die Bereitstellung muß kurzfristig und mit aktuellen Daten erfolgen. Dazu ist die

  - Gewinnung
  - Speicherung
  - Selektion
  - Verdichtung
  - Aufbereitung
  - Ausgabe

  von Personaldaten für alle externen und internen Informationsbedürfnisse erforderlich.

- **Abwicklungsaufgaben**, die personalbezogene Vorgänge betreffen, beispielsweise:

  - Einstellung
  - Versetzung
  - Beförderung
  - Veränderung
  - Austritt

  Sie sind von der Personalverwaltung in allen ihren administrativen Erfordernissen durchzuführen.

- **Abrechnungsaufgaben**, die sowohl die Entgeltabrechnung als auch andere Abrechnungserfordernisse umfassen, beispielsweise:

- Darlehensgewährung
- Essengeldabzug
- Reisekosten
- Private Telefongespräche
- Werksverkäufe

Sie sind oftmals von der Personalverwaltung vorzunehmen und ihre buchhalterische Bearbeitung zu veranlassen.

- **Meldeaufgaben**, die eine Vielzahl von Meldungen betreffen, welche von der Personalverwaltung sowohl für innerbetriebliche als auch für externe Zwecke zu erarbeiten sind. Externe Meldungen sind beispielsweise:

  - Arbeitsamtsmeldungen
  - Lohnnachweis für die Berufsgenossenschaften
  - IHK-Meldungen
  - Lohnsteueranmeldungen beim Finanzamt
  - Entgeltnachweis an die Sozialversicherungen

  Interne Meldungen können beispielsweise sein:

  - Ablauf der Probezeit
  - Versetzungsmeldungen
  - Meldung von Sonderzahlungen
  - Geburtstags- und Jubiläumsmeldung
  - Schwerbeschädigtenverzeichnis

- **Überwachungsaufgaben**, die ebenfalls zu den Verwaltungsaufgaben zählen. Im Rahmen des Personalbereiches ist eine Reihe von Vorgängen kontinuierlich zu überwachen. Dazu gehören beispielsweise:

  - Fluktuation
  - Krankenstand
  - Arbeitszeiterfassung bei Gleitzeit
  - Überstundenanfall
  - Urlaubsinanspruchnahme.

Die Aufgaben der Personalverwaltung sind dadurch gekennzeichnet, daß sowohl Massendaten- als auch Individualdatenverarbeitung erfolgen muß.

1.2 Ziele

Die von der Personalverwaltung anzustrebenden Ziele leiten sich direkt von den Zielen der Personalwirtschaft, aber auch von den Zielen der Verwaltung ab.

Wesentliche Ziele der Personalverwaltung sind:

- Die **Transparenz**, wonach die Gegebenheiten und laufenden Vorgänge bei den Mitarbeitern durch die Personalverwaltung offensichtlich gemacht werden müssen:

  - Strukturen und ihre Veränderungen, beispielsweise der Altersaufbau.
  - Bewegungen und ihre Auswirkungen, beispielsweise die Fluktuation.
  - Entwicklungen und ihre Einflüsse, beispielsweise der Lohnkostenanstieg.

  Das Ziel der Transparenz gilt sowohl für den einzelnen Mitarbeiter als auch für Gruppen und die Gesamtheit der Mitarbeiter.

- Die **Aktualität**, wonach die Ergebnisse der Personalverwaltung kurzfristig vorliegen müssen. Nur dann ist es möglich,

  - das Personalwesen zu überwachen,
  - zu überprüfen, ob Aktionen erforderlich sind,
  - so schnell Maßnahmen zu ergreifen, daß sie noch wirksam sind.

  Die Aktualität hat für das Personalwesen eine besondere Bedeutung.

- Die **Fehlerfreiheit**, die für die Mitarbeiterverwaltung eine besondere Priorität hat. Hinter jeder Akte und jedem Vorgang im Personalwesen und damit in der Personalverwaltung steht ein Mensch mit seinem Schicksal. Fehler in diesem Bereich können schwerwiegende Auswirkunen haben. Deswegen bedarf es in diesem Bereich einer möglichst weitgehenden Fehlerfreiheit.

- Die **Aussagekraft**, die für den Personalbereich zwingend erforderlich ist. Die Forderung nach aussagekräftigen Ergebnissen der Personalverwaltung erfordert:

  - Hinreichende Detaillierung der Ergebnisse
  - Angabe von Vergleichswerten wie Soll- oder Vorjahreswerte
  - Fortschreibung bisheriger Ergebnisse

- Die **Wirtschaftlichkeit**, die für alle Bereiche in gleicher Weise gilt. So muß auch die Personalverwaltung ihre Ergebnisse kostenminimal erarbeiten. Deswegen ist immer wieder zu überprüfen, ob es wirtschaftlichere

  - Methoden und Techniken
  - Datenverarbeitungsverfahren

  gibt, um sie gegebenenfalls einzuführen und anzuwenden.

Die Sicherung der Vertraulichkeit aller Personaldaten ist natürlich ein weiteres wichtiges Ziel für jede Personalverwaltung. Im nachfolgenden Kapitel wird auf dieses Erfordernis ausführlich eingegangen.

1.3 Datenschutz

Gemäß dem Bundesdatenschutzgesetz (BDSG) versteht man unter Datenschutz **»Maßnahmen zum Schutz vor dem Mißbrauch personenbezogener Daten«.**

Ziele des Datenschutzes sind:

- Die Sicherung der Privatsphäre der Mitarbeiter
- Das Bewahren der Vertraulichkeit der Mitarbeiterdaten
- Das Verhüten des Mißbrauchs dieser Daten.

Das Bundesdatenschutzgesetz bezieht sich jedoch nur auf personenbezogene Daten, die in Dateien gespeichert sind und maschinell sortiert und ausgewertet werden können.

Zielgruppen des Bundesdatenschutzgesetzes sind:

- Öffentliche Verwaltung (§§ 7 - 21 BDSG).
- Betriebe, die Mitarbeiterdaten maschinell verarbeiten (§§ 22 - 30 BDSG).
- Betriebe, die für fremde Zwecke Personaldaten verarbeiten (§§ 31 - 40 BDSG).

Von den Bundesländern wurden ergänzende Landesdatenschutzgesetze erlassen.

Für den Datenschutz sind von besonderer Bedeutung:

- **Datenschutzerfordernisse**
- **Datenschutzbeauftragter**
- **Datenschutzmaßnahmen.**

1.3.1 Datenschutzerfordernisse

Nach § 6 Abs. 1 BDSG sind zum Datenschutz vornehmlich folgende Erfordernisse gegeben:

- Die **Zugangskontrolle**, die Unbefugten den Zugang zu Datenverarbeitungsanlagen, die personenbezogene Daten verarbeiten, verwehrt.

- Die **Abgangskontrolle**, die erfordert, daß die unbefugte Entfernung von Datenträgern verhindert wird.

- Die **Speicherkontrolle**, der die Aufgabe zukommt, die unbefugte Eingabe, Kenntnisnahme, Veränderung und Löschung personenbezogener Daten zu vereiteln.

- Die **Benutzerkontrolle**, die es notwendig macht, die Benutzung von Datenverarbeitungssystemen durch unbefugte Personen zu verhindern.

- Die **Zugriffskontrolle**, die fordert, daß zu gewährleisten ist, daß Berechtigte ausschließlich auf die ihrer Zugriffsberechtigung unterliegende Daten zugreifen können.

- Die **Übermittlungskontrolle**, die sicherstellen muß, daß festgestellt werden kann, an welche Stellen personenbezogene Daten durch selbständige Einrichtungen übermitttelt werden können.

- Die **Eingabekontrolle**, die nachträglich feststellbar machen muß, welche personenbezogenen Daten zu welcher Zeit von wem in das Datenverarbeitungssystem eingegeben wurden.

- Die **Auftragskontrolle**, welche die Notwendigkeit bedingt, daß im Auftrag verarbeitete Daten nur entsprechend den Weisungen des Auftraggebers verarbeitet werden dürfen.

- Die **Transportkontrolle**, welche sicherstellen muß, daß beim Transport von personenbezogenen Daten diese nicht unbefugt gelesen, verändert oder gelöscht werden können.

- Die **Organisationskontrolle**, wonach die Organisation so zu gestalten ist, daß sie den besonderen Anforderungen des Datenschutzes gerecht wird.

Diese Maßnahmen sind nach § 6 Abs. 1 Satz 2 BDSG jedoch nur dann erforderlich, wenn ihr Aufwand in einem angemessenen Verhältnis zu dem angestrebten Schutzzweck steht.

1.3.2 Datenschutzbeauftragter

Unternehmen, die für eigene Zwecke Datenverarbeitung betreiben, müssen nach § 28 BDSG einen **Datenschutzbeauftragten** bestellen, wenn sie

- personenbezogene Daten automatisch verarbeiten und mindestens fünf Arbeitnehmer ständig beschäftigen

  oder

- personenbezogene Daten auf konventionelle Weise verarbeiten und ständig mindestens 20 Arbeitnehmer beschäftigen.

Der betriebliche Datenschutzbeauftragte hat nach dem Bundesdatenschutzgesetz vor allem die folgenden **Aufgaben**:

- Führen einer Übersicht über die Art der gespeicherten personenbezogenen Daten

- Anlegen einer Liste über alle regelmäßigen Empfänger personenbezogener Daten

- Überwachung der ordnungsgemäßen Anwendung der Datenverarbeitungsprogramme

- Veranlassen der ordnungsgemäßen Berichtigung, Löschung und Sperrung von Daten

- Belehrung aller bei der Verarbeitung personenbezogener Daten tätigen Mitarbeiter über den Datenschutz

- Verpflichtung aller Mitarbeiter, die mit personenbezogenen Daten umgehen, auf das Datenschutzgeheimnis

Für den Schutz personenbezogener Daten ist der Datenschutzbeauftragte der verantwortliche, aber nicht weisungsgebundene Beauftragte des Unternehmens.

1.3.3 Datenschutzmaßnahmen

Die schutzbedürftigen Personaldaten müssen bei konventioneller Archivierung in der **Personalakte** und **Personalkartei** vornehmlich durch folgende Maßnahmen geschützt werden:

- Verwahrung unter Verschluß
- Zugang nur für bestimmte Mitarbeiter.

Werden die Personaldaten auf **magnetischen Datenträgern** wie Magnetplatten oder Magnetbändern gespeichert, so bedarf es dafür besonderer Vorkehrungen, um den Datenschutz zu gewährleisten.

Für Personaldaten, die über **Terminals** abgerufen werden können, gibt es eine Reihe von Maßnahmen, um den geforderten Schutz sicherzustellen:

- Zugriff auf Personaldaten nur von bestimmten **Terminals** aus, beispielsweise nur von den Terminals der Pesonalabteilung.

- Zugriff nur von bestimmten **Mitarbeitern**, die sich durch die Eingabe von Paßwörtern identifizieren.

- Zugriff nur zu definierten **Daten**. Dabei kann sich die Zugriffsverweigerung auf einzelne Daten, bestimmte Datensegmente oder besondere Datenfelder, beispielsweise auf das Gehaltsfeld, beziehen.

- Manipulation von Personaldaten nur durch bestimmte **Mitarbeiter** in vorgegebener Art, beispielsweise Lesen, Ändern oder Ergänzen.

- »**Vier-Augen-Prinzips**« für bestimmte Manipulationsarten, d.h. Daten dürfen nur ergänzt oder verändert werden, wenn dieser Änderung zwei Mitarbeiter am Terminal zugestimmt haben.

Die dargestellten Maßnahmen können auch in Kombination eingesetzt werden.

1.4 Durchführung

Die Personalverwaltung ist eine typische **Datenverarbeitungsaufgabe**. Die Datenverarbeitung kann in unterschiedlicher Weise durchgeführt werden:

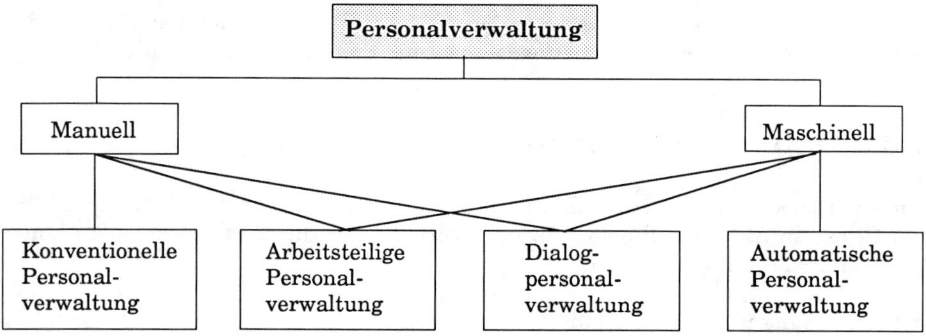

1.4.1 Konventionelle Personalverwaltung

Wird die Personalverwaltung ohne den Einsatz eines Computers ausgeführt, so spricht man von **konventioneller Personalverwaltung**. Da von einem Computer erst gesprochen wird, wenn eine Maschine von einem Programm gesteuert wird, schließt die konventionelle Personalverwaltung die Benutzung von Büromaschinen nicht aus:

- Rechenmaschinen
- Diktiergeräte
- Schreibmaschinen

Die Personaldaten werden bei der konventionellen Datenverarbeitung in verschiedenen **Datenbeständen** geführt:

- Personalakten
- Personalkarteien
- Lohnkontoblättern

Die konventionelle Personalverwaltung ist vor allem durch folgende **Eigenschaften** gekennzeichnet:

- Erheblicher Personalaufwand ist erforderlich.
- Aktuelle Arbeitsergebnisse sind nicht in jedem Fall zu erreichen.
- Die manuelle Bearbeitung ist fehlerträchtig.

Konventionelle Personalverwaltung erfolgt überwiegend in Kleinbetrieben.

1.4.2 Arbeitsteilige Personalverwaltung

Nicht die Arbeitsteilung zwischen mehreren Personalsachbearbeitern wird hier als arbeitsteilige Personalverwaltung gekennzeichnet, sondern die Arbeitsteilung zwischen den **Mitarbeitern** der Personalabteilung und dem **Computer**.

Dabei werden dem Computer einerseits die Massendatenverarbeitungen und andererseits die Speicherung und Selektion von Daten überlassen:

- Personaldatenverwaltung
- Melde- und Statistikaufgaben
- Lohn- und Gehaltsabrechnung.

Die Personaldaten werden dabei für die Verarbeitung mit dem Computer in **Personaldateien** gespeichert:

- Personalstammdatei
- Arbeitsplatzstammdatei
- Entgeltabrechnungsdatei.

Den Mitarbeitern der Personalabteilung stehen dabei solche **Unterlagen** zur Verfügung wie:

- Personalliste
- Personalabrechnungsliste
- Auswertungslisten.

Die arbeitsteilige Personalverwaltung ist durch folgende **Merkmale** gekennzeichnet:

- Die Ziele »Transparenz« und »Aktualität« werden nur teilweise erreicht.
- Der Übergang von der manuellen Sachbearbeitung zur maschinellen Verarbeitung ist

- zeitaufwendig
- fehlerträchtig
- kostenintensiv

• Die Mehrheit der Bearbeitungsvorgänge bedarf einer mehrtägigen Verarbeitung.

Die arbeitsteilige Personalverwaltung wird zunehmend von der Personalverwaltung im Dialog abgelöst.

1.4.3 Personalverwaltung im Dialog

Der wesentliche Nachteil der arbeitsteiligen Personalverwaltung, die nacheinander von den Mitarbeitern der Personalabteilung und dem Computer ausgeführt wird, ist der zeitaufwendige und fehlerträchtige Übergang vom Mitarbeiter zum Computer.

Durch den Einsatz von Personalcomputern oder Großrechnern mit Terminals, also durch die Benutzung der **Dialogdatenverarbeitung**, wird dieser Übergang problemlos:

- Der Personalsachbearbeiter gibt über die Tastatur die Daten und Anweisungen ein.

- Der Computer antwortet über den Bildschirm und gibt die Ergebnisse aus.

- Fehlerhafte Eingaben werden sofort angezeigt und können vom Sachbearbeiter, bevor eine Weiterverarbeitung erfolgt, korrigiert werden.

Durch die Benutzung der Dialogdatenverarbeitung bei der Personalverwaltung ergeben sich mehrere **Vorteile**:

- Sofortige und schnelle Erledigung der Arbeitsaufgaben
- Aktueller Stand der gespeicherten Daten
- Gleichzeitige Benutzung der Daten von mehreren Stellen
- Verminderung von Arbeitsfehlern
- Einsparung von Formularen und Listen
- Verbesserung der Sachbearbeitung
- Entlastung der Sachbearbeiter von Routinetätigkeiten.

Diesen Vorteilen stehen auch **Nachteile** gegenüber, vor allem:

- Höhere Komplexität des EDV-Systems
- Höhere Kosten.

Voraussetzung für die Dialogdatenverarbeitung ist in der Regel eine Personaldatenbank. Darunter versteht man ein Softwaresystem, mit welchem die Personaldaten archiviert und verwaltet sowie nach unterschiedlichen Kriterien für beliebige Auswertungen unmittelbar zur Verfügung gestellt werden können.

Personaldatenbanken mit integrierten Verwaltungssystemen werden mit unterschiedlichen Bezeichnungen benannt:

- Personalinformationssystem
- Mitarbeiterinformationssystem
- Personalverwaltungssystem
- Integriertes Verarbeitungs- und Informationssystem für Personaldaten.

Die Hersteller von Computern und Softwarehäuser bieten dazu **Basissysteme** an, beispielsweise PERSIS und IPS von der IBM Deutschland GmbH.

Von verschiedenen Unternehmen in Deutschland wurden eigene **Personalinformationssysteme** entwickelt und eingeführt, beispielsweise:

- IPIS - Integriertes Personalinformationssystem der Ford AG

- PEDATIS - Computerunterstütztes Personaldateninformationssystem der Volkswagenwerk AG

- PDI - Personaldaten-Informationssystem der AEG

- PIS - Personalinformationssystem der BASF AG

- SWAPS - Salaries, Wages, Accounting and Personal System von der Deutschen ICI GmbH.

Mit Ausnahme der Personalakte bedarf es beim Einsatz der Dialogdatenverarbeitung für die Personalverwaltung keiner weiteren Unterlagen, denn alle erforderlichen Informationen können am Terminal sofort und aktuell abgerufen werden.

Kennzeichnende **Merkmale** des Einsatzes der Dialogdatenverarbeitung in der Personaldatenverwaltung sind beispielsweise:

- Schnelle Ausführung aller Personalverwaltungsaufgaben

- Bisher kaum lösbare Aufgaben können einfach erarbeitet werden, beispielsweise die Ermittlung von Mitarbeitern mit bestimmten Eigenschaften: »Welcher Mitarbeiter verdient unter DM 4.000, ist ledig, geschieden oder verwitwet, spricht spanisch oder portugiesich und ist Tiefbau- oder Straßenbauingenieur?«

- Integrierte Durchführung aller Personalverwaltungsarbeiten.

In der Zukunft wird die Dialogdatenverarbeitung für die Personalverwaltung eine dominierende Bedeutung erlangen. Bestimmte Teile der Personalverwaltung, beispielsweise die Lohn- und Gehaltsabrechnung, werden jedoch weiterhin als Stapelverarbeitung durchgeführt werden. Die Vorarbeiten erfolgen jedoch auch hier im Dialog mit dem Computer.

1.4.4 Automatische Personalverwaltung

Die Personalverwaltung ist durch zwei Aufgabenbereiche gekennzeichnet:

- Individuelle Personalverwaltung
- Gruppen- oder gesamtheitsbezogene Personalverwaltung.

Die **individuellen Aufgaben** der Personalverwaltung werden sich auch in Zukunft nicht automatisieren lassen. Demgegenüber werden bereits heute und in der Zukunft in vermehrtem Umfang eine Reihe von Aufgaben automatisch abgewickelt werden:

- Programmabläufe in definierten, regelmäßigen zeitlichen Abständen

- Erarbeitung der Ergebnisse ohne menschliche Hilfe

- Zustellung der Ergebnisse an die Empfänger ohne Sachbearbeitung durch Mitarbeiter

Insbesondere bestimmte Informationsaufgaben, Abrechnungsaufgaben und Meldeaufgaben werden in zunehmendem Umfang automatisch abgewickelt werden. Auch Berichts- und Kontrollaufgaben werden verstärkt in der Weise automatisiert werden, daß automatisch zu festgelegten Zeitpunkten die jeweilige Aufgabe durchgeführt wird, jedoch nur bei bemerkenswerten Abweichungen eine Aussage in Form einer Abweichungsmeldung für die zuständigen Mitarbeiter des Unternehmens erfolgt.

2. Personaldatenverwaltung

Grundlage jeder Personalverwaltung sind die Personaldaten. Sie müssen mehreren Forderungen genügen, wenn die Personalarbeit und insbesondere die Personalverwaltung optimal durchgeführt werden sollen:

- **Redundanzfreie Speicherung**, die bedeutet, daß ein Datum nur einmal gespeichert sein darf. Dadurch wird sichergestellt, daß die Personaldaten kostenminimal und änderungsfreundlich verwaltet werden.

- **Direkter Datenzugriff**, welcher für Personaldaten zwingend erforderlich ist. Die Personaldaten müssen einheitlich und schnell von unterschiedlichen Anforderern wiedergewonnen werden können:

  - Mitarbeiter des Personalwesens
  - Programme des Personalwesens

- **Schutz- und Sicherungseinrichtungen**, die in der Personalverwaltung eine besondere Bedeutung haben. Personaldaten bedürfen besonderer Maßnahmen, um einerseits dem Datenschutz und andererseits betriebsinternen Sicherungserfordernissen zu genügen:

  - Zugriffsschutzmaßnahmen
  - Veränderungsschutzvorrichtungen

- **Datenunabhängigkeit**, was bedeutet, daß nicht für einzelne Programme oder spezielle Auswertungsnotwendigkeiten die Personaldaten organisiert werden dürfen, sondern diese Daten auswertungsunabhängig verwaltet werden müssen.

Die Personaldatenverwaltung ist insbesondere durch die nachstehenden **Merkmale** gekennzeichnet:

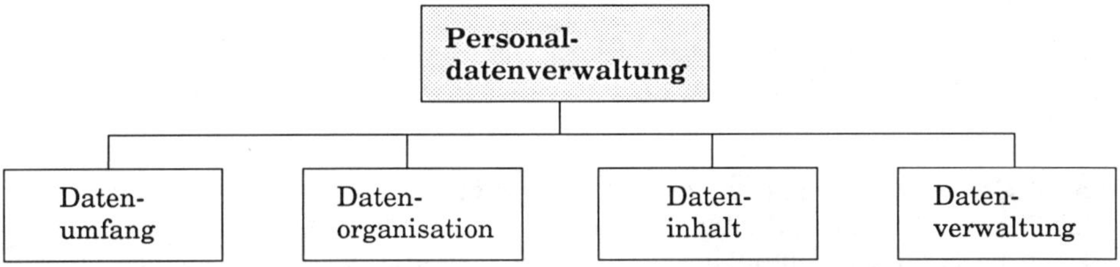

2.1 Datenumfang

Der Personaldatenumfang wird durch verschiedene **Kriterien** bestimmt:

- Aufgabenvorgaben für das Personalwesen
- Organisatorische Einordnung und Abgrenzung des Personalwesens
- Verantwortung für die verschiedenen Datenarten
- Räumliche und organisatorische Gliederung des Unternehmens

Für den Datenumfang sind besonders bedeutsam:

- **Personenumfang**
- **Datenbereiche**
- **Zentralisation.**

2.1.1 Personenumfang

Zu den von der Personaldatenverwaltung betreuten Personen gehören immer die **aktiven Mitarbeiter**:

- Angestellte
- Arbeiter
- Auszubildende
- Praktikanten und Volontäre.

Dabei ist es gleichgültig, ob sie voll- oder teilzeitlich, haupt- oder nebentätig im Unternehmen arbeiten. Entscheidend ist nur die Frage, ob es sich um Arbeitnehmer des Unternehmens handelt. Daneben können aber auch weitere **Personenkreise** von der Personaldatenverwaltung betreut werden:

- **Rentner** und andere ehemalige Mitarbeiter des Unternehmens, die sich im Ruhestand befinden, werden immer in die Personaldatenverwaltung mit einbezogen, wenn sie ein Altersruhegeld vom Unternehmen erhalten. Aus sozialen Gründen werden oftmals die Daten aller Rentner des Unternehmens weiterverwaltet.

- **Ausgeschiedene Mitarbeiter,** welche der Betreuung der Personaldatenverwaltung gemäßt den Aufbewahrungsfristen der Personaldaten in der Personalakte bedürfen.

- **Aushilfskräfte**, die als gelegentlich oder wiederkehrend beschäftigte Aushilfskräfte und Saisonmitarbeiter von der Personaldatenverwaltung in der Regel wie Dauerbeschäftigte behandelt werden. Zur Abdeckung von anfallsbedingten Arbeiten empfiehlt sich, mögliche Aushilfskräfte datenbezogen verfügbar zu haben.

- **Bewerber**, die ebenfalls in die Personaldatenverwaltung einbezogen werden können. Während der Anwerbungsphase von neuen Mitarbeitern zur Besetzung von freien Arbeitsplätzen wird für jeden Bewerber eine der Personalakte entsprechende Bewerberakte geführt. Ob Bewerberdaten in ein maschinelles Datenverwaltungssystem aufgenommen werden, ist unterschiedlich geregelt. Abgelehnte, aber potentiell geeignete Bewerber für andere Arbeitsplätze werden oft in die Personaldatenverwaltung aufgenommen.

Die Aufnahme von **Nichtarbeitnehmern**, aber überwiegend oder ausschließlich für das Unternehmen tätigen Personen, beispielsweise Vertretern, ist in den Unternehmen unterschiedlich geregelt.

2.1.2 Datenbereiche

Zur Personaldatenverwaltung gehören in jedem Fall die Personaldaten. Daneben können von ihr aber auch weitere Datenbereiche verwaltet werden, beispielsweise:

- **Arbeitsplatzdaten**, die von den Personaldaten zu unterscheiden sind. Jeder Mitarbeiter hat in der Regel einen Arbeitsplatz. Die Daten des Arbeitsplatzes sind auch für das Personalwesen wichtig. Deswegen werden oftmals die Arbeitsplatzdaten auch von der Personaldatenverwaltung betreut.

- **Tätigkeits- und Fähigkeitsdaten,** welche die Personalakten ergänzen. Für jede Arbeitsdurchführung sind besondere Tätigkeitsanforderungen gegeben, die durch Fähigkeiten der Mitarbeiter abgedeckt sein sollten. Die Datenarten

  - Tätigkeitsanforderungen
  - Fähigkeitsdaten

  können von der Personaldatenverwaltung gesondert betreut werden. Oft sind die Anforderungsdaten ein Teil der Stellen- oder Arbeitsplatzbeschreibung. Die Fähigkeitsdaten werden in der Personalkartei oder -datei geführt.

- **Führungsdaten**, die verdichtete Daten aus allen Bereichen darstellen. Zur Führung eines Unternehmens ist eine Vielzahl von Daten aus dem Personalbereich notwendig. Die Verwaltung dieser Daten kann ebenfalls vom Personalwesen durchgeführt werden.

Eine Reihe von Datenbereichen, beispielsweise Kostenstellen- oder Kostenartendaten, betreffen mehrere organisatorische Unternehmenseinheiten und damit nicht nur die Personaldatenverwaltung.

2.1.3 Zentralisation

In Unternehmen, die geographisch dezentral aufgebaut sind, die also räumlich unterschiedliche

- Werke
- Verkaufsniederlassungen
- Servicezentren

haben oder die rechtlich selbständige Tochterunternehmen aufweisen, stellt sich die Frage, ob die Personaldaten zentral, teilzentral oder dezentral verwaltet werden sollen:

- **Zentrale Datenverwaltung** bedeutet, alle Personaldaten werden an einem Ort, üblicherweise von der zentralen Personalabteilung, verwaltet.

- **Teilzentrale Datenverwaltung,** entsprechend der häufig teilzentralen Personalverwaltung mit dezentraler Personalarbeit und zentraler Entgeltrechnung, empfiehlt sich nicht. Durch die Möglichkeit der Datenfernübertragung können die Personaldaten zentral geführt und dezentral benutzt werden.

- **Dezentrale Datenverwaltung** ist sinnvoll, wenn sowohl der Personalbereich wie auch die EDV dezentralisiert sind. Dann kann die Personaldatenverwaltung ebenfalls dezentral vorgenommen werden. Das bedeutet, daß die Personaldaten am Arbeitsort der Mitarbeiter archiviert und verwaltet werden.

Eine teil- oder dezentrale Datenverwaltung sollte jedoch eine einheitliche Datenorganisation und -speicherung aufweisen.

2.2 Datenorganisation

In den Datenspeichern der Personaldatenverwaltung müssen alle **benötigten Daten**, aber auch nur diese, gespeichert werden. Oft kann beobachtet werden, daß ohne Grund eine Vielzahl von Personaldaten, für die keine anerkannte Verwendung gegeben ist, gespeichert werden. Das erfordert einen ungerechtfertigten Aufwand in der

- **Personalakte**
- **Personalkartei**
- **Personaldatei.**

Zwischen den vom Personalwesen archivierten und verwalteten Personaldaten und dem konkreten Arbeitsverhältnis muß ein enger Bezug bestehen. Es dürfen nicht beliebige Personaldaten gespeichert werden.

2.2.1 Personalakte

In der Personalakte werden alle **arbeitsvertragsgestaltenden Dokumente** aufbewahrt, welche als Belege benötigt werden könnten. Dabei sind verschiedene Beleggruppen zu unterscheiden:

- **Personalbelege**, die personenbezogene Unterlagen darstellen. Zu ihnen gehören vornehmlich:

- Personalbogen
- Zeugnisse
- Ärztliche Stellungnahmen
- Polizeiliches Führungszeugnis

• **Vertragsbelege**, die Unterlagen sind, welche sich auf das Arbeitsverhältnis beziehen. An vertraglichen Unterlagen werden üblicherweise archiviert:

- Arbeitsvertrag
- Vertragsänderungen
- Beförderungen
- Entgeltänderungen

• **Tätigkeitsbelege**, die über die Historie der Mitarbeiter im Unternehmen Auskunft geben. Zum Nachweis der ausgeführten Tätigkeiten werden Versetzungsmeldungen aufbewahrt.

Beurteilungsergebnisse können auf magentischen Datenträgern oder in Belegform archiviert werden.

Die Personalakte kann auch auf **Mikrofilm** geführt werden. Dazu ist es notwendig, die Belege der Personalakte zu verfilmen. Mit Hilfe von Mikrofilmlese- und -rückvergrößerungsgeräten können die Personalbelege eingesehen oder in Kopie wiedererlangt werden.

2.2.2 Personalkartei

Nach *Goossens* ist die Personalkartei das Handwerkszeug der Personalverwaltung. Die Personalkartei enthält auf **Karteikarten** im Format DIN A4 oder DIN A5 alle wesentlichen Daten der Mitarbeiter. Sie ermöglicht

• einen schnellen Überblick über jeden Mitarbeiter
• eine gute Vergleichsmöglichkeit zwischen den Mitarbeiterdaten
• einen aktuell durchführbaren Änderungsdienst
• eine Sortierung nach verschiedenen Kriterien.

Die Personalkarteikarte kann zur einfachen Selektion und Sortierung in unterschiedlicher Form gestaltet werden:

• Reiterkartei
• Randlochkartei.

Wird in der Personalverwaltung mit EDV gearbeitet, ohne daß Datensichtgeräte eingesetzt werden, wird häufig eine Personalkartei durch Ausdruck der Personaldatei erstellt. Der Änderungsdienst erfolgt dabei in der Personaldatei. Für geänderte Personaldatensätze wird dann jeweils eine neue Personalkarte ausgedruckt. Sie ersetzt in der Ausdruckkartei die dort bisher stehende, veraltete Personalkarte.

Wird die Dialogdatenverarbeitung im Personalwesen benutzt, so entfällt die Personalkartei, denn nun können die Personaldatensätze jeweils in geeigneter Form am Bildschirm abgerufen und gelesen werden. Bei Bedarf können sie in unterschiedlicher Weise ausgedruckt werden.

2.2.3 Personaldatei

Die **Organisation der Personaldaten** auf maschinenlesbare Datenträger unterscheidet sich insbesondere in zwei Bereichen:

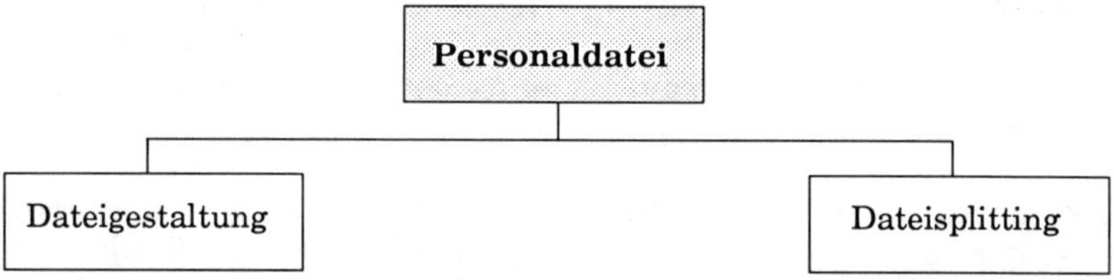

Da diese Art der Personaldatenverwaltung zunehmend Bedeutung erhält, ist auf sie ausführlich einzugehen.

2.2.3.1 Dateigestaltung

Bei Einsatz der Dialogdatenverarbeitung werden in der Regel mit Ausnahme der Personalakte alle Personaldaten im **Direktzugriff** auf Magnetplatten gespeichert. Die Personaldaten werden dabei in **Dateien** organisiert, die **logisch zusammengehörige Daten** umfassen.

Vornehmlich folgende Dateien werden benutzt:

- Die **Personalstammdatei**, welche das Verzeichnis der für alle Personalaktivitäten erforderlichen Daten der Mitarbeiter ist. Sortier- und Suchbegriff ist in der Regel die Personalnummer. Weitere Suchbegriffe können sein:

  - Nachname
  - Arbeitsplatznummer
  - Kostenstelle

Durch Speicherung der Arbeitsplatznummer oder der Adresse des zugehörigen Arbeitsplatzstammsatzes können die Mitarbeiter ihrem Arbeitsplatz einfach zugeordnet werden.

• Die **Arbeitsplatzstammdatei**, in der alle relevanten Informationen für die

  - Personalplanung
  - Personalbeschaffung
  - Personalbeurteilung

  jedes Arbeitsplatzes verzeichnet sind. Durch Speicherung der Personalnummer oder der Adresse des zugehörigen Personalstammsatzes kann jeder Arbeitsplatz dem zugehörigen Mitarbeiter zugeordnet werden.

• Die **Führungsdatei**, in der eine Reihe von Daten über die Gesamtheit der Belegschaft oder von Gruppen von Mitarbeitern, also die kollektiven Personaldaten, gespeichert werden können, so daß sie jederzeit abrufbar sind. Typischer Inhalt dieser Datei sind Zeitreihendaten über

  - Personalkosten
  - Belegschaftszahlen
  - Überstunden
  - Fluktuation
  - Personalzugänge
  - Entgeltrechnungsergebnisse
  - Aus- und Fortbildung.

Daneben werden, vornehmlich bei Einsatz eines **Personalinformationssystems**, weitere Dateien, beispielsweise

• Tätigkeitsdatei
• Fähigkeitsdatei

gespeichert und verwaltet. Diese Dateien können aber auch als Teil der Personal- und der Arbeitsplatzstammdatei organisiert sein.

2.2.3.2 Dateisplitting

Oftmals werden logisch zusammengehörige Datensätze aus betriebspraktischen Erwägungen in verschiedene Dateien aufgespaltet:

• **Aktiv- und Altdateien** werden häufig getrennt gespeichert. Werden nicht nur die aktiven, sondern auch die ehemaligen Mitarbeiter datenmäßig verwaltet, so werden zwei Personalstammdateien gebildet:

- Aktivmitarbeiter im Direktzugriff
- Altmitarbeiter auf Magentband

• **Arbeiter- und Angestelltendateien** werden ebenfalls oft separat gespeichert. Wird die Entgeltrechnung nicht mit einem Programmpaket und von einer Entgeltrechnungsstelle, sondern von mehreren Stellen als

- Lohnrechnung
- Gehaltsrechnung
- Provisionsrechnung
- Ruhegeldrechnung

geführt, werden vielfach auch entsprechende, getrennte Dateien geführt:

- Arbeiterdatei
- Angestelltendatei usw.

• **Aktuell- und Historydateien** sind eine ebenfalls durchgeführte Trennungsart. Personaldaten veralten teilweise sehr schnell, ohne daß deswegen auf ihre weitere Speicherung verzichetet wird:

- Gehalts- oder Lohnentwicklung
- Eingenommene Arbeitsplätze
- Beförderungen

Deswegen werden oftmals solche Daten der aktiven Mitarbeiter in einer Historydatei gespeichert, wenn die Daten älter als drei bis fünf Jahre sind. Nur die jüngste Vergangenheit wird in der Personalstammdatei berücksichtigt.

2.2.4 Personaldatenbank

Für die Benutzung der Dialogdatenverarbeitung und den Einsatz eines Personalinformationssystems ist ein **Datenbanksystem** für die Personaldaten notwendig. Nur eine Datenbank ermöglicht, die gespeicherten Daten beliebig zu verknüpfen sowie mit einem flexiblen Datenkommunikationssystem Auskünfte nach verschiedenen Kriterien auszugeben.

Eine Datenbank ist nach *Krömer/Schröder* eine Sammlung von Datenbeständen, die durch ein Datenverwaltungssystem verwaltet werden und über ein Datenzugriffssystem für mehrere Benutzer gleichzeitig für beliebige Auswertungen verfügbar gemacht werden.

Durch den Einsatz einer Datenbank für die Personaldaten ergeben sich vornehmlich folgende **Vorteile**:

- **Datenunabhängigkeit**, denn die Personaldaten sind nicht mehr für bestimmte Programme organisiert, sondern werden programmunabhängig nach den Bedürfnissen der Personalverwaltung gespeichert.

- **Datenverknüpfung**, denn nur mit einer Datenbank ist es möglich, die Daten mehrfach zu verknüpfen, wie es beispielsweise die folgende Pfeildarstellung ausweist:

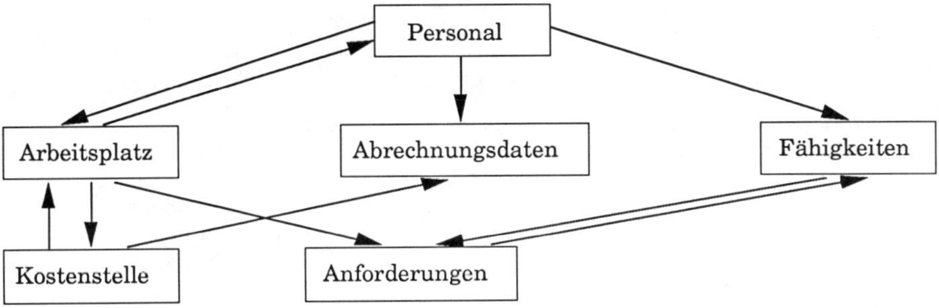

- **Datenschutz**, denn die besonderen Maßnahmen, die zur Sicherung und zum Schutz der Personaldaten entsprechend dem BDSG erforderlich sind, können mit einer Datenbank einfach realisiert werden.

2.3 Dateninhalt

Während in der Personalakte vornehmlich anfallsbedingte Daten archiviert werden, ist der **Dateninhalt** in der Personalkartei und der Personaldatei nicht ein Zufallsergebnis, sondern wird durch die Karten- oder Satzgestaltung definiert. Die Gestaltung der Personalkartei und der Personalstammsätze bedarf deswegen einer fundierten Analyse.

Zu betrachten sind:

- **Karteiinhalt**
- **Dateiinhalt**
- **Datenbankinhalt.**

2.3.1 Karteiinhalt

Von *Binder* wurden **Personalkarteikarten** unterschiedlicher Unternehmen auf ihren Dateninhalt untersucht. Er ermittelte folgende **Daten**, die überwiegend in allen Personalkarteien enthalten sind:

Personalien	Personalnummer Nachname Vorname Geburtsdatum Geburtsort Staatsangehörigkeit Konfession Anschrift	 Straße Hausnummer Postleitzahl Wohnort
Familienverhältnisse	Ehepartner Kinder	Vorname Geburtsname Geburtsdatum Vorname Geburtsdatum
Einsatz	Eintrittsdatum Einsatzdauer Einsatzabteilung Tätigkeitsart	
Erwerbsminderung	Minderungsart Minderungshöhe	
Entgelt	Lohn- oder Gehaltshöhe Entgeltgruppe Beginntermin	
Austritt	Austrittsdatum Austrittsgrund	

Insgesamt wurden ungefähr 300 unterschiedliche Daten in Personalkarteien ermittelt.

Im Fachhandel sind Personalkarteikarten mit verschiedenem Inhalt und unterschiedlicher Gestaltung erhältlich.

2.3.2 Dateiinhalt

Selbstverständlich ändern sich die erforderlichen Daten für die Arbeit der Personalabteilung nicht deswegen, weil unterschiedliche **Datenträger** für ihre Aufbewahrung benutzt werden:

- Kartei
- Datei.

Durch die Speicherung auf Magentplatten, den Einsatz der Dialogdatenverarbeitung und eines Personalinformationssystems ergeben sich jedoch wesentliche **Unterschiede** im Vergleich zur Arbeit mit der Karteikarte:

- Auch große Datenmengen können ohne große Kosten gespeichert werden.
- Die Änderung von Personaldaten kann einfach durchgeführt werden.
- Die gespeicherten Daten können maschinell ausgewertet werden.
- In beliebiger Weise können die Daten kombiniert, verdichtet und zugeordnet werden.

Ein **Personalstammsatz** kann beispielsweise den nachstehenden Inhalt haben:

Datum	**Darstellung**	**Feldlänge**	**Bemerkung**
Personalnummer	N	5	Ordnungsbegriff
Familienname	L	20	
Vorname	L	20	
Geburtstag	Z	6	TTMMJJ
Staatsangehörigkeit	Na	2	Verschlüsselt
Konfession	A	1	Verschlüsselt
Geschlecht	A	1	Verschlüsselt
Familienstand	A	1	Verschlüsselt
Kinderzahl	Z	1	
Soziale Verhältnisse	N	1	Flüchtling, Behinderter
Anschrift: Straße	L	20	
Postleitzahl	N	5	
Wohnort	L	20	
Eintrittsdatum	Z	6	TTMMJJ
Austrittsdatum	Z	6	TTMMJJ
Kündigungsgrund	N	1	Verschlüsselt
Lohn/Gehaltsgruppe	N	2	
Gehalt	Z	7	XX.XXX,XX
Sozialzulage	Z	6	X.XXX,XX
Leistungszulage	Z	6	X.XXX,XX
Bankleitzahl	N	8	
Kontonummer	N	10	
Lohnsteuerschlüssel	N	2	Steuerklasse
Lohnsteuerfreibetrag	N	6	X.XXX,XX
Finanzamt	N	5	Verschlüsselt
Kirchensteuerschlüssel	N	1	
Sozialschlüssel	N	2	
Krankenkassenschlüssel	N	2	
Arbeitsplatznummer	N	5	Verweis zur Stellendatei

Die Art der Datendarstellung zeigt das **Abkürzungsverzeichnis**:

- A: Alphanumerische Abkürzung
- L: Verbaler Ausweis in Langform
- N: Verschlüsselte Darstellung als Nummer
- Z: Zahlen oder Beträge.

Für die verschlüsselten Daten sind **Schlüsselverzeichnisse** erforderlich:

Staatsangehörigkeit	01 02 03 04	Deutschland Österreich Schweiz Luxemburg usw.
Konfession	E M R	Evangelisch-lutherisch Mohammedanisch Römisch-katholisch usw.
Geschlecht	M W	Männlich Weiblich
Familienstand	L S T V W	Ledig Geschieden Getrennt lebend Verheiratet Verwitwet
Kündigungsgrund	1 2 3 4 5 6	Fristlose Entlassung Trennung in beiderseitigem Einvernehmen Kündigung durch den Mitarbeiter ohne Begründung Kündigung wegen Mehrverdienst Familiäre Gründe Auswanderung usw.

Da die Kosten für Speicherplatz in den letzten Jahren stark gefallen sind, wird die Verschlüsselung von Daten zunehmend eingeschränkt und die Daten in ihrer Langform gespeichert.

2.3.3 Datenbankinhalt

Bei den überwiegend benutzten **Datenbanken** wird anstelle von umfangreichen und damit langen Datenbanksätzen mit kurzen Segmenten gearbeiet. Sie enthalten logisch zusammengehörige Daten. Mit Hilfe der Datenbankverwaltungsprogramme können diese Datensegmente nach Bedarf in unterschiedliche, größere Sätze zusammengefaßt werden.

Dadurch können von einem Datenbanksystem beliebige Sätze mit dem benötigten Inhalt ausgegeben werden und es ist nicht mehr notwendig, nichtrelevante Daten zu manipulieren.

Beispielsweise kann in einer Personaldatenbank mit den nachstehenden **Segmenten** gearbeitet werden:

Segmenttyp	Inhaltsbeispiele
Personalien	Nachname, Vorname, Geburtstag, Geburtsort
Familiendaten	Personalien der Familienangehörigen
Anschrift	Straße, Postleitzahl, Wohnort
Schulbesuch	Schulart, Abschluß, Zeitpunkt
Berufsangaben	Erlernter Beruf, Titel, ausgeübter Beruf
Studium	Hochschulart, Fachrichtung, Abschluß
Fortbildung	Kurs, Dauer, Abschluß
Qualifikation	Qualifikationsart, Graduierung
Auszeichnungen	Titelverleihungen, Elitezugehörigkeit
Wehrdienst	Grundwehrdienst, Reserveübung
Lohn/Gehalt	Gruppe, Sozialzulage, Leistungszulage
Steuer	Steuerklasse, Lohnsteuerfreibetrag
Sozialversicherung	Krankenkasse, Rentenversicherung
Sozialwesen	Werkswohnung, Darlehen, Vorschuß
Gastarbeiter	Arbeitsgenehmigung, Aufenthaltsgenehmigung
.	.
.	.
.	.

In Datenbanken kann für einen Mitarbeiter jeder Segementtyp in verschiedener **Häufigkeit** erforderlich sein:

- null mal: Segmenttyp Gastarbeiter bei Deutschen
- einmal: Segmenttyp Personalien
- mehrmals: Segmenttyp Fortbildung bei mehreren Fortbildungsaktivitäten

Entsprechend dem individuellen Erfordernis wird der jeweilige Segmenttyp in unterschiedlicher Zahl geführt.

2.4 Datenverwaltung

Die Verwaltung der Personaldaten umfaßt vor allem die folgenden Aufgaben:

- Die **Archivierung**, die eine Aufbewahrung der Daten darstellt. Die Personaldaten müssen so archiviert werden, daß

- sie gegen Verlust und Verfälschung gesichert sind,
- den Datenschutzvorschriften Genüge getan wird,
- sie kurzfristig wiedergewonnen werden können,
- sie einfach geändert und fortgeschrieben werden können.

• Die **Änderung**, welche alle Daten auf den aktuellen Stand zu bringen hat, damit sie den Anforderungen der Personalarbeit, der Entgeltrechnung usw. genügen. Dazu müssen sie

  - bei individuellen Veränderungen angepaßt werden,
  - bei Bedarf um zusätzliche Daten erweitert werden,
  - um neue Personalstammsätze ergänzt werden,
  - bei kollektiven Änderungen nachgetragen werden.

• Die **Fortschreibung**, welche die regelmäßige Überarbeitung der regelmäßigen Änderungen unterliegenden Datenarten ist. Eine Reihe von Personaldaten bedarf der regelmäßigen Fortschreibung:

  - Monatlich die aufgelaufene Lohn- und Gehaltssumme, die bezahlten Lohn- und Kirchensteuern usw.

  - Jährlich die tariflichen Lohn- und Gehaltserhöhungen, das Ergebnis des Lohnsteuerjahresausgleiches usw.

• Die **Auskunfterteilung**, die eine wichtige Personalverwaltungsaufgabe ist. Durch die Datenverwaltung ist eine Vielzahl von Informationsbedürfnissen unterschiedlicher Empfänger zu befriedigen:

  - Geschäftsleitung
  - Vorgesetzte
  - Personalleitung
  - Personalsachbearbeiter
  - Versicherungsträger
  - Finanzamt
  - Kreditinstitute
  - Verbände
  - Kammern
  - Behörden
  - Mitarbeiter.

Daneben müssen insbesondere für A**brechnungsaufgaben** die Personaldaten zur Verfügung gestellt werden.

3. Personalarbeit

Die Personalarbeit im weiteren Sinne ist die Erledigung der Gesamtaufgaben des Personalwesens. Im engeren Sinne versteht man unter Personalarbeit vor allem die nachstehenden **Aufgaben**:

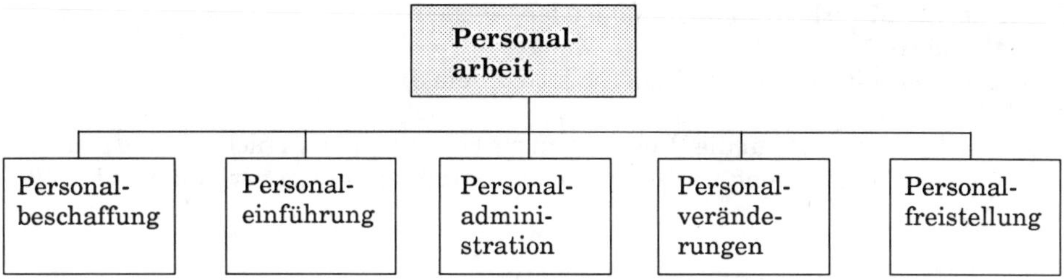

Entsprechend der besonderen Bedeutung von Personalbeschaffung und Personalfreistellung werden diese in den Kapiteln B und J behandelt.

3.1 Personaleinführung

Durch den Abschluß des Arbeitsvertrages nach Zustimmung des Betriebsrates zur Einstellung eines neuen Mitarbeiters ist die Aufgabe der Personalbeschaffung abgeschlossen.

An sie schließt sich nun die **Personaleinführung** an. Ihr muß besondere Bedeutung zugemessen werden, denn von der Einführung und Einarbeitung neuer Mitarbeiter hängt nicht unwesentlich der Erfolg der Personalbeschaffung ab:

- Positive Motivation oder Frustration des neuen Mitarbeiters.
- Effiziente oder ungünstige Arbeitsausführung des eingestellten Mitarbeiters.
- Dauernder oder nur vorübergehender Verbleib des Mitarbeiters im Unternehmen.

Da in Deutschland 75 % der Kündigungen von Mitarbeitern ausgesprochen werden, die noch kein Jahr dem Unternehmen angehören, kann vermutet werden, daß die Einführung und Einarbeitung oft ungenügend ist.

Die Einführung eines neu eingestellten Mitarbeiters umfaßt vornehmlich folgende **Aufgaben**:

- **Einstellungsformalitäten**
- **Einarbeitungsplanung**

- **Einführungsveranstaltung**
- **Einarbeitung.**

Die Dauer der **Einführungs- und Einarbeitungszeit** hängt wesentlich von der Position ab:

- Angelernte Mitarbeiter einige Tage oder Wochen
- Qualifizierte Mitarbeiter mehrere Monate
- Mitarbeiter mit Leitungsaufgaben bis zu einem Jahr.

Die Einarbeitungszeit auf die Probezeit zu beschränken, kann nicht richtig sein, da die Probezeit überwiegend nach rechtlichen Gesichtspunkten vereinbart wird.

3.1.1 Einstellungsformalitäten

Am ersten oder in den ersten Tagen der Arbeitsaufnahme eines neuen Mitarbeiters sind verschiedene Aufgaben von der Personalabteilung durchzuführen oder ihre Erledigung zu veranlassen:

- Das **Einstellungsgespräch**, das am besten am Anfang des ersten Arbeitstages geführt wird. In ihm werden mit den neuen Mitarbeitern insbesondere besprochen:

  - Terminplanung für den ersten Arbeitstag
  - Einarbeitungsplan
  - Grundlegende Informationen
  - Aufnahme noch fehlender Mitarbeiterdaten
  - Persönliche Probleme durch die Arbeitsaufnahme

  Das Einstellungsgespräch sollte nicht unter Zeitnot geführt werden. Es muß dem neuen Mitarbeiter das Gefühl vermitteln, daß er von der Personalabteilung im positiven Sinn betreut wird und er von ihr bei allen betrieblichen Problemen Hilfe erwarten kann.

- Der **Unterlagenaustausch**, der zwischen Arbeitgeber und Arbeitnehmer vorzunehmen ist. Von jedem eingestellten Mitarbeiter werden verschiedenartige Unterlagen benötigt:

  - Lohnsteuerkarte
  - Sozialversicherungsheft
  - Urlaubsbescheinigung
  - Personalfragebogen
  - Bei Gastarbeitern die Arbeitserlaubnis

An den Mitarbeiter werden ebenfalls Unterlagen und Sachmittel abgegeben:

- Einführungsschrift und Informationsmaterial
- Arbeits- und Betriebsordnung
- Betriebs- oder Werksausweis
- Schlüssel, Werkzeugmarken, Garderobenfächer usw.
- Sicherheitsvorschriften und Unfallverhütungsregeln

Dazu kommt noch eine Reihe von Unterlagen, die sich auf die Arbeitsdurchführung beziehen. Sie werden von der Abteilung bereitgestellt, welcher der neue Mitarbeiter angehören wird.

• Die **ärztliche Untersuchung,** die von vielen Unternehmen gefordert wird. Wird keine eigene werksärztliche Untersuchung durchgeführt, wird in der Regel ein ärztliches oder gar ein amtsärztliches Zeugnis von einem neuen Mitarbeiter gefordert.

• Eine **Einführungsveranstaltung**, die von vielen Unternehmen durchgeführt wird. Sie erfolgt zur Kostenminderung der Einführung neuer Mitarbeiter und um abzusichern, daß alle neuen Mitarbeiter einen definierten Informationsstand bekommen. Auf sie wird im Kapitel 3.1.3 eingegangen.

• Die **Vorstellung** des Abteilungsleiters, mit welcher der neue Mitarbeiter meist in die Einführungsbetreuung der Fachabteilung übergeben wird, wo weitere Vorstellungen erfolgen:

- Vorgesetzte
- Unmittelbare Kollegen und Mitarbeiter
- Mentor, welcher bei der Einarbeitung behilflich sein soll.

Damit sind die Aufgaben der Personalabteilung bei der Personaleinstellung und -einführung aber noch nicht abgeschlossen. Von wesentlicher Bedeutung sind zwei weitere Aufgaben:

• Eine oder mehrere der folgenden **Datensammlungen** sind in der Regel für neue Mitarbeiter anzulegen:

- Personalakte
- Personalkarte
- Personalstammsatz

Daneben kann die Anlage weiterer Belege wie beispielsweise eine Urlaubskarte oder ein Gleitzeitbeleg erforderlich sein.

• **Anmeldungen** müssen für neue Mitarbeiter vorgenommen werden. Das kann beispielsweise bei solchen Institutionen wie

- Ausländeramt
- Betriebsrat
- Krankenkasse
- Pensionskase

erforderlich sein. Auch die Aufnahme in eine betriebliche Gruppenversicherung kann hier notwendig sein.

Die Personalabteilung sollte einen neuen Mitarbeiter in der **Einführungs- und Einarbeitungsphase** besonders intensiv betreuen. Vor Ablauf der Probezeit ist von dem oder den Vorgesetzten eine **Beurteilung** einzuholen.

3.1.2 Einarbeitungsplanung

Gemeinsam mit dem Vorgesetzten des neuen Mitarbeiters ist von der Personalabteilung ein **Einarbeitungsplan** auszuarbeiten, wenn die Einarbeitung über die Abteilungsgrenzen hinausgeht. Wird die Einarbeitung dagegen abteilungsintern durchgeführt, so wird die Planung dieser Einarbeitung üblicherweise der jeweiligen Abteilung überlassen.

Der **Inhalt** eines Einarbeitungsplanes ist vornehmlich:

- Vorstellungen und Informationsgespräche
- Besprechungs- und Konferenzteilnahmen
- Schulungen und Trainingsveranstaltungen
- Besichtigungen und Besuche
- Job rotation und Praktika.

Im Kapitel B.2.4 ist der Einarbeitungsplan ausführlich behandelt.

3.1.3 Einführungsveranstaltung

Da neue Mitarbeiter meist zu bestimmten, einheitlichen Zeitpunkten ihre Arbeit aufnehmen, beispielsweise

- Angestellte zum Quartalsanfang
- Auszubildende zum Beginn des Ausbildungsjahres

kann ihre Einführung in das Unternehmen durch eine **gemeinsame Veranstaltung** kostengünstig und wirksam durchgeführt werden.

In einer oftmals mehrstündigen Veranstaltung, in welcher Kaffee und Kuchen gereicht wird, können die neuen Mitarbeiter von Personalleitung und Betriebsrat begrüßt werden.

Durch Vorträge, Filmvorführungen und Tonbildschauen können die neuen Mitarbeiter über das Unternehmen informiert werden:

- Bedeutung des Unternehmens
- Geschichte und Entwicklung
- Organisatorischer Aufbau
- Unternehmensziele
- Schwerpunkt der Aktivitäten
- Vertriebs- und Fertigungsprogramm.

Eines der wesentlichen Ziele einer Einführungsveranstaltung wird es immer sein, die neuen Mitarbeiter für das Unternehmen und ihre Arbeit zu motivieren.

3.1.4 Einarbeitung

Die Einarbeitung neuer Mitarbeiter wird von den Fachabteilungen durchgeführt. Hierzu erfolgen:

- **Arbeitsunterweisungen**, die wesentlicher Teil der Einarbeitung sind. Das Erlernen und Trainieren von besonderen Techniken und Methoden sowie die Bedienung von Maschinen und Anlagen stehen im Mittelpunkt.

- **Dienstgespräche**, die ebenfalls zur Einarbeitung erforderlich sind. Mit regelmäßigen Förderungsgesprächen sollte neuen Mitarbeitern die Möglichkeit zur Lösung ihrer Probleme am neuen Arbeitsplatz gegeben werden.

- **Beschaffung von Unterlagen,** welche die neuen Mitarbeiter zur Durchführung ihrer Arbeitsaufgaben benötigen, beispielsweise:

  - Arbeitsanweisungen
  - Formulare
  - Ordnungen
  - Organisationspläne
  - Telefonbuch
  - Werksnormen

  Sie werden von der Fachabteilung bereitgestellt.

- **Bereitstellung eines Mentors**, welcher jedem neuen Mitarbeiter zur Beantwortung aller offenen Fragen behilflich sein sollte.

Die Personalabteilung hat bei der Einarbeitung neuer Mitarbeiter die Fachabteilungen zu beraten und zu unterstützen. Gemeinsam mit der Fachabteilung hat sie die Aufgaben, den Erfolg der Einarbeitung zu kontrollieren.

Neue Mitarbeiter müssen in der **Probezeit** beobachtet werden, damit Fehlentwicklungen und -handlungen frühzeitig erkannt werden und gegebenenfalls Änderungen herbeigeführt werden können:

- Fehlzeiten
- Pünktlichkeit
- Arbeitsleistung

Vor Ende der Probezeit hat die Fachabteilung eine **qualifizierte Beurteilung** über den neuen Mitarbeiter zu erstellen. Gemeinsam von der Fach- und Personalabteilung ist zu entscheiden, ob der neue Mitarbeiter in ein Dauerarbeitsverhältnis übernommen wird.

Mit einem Schreiben sollte dem neuen Mitarbeiter gegebenenfalls mitgeteilt werden, daß er die Probezeit erfolgreich absolviert hat.

3.2 Personaladministration

Regelmäßig durchzuführende Aufgaben der Personalarbeit können begrifflich als Personaladministration zusammengefaßt werden. Hierzu zählen:

- Die **Personalfürsorge**, die auch Administrationsaufgaben umfaßt. Mitarbeiter haben große und kleine Kümmernisse und Probleme. Die Personalabteilung ist dafür eine Anlaufstelle, die oftmals Hilfen geben kann, beispielsweise:

  - Vorschußgewährung
  - Wohnungsvermittlung
  - Konfliktlösung

- Verschiedenartige **Abrechnungsaufgaben**, die häufig von der Personalabteilung durchgeführt werden, beispielsweise:

  - Abrechnung von Reisekosten
  - Abrechnung von Prämien des Vorschlagswesens
  - Abrechnung von Beihilfen

- Die **Terminverfolgung**, die eine typische Aufgabe der Personaladministration darstellt. Zahlreiche Termine sind regelmäßig zu überwachen und gegebenenfalls sind Veranlassungen zu treffen, beispielsweise:

- Aufenthaltsgenehmigungen
- Medizinische Untersuchungen
- Jubiläen und Geburtstage
- Probezeitablauf

• Die **Lohn- und Gehaltserhöhungen,** die zu berücksichtigen sind. Tarifliche und freiwillige Lohn- und Gehaltserhöhungen sowie Sonderzahlungen müssen bearbeitet werden und den Mitarbeitern sowie den relevanten Abteilungen mitgeteilt werden, beispielsweise:
  - Lohn- und Gehaltsrechnung
  - Betriebskrankenkasse

• Die **Personaldaten**, die verwaltet werden müssen. Änderungen in den persönlichen Daten der Mitarbeiter sind zu bearbeiten, beispielsweise:
  - Namensänderungen
  - Anschriftenveränderungen
  - Veränderungen bei Familienangehörigen

• Verschiedene **Überwachungsaufgaben**, die durchzuführen sind, beispielsweise:
  - Fehlzeitentwicklung
  - Urlaubsinanspruchnahme
  - Überstundenentwicklung
  - Gleitzeitinanspruchnahme.

Die Betrachtung der Gesamtbelegschaft oder von Teilgruppen der Belegschaft wird als **Personalstatistik** bezeichnet. Sie wird im Kapitel 6 behandelt.

3.3 Personalveränderungen

Innerbetriebliche Veränderungen in der Besetzung von Arbeitsplätzen oder Änderungen im Status der Mitarbeiter können als **Personalveränderungen** zusammengefaßt werden. Sie umfassen:

• **Versetzungen**, die Zuweisungen anderer Arbeitsplätze an Mitarbeiter darstellen. Vor einer Versetzung ist nach § 99 BetrVG der Betriebsrat zu unterrichten und die Zustimmung zu dieser Versetzung einzuholen. Dazu sind dem Betriebsrat die erforderlichen Personalunterlagen vorzulegen und Auskunft über die Person der Beteiligten zu geben.

• **Beförderungen**, die meist Versetzungen auf höherwertige Positionen sind. Beförderungen können jedoch auch durch Anhebung des bisherigen Arbeitsplatzes erfolgen.

- **Umgruppierungen**, die Entgeltveränderungen betreffen. Der Wechsel der tariflichen oder betrieblichen Gehalts- oder Lohngruppe wird als Umgruppierung bezeichnet. Auch dazu ist nach § 99 BetrVG die Zustimmung des Betriebsrates einzuholen.

Solche Personalveränderungen werden überwiegend von der Personalabteilung verwaltungsmäßig durchgeführt. Sie erfordern die Erledigung einer Reihe von **Aufgaben**, beispielsweise:

- Information und gegebenenfalls Einholung der Zustimmung des Mitarbeiters

- Information des Betriebsrates, Vorlage von Unterlagen und Erlangung der Zustimmung des Betriebsrates

- Durchführung der Personalveränderung

- Änderung der Personaldaten und Information aller berührten Stellen wie beispielsweise der Lohn- oder Gehaltsabteilung

Mit einem Formular oder einer Bildschirmmaske »**Personalveränderung**« kann ein Teil der Veränderungsaufgaben vereinfacht durchgeführt werden.

4. Entgeltrechnung

Die Bezahlung der Mitarbeiter erfolgt in verschiedenen **Entgeltformen**:

- Lohn für Arbeiter
- Gehalt für Angestellte
- Ausbildungsbeihilfen fürAuszubildende
- Provisionen für Außendienstmitarbeiter
- Altersruhegeld für ehemalige Mitarbeiter im Ruhestand.

Die Entgeltrechnung wird überwiegend mit der **elektronischen Datenverarbeitung** durchgeführt. Dafür gibt es mehrere Gründe:

- Typische Massendatenverarbeitung mit hoher Personalintensität
- Erfordernis der kurzfristigen Ergebniserarbeitung
- Erhebliche Bedeutung der Verarbeitungsfehler.

Von großen und mittleren Unternehmen wird die Entgeltrechnung in der Regel im eigenen Rechenzentrum ausgeführt. Eine Reihe von Servicerechenzentren bietet zu unterschiedlichen Konditionen Lohn- und Gehaltsrechendienste für Unternehmen an. Kleinunternehmen können die Entgeltrechnung mit einem Personalcomputer durchführen.

Die Entgeltrechnung besitzt einen großen Komplexitätsgrad. Das ist durch mehrere **Einflußfaktoren** bedingt:

- Unterschiedliche Entgeltformen:
  Lohn, Gehalt, Provision usw.
- Verschiedenartige Entgeltsysteme:
  Akkordlohn, Prämienlohn, Zeitlohn usw.
- Vielfältige Rechtsvorschriften:
  Gesetze, Tarife, Verordnungen usw.
- Häufige Änderungsnotwendigkeiten:
  Neue Tarifverträge, Steuerrechtsänderungen usw.

Die Entgeltrechnung erfolgt in mehreren **Schritten**:

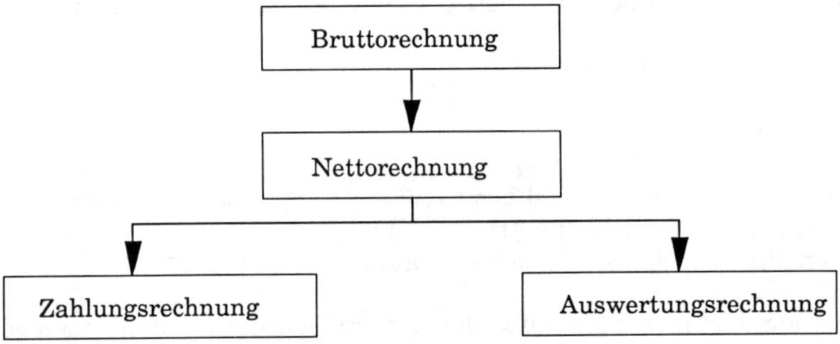

Häufig sind diese Schritte in unterschiedlicher Weise in einem oder mehreren Programmen zusammengefaßt.

4.1 Bruttorechnung

Mit der Bruttorechnung wird das **Bruttoentgelt** für eine Periode ermittelt. Sie erfolgt vor allem für

- **Löhne**, welche das Arbeitsentgelt für Arbeiter darstellen. Durch Multiplikation der Zeitwerte

  - Akkordstunden
  - Anwesenheitszeit

  mit dem Lohnfaktor und Addition aller Multiplikationsergebnisse wird der Periodenbruttolohn ermittelt.

- **Provisionen**, die an Außendienstmitarbeiter bezahlt werden. Die Ermittlung der Provisionsbruttosumme erfolgt aus den relevanten Umsätzen oder Auftragseingängen.

Das **Bruttoentgelt** für die Gehalts-, Ausbildungsbeihilfen- und Altersruhegeldempfänger ist gespeichert. Es entfällt damit die Bruttorechnung, da die Bruttowerte hier bereits vorliegen.

Für die Bruttorechnung werden die nachstehenden Datenarten benötigt:

- Personalstammdaten
- Zeitdaten wie Akkordzeiten, Anwesenheitszeiten, Überstunden usw.
- Lohn- und Provisionssätze
- Zulagen, Prämien, Beihilfen, Zuschüsse, Erstattungen, Gutschriften usw.

Diese Daten können für die maschinelle Entgeltrechnung mit Hilfe unterschiedlicher **Erfassungsarten** erfaßt und in den Computer eingegeben werden:

- Personalcomputereingabe
- Terminaleingabe
- Beleglesung.

In Unternehmen mit einem Onlinesystem zur Fertigungssteuerung, also mit **Datenerfassungsgeräten** an den Arbeitsplätzen in der Fertigung, sind die variablen Lohndaten ein »Abfallprodukt« der Fertigungssteuerung.

Wird in einem Unternehmen mit vielen unterschiedlichen Lohnformen gearbeitet, beispielsweise

- verschiedenen Akkordlöhnen
- mehreren Prämienlohnarten
- mannigfaltigen Zulagen bzw. Zuschüssen,

kann die Bruttorechnung sehr umfangreich und vielfältig sein. Von Servicerechenzentren wird die Möglichkeit geboten, über 100 verschiedene Bruttorechnungsarten zu benutzen.

Das **Ergebnis** der Bruttorechnung in Form der Bruttolöhne und Provisionen ist der Ausgangspunkt für die Nettorechnung, die oftmals unmittelbar mit der Bruttorechnung verbunden ist.

4.2 Nettorechnung

Die **Ermittlung des Nettoverdienstes** ist die Aufgabe der Nettorechnung. Dazu sind - bezogen auf das Bruttoentgelt - die Abzüge zu ermitteln und vom Bruttoentgelt abzusetzen:

- Lohnsteuer
- Kirchensteuer
- Rentenversicherungsbeitrag
- Krankenversicherungsbeitrag
- Arbeitslosenversicherungsbeitrag.

Zur Errechnung dieser Abzüge wird eine Vielzahl von Daten benötigt, die üblicherweise in der Personalstammdatei gespeichert sind:

- **Lohn- und Kirchensteuerdaten**, zu denen beispielsweise gehören:

  - Steuerklasse
  - Familienstand
  - Steuerfreibetrag
  - Konfession
  - Finanzamt
  - Lohnsteuergemeinde

- **Sozialversicherungsdaten**, zu denen beispielsweise zählen:

  - Rentenversicherungsträger
  - Versicherungsnummer
  - Pflichtkrankenkasse
  - Freiwillige Krankenkasse.

Zur Errechnung des Nettoentgeltes sind eine Reihe jeweils gültiger, gesetzlicher **Vorschriften und Bestimmungen** zu berücksichtigen. Da es in diesem Bereich häufig zu Änderungen kommt, müssen die Programme der Nettorechnung häufig angepaßt werden.

4.3 Zahlungsrechnung

Die mit der Nettorechnung ermittelten Nettoverdienste müssen nun zur Zahlung aufbereitet werden. **Zahlungen** im Entgeltbereich müssen an unterschiedliche **Empfänger** geleistet werden. Dazu müssen mit der Zahlungsrechnung die Daten in unterschiedlicher Weise ausgegeben werden:

- **Mitarbeiterabrechnung**
- **Steuerabrechnung**
- **Sozialversicherungsabrechnung.**

4.3.1 Mitarbeiterabrechnung

Oftmals ist das ermittelte Nettoentgelt für die Mitarbeiter noch nicht der **Auszahlungsbetrag**, denn vom Nettoentgelt müssen beispielsweise noch abgezogen werden:

- Vermögenswirksame Leistungen
- Lohnpfändungen
- Darlehensrückzahlungen
- Mieteinbehaltungen
- Vorschußzahlungen.

Ein **Lohnsteuerjahresausgleich** kann permanent, also mit jeder Entgeltrechnung, oder nur zum Jahresende erfolgen.

Für jeden Mitarbeiter muß eine **Entgeltabrechnung** erstellt werden. In ihr sind alle Abrechnungsdaten der Brutto-, Netto- und Zahlungsrechnung auszuweisen. Neben den Beträgen der betrachteten Periode können auch die aufgelaufenen Summen des Kalenderjahres ausgedruckt werden. Damit kann die Entgeltabrechnung auch als Verdienstbescheinigung verwandt werden.

Zur Zahlung kann es notwendig sein, einen oder mehrere der nachstehenden **Zahlungsbelege** zu erstellen:

- Überweisungen
- Verrechnungsschecks
- Geldsortenliste bei Barzahlung
- Lohntüten.

Für das Unternehmen und die Lohnsteuerprüfung ist ein **Lohnkonto** auszudrucken. In ihm sind nach der Lohnsteuerdurchführungsverordnung je Abrechnungszeitraum folgende Daten auszuweisen:

- Geleistete Stunden
- Bruttoentgelt
- Lohn- und Kirchensteuerdaten
- Sozialversicherungsdaten
- Abzugswerte und Zuzahlungen
- Nettoverdienst
- Zahlbetrag.

Das Lohnkonto kann auch nur zum Jahresende oder zum Ende eines Arbeitsverhältnisses erstellt werden.

4.3.2 Steuerabrechnung

Auf einem für alle Bundesländer einheitlichen Formular muß die **Lohnsteueranmeldung** erfolgen. Das kann

- monatlich
- vierteljährlich
- jährlich

erfolgen. In ihm sind neben der Lohnsteuer auch die Kirchensteuer auszuweisen. Sie ist nach den verschiedenen Konfessionen aufzugliedern.

Für die Zahlung der Lohn- und Kirchensteuer ist ein **Überweisungsträger** oder ein **Scheck** zu erstellen.

Zum Jahresende sind folgende **Abrechnungen** zu erstellen:

- Lohnsteuerbescheinigungen für jeden Mitarbeiter
- Lohnsteuerkartenaufkleber

Durch die **Lohnsteuerkartenaufkleber** erspart man sich die manuelle Eintragung der Lohnsteuerdaten am Jahresende auf der Lohnsteuerkarte. Die Lohnsteuerkarte mit Aufkleber erhalten nach dem Jahresende die Mitarbeiter.

4.3.3 Sozialversicherungsabrechnung

Im Gegensatz zur Lohn- und Kirchensteuer, welche der Arbeitnehmer allein zu bezahlen hat, werden die Sozialversicherungen,

- Rentenversicherung
- Krankenversicherung
- Arbeitslosenversicherung

zur Hälfte vom Arbeitgeber getragen. Die Unfallversicherung hat der Arbeitgeber vollständig aufzubringen.

Das bedeutet, daß die Sozialversicherungsabrechnung nicht nur eine Addition der Beträge je Mitarbeiter und Versicherungsträger sein kann, sondern hier sind weiterhin die **Arbeitgeberbeiträge** zu ermitteln.

Während es für die Renten- und die Arbeitslosenversicherung bundeseinheitliche Beitragssätze gibt, sind die **Krankenkassenbeiträge** von Krankenkasse zu Krankenkasse unterschiedlich.

Gemäß der **Datenübermittlungsverordnung (DÜVO)** können die Abrechnungsergebnisse für die Sozialversicherungen auch papierlos an ihre Träger mitgeteilt werden. Das erfolgt mit Magnetbändern, auf welche die relvanten Daten gemäßt der DÜVO zu speichern sind.

Außerdem müssen für die **Sozialversicherungen** erstellt werden:

- Beitragsnachweise für jede Krankenkasse auf unterschiedlichen Formularen für Ersatz- und Pflichtkassen
- Überweisungen oder Schecks zur Abführung der Beiträge an die Sozialversicherungen
- Entgeltnachweis Sozialversicherungen für jeden Mitarbeiter zum Jahresende.

4.4 Auswertungsrechnung

Während mit der Zahlungsrechnung Unterlagen für unternehmensexterne Erfordernisse erstellt werden, ist es Aufgabe der Auswertungsrechnung, Ergebnisse und Belege für unternehmensinterne **Belange** zu erarbeiten.

Vornehmlich für die folgenden Aufgaben ist die Entgeltrechnung fortzuführen:

- Die **Buchhaltung** hat die Entgeltrechnungsergebnisse zu verarbeiten. Die Entgeltrechnung ist eine Nebenbuchhaltung. Ihre Ergebnisse müssen von der Finanz- oder Hauptbuchhaltung gebucht werden. Dazu ist es erforderlich, daß die Endsummen der Entgeltrechnung in einem Buchungsbeleg ausgedruckt werden. Die Daten der Entgeltrechnung können über eine Transferdatei direkt von der Buchhaltung verarbeitet werden. Außerdem wird oftmals ein Entgeltjournal erstellt.
- Die **Kostenrechnung** benötigt die Personalkosten. Dazu ist es notwendig, die Entgeltarten in Kostenarten umzusetzen. Diese sind für die Kostenstellenrechnung auf die Kostenstellen aufzugliedern.
- Das **Controlling** erstreckt sich auch auf den Personalbereich. Zur Kontrolle der Entgelte und ihrer Zusammensetzung, so beispielsweise

- Gemeinkostenentgelte
- Überstunden
- Urlaubskosten
- Lohnfortzahlung

müssen die Entgeltrechungsergebnisse entsprechend aufgegliedert werden.

- Für die **Kostenstellenkontrolle** werden ebenfalls die Entgeltrechnungsergebnisse gebraucht. Für die Leiter der Kostenstellen sind die Ergebnisse der Entgeltrechnung weiterhin auszuwerten, damit sie für ihren Verantwortungsbereich die Entwicklung und Zusammensetzung der Personalkosten verfolgen können. Selbstverständlich kann das auch im Rahmen einer Budget- oder einer Plankostenrechnung erfolgen.

Daneben kann es noch eine Vielzahl von weiteren Erfordernissen zur Auswertung der Entgeltrechnungsergebnisse geben.

5. Sozialverwaltung

Die **Betreuung der Sozialeinrichtung** und die **Abrechnung der Sozialleistungen** kann unter dem Begriff »Sozialverwaltung« zusammengefaßt werden. Die Sozialverwaltung ist üblicherweise dem Personalwesen zugeordnet, kann jedoch auch organisatorisch in anderer Weise eingegliedert sein.

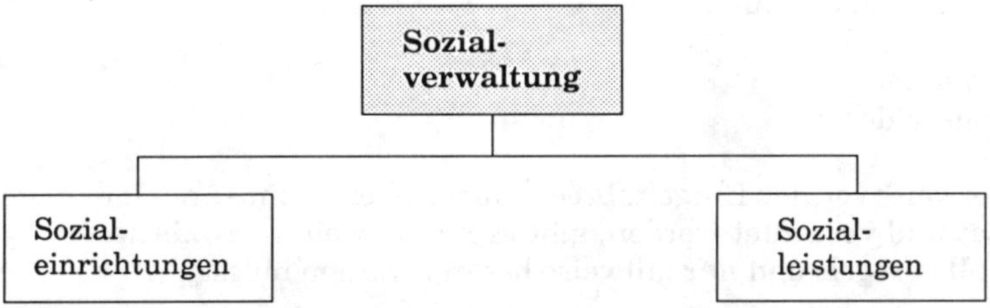

5.1 Sozialeinrichtungen

Bei den Sozialeinrichtungen sind hinsichtlich ihrer **Verwaltung** zu unterscheiden:

- **Selbstverwaltende Sozialeinrichtungen,** die über eigene Mitarbeiter für Verwaltungsaufgaben verfügen, wie beispielsweise oftmals bei einer

- Betriebskrankenkasse
- Kantine
- Verkausstelle

Hier braucht die Personalabteilung keine Verwaltungsaufgaben für diese Sozialeinrichtungen zu übernehmen. Die Personalleitung besitzt üblicherweise eine Aufsichtsaufgabe bei solchen Sozialeinrichtungen.

- **Betreute Sozialeinrichtungen**, die von der Personalabteilung verwaltet und betreut werden, beispielsweise:

  - Altersversorgung
  - Erholungsfürsorge
  - Wohnungswesen

  Dazu kann eine Stelle »**Sozialverwaltung**« geschaffen werden, die auch für die Sozialleistungen zuständig sein kann, die nicht mit der Entgeltrechnung betreut werden.

5.2 Sozialleistungen

Neben den **regelmäßigen Sozialleistungen**, beispielsweise

- Altersruhegeld
- Bankgebührenübernahme
- Fahrtkostenzuschüsse
- Kinderbeihilfen
- Trennungsgelder,

die üblicherweise von den Entgeltabrechnungsstellen - Lohn- und Gehaltsabteilung - bearbeitet und verwaltet werden, gibt es häufig weitere **Sozialleistungen**, die **individuell** geregelt und nur fallweise besorgt werden müssen.

Gibt es keine Stelle »Sozialverwaltung« im Unternehmen, werden diese Aufgaben in der Regel von der **Personalabteilung** verwaltet und betreut:

- Betriebsveranstaltungen
- Firmendarlehen
- Notstandsbeihilfen
- Betriebssportförderung
- Umzugskostenübernahme
- Werksfürsorge.

Kulturelle Belegschaftsgruppen und Betriebssportvereinigungen können in Vereinsform geführt werden. Die Vereinsorgane übernehmen dann üblicherweise die Durchführung der erforderlichen Verwaltungsaufgaben.

6. Personalstatistik

Mit der Personalstatistik wird die Gesamtheit oder Gruppen der Belegschaft betrachtet. Die Personalstatistik ist die Basis für eine Reihe von **Personalaufgaben**:

- Personalpolitik
- Personalplanung
- Personalbetreuung.

Sie hat die Aufgabe, die personalen Gegebenheiten zu erfassen, auszuwerten, darzustellen und zu erläutern.

Vornehmlich in vier **Bereiche** gliedert sich die Personalstatistik:

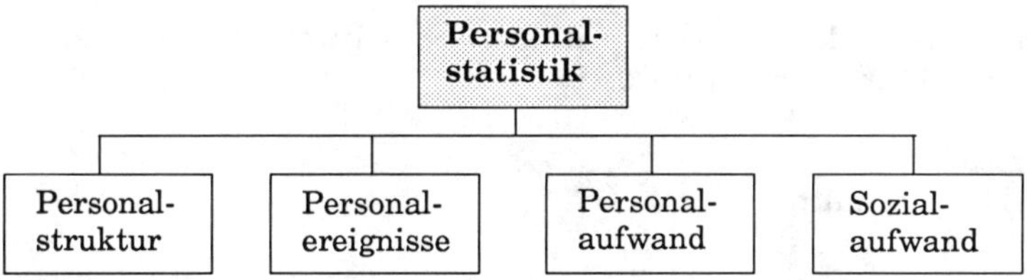

6.1 Personalstruktur

Zur statistischen Ermittlung der Personalstruktur muß eine Reihe von **Merkmalen der Mitarbeiter** betrachtet und ausgewertet werden. Dazu zählen insbesondere:

- Arbeitnehmerart wie Arbeiter, Angestellte, Auszubildende usw.
- Geschlecht
- Alter und Unternehmenszugehörigkeit
- Abteilungs- und Funktionszuordnung
- Qualifikationen wie z.B. gelernt, angelernt und ungelernt
- Staatsangehörigkeit
- Arbeitsart wie Teilzeitarbeit, Job sharing, Zeitarbeit usw.
- Position wie Sachbearbeiter, Gruppenführer, Abteilungsleiter usw.

Durch Vergleich dieser Merkmale mit **Bezugswerten** können wesentliche Informationen über die Personalstruktur gewonnen werden. Bezugswerte können beispielsweise sein:

- Vergangenheitswerte wie Vormonat, Vorjahr
- Anteilswerte zur Gesamtbelegschaft
- Planwerte des Personalplanes
- Personalkennzahlen befreundeter Unternehmen
- Branchendurchschnittswerte
- Sollvorgaben der Geschäftsleitung.

Selbstverständlich können die genannten Mitarbeitermerkmale, welche die Personalstruktur repräsentieren, auch zueinander in Bezug gesetzt werden.

Zur Ermittlung der Entwicklung der Personalstruktur eignen sich besonders **Zeitreihen**. Sie können für Merkmale gebildet werden, welche Strukturwerte zum

- Monatsanfang
- Quartalsanfang
- Jahresanfang

aufweisen. Daneben können auch arithmetische Mittelwerte zur Darstellung der Personalentwicklung benutzt werden:

- Jahresmittel
- Quartalsdurchschnitt
- Monatsmittel.

Der **Detaillierungsgrad** von Strukturstatistiken sollte von ihrem Verwendungszweck bestimmt werden. In vielen Personalabteilungen wird bei der Ausarbeitung von Personalstrukturstatistiken übertrieben. Eine kritische Durchforstung dieser Statistiken läßt häufig den Aufwand mindern, ohne daß Einbußen an wichtigen Informationen entstehen.

6.2 Personalereignisse

Neben der Personalstruktur muß die Personalstatistik insbesondere die **laufenden Ereignisse** im Personalbereich erfassen und auswerten. Zu den bedeutsamen Personalereignissen zählen:

- Betriebsunfälle
- Einstellungen
- Fehlzeiten

- Fluktuation
- Fluktuationsgründe
- Gleitzeitverhalten
- Jubiläen
- Krankheitsumfang
- Überstunden
- Urlaubsinanspruchnahme
- Versetzungen.

Durch Kennzahlen für diese Personalereignisse und die Bildung von Zeitreihen können die Ergebnisse transparent gemacht werden.

6.3 Personalaufwand

Während die Erarbeitung der Personalstruktur- und -ereignisstatistiken von der Personalabteilung ausgeführt wird, gibt es für die Aufwand- und Sozialstatistik einen anderen Aufgabenträger, das **Rechnungswesen**. Nur besondere Auswertungen in diesem Bereich werden üblicherweise von der Personalabteilung erarbeitet.

Für den Personalaufwand sind von besonderer Bedeutung und müssen deswegen statistisch ausgewertet werden:

- Die **Höhe des Personalaufwandes**, die nach den verschiedenen Aufwandsarten ermittelt werden muß:

  - Grundlöhne
  - Grundgehälter
  - Leistungszulagen
  - Arbeitgeberanteile
  - Erfolgsbeteiligungen

- Die **Verursacher des Personalaufwandes**, die vor allem sein können:

  - Arbeiter, Angestellte, Auszubildende
  - Lohn- und Gehaltsgruppen
  - Organisatorische Einheiten
  - Belegschaftsgruppen wie Ingenieure, Abteilungsleiter usw.
  - Regionale Gliederung

Durch die Bildung von Kennzahlen und Zeitreihen können die Aufwandsangaben in ihrer Abhängigkeit und in ihrer Entwicklung verdeutlicht werden.

6.4 Sozialaufwand

Sozialbilanzen und Sozialberichte sind für externe Empfänger bestimmt, die **Statistiken** über den Sozialaufwand und die Sozialgegebenheiten dagegen ausschließlich für betriebsinterne Zwecke:

- Entwicklung der Sozialleistungen und Sozialeinrichtungen
- Effizienz und Angemessenheit des Sozialaufwandes
- Einsatz und Nutzung des Sozialaufwandes.

Die Sozialstatistik umfaß vornehmlich die nachstehenden **Merkmale**:

- Die **Arten** des betrieblichen Sozialaufwandes. Dabei ist die Höhe des Sozialaufwandes für die verschiedenen Sozialeinrichtungen statistisch zu analysieren, beispielsweise:

  - Altersruhegeld
  - Betriebsarzt
  - Betriebsveranstaltungen.

- Die **Nutzer** oder **Empfänger** des betrieblichen Sozialaufwandes. Der Sozialaufwand ist nach den Nutzern der Sozialeinrichtungen und nach den Empfängern der Sozialleistungen zu gliedern. Das kann nach unterschiedlichen Merkmalen oder Belegschaftsgruppen erfolgen.

Dem Sozialaufwand sollten die durch ihn verursachten **Leistungen** statistisch gegenübergestellt werden.

	Kontrollfragen	bearbeitet	Lösungshinweis	Lösung +	Lösung -
01	Welche Hauptaufgaben hat die Personalverwaltung?		361		
02	Nennen Sie einige Gründe für die von der Personalverwaltung durchzuführenden Aufgaben!		361		
03	Erläutern Sie die Abwicklungsaufgaben der Personalverwaltung!		362		
04	Zählen Sie einige Meldeaufgaben auf!		363		
05	Welche Überwachungsaufgaben hat die Personalverwaltung?		363		
06	Nennen Sie die Ziele der Personalverwaltung!		364		
07	Wie wird im Gesetz der Begriff »Datenschutz« definiert?		365		
08	Erläutern Sie einige Datenschutzerfordernisse!		365 f.		
09	Welche Aufgaben hat der Datenschutzbeauftragte?		366 f.		
10	Erklären Sie einige Datenschutzmaßnahmen bei Einsatz der Dialogdatenverarbeitung!		367 f.		
11	In welcher Weise kann die Datenverarbeitung im Personalwesen durchgeführt werden?		368		
12	Wodurch ist die arbeitsteilige Personalverwaltung gekennzeichnet?		369 f.		
13	Welche Vorteile bringt der Einsatz der Dialogdatenverarbeitung?		370		
14	Was versteht man unter einer Personaldatenbank?		370 f.		
15	Nennen Sie einige Personalinformationssysteme!		371		
16	Erläutern Sie einige Forderungen an die Personaldatenverwaltung!		372 f.		
17	Welche Personenkreise können in die Personaldatenverwaltung einbezogen werden?		374		
18	Werden neben den Personaldaten auch andere Datenbereiche von der Personaldatenverwaltung betreut?		375		
19	Unterscheiden Sie zentrale und dezentrale Personaldatenverwaltung!		375 f.		
20	Was ist der Inhalt einer Personalakte?		376 f.		
21	In welcher Form kann eine Personalkarteikarte gestaltet werden?		377		
22	Was versteht man unter Dateisplitting im Hinblick auf die Personaldaten?		379 f.		

	Kontrollfragen	bearbeitet	Lösungshinweis	Lösung +	Lösung -
23	Erklären Sie den Begriff »Historydatei«!		380		
24	Welche Vorteile ergeben sich aus dem Einsatz eines Datenbanksystems?		380 f.		
25	Nennen Sie die Datenarten, die häufig in Personalkarteien geführt werden!		381 f.		
26	Skizzieren Sie einen Personalstammsatz!		383		
27	Welche Personaldatenarten werden häufig verschlüsselt gespeichert?		384		
28	Mit welchen Segementtypen kann in einer Personaldatenbank gearbeitet werden?		385		
29	Welche Aufgaben müssen von der Datenverwaltung ausgeführt werden?		385 f.		
30	Was versteht man unter dem Begriff »Personalarbeit«?		3787		
31	Warum hat die Personaleinführung besondere Bedeutung?		387		
32	Mit welchen Einarbeitungszeiten muß gerechnet werden?		388		
33	Erläutern Sie die Einstellungsformalitäten!		388 ff.		
34	Welche Unterlagen werden bei der Einstellung ausgetauscht?		388 f.		
35	Was ist Inhalt eines Einarbeitungsplanes?		390		
36	Nennen Sie den üblichen Informationsinhalt einer Einführungsveranstaltung!		391		
37	Mit welchen Methoden kann die Einarbeitung neuer Mitarbeiter erfolgen?		391		
38	Was versteht man unter einem Mentor im Rahmen der Personaleinführung?		391		
39	Erklären Sie den Begriff »Personaladministration«!		392 f.		
40	Welche innerbetrieblichen Personalveränderungen sollten unterschieden werden?		393 f.		
41	Warum ist die Entgeltrechnung komplex?		395		
42	Skizzieren Sie die Schritte der Entgeltrechnung!		395		
43	Welche Entgeltarten werden mit der Bruttorechnung ermittelt?		395 f.		
44	Erläutern Sie die Aufgaben der Nettorechnung!		397		
45	Nennen Sie die notwendigen Lohn- und Kirchensteuerdaten für die Entgeltrechnung!		397		

	Kontrollfragen	bearbeitet	Lösungshinweis	Lösung +	-
46	Welche Sozialversicherungsdaten werden für die Nettorechnung benötigt?		397		
47	In welcher Weise kann der Lohnsteuerjahresausgleich erfolgen?		398		
48	Was enthält ein Lohnkonto?		398		
49	Warum wird häufig mit Lohnsteuerkartenaufklebern gearbeitet?		399		
50	Welche Sozialversicherungsbeiträge müssen abgeführt werden?		399 f.		
51	Erklären Sie die Abkürzung »DÜVO«!		400		
52	Definieren Sie den Begriff »Sozialverwaltung«!		401		
53	Was versteht man unter selbstverwaltenden Sozialeinrichtungen?		401 f.		
54	Welche Sozialeinrichtungen müssen üblicherweise betreut werden?		402		
55	In welche Bereiche gliedert sich die Personalstatistik?		403		
56	Was sind typische Merkmale der Personalstruktur?		403 f.		
57	Welche Bezugswerte können zum Vergleich der Personalstrukturdaten werden?		404		
58	Nennen Sie einige Personalereignisse, die häufig statistisch ausgewertet werden!		404 f.		
59	Nach welchen Gesichtspunkten wird der Personalaufwand statistisch betrachtet?		405		
60	Worin unterscheiden sich Sozialbilanz und Sozialstatistik?		406		

J. Personalfreistellung

Die Personalfreistellung umfaßt alle Maßnahmen, mit denen eine personelle Überdeckung in quantitativer, qualitativer und zeitlicher Hinsicht abgebaut wird. Sie kann sich beispielsweise durch rückläufigen Absatz, saisonale Schwankungen, Rationalisierung, Mechanisierung oder Automation ergeben.

Für die Freistellung von Personals sind besonders bedeutsam:

Personal-freistellung	Freistellungsarten
	Kündigung
	Abwicklung

1. Freistellungsarten

Grundsätzlich sind zwei Freistellungsarten zu unterscheiden:

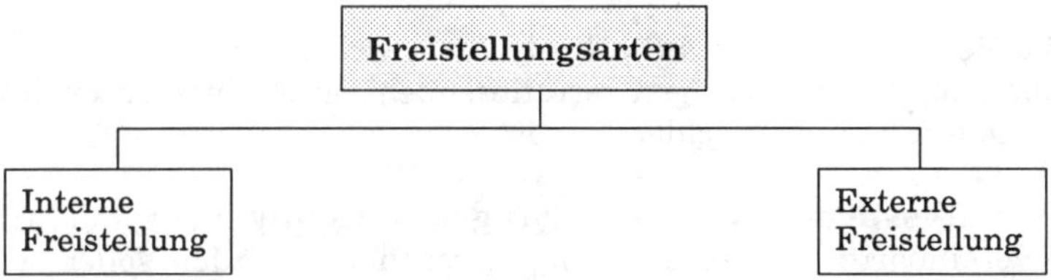

1.1 Interne Personalfreistellung

Bei der internen Personalfreistellung wird personelle Kapazität durch die Änderung bestehender Arbeitsverhältnisse angepaßt, **ohne** daß es zu einem **Personalabbau** kommt. Sie kann erfolgen:

- Durch den **Abbau von Mehrarbeit**, worunter die Arbeitszeit verstanden wird, die über die meist tarifvertraglich festgelegte, betriebsübliche, regelmäßige Arbeitszeit eines Tages oder einer Woche hinausgeht.

- Durch die **Flexibilisierung der Arbeitszeit**, bei der die tägliche, wöchentliche, monatliche oder jährliche Arbeitszeit nicht immer das gleiche Stundenvolumen aufweist, im Durchschnitt aber die vereinbarte durchschnittliche Arbeitszeit pro Arbeitsintervall erreicht.

- Durch die **Flexibilisierung der Arbeitszeit**, indem Vollzeitstellen in **Teilzeitstellen** umgewandelt werden. Dabei können neben festen Arbeitszeiten vereinbart werden:

Arbeit auf Abruf	Sie wird auch als kapazitätsorientierte variable Arbeitszeit (**KAPOVAZ**) bezeichnet und ermöglicht, die Lage und Dauer der Arbeitszeit an den Arbeitsanfall anzupassen.
Teilung von Arbeitsplätzen	Sie wird auch **job sharing** genannt und besteht darin, daß zwei oder mehr Arbeitnehmer sich einen Arbeitsplatz teilen.

- Durch die **Festlegung des Urlaubes**, wobei einzelne Mitarbeiter ihren Urlaub – soweit rechtlich zulässig – vorziehen, die Betriebsferien zeitlich verlegt werden, Sonderurlaub oder unbezahlter Urlaub gewährt wird.

- Durch die **Einführung von Kurzarbeit**, worunter die vorübergehende Herabsetzung der betriebsüblichen regelmäßigen Arbeitszeit für den gesamten Betrieb, einzelne Betriebsabteilungen bzw. bestimmte Arbeitnehmergruppen mit der Folge von Entgeltminderungen zu verstehen ist.

- Durch die **Versetzung von Arbeitnehmern**, wobei der Arbeitgeber aufgrund seines aus den Arbeitsverträgen resultierenden Direktionsrechtes den Arbeitnehmern andere Tätigkeitsfelder zuweist.

- Durch den **Ausspruch von Änderungskündigungen**, womit arbeitsvertraglich vereinbarte Arbeitsbedingungen verändert werden sollen, soweit sie nicht durch einseitige Weisungen oder einvernehmliche Vereinbarungen erreichbar sind.

1.2 Externe Personalfreistellung

Bei der externen Personalfreistellung wird personelle Kapazität durch Beendigung bestehender Arbeitsverhältnisse angepaßt. Damit kommt es zu einem **Personalabbau**. Die externe Personalfreistellung kann bewirkt werden:

- Durch **Ausnutzung der Fluktuation**, indem Stellen, die beispielsweise durch Kündigung, Pensionierung oder Tod freigeworden sind, nicht wieder oder nur innerbetrieblich besetzt werden.

- Durch die **Vereinbarung von Aufhebungsverträgen**, mit denen Arbeitsverhältnisse einvernehmlich zu einem bestimmten Zeitpunkt beendet werden. Sie kann grundsätzlich formlos erfolgen und ist, da sie keine Kündigung darstellt, weder an Kündigungsfristen noch an kündigungsrechtliche Schutzvorschriften gebunden.

  Außergerichtliche Aufhebungsverträge können mit oder ohne Abfindungen vereinbart werden. Abfindungen ermöglichen die einvernehmliche Beendigung des Arbeitsverhältnisses möglicherweise überhaupt erst.

- Durch **Outplacement**, einer Modifizierung des Aufhebungsvertrages. Dabei beauftragt und bezahlt das Unternehmen meistens einen externen Berater, der den Mitarbeiter in noch ungekündigter Position bei der Suche nach einer neuen, außerhalb des Unternehmens liegenden Existenz gezielt unterstützt.

- Durch die **Kündigung** des Unternehmens, die eine einseitige empfangsbedürftige rechtsgestaltende Willenerklärung darstellt. Sie kann grundsätzlich formlos erfolgen und wird rechtswirksam, wenn sie dem Vertragspartner zugegangen ist. Es lassen sich unterscheiden:

Außerordentliche Kündigung	Sie wird auch als fristlose Kündigung bezeichnet, da die sonst geltenden Kündigungsfristen nicht zu beachten sind. Voraussetzung ist das Vorliegen eines wichtigen Grundes, beispielsweise Diebstahl. Die außerordentliche Kündigung muß innerhalb von zwei Wochen nach Kenntnis des Grundes ausgesprochen werden.
Ordentliche Kündigung	Sie ist gegeben, wenn die Kündigungsfristen und Kündigungstermine eingehalten werden.

Die Kündigung in ihren unterschiedlichen Formen bedarf der ausführlichen Betrachtung.

2. Kündigung

Eine Kündigung ist eine **einseitige, empfangsbedürftige Willenserklärung**. Bei dieser Willenserklärung sind die nachstehenden Merkmale besonders wesentlich:

- Jeder Vertragspartner kann unabhängig vom anderen Partner die Kündigung aussprechen.

- Die Kündigung muß dem anderen Vertragspartner zugegangen sein, damit sie rechtswirksam ist.

- Grundsätzlich sind mündliche Kündigungen gültig. Durch den Arbeitsvertrag, eine Betriebsvereinbarung oder einen Tarifvertrag kann jedoch Schriftform vorgeschrieben sein.

- Eine Kündigung darf keine Bedingungen enthalten, sonst ist sie nicht rechtskräftig.

- Verbotswidrige Kündigungen sind rechtsunwirksam. Verbotswidrig ist beispielsweise eine Kündigung aus rassischen oder politischen Gründen.

- Die Mitbestimmung des Betriebsrates bei Kündigungen durch den Arbeitgeber muß berücksichtigt werden.

Es werden verschiedene **Kündigungsarten** unterschieden:

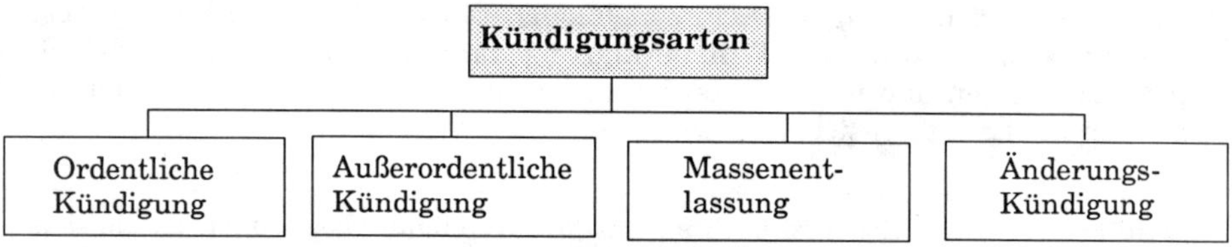

2.1 Ordentliche Kündigung

Werden die vorgesehenen Kündigungsbedingungen eingehalten, so spricht man von einer ordentlichen Kündigung.

Eine ordentliche Kündigung eines Mitarbeiters kann folgendermaßen formuliert sein:

Gustav Braun GmbH

Braunstraße 1
70174 Stuttgart

Stuttgart, 14.5.199X

Herrn
Karl Krebs

im Hause

Betr.: Kündigung

Sehr geehrter Herr Krebs!

Wir bedauern sehr, Ihnen hiermit nach sorgfältiger Überlegung und nach Anhörung des Betriebsrates das Arbeitsverhältnis zum 30.6.199X kündigen zu müssen.

Wie Sie aus unserem Gespräch am 2.5.199X wissen, liegen die Gründe dafür nicht in Ihrer Person, sondern ausschließlich in dringenden betrieblichen Erfordernissen.

Für die gute Zusammenarbeit danken wir Ihnen und wünschen Ihnenalles Gute für Ihren weiteren Lebens- und Berufsweg.

Gustav Braun GmbH
Braun

Für ordentliche Kündigung sind insbesondere bedeutsam:

- **Kündigungsbedingungen**
- **Kündigungsverbote**
- **Kündigungsvoraussetzungen**
- **Mitbestimmungsrechte.**

Mit einer ordentlichen Kündigung werden in der Regel auf unbestimmte Zeit abgeschlossene Arbeitsverträge aufgelöst.

2.1.1 Kündigungsbedingungen

In der Regel bestehen Kündigungsbedingungen aus **Kündigungsfristen** und **Kündigungsterminen**.

Nach der gesetzlichen Regelung des BGB (§ 622 Abs. 2) haben die gesetzlichen **Kündigungsbedingungen** folgenden Inhalt:

Mitarbeiterart	Kündigungsfrist	Kündigungstermin
Angestellte	6 Wochen	Quartalsende
Arbeiter	2 Wochen	von jedem auf jeden Tag

Durch Einzelarbeitsvertrag kann die Kündigungsfrist für Angestellte auf einen Monat zum Monatsende herabgesetzt werden.

Das Bundesverfassungsgericht hat jedoch 1990 entschieden, daß diese Kündigungsfristen nicht mit dem Gleichheitsgrundsatz des Grundgesetzes (Artikel 3 Abs. 1) vereinbar und somit **verfassungswidrig** sind, soweit die Kündigungsfristen für Arbeiter kürzer als für Angestellte sind. Die Kündigungsfrist wird derzeit neu geregelt - siehe S. 162 f.

Bis die Neuregelung abgeschlossen ist, wird empfohlen auch für Arbeiter die Regelungen für Angestellte anzuwenden. Das gilt auch für die **Kündigungsschutzbestimmungen**:

Mindestbetriebs-zugehörigkeit	Kündigungsfrist	Kündigungstermin
unter 5 Jahre	6 Wochen	Quartalsende
5 - 8 Jahre	3 Monate	Quartalsende
8 - 10 Jahre	4 Monate	Quartalsende
10 - 12 Jahre	5 Monate	Quartalsende
über 12 Jahre	6 Monate	Quartalsende

Dazu sind mehrere Bedingungen zu beachten:

- Die Mitarbeiterin oder der Mitarbeiter muß mindestens 30 Jahre alt sein.
- Es wird nur die Betriebszugehörigkeit nach dem 25. Lebensjahr gerechnet.
- Der Arbeitgeber muß mehr als zwei Angestellte beschäftigen.

Fällt der letzte Tag einer Kündigungsfrist auf einen

- Samstag
- Sonntag
- Feiertag

so führt das nicht dazu, daß die Kündigung auch noch am folgenden Werktag rechtswirksam erklärt werden kann.

2.1.2 Kündigungsverbot

Für Arbeitnehmer gibt es keine **Kündigungsverbote.** Dagegen gibt es für Arbeitgeber eine Reihe von Verboten:

- Eine Kündigung des Arbeitgebers ist rechtsunwirksam, wenn sie **sozial ungerechtfertigt** ist. Das ist sie dann, wenn sie nicht durch Gründe,

  - die in der Person des Arbeitnehmers oder
  - die im Verhalten des Arbeitnehmers liegen bzw.
  - durch dringende betriebliche Erfordernisse bedingt ist.

  Sie ist weiterhin sozial ungerechtfertigt, wenn der Arbeitnehmer an einem anderen Arbeitsplatz weiterbeschäftigt werden kann oder wenn der Arbeitgeber bei der Auswahl der zu kündigenden Mitarbeiter soziale Gesichtspunkte nicht oder nicht genügend berücksichtigt hat.

- Verboten ist die Kündigung von **werdenden Müttern** und **Wöchnerinnen** während der Schwangerschaft und 4 Monate nach der Niederkunft.

- Ohne vorherige Zustimmung der Hauptfürsorgestelle ist die Kündigung von **Schwerbehinderten** verboten.

- Während der Ableistung des **Wehr- oder Ersatzdienstes** sind Kündigungen nicht erlaubt.

- **Betriebsräte** und **Jugendvertreter** sind während ihrer Amtszeit und ein Jahr nach Beendigung ihrer Amtszeit unkündbar. Wahlbewerber für den Betriebsrat sowie Mitglieder des Wahlvorstandes zur Betriebsratswahl sind nicht kündbar vom Zeitpunkt ihrer Bestellung bis 6 Monate nach Bekanntgabe des Wahlergebnisses.

- Rechtsunwirksam sind Kündigungen, zu denen der Betriebsrat nicht gehört wurde. Hier liegt ansonsten eine **Mitbestimmungsverletzung** vor.

Durch eine Kündigungsschutzklage kann gegen übertretene Kündigungsverbote vorgegangen werden.

2.1.3 Kündigungsvoraussetzungen

Einem Arbeitnehmer kann nicht aus geringfügigen Gründen gekündigt werden. Das verbietet der **Grundsatz der Verhältnismäßigkeit** des Arbeitsrechts. Bevor ein Arbeitgeber zum einschneidensten arbeitsrechtlichen Mittel - der Kündigung - schreiten kann, muß er den Arbeitnehmer abmahnen.

Eine **Abmahnung** erfolgt, um einen Arbeitnehmer nachdrücklich auf ein Fehlverhalten hinzuweisen und ihn aufzufordern, dieses Fehlverhalten abzustellen. Gründe für Abmahnungen können beispielsweise sein:

- Alkoholgenuß während der Arbeitszeit trotz Alkoholverbotes
- Arbeitsverweigerung
- Erhebliche Zahl von Arbeitsfehlern
- Extrem langsame Arbeitserledigung
- Nichteinhaltung zugewiesener Arbeitsaufgaben
- Störung des Betriebsfriedens
- Unfreundlichkeit gegenüber Kunden
- Ungenügende Leistungen
- Unzulässige politische Betätigung im Unternehmen
- Wiederholte Unpünktlichkeit.

Eine Abmahnung kann mündlich oder schriftlich erfolgen. Für die Formulierung der Abmahnung ist zu beachten:

- Das Fehlverhalten muß genau bezeichnet und spezifiziert werden.
- Es muß ausgewiesen werden, daß dieses Verhalten nicht gebilligt wird.
- Ein Hinweis darf nicht fehlen: Im Wiederholungsfall ist das Arbeitsverhältnis gefährdet.

Die Abmahnung ist zu den Personalakten zu nehmen.

Eine ordentliche Kündigung, deren Gründe in der Person oder im Verhalten des Arbeitnehmers liegen, kann in der Regel nur nach einer Abmahnung erfolgen. Zwischen zwei Abmahnungen oder einer Abmahnung und der Kündigung muß dem Arbeitnehmer ausreichend Zeit und Gelegenheit eingeräumt werden sein Fehlverhalten zu korrigieren.

2.1.4 Mitbestimmungsrechte

Der Betriebsrat ist nach § 102 Abs. 1 BetrVG vor jeder Kündigung durch den Arbeitgeber zu hören. Der Arbeitgeber hat dem Betriebsrat dazu die Gründe für die Kündigung mitzuteilen. Eine ohne Anhörung des Betriebsrates ausgesprochene Kündigung ist rechtsunwirksam. Hat der Betriebsrat gegen eine ordentliche Kündigung Bedenken, so hat er diese unter Angabe der Gründe dem Arbeitgeber innerhalb einer Woche schriftlich mitzuteilen. Äußert er sich nicht innerhalb dieser Frist, so gilt seine Zustimmung zur Kündigung als erteilt (§ 102 Abs. 2 BetrVG).

Nach § 102 Abs. 3 BetrVG kann der Betriebsrat einer ordentlichen Kündigung **widersprechen**, wenn folgende Gründe gegeben sind:

- Der Arbeitgeber hat bei der Auswahl der zu kündigenden Arbeitnehmer soziale Gesichtspunkte nicht oder nicht ausreichend berücksichtigt.
- Der Arbeitgeber hat gegen Richtlinien über die personale Auswahl bei Kündigungen verstoßen.
- Der zu kündigende Arbeitnehmer kann an einem anderen Arbeitsplatz weiterbeschäftigt werden.
- Die Weiterbeschäftigung ist nach zumutbaren Umschulungs- und Fortbildungsmaßnahmen möglich.
- Die Weiterbeschäftigung ist unter geänderten Vertragsbedingungen möglich und der Arbeitnehmer hat dazu sein Einverständnis erklärt.

Der Arbeitgeber kann nach **Anhörung des Betriebsrates** trotz dessen Widerspruch rechtswirksam kündigen. Das bedingt, daß der Arbeitgeber den Arbeitnehmer bei unveränderten Arbeitsbedingungen solange weiterbeschäftigen muß, bis der Rechtsstreit zu einem rechtskräftigen Abschluß gekommen ist. Dazu müssen mehrere **Bedingungen** gegeben sein:

- Frist- und ordnungsgemäßer Widerspruch des Betriebsrates gegen die ordentliche Kündigung.
- Klage des Arbeitsnehmers auf Feststellung, daß das Arbeitsverhältnis durch die Kündigung nicht aufgelöst ist.

Das Arbeitsgericht kann den Arbeitgeber von der **Weiterbeschäftigungspflicht** auf Antrag entbinden, wenn folgende Voraussetzungen gegeben sind:

- Die Klage des Arbeitnehmers bietet keine hinreichende Aussicht auf Erfolg.
- Die Weiterbeschäftigung des Arbeitnehmers würde zu einer unzumutbaren wirtschaftlichen Belastung des Arbeitgebers führen.
- Der Widerspruch des Betriebsrates ist offensichtlich unbegründet.

Im Falle eines Widerspruches des Betriebsrates muß die Personalabteilung zusammen mit der Kündigung eine Abschrift der Stellungnahme des Betriebsrates dem Mitarbeiter aushändigen. Damit kann der Arbeitnehmer die Aussichten einer **Kündigungsschutzklage** besser beurteilen.

2.2 Außerordentliche Kündigung

Die außerordentliche Kündigung ist eine **fristlose Kündigung**. Dafür muß ein **wichtiger Grund** vorliegen. Innerhalb von zwei Wochen nach Kenntnis eines Grundes muß eine außerordentliche Kündigung ausgesprochen werden. Nach Ablauf dieser Frist ist eine außerordentliche Kündigung ausgeschlossen.

Für die außerordentliche Kündigung sind wesentlich:

- **Gründe**
- **Mitbestimmung.**

2.2.1 Gründe

Für außerordentliche Kündigungen wurden nach *Käppeler* eine Vielzahl von **Gründen** anerkannt:

- Betrügerische Angaben, Vorzeigen gefälschter Papiere oder die Vorspiegelung eines durchlaufenen Ausbildungsganges.
- Anonyme Anzeigen mit verleumderischen Beschuldigungen.
- Beharrliche Arbeitsverweigerung, d.h. wiederholte Weigerung trotz Abmahnung.
- Erhebliches Arbeitsversäumnis.
- Grobe Beleidigungen.
- Diebstahl, der über Bagatellfälle hinausgeht.
- Drohungen, z.B. mit Anzeigen und Enthüllungen.
- Grobe Fahrlässigkeiten.
- Intrigen gegen Arbeitskollegen, z.B. ein Kollege wird mit unwahren Angaben aus der Stellung gedrängt.
- Unehrlichkeiten in Vertrauensstellungen.
- Untreue bei der Arbeit.
- Unmöglichkeit, die Arbeit auszuüben, z.B. bei Untersuchungshaft.
- Unbefugtes Verlassen des Arbeitsplatzes.

- Verleitung zur Schlechtleistung.
- Strafbare Verfehlungen.
- Tätlichkeiten.
- Außerordentliche Verfehlungen wie z.B. Trunksucht.

Für eine außerordentliche Kündigung **nicht anerkannte Gründe** sind beispielsweise:

- Mangelhafte Arbeitsleistung.
- Betriebseinschränkung und Betriebsstillegung.
- Familienstreit, wenn er nicht zum öffentlichen Ärgernis wird.
- Liebesverhältnisse.
- Streit, den der Kündigende selbst verschuldet hat.
- Unfähigkeit ist nur ein Grund zur ordentlichen Kündigung.

2.2.2 Mitbestimmung

Der **Betriebsrat** ist natürlich auch vor einer außerordentlichen Kündigung zu hören. Hat er Bedenken gegen diese Kündigung, so hat er diese Bedenken unter Angabe der Gründe dem Arbeitgeber unverzüglich, spätestens jedoch innerhalb von 3 Tagen, schriftlich mitzuteilen. Äußert er sich nicht innerhalb dieser Frist, so gilt seine **Zustimmung** zur Kündigung als erteilt (§ 102 Abs. 2 BetrVG).

Der Arbeitgeber kann nach Anhörung des Betriebsrates trotz dessen Bedenken rechtswirksam eine außerordentliche Kündigung aussprechen. Einen Widerspruch kann der Betriebsrat bei einer außerordentlichen Kündigung nicht einlegen.

Bei der außerordentlichen Kündigung von Mitgliedern

- des Betriebsrates,
- der Jugendvertretung,
- der Bordvertretung,
- des Seebetriebsrates,
- des Wahlvorstandes und
- bei Wahlbewerbern

bedarf es der Zustimmung des Betriebsrates (§ 103 BetrVG). Verweigert der Betriebsrat seine Zustimmung, so kann das Arbeitsgericht sie auf Antrag des Arbeitgebers ersetzen, wenn die außerordentliche Kündigung unter Berücksichtigung aller Umstände gerechtfertigt ist.

2.3 Massenentlassung

Von einer Massenentlassung spricht man nach dem **Kündigungsschutzgesetz** (§ 17), wenn die folgenden Bedingungen gegeben sind:

Betriebsgröße Arbeitnehmer	Entlassungen von mehr als .... Arbeitnehmern innerhalb von 4 Wochen
21 - 59	5
60 - 499	10 %, oder aber mehr als 25
über 499	50

Bei **Massenentlassungen** ist der Betriebsrat so früh wie möglich zu unterrichten. Der Arbeitgeber ist verpflichtet, dem Arbeitsamt unter Beifügung der Stellungnahme des Betriebsrates schriftlich **Anzeige** über Massenentlassungen zu erstatten. Solche anzeigepflichtigen Massenentlassungen werden nur mit Zustimmung des Landesarbeitsamtes vor Ablauf eines Monats wirksam. Das Landesarbeitsamt kann im Einzelfall bestimmen, daß die Entlassungen nicht vor Ablauf von längstens zwei Monaten nach Eingang der Anzeige wirksam werden.

Werden zur Auswahl der Mitarbeiter, welche entlassen werden sollen, **Auswahlrichtlinien** erarbeitet, so bedürfen sie der Zustimmung des Betriebsrates. Wird gegen die erlassenene Auswahlrichtlinien verstoßen, so kann der Betriebsrat seine Zustimmung zu Kündigungen verweigern.

Für die Aufstellung von Auswahlrichtlinien gelten die grundsätzlichen Bestimmungen des § 75 Abs. 1 BetrVG: »Arbeitgeber und Betriebsrat haben darüber zu wachen, daß alle im Betrieb tätigen Personen nach den Grundsätzen von Recht und Billigkeit behandelt werden, insbesondere, daß jede unterchiedliche Behandlung von Personen wegen ihrer

- Abstammung,
- Religion,
- Nationalität,
- Herkunft,
- politischen oder gewerkschaftlichen Betätigung oder
- Einstellung oder wegen ihres
- Geschlechts

unterbleibt. Sie haben darauf zu achten, daß Arbeitnehmer nicht wegen Überschreitung bestimmter Altersstufen benachteiligt werden.«

Bei Massenentlassungen kann ein **Sozialplan** zwischen Unternehmer und Betriebsrat abgeschlossen werden. Inhalt eines Sozialplanes kann nach *Goossens* sein:

- Abfindungszahlungen.
- Gewährung oder Abgeltung von Urlaubsansprüchen.
- Freistellung zur Suche eines neuen Arbeitsplatzes.
- Übernahme von Kosten der Arbeitsplatzsuche.
- Bezahlung von Umzugskosten.
- Verlängerung von Mietverträgen für werkseigene Wohnungen.
- Weitergewährung von betrieblichen Darlehen.
- Erhaltung von Anwartschaften auf eine betriebliche Altersversorgung.
- Übernahme von zukünftigen Verdienstminderungen.
- Wiedereinstellungsklausel für eine bestimmte Zeitspanne.

Kommt eine Einigung über einen Sozialplan nicht zustande, so entscheidet die Einigungsstelle über die Aufstellung eines Sozialplanes (§ 112 Abs. 3 BetrVG).

2.4 Änderungskündigung

Eine **Änderungskündigung** ist nicht auf die Beendigung des Arbeitsverhältnisses abgestellt, sondern es wird angeboten, das Arbeitsverhältnis unter anderen Bedingungen fortzusetzen. Wird diese Bedingung vom Arbeitnehmer nicht akzeptiert, so kommt die Kündigung zum Tragen. Gegen die Wirksamkeit der Änderungskündigung kann beim Arbeitsgericht geklagt werden.

Änderungskündigungen sind sowohl als

- ordentliche und als
- außerordentliche

Kündigungen zulässig.

Da der Betriebsrat vor jeder Kündigung zu hören ist, gilt dies auch für Änderungskündigungen.

3. Abwicklung

Zur Durchführung von Personalfreistellungen sind mehrere **Gesichtspunkte** zu betrachten:

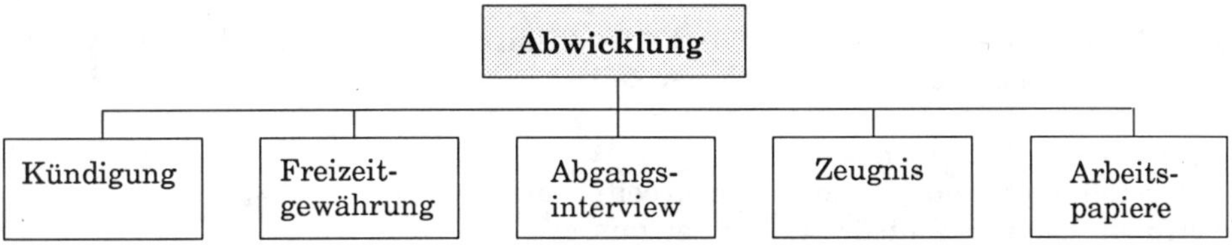

Die nach dem Ausscheiden eines Mitarbeiters weiterhin gegebene Auskunftspflicht ist ebenfalls zu beachten.

3.1 Kündigungsabwicklung

Wird von einem Mitarbeiter gekündigt, so ist zunächst die **Rechtswirksamkeit** der Kündigung zu prüfen:

- Einhaltung der Kündigungsfrist und des Kündigungstermins.
- Bedingungslosigkeit der Kündigung.
- Einhaltung einer eventuell erforderlichen Schriftform.

Für jede zugegangene Kündigung sollte eine schriftliche Bestätigung der Kündigung ausgestellt werden.

Soll vom Arbeitgeber die Kündigung ausgesprochen werden, so bedarf es zunächst einer Mitteilung an den Betriebsrat, daß eine Kündigung geplant ist (vgl. Kapitel 2.1.3 und 2.2.2). Werden vom Betriebsrat dazu keine Bedenken erhoben und kein Widerspruch eingelegt, so kann die Kündigung dem Mitarbeiter ausgesprochen werden.

Das sollte in einer der beiden nachfolgenden **Formen** erfolgen:

- Überreichung des Kündigungsschreibens an den zu Kündigenden mit schriftlicher Bestätigung des Erhaltes durch den Gekündigten.

- Zusendung mit der Post unter Verwendung einer Zustellungsurkunde mit Rückschein.

In dem Kündigungsschreiben sollte immer der Kündigungsgrund genannt werden.

40

3.2 Freizeitgewährung

Zur **Anbahnung** eines neuen Arbeitsverhältnisses braucht der im Kündigungszustand stehende Arbeitnehmer Zeit:

- Besuch des Arbeitsamtes.
- Vorstellung bei einem möglichen Arbeitgeber.
- Einholung eines amtsärztlichen Zeugnisses.

Dazu muß ihm der bisherige Arbeitgeber auf Verlangen angemessene Zeit einräumen. Zwei Voraussetzungen sind dabei zu erfüllen:

- Es muß sich um ein dauerndes Arbeitsverhältnis handeln.
- Das Arbeitsverhältnis muß gekündigt sein.

Die zu diesem Zweck gewährte Freizeit ist vom Arbeitgeber so zu vergüten, als wäre gearbeitet worden.

3.3 Abgangsinterview

Von vielen Unternehmen wird mit den Mitarbeitern, die ihr Arbeitsverhältnis gekündigt haben, kurz vor oder am letzten Arbeitstag ein **Abgangsinterview** durchgeführt. Dieses Interview wird üblicherweise von einem Mitarbeiter der Personalabteilung vorgenommen.

Mit dem Abgangsinterview werden mehrere **Absichten** verfolgt:

- Ermittlung der tatsächlichen Kündigungsgründe.
- Erarbeitung eines Kataloges der Kündigungsgründe.
- Erkennen von betrieblichen Schwachstellen, die zu Kündigungen führen.
- Versuch des Abbaus von Aversionen gegenüber dem Unternehmen.
- Danksagung und Verabschiedung.

Auf Grund von Kündigungen erkannte betriebliche Schwachstellen sollten behoben werden.

3.4 Zeugnis

Scheidet ein Arbeitnehmer aus seinem Arbeitsverhältnis aus, so hat er **Anspruch** auf ein Zeugnis. Es werden zwei Zeugnisarten unterschieden:

- **Arbeitsbescheinigung**
- **Qualifiziertes Zeugnis.**

Der Arbeitnehmer hat ein Wahlrecht im Hinblick auf die Zeugnisart.

3.4.1 Arbeitsbescheinigung

In einer Arbeitsbescheinigung, die auch mit »**einfaches Zeugnis**« bezeichnet wird, werden üblicherweise ausgewiesen:

- Personalien,
- Dauer der Tätigkeit,
- Art der Tätigkeit.

Wertungen über das Verhalten und die Leistungen werden in eine Arbeitsbescheinigung nicht aufgenommen.

Eine Arbeitsbescheinigung kann folgendermaßen formuliert sein:

Gustav Braun GmbH

Braunstraße 1
70174 Stuttgart

Stuttgart, 30.6.199X

Arbeitsbescheinigung

Herrn Karl Krebs, geboren am 1.11.1938, war in der Zeit vom 1.4.1978 bis 30.6.199X in unserem Unternehmen beschäftigt.

Er war als Sachbearbeiter im Innendienst unserer Verkaufsabteilung tätig.

Gustav Braun GmbH
Braun

3.4.2 Qualifiziertes Zeugnis

Ein qualifiziertes Zeugnis sollte neben den Personalien folgenden **Inhalt** haben:

- Ein- und Austrittsdatum
- Beschreibung der ausgeübten Tätigkeit
- Organisatorische Zuordnung
- Fachliche Kenntnisse und Erfahrungen
- Wertung der Leistungen
- Kündigungsgrund
- Verhalten gegenüber Vorgesetzten, Kollegen und Mitarbeitern.

Ein qualifiziertes Zeugnis kann beispielsweise die folgende Formulierung besitzen:

> Gustav Braun GmbH
>
> Braunstraße 1
> 70174 Stuttgart
>
> Stuttgart, 20.6.199X
>
> **Zeugnis**
>
> Herr Karl Krebs, geboren am 1.11.1938, war in der Zeit vom 1.4.1978 bis 30.6.199X in unserem Unternehmen beschäftigt.
>
> Herr Krebs hat alle Verwaltungstätigkeiten unserer Verkaufsabteilung ausgeübt: Angebotserstellung, kaufmännische Kundenkorrespondenz, Auftragsbearbeitung und -abwicklung. Ferner unterstützte er die Außendienstmitarbeiter, soweit das vom Stammhaus aus möglich ist.
>
> Herr Krebs bewies sehr gute Fachkenntnisse. Er hat die Geschäftsinteressen mit Sorgfalt, Verantwortungsbewußtsein und Aktivität wahrgenommen. Seine Arbeitsweise war ausgesprochen zügig.
>
> Gegenüber Vorgesetzten und Mitarbeitern war sein Verhalten stets einwandfrei.
>
> Wir bedauern, einen tüchtigen Mitarbeiter zu verlieren. Herr Krebs verläßt uns auf eigenen Wunsch. Wir wünschen ihm für die Zukunft alles Gute.
>
> Gustav Braun GmbH
>
> Braun

Ein neuer Arbeitgeber muß sich aus einem qualifizierten Zeugnis ein genaues Bild machen können. Außerdem muß es eine nachprüfbare Gesamtbewertung des Charakterbildes und der Leistung des Arbeitnehmers geben.

Für die Gestaltung eines qualifizierten Arbeitszeugnisses sind mehrere **Grundsätze** zu beachten:

- **Zeugniswahrheit** ist von besonderer Bedeutung. Zeugnisaussagen müssen wahr sein. Für die Richtigkeit einer negativen Leistungsbeurteilung ist der Arbeitgeber beweispflichtig. Macht der Arbeitgeber im Zeugnis wesentliche unwahre Angaben oder verschweigt er Verfehlungen, so daß ein falscher Gesamteindruck entsteht, kann er gegenüber einem späteren Arbeitgeber schadenersatzpflichtig werden.

- Der Arbeitnehmer hat keinen Anspruch auf bestimmte **Zeugnisformulierung**. Die Zeugnisformulierung ist ausschließlich eine Sache des Arbeitgebers. Ein Arbeitnehmer hat keinen Anspruch darauf, im Zeugnis nur bestimmte Beurteilungsmerkmale, wie beispielsweise nur sein Verhalten oder nur seine Führung, ausgewiesen zu bekommen.

- Da das Zeugnis für die Stellensuche bedeutsam ist und das damit verbundene Fortkommen des Arbeitnehmers unterstützen soll, muß bei seiner Abfassung ein **wohlwollender Maßstab** eines verständigen Arbeitgebers angelegt werden.

Auch formal muß ein qualifiziertes Zeugnis einigen Anforderungen genügen:

- Gedruckter Briefbogen
- Angabe von Ausstellungsort und -datum
- Keine Schreibfehler und -verbesserungen
- Unterschrift des Arbeitgebers oder eines dafür Beauftragten.

Gegen ein fehlerhaftes Zeugnis kann der Arbeitnehmer **Einspruch** einlegen und **Berichtigung** verlangen. Die im Zeugnis gelegentlich benutzten verschlüsselten Formulierungen (vgl. Seiten 140, 141), die wohlwollender klingen, als sie gemeint sind, dürfen jedoch benutzt werden. Gemäß einem Urteil des Bundesarbeitsgerichtshofes sind die Verwendung solcher indirekter Beurteilungen zulässig, da die Formulierung des Zeugnisses Sache des Arbeitgebers ist.

Die Ausstellung des Zeugnisses muß unmittelbar zum Ausscheiden aus dem Arbeitsverhältnis erfolgen. Es wird zusammen mit den Arbeitspapieren ausgehändigt.

3.5 Arbeitspapiere

Bevor dem ausscheidenden Mitarbeiter seine Arbeitspapiere ausgehändigt werden, muß sichergestellt sein, daß er alles Firmeneigentum ordnungsgemäß zurückgegeben hat.

Dazu wird üblicherweise ein »**Laufzettel**« benutzt. Auf ihm sind von allen Stellen des Unternehmens, welche Firmengegenstände ausgehändigt haben könnten, unterschriftlich zu bestätigen, daß keine Forderungen mehr gegen den Mitarbeiter bestehen.

Nach Vorlage des abgezeichneten Laufzettels werden am letzten Arbeitstag die **Arbeitspapiere** an den bisherigen Mitarbeiter übergeben:

- Lohnsteuerkarte
- Versicherungsheft

- Arbeitsbescheinigung oder qualifizierters Zeugnis
- Urlaubsbescheinigung

Die Übergabe der Arbeitspapiere und eines restlichen Lohnes oder Gehaltes wird häufig mit einer **Ausgleichsquittung** verbunden. In einer Ausgleichsquittung läßt sich der Arbeitgeber vom Arbeitnehmer versichern, daß der Arbeitnehmer

- keine Forderungen gegenüber dem Arbeitgeber habe,
- keine Einwendungen gegen die Kündigung des Arbeitsvertrages vor Gericht erheben werde,
- keine Ansprüche aus dem Arbeitsverhältnis mehr bestehen.

Der Arbeitnehmer muß eine solche Ausgleichsquittung nicht unterschreiben. Der Arbeitgeber muß ihm trotzdem die Arbeitspapiere aushändigen.

3.6 Auskunftspflicht

Gegenüber dem neuen Arbeitgeber hat der bisherige Arbeitgeber das Recht, **Auskünfte** über ausgeschiedene Arbeitnehmer abzugeben:

- Die Auskünfte müssen wahrheitsgemäß sein.
- Sie können schriftlich oder mündlich erteilt werden.

Werden die Auskünfte schriftlich erteilt, so hat der Arbeitnehmer einen Rechtsanspruch auf eine Kopie der erteilten Auskünfte.

	Kontrollfragen	bearbeitet	Lösungshinweis	Lösung +	Lösung -
01	Was versteht man unter Personalfreistellung?		411		
02	Welche Arten der Personalfreistellung sind zu unterscheiden?		411		
03	Nennen Sie einige Arten der Personalfreistellung ohne Personalabbau!		411 f.		
04	Wie kann Personal abgebaut werden?		412 f.		
05	Was ist eine Kündigung?		413		
06	Welche Merkmale sind für eine Kündigung bedeutsam?		413 f.		
07	Unterscheiden Sie die verschiedenen Kündigungsarten!		414		
08	Nennen Sie die Kündigungsbedingungen des BGB!		415 f.		
09	Welche Kündigungsbedingungen nennt das Kündigungsschutzgesetz für Angestellte?		416		
10	Welche Kündigungsverbote bestehen für Arbeitgeber?		417		
11	Nennen Sie Gründe für eine Abmahnung!		418		
12	Was ist bei der Formulierung einer Abmahnung zu beachten?		418		
13	Erklären Sie die Mitbestimmungsrechte im Hinblick auf eine ordentliche Kündigung!		418 f.		
14	Wann besteht eine Weiterbeschäftigungspflicht?		419		
15	Wie wird die fristlose Kündigung korrekt benannt?		420		
16	Nennen Sie einige Gründe für eine außerordentliche Kündigung!		420 f.		
17	Erläutern Sie einige Gegebenheiten, die nicht als Grund für eine außerordentliche Kündigung anerkannt sind!		421		
18	Welche Mitarbeiterarten bedürfen der Zustimmung des Betriebsrates bei einer außerordentlichen Kündigung?		421		
19	Wann kann von Massenentlassungen gesprochen werden?		422		
20	Bedürfen Auswahlrichtlinien für Entlassungen der Zustimmung des Betriebsrates?		422		
21	Was kann Inhalt eines Sozialplanes sein?		422 f.		
22	Erläutern Sie den Begriff »Änderungskündigung«?		423		
23	Wie sollte vorgegangen werden, wenn einem Mitarbeiter gekündigt werden muß?		424		
24	Ist gekündigten Mitarbeitern bezahlte Freizeit zur Anbahnung eines neuen Arbeitsverhältnisses zu gewähren?		424		

	Kontrollfragen	bear- beitet	Lösungs- hinweis	Lösung +	-
25	Welche Absichten werden mit einem Abgangsinterview verfolgt?		425		
26	Worin unterscheiden sich Arbeitsbescheinigung und qualifiziertes Zeugnis?		425 f.		
27	Was wird in eine Arbeitsbescheinigung aufgenommen?		425 f.		
28	Nennen Sie den Inhalt eines qualifizierten Zeugnisses!		426		
29	Erläutern Sie die Grundsätze für qualifizierte Zeugnisse!		427 f.		
30	Was versteht man unter einer Ausgleichsquittung?		429		

Gesamtliteraturverzeichnis

Literatur zum Kapitel A

Balzereit, B., Personalwirtschaft, 2. Auflage, München 1988
Berthel, J., Personalmanagement, 3. Auflage, Stuttgart 1992
Beyer, H., Personallexikon, 2. Auflage, München 1991
Bisani, F., Personalwesen, 3. Auflage, Wiesbaden 1983
Bisani F., Personalführung, 3. Auflage, Wiesbaden 1985
Bruggemann/Großkurth/Ulrich, Arbeitszufriedenheit, Bern 1975
Büschges, G., Berufsbild und Berufspraxis der Personalleiter, in: Arbeit und Leistung, 1974
DGFP (Hrsg.), Die Organisation des Personalwesens, 3. Auflage, Neuwied 1973
Dielmann, K., Betriebliches Personalwesen, Stuttgart/Berlin/Köln/Mainz 1981
Drumm, H.J., Personalwirtschaftslehre, 2. Auflage, Berlin/Heidelberg 1992
Eckardstein von, Betriebliche Personalpolitik, 4. Auflage, München 1993
Freund/Knochlauch/Racke, Praxisorientierte Personalwirtschaftslehre, 4. Auflage, Stuttgart/Berlin/Köln 1992
Gaugler, E. *(Hrsg.),* Handwörterbuch des Personalwesens, 2. Auflage, Stuttgart 1992
Goossens, F., Personalleiter-Handbuch, 7. Auflage, München 1981
Haberkorn, K., Personalpolitik, München/Florenz 1978
Hambusch, R. *(Hrsg.),* Personal- und Ausbildungswesen, 2. Auflage, Darmstadt 1980
Harlander u.a, Praktisches Lehrbuch Personalwirtschaft, 2. Auflage, Landsberg/Lech 1991
Hentze, J., Personalwirtschaftslehre, 5. Auflage, Bern/Stuttgart 1991
Herzberg/Mausner/Snydermann, The Motivation to Work, New York 1959
Hromadka, W., Personalmanagement, Stuttgart 1991
Kossbiel, H., Personalwirtschaft, Jena/Stuttgart 1993
March/Simon, Organizations, New York/London/Sydney 1966
Maslow, A.H., Psychologie des Seins, München 1973
McGregor, D., Der Mensch im Unternehmen, 3. Auflage, Düsseldorf/Wien 1973
Neuberger, O., Theorien der Arbeitszufriedenheit, Stuttgart/Berlin/Köln/Mainz 1974
Oechsler, W.A., Personal und Arbeit, 4. Auflage, München 1992
Preissler, P.R., Personalwirtschaft, Landsberg/Lech 1991
Pullig, K.P., Personalwirtschaft, München/Wien 1980
Remer, A., Personalmanagement, Berlin/New York 1978
RKW *(Hrsg.),* Mensch und Arbeit, München 1978
Schanz, G., Betriebswirtschaftslehre als Sozialwissenschaft, Stuttgart/Berlin/Köln/Hamm 1979
Scholz, C., Personalmanagement, 3. Auflage, München 1992
Steinbuch, P.A., Organisation, 8. Auflage, Ludwigshafen 1991
Steinbuch, P.A., Betriebliche Informatik, 5. Auflage, Ludwigshafen 1992
Stopp, U., Betriebliche Personalwirtschaft, 18. Auflage, Ehningen 1992
Wagner/Zander/Hauke (Hrsg.), Handbuch der Personalleitung, München 1992
Wiesner H., Die Techniken des Personalmanagements, Wiesbaden 1980
Wöhe, G., Einführung in die Allgemeine Betriebswirtschaftslehre, 17. Auflage, München 1990
Zander/Glaubrecht, Personalpolitik, München 1987

Literatur zum Kapitel B

Balzereit, B., Personalwirtschaft, 2. Auflage, München 1988
Bergrath, D., Personaleinsatz im Bankbetrieb, Köln 1978
Braun, K., Der Personalplan, 2. Auflage, Wiesbaden 1982
Chorofas, D., Management Planung, Düsseldorf 1973

Dedering, H., Personalplanung und Mitbestimmung, Opladen 1972
Domsch, M., Systemgestützte Personalarbeit, Wiesbaden 1980
Domsch, M., Personal-Informationssysteme, 4. Auflage, Hamburg 1979
Eckardstein, C. von, Laufbahnplanung für Führungskräfte, Berlin 1972
Esser/Kirsch, Die Einführung von Planungs- und Informationssystemen, München 1978
Franke, G., Stellen- und Personalbedarfsplanung, Opladen 1977
Fuchs, K., Laufbahnplanung für Führungskräfte, München 1977
Gaugler, E., Betriebliche Personalplanung, Göttingen 1974
Gaugler, E. *(Hrsg.)*, Handwörterbuch des Personalwesens, 2. Auflage, Stuttgart 1992
Hagner, C.W., Die Anwendung der Arbeitsplatz- und Kennzahlenmethoden im Rahmen der quantitativen Personalplanung, Frankfurt/New York 1975
Hagner, C.W., Personalplanung, Berlin/Köln/Frankfurt 1972
Heinrich/Pils, Betriebsinformatik im Personalbereich, Würzburg/Wien 1979
Hentze, J., Funktionale Personalplanung, Wiesbaden 1968
Jakobs-Fuchs, I., Planung der Personalfreisetzung, München 1978
Jarr, K., Stochastische Personalplanung, Wiesbaden 1978
Knebel-Schneider, Taschenbuch zur Stellenbeschreibung, 2. Auflage, Heidelberg 1978
Meyer, P., Betriebliche Personalplanung, Wiesbaden 1968
Müller-Hagedorn, L., Grundlagen der Personalbestandsplanung, Köln/Opladen 1970
Mohr, A., Personalplanung und Betriebsverfassungsgesetz, Köln 1977
Mundle, J., Motivationsforschung im Dienste der Personaleinsatzplanung, Berlin 1979
Pullig, K.P., Personalwirtschaft, München/Wien 1980
Reber, G. *(Hrsg.)*, Personalinformationssysteme, Stuttgart 1979
RKW *(Hrsg.)*, Praxis der Personalplanung, Neuwied 1978
Robinson Tarbox, Manpower Planung, Pittsburgh 1970
Schmidt/Hagenbruck/Sämann, Handbuch der Personalplanung, Frankfurt/New York 1975
Schwarz H., Arbeitsplatzbeschreibungen, 12. Auflage, Freiburg 1990
Steinbuch P.A., Dialogarbeit im Büro - Verändern Terminals die Personalstruktur?, in: Personal, 1978, Heft 6
Steinbuch, P.A., Organisation, 8. Auflage, Ludwigshafen 1991
Steinbuch, P.A., Erfolg am neuen Arbeitsplatz, München 1979
Wächter, H., Praxis der Personalplanung, Herne/Berlin 1974
Wächter, H., Grundlagen der langfristigen Personalplanung, Herne/Berlin 1974
Weber, W., Personalplanung, Stuttgart 1975
Weinmann, J., Strategische Personalplanung, Köln 1978
Wimmer, P., Personalplanung, Stuttgart 1991
Winnes, R., Beschäftigungsunabhängige Personalbedarfsplanung, Königstein/Ts. 1978

Literatur zum Kapitel C

Bisani, F., Das Personalwesen in der BRD, Teil 1, Köln 1976
Bisani, F., Personalwesen, 3. Auflage, Wiesbaden 1983
Böckel, E., Moderne Arbeitsverträge, 2. Auflage, Planegg 1987
Buchholz/Maier, Handbuch der Führungskräfteauswahl, -förderung, -bezahlung, München 1970
Freundl, S., Taschenbuch für Personalplanung und Stellenausschreibung, Heidelberg 1967
Frey, H., Handbuch der Personalbeschaffung, München 1973
Goossens, F., Personalleiter-Handbuch, 7. Auflage, München 1981
Halberstadt, Mitwirkung und Mitbestimmung des Arbeitnehmers, Freiburg i.Br. 1972
Hambusch, R., Personal- und Ausbildungswesen, 2. Auflage, Darmstadt 1980
Hentze, J., Personalwirtschaftslehre, 2. Auflage, Bern/Stuttgart 1981
Herold/Romanovszky, Vorteilhafte Vertragsgestaltung, 3. Auflage, Freiburg i.Br. 1972
Käppler, F.K., Bewerben, Arbeiten, Kündigen, 3. Auflage, Düsseldorf 1981
Knebel, H., Taschenbuch für Bewerberauslese, 5. Auflage, Heidelberg 1987

Kroeber-Kenneth, L., Wie findet man qualifizierte Mitarbeiter, Düsseldorf 1960
Lienert, G.A., Testaufbau und Testanalyse, 3. Auflage, Weinheim/Berlin 1969
Lückert, H.R., Mitarbeiter auswählen, beurteilen und führen, München 1966
Marr/Stitzel, Personalwirtschaft, München 1979
Mertens, P., Arbeitsmarkt- und Berufsforschung, Berlin/Köln/Mainz 1971
Notter/Obenaus/Ruf, Ihre Rechte als Arbeitnehmer, München 1988
Overbeck, J.F., Betriebliche Arbeitsmarktforschung als Grundlage der Personalplanung, in: H. Jacob (Hrsg.), Personalplanung, Schriften zur Unternehmensführung, Bd. 20, Wiesbaden 1974
Overbeck, J.F., Möglichkeiten der Marktforschung am Arbeitsmarkt und ihre Auswertung zu einer Konzeption marktbezogener Personalpolitik, Diss. München 1968
Pillat, R., Neue Mitarbeiter - erfolgreich anwerben, auswählen und einsetzen, 4. Auflage, Freiburg 1986
Raschke, H., Taschenbuch für Bewerberauslese, Heidelberg 1969
Rippel. K., Betriebliche Arbeitsmarktforschung, Baden-Baden/Bad Homburg 1967
Schaub, G., Meine Rechte und Pflichten als Arbeitnehmer, 4. Auflage, München 1988
Schaub, G., Der Betriebsrat, 5. Auflage, München 1988
Schmid, K.H., Psychologische Testverfahren im Personalbereich, Köln 1971
Schmidtbauer, H., Personal-Marketing, Essen 1975
Schneider/Hemi/Wacher, Tätigkeitsspezifische Eignungstests: Entwicklungs- und Anwendungsprobleme, Göttingen 1975
Schwedes, R., Einstellung und Entlassung des Arbeitnehmers, 6. Auflage, Freiburg i.Br. 1989
Sennholz, U., Besser um Bewerber werben, Stuttgart/Wiesbaden 1972
Steinbuch, P.A., Erfolg im Beruf von A bis Z, München 1985
Steinbuch, P.A., So werde ich EDV-Profi, Vaterstetten 1986
Stopp, U., Betriebliche Personalwirtschaft, 18. Auflage, Ehningen 1992
Wächter, H., Praxis der Personalplanung, Herne/Berlin 1974
Waskewitz, B., Personalwirtschaft, Gernsbach 1980

Literatur zum Kapitel D

Bataillard, V., Das SIB-Führungssystem, Zürich 1972
Baumgarten, R., Führungsstile und Führungstechniken, Berlin/New York 1977
Bieding/Scholz, Management-Modelle in der Praxis, Köln 1973
Bieding/Scholz, Personalführungssysteme, Köln 1971
Bisani, F., Personalführung, 3. Auflage, Wiesbaden 1983
Blake/Mouton, Verhaltenspsychologie im Betrieb, Düsseldorf/Wien 1968
Bleicher, K., Perspektiven für Organisation und Führung von Unternehmen, Baden-Baden/Bad Homburg 1971
Bleicher/Meyer, Führung in der Unternehmung, Reinbek 1976
Brightford, E., Verhaltensorientiertes Management, Frankfurt/New York 1974
Deyle, A., Die Konzeption des DIB/MAM-Managementsystems, in: Industrielle Organisation, Heft 11, 1971
Eckardstein von, Betriebliche Personalpolitik, 4. Auflage, München 1993
Ferguson, I.R.G., Management by Objectives in Deutschland, Frankfurt/Main 1973
Golas, H.G., Der Mitarbeiter, 5. Auflage, Bielefeld 1986
Goossens, F., Personalleiter-Handbuch, 7. Auflage, München 1981
Guserls, R., Das Harzburger Modell - Idee und Wirklichkeit, Wiesbaden 1973
Halpin/Winer, A Factorial Study of the Leader Behavior Descriptions, in: Stogdill/Coons (Hrsg.), Leader Behavior: It´s Description and Measurement, Columbus, Ohio 1957
Hambusch, R., Personal- und Ausbildungswesen, 2. Auflage, Darmstadt 1980
Häusler, J., Grundfragen der Betriebsführung, Wiesbaden 1966
Hentze/Brose, Personalführungslehre, Bern/Stuttgart 1986
Höhn, R., Führungsbrevier der Wirtschaft, 8. Auflage, Bad Harzburg 1974

Höhn/Böhm, Der Weg zur Delegation von Verantwortung im Unternehmen, Bad Harzburg 1973
Humble, J., MBO-Fibel, Frankfurt/New York 1973
Humble, J., Praxis des Management by Objectives, München 1972
Kazmier, L.J., Einführung in die Grundsätze des Management, München 1973
Klee/Brändle, Grundlagen der modernen Unternehmensführung, Frankfurt/New York 1973
Korndörfer, W., Unternehmensführungslehre, Wiesbaden 1976
Kossbiel, H., Personalbereitstellung und Personalführung, Wiesbaden 1976
Lattmann, C., Führungsstil und Führungsrichtlinien, Bern/Stuttgart 1974
Likert, R., Die integrierte Führungs- und Organisationsstruktur, Frankfurt 1975
Likert, R., Neue Ansätze der Unternehmensführung, Bern/Stuttgart 1972
Macharzina/Oechsler, Personalmanagement, Bd. 1 und 2, Wiesbaden 1976
Marr/Stitzel, Personalwirtschaft, München 1979
McGregor, D., Der Mensch im Unternehmen, Düsseldorf 1970
Neuberger, O., Führungsverhalten und Führungserfolg, Berlin 1976
Nick, F.R., Management durch Motivation, Stuttgart 1974
Notter/Obenaus/Ruf, Ihre Rechte als Arbeitnehmer, München 1988
Olfert/Rahn, Einführung in die Betriebswirtschaftslehre, Ludwigshafen 1992
Ordiorne, G.S., Management mit Zielvorgabe, - Management by Objectives, München
Pelz, D.C., Influence: A key to effective leadership in the first-line supervisor, in: Personnel 1952
Pullig, K.P., Personalwirtschaft, München/Wien 1980
Rahn, H.J., Betriebliche Führung, 2. Auflage, Ludwigshafen 1992
Reber, G., Personales Verhalten im Betrieb, Stuttgart 1973
REFA, Methodenlehre der Planung und Steuerung, Teil 1, 4. Auflage, München 1985
Rosenstiel, L., Motivation im Betrieb, München 1972
Schaub, G., Meine Pflichten als Arbeitnehmer, 4. Auflage, München 1988
Staehle, W.H., Organisation und Führung sozio-technischer Systeme, Stuttgart 1973
Steinle, C., Leistungsverhalten und Führung in der Unternehmung, Berlin 1975
Stopp, U., Betriebliche Pesonalwirtschaft, 18. Auflage, Ehningen 1992
Tannenbaum/Schmidt, How to Choose a Leadership Pattern, in: HBR, Vol. 36, 1950
Ulrich/Fluri, Management, Bern/Stuttgart 1975
Volk, H., Führungskonzepte von heute, in: Das Personalbüro, Nr. 1, 1982
Weis, H.C., Unternehmensführung, Obertshausen 1979
Wild, J., Unterentwickeltes Management by ..., in: Manager Magazin, Nr. 10, 1972
Wild, J., Unternehmensführung, Berlin 1974
Witthauer, K.F., Menschen führen, 4. Auflage, Ehningen-Stuttgart 1986
Zander/Grabner/Knebel/Pillat, Führungssysteme in der Praxis, Heidelberg 1972

Literatur zum Kapitel E

Albach/Gabelin, Mitarbeiterführung, Wiesbaden 1977
Bach, O., Leistungsbewertung, Zürich 1972
Becker, F.G., Grundlagen betrieblicher Leistungsbeurteilung, Stuttgart 1992
Curth/Lang, Management der Personalbeurteilung, 2. Auflage, München 1991
Fischer/Ott, Leistungsfördernde Mitarbeiterbeurteilung, Ehningen 1987
Gaugler, E. u.a., Leistungsbeurteilung in der Wirtschaft, Baden-Baden 1978
Gollnow, C., Praktische Mitarbeiterbeurteilung, München 1977
Grunow, D., Personalbeurteilung, Stuttgart 1976
Knebel, H., Taschenbuch der Personalbeurteilung, 8. Auflage, Heidelberg 1992
Lattmann, C., Leistungsbeurteilung als Führungsmittel, Bern/Stuttgart 1975
Lieben/Oechsler, Personalbeurteilung, Wiesbaden 1992
Möhl/Winterfeldt, Mitarbeiterbewertung, Bad Wörishofen 1968
Nutzhorn, H., RKW-Leitfaden der Personalbeurteilung, Berlin/Köln/Frankfurt 1965
Pullig, K.P., Personalwirtschaft, München/Wien 1980

Raschke, H., Taschenbuch für Personalbeurteilung, 4. Auflage, Heidelberg 1974
Remer, A., Personalmanagement, Berlin/New York 1978
Selbach/Pullig, Handbuch Mitarbeiterbeurteilung, Wiesbaden 1992
Strametz/Lometsch, Leistungsbeurteilung in deutschen Unternehmen, Königstein 1977
Zander/Knebel, Taschenbuch für Leistungsbeurteilung und Leistungszulagen, 2. Auflage, Heidelberg 1982

Literatur zum Kapitel F

Arnold, H., Work-Factor Information, 2. Auflage, Darmstadt 1971
Baierl, F., Lohnanreizsysteme, 5. Auflage, München 1974
Bieding/Döring, Analytische Arbeitsbewertung von Angestelltentätigkeiten, Arbeits- und betriebskundliche Reihe, Bd. 13, 3. Auflage, Köln 1974
Bieding/Wendler, Analytische Arbeitsbewertung von Angestelltentätigkeiten, Köln 1970
Bloch, W., Arbeitsbewertung, Zürich 1959
Böhrs, H., Leistungslohn, Wiesbaden 1959
Busch, E., Systematische Leistungszulagenfindung bei Zeitlöhnen, in: REFA-Nachrichten, 1973
Eckardstein/Schnellinger, Betriebliche Personalpolitik, 3. Auflage, München 1978
Euler/Stevens, Die analytische Arbeitsbewertung, Düsseldorf 1965
Gaugler/Kolb/Link, Humanisierung der Arbeitswelt und Produktivität, 2. Auflage, Mannheim 1977
Geissler, M., Arbeitsbewertung, in: K.H. Engel (Hrsg.), Handbuch der neuen Techniken des Industrial Engineering, 2. Auflage, München 1972
Göltenboth, H., Arbeits- und Zeitstudien, in: K.H. Engel (Hrsg.), Handbuch der neuen Techniken des Industrial Engineering, 4. Auflage, München 1985
Graf, O., Arbeitsphysiologie, Wiesbaden 1960
Granjean, E., Physiologische Arbeitsgestaltung, 3. Auflage, Zürich 1979
Groskurth/Volpert, Lohnarbeitspsychologie, Frankfurt 1975
Hagner/Wenk, Arbeitsschwierigkeit und Lohn, Köln 1952
Haller/Wedel, Aus Theorie und Praxis des Multimomentzeitmeßverfahrens, Berlin/Köln/Frankfurt 1967
Haller/Wedel, Multimomentaufnahmen in Theorie und Praxis, 2. Auflage, München 1969
Hammer, E., Industriebetriebslehre, 2. Auflage, München 1977
Hennecke, A., Die Verfahren der Arbeitsbewertung, Düsseldorf 1965
Hentze, J., Personalwirtschaftslehre, 2. Auflage, Bern/Stuttgart 1981
Herzberg/Mausner/Snyderman, The Motivation to Work, 2. Auflage, New York 1959
Hettinger, T., Egonomie in der Betriebspraxis, Frechen 1970
Hoyos, C., Arbeitspsychologie, Stuttgart/Berlin/Köln/Mainz 1974
Kaminsky, G., Praktikum der Arbeitswissenschaft, München 1971
Kaminsky/Pilz, Gestaltung von Arbeitsplatz und Arbeitsmittel, Berlin 1963
Klein, L., Die Entwicklung neuer Formen der Arbeitsorganisation, Göttingen 1975
Kolb, M., Gestaltung von Arbeitsstrukturen, Ludwigshafen 1980
Kupsch/Marr, Personalwirtschaft, in: E. Heinen (Hrsg.), Industriebetriebslehre, 7. Auflage, Wiesbaden 1983
Liebold/Reip/Weber, Lehraufgaben - Programm Betriebswirtschaftslehre, Wuppertal 1979
Lücke, W., Arbeitsleistung, Arbeitsbewertung, Arbeitsentlohnung, in: H. Jacob (Hrsg.), Industriebetriebslehre in programmierter Form, Wiesbaden 1972
Olfert, K., Kostenrechnung, 8. Auflage, Ludwigshafen 1991
Marr, R., Das Sozialpotential betriebswirtschaftlicher Organisationen, Berlin 1979
Marr/Stitzel, Personalwirtschaft, München 1979
Maucher, H., Zeitlohn, Akkordlohn, Prämienlohn, 2. Auflage, Darmstadt 1965
McGregor, D., Der Mensch im Unternehmen, 3. Auflage, Düsseldorf/Wien 1973
Notter/Obenaus/Ruf, Ihre Rechte als Arbeitnehmer, München 1988

Paasche, J., Die Praxis der Arbeitsbewertung, 3. Auflage, Köln 1963
Pechold, E., Zeitmessung und Zeitmeßgeräte, Berlin/Köln/Frankfurt 1962
Pfeiffer/Dörrie/Stoll, Menschliche Arbeit in der industriellen Produktion, Götingen 1977
Platt, W., Arbeitsbewertung, in: W. Leiderer (Hrsg.), Studienskripten zur Betriebswirtschaftslehre, Heft 7, München 1977
Pornschlegel, H., Verfahren vorbestimmter Zeiten, Köln 1968
Pullig, K.P., Personalwirtschaft, München/Wien 1980
REFA, Methodenlehre des Arbeitsstudiums, Teil 1, 7. Auflage, München 1984
REFA, Methodenlehre des Arbeitsstudiums, Teil 2, 6. Auflage, München 1988
REFA, Methodenlehre des Arbeitsstudiums, Teil 3, 7. Auflage, München 1985
REFA, Methodenlehre des Arbeitsstudiums, Teil 4, 5. Auflage, München 1985
REFA, Methodenlehre des Arbeitsstudiums, Teil 5, 3. Auflage, München 1985
Rohmert/Weg, Organisation teilautonomer Gruppenarbeit, München/Wien 1976
Rosenstiel, L., Arbeitsmotivation und Anreizgestaltung, in: Macharzina/Oechsler (Hrsg.), Personalmanagement, Bd. 1, Wiesbaden 1977
Rosenstiel, L., Motivation im Betrieb, München 1972
Schaub, G., Meine Rechte und Pflichten als Arbeitnehmer, 4. Auflage, München 1988
Schlaffke/Rühl/Weil, Qualität des Lebens am Arbeitsplatz, Köln 1974
Schmidtke, H., Ergonomie, Bd. 1, Grundlagen menschlicher Arbeit und Leistung, München 1973
Schmidtke, H., Ergonomie, Bd. 2, Gestaltung von Arbeitsplatz und Arbeitsumwelt, München/Wien 1974
Steinbuch/Olfert, Fertigungswirtschaft, 5. Auflage, Ludwigshafen 1993
Stier, E., Zur Methodik der Arbeitsgestaltung, Berlin/Köln/Frankfurt 1969
Ulrich/Groskurth/Bruggemann, Neue Formen der Arbeitsgestaltung, Frankfurt 1973
Wagner, H., Die Bestimmungsfaktoren der menschlichen Arbeitsleistung im Betrieb, Wiesbaden 1966
Wibbe, J., Arbeitsbewertung, 3. Auflage, München 1966
Wöhe, G., Einführung in die Allgemeine Betriebswirtschaftslehre, 17. Auflage, München 1990
Zander, E., Arbeits- und Leistungsbewertung, Heidelberg 1970
Zander, E., Gehaltsfestsetzung in Wirtschaft und Verwaltung, Heidelberg 1968

Literatur zum Kapitel G

Engel, P., Betriebliche Sozialleistungen, Köln 1977
Fürstenberg, F., Soziale Unternehmenspolitik, Berlin/NewYork 1977
Goossens, F., Personalleiter-Handbuch, 7. Auflage, München 1981
Grätz/Mennecke, ... zuzüglich zum Gehalt ..., Opladen 1974
Haberkorn, K., Zeitgemäße betriebliche Sozialleistungen, München 1973
Pullig, K.P., Personalwirtschaft, München/Wien 1980
Reichwein, K., Funktionswandlungen der betrieblichen Sozialpolitik, Köln/Opladen 1965
Schilling/Staude, Betriebliche Sozialleistungen, Wiesbaden o.J.
Steinbuch, P.A., Betriebliche Veranstaltungen, München 1979

Literatur zum Kapitel H

Arndt/Fassbender, Management-Weiterbildung im Betrieb, Frankfurt 1971
Bechinie, E., Wege zur optimalen Führungskräfteentwicklung, Wiesbaden 1993
Gaugler, E. *(Hrsg.),* Handwörterbuch des Personalwesens, 2. Auflage, Stuttgart 1982
Gaugler, E. *(Hrsg.),* Ausbildungskonzeptionen und Berufsanforderungen für das betriebliche Personalwesen, Berlin 1979
Grüner/Georg, Grundfragen der Berufsbildung, Bielefeld 1973
Hambusch, R. *(Hrsg.),* Personal- und Ausbildungswesen, 2. Auflage, Darmstadt 1980

Heinen/Welbers/Windszus, Lehrlingsausbildung, Mainz 1972
Meier, H., Personalentwicklung, Wiesbaden 1991
Mentzel, W., Unternehmenssicherung durch Personalentwicklung, 5. Auflage, Freiburg 1992
Papmehl/Walsh, Personalentwicklung im Wandel, Wiesbaden 1991
Riekhof, H., Strategien der Personalentwicklung, 3. Auflage, Wiesbaden 1992
Saamann/Pollak/Brede/Maier, Neue Wege der Personalentwicklung, Wiesbaden 1992
Steinbuch, P.A., Betriebliche Veranstaltungen, München 1979
Steinbuch, P.A., Organisation, 8. Auflage, Ludwigshafen 1991
Wirth, H., Bildungsarbeit in Industrieunternehmen, Wien 1969
Zielinski, J., Praktische Berufsausbildung, 3. Auflage, Heidelberg 1972

Literatur zum Kapitel I

Ackermann, K., Reorganisation der Personalabteilung, Stuttgart 1992
Binder, O.K., Personalverwaltung mit EDV, München 1970
Domsch, M., Personal-Informationssysteme, 4. Auflage, Hamburg 1979
Domsch, M., Systemgestützte Personalarbeit, Wiesbaden 1980
Goossens, F., Personalleiter-Handbuch, 7. Auflage, München 1981
Grünefeld/Langemeyer, Personalinformationssysteme, Wiesbaden 1991
Heinrich/Pils, Personalinformationssysteme, Linz 1977
Jaggi/Görlitz *(Hrsg.),* Handbuch der betrieblichen Informations-Systeme, München 1975
Krömer/Schröder, Datenbanken und Informationssysteme, Baden-Baden/Bad Homburg 1976
Nagel, K., EDV im Personalbereich, Wiesbaden 1977
Nüssgens, K.H., Führungsaufgabe Personalwesen, Berlin/New York 1975
Pietrzyek, R., Das Personal, München 1990
Reber, G. *(Hrsg.),* Personalinformationssysteme, Stuttgart 1979
Sämann/Schulte/Weertz, Struktureller Aufbau und Leistungsbreite bestehender Personalinformationssysteme, Frankfurt/Main 1976
Schmidt, H., Personal- und Arbeitsplatzinformationssystem, Frankfurt/Main 1974
Steinbuch, P.A., Erfolg am neuen Arbeitsplatz, München 1979
Steinbuch, P.A., Betriebliche Veranstaltungen, München 1979
Steinbuch, P.A., Managementinstrumente, Düsseldorf 1985
Steinbuch, P.A., Büroarbeit morgen, in: Personal, Heft 3, 1980
Steinbuch, P.A., Dialogarbeit im Büro, in: Personal, Heft 6, 1978
Steinbuch, P.A., Betriebliche Informatik, 5. Auflage, Ludwigshafen 1991

Literatur zum Kapitel J

Dietz, K., Arbeitszeugnisse ausstellen und beurteilen, 5. Auflage, Planegg 1988
Gaugler, E. *(Hrsg.),* Handwörterbuch des Personalwesens, 2. Auflage, Stuttgart 1982
Goossens, F., Personalleiter-Handbuch, 7. Auflage, München 1981
Hunold, W., Personalanpassung in Recht und Praxis, 2. Auflage, München 1992
Jakobs-Fuchs, I., Planung der Personalfreisetzung, München 1978
Kappeler, F.K., Bewerben, Arbeiten, Kündigen, 3. Auflage, Düsseldorf 1981
Meyer, W., Arbeitsrecht für die Praxis, 4. Auflage, Planneg 1990
Notter/Obenaus/Ruf, Ihre Rechte als Arbeitnehmer, München 1988
Remer, A., Personalmanagement, Berlin 1978
Rudhart, P.M., Stillegungsplanung, Wiesbaden 1978
Sabathil, P., Fluktuation von Arbeitskräften, München 1977
Steinbuch, P.A., Erfolg im Beruf von A bis Z, München 1985
Stopp, U., Betriebliche Personalwirtschaft, 18. Auflage, Ehningen 1992
Wiesner, H., Techniken des Personalmanagements, Wiesbaden 1980

Stichwortverzeichnis

Übungsteil

Aufgaben/Fälle

1: Begriffe der Personalwirtschaft

Personalwirtschaft kann unter unterschiedlichen Aspekten betrachtet werden. In Abhängigkeit dieser Betrachtungsweise werden oftmals besondere Begriffe verwandt.

Tragen Sie in der nachfolgenden Tabelle den jeweiligen Begriff ein:

Inhaltsaspekt	Begriff
Personalmarkt und -beschaffung	
Personalführung und -leitung	
Personalbezug der Unternehmensstruktur	
Organisationseinheit der Personalwirtschaft	
Personalwirtschaftliche Leitlinien	

2: Zuordnung personalwirtschaftlicher Aufgaben

Herr Werner ist Mitarbeiter der Firma Gustav Praterschreck AG. Er hat mehrere Anliegen an das Personalwesen seines Arbeitgebers:

(1) Herr Werner möchte sich in eine andere Abteilung versetzen lassen. Die Zustimmung seines bisherigen und seines zukünftigen Vorgesetzten liegen vor.

(2) Aus Anlaß seiner Versetzung wünscht Herr Werner ein Zwischenzeugnis über seine bisherige Tätigkeit.

(3) In der neuen Abteilung möchte er sich zum Vorgesetzten qualifizieren. Dazu liegt ihm die Zusage seines neuen Chefs bereits vor.

(4) Um diese Qualifizierung zielgerichtet durchzuführen, möchte Herr Werner einen Entwicklungsplan mit seinem Arbeitgeber ausarbeiten.

(5) Da Herr Werner eine billigere Wohnung haben möchte, bewirbt er sich um eine Werkswohnung.

Nennen Sie zu jedem dieser Anliegen von Herrn Werner die zugehörige personalwirtschaftliche Aufgabe!

3: Personalleiter

Ein junger Bekannter von Ihnen hat eben das Abitur gemacht. Er möchte nach Abschluß seines Studiums im Personalwesen eines Unternehmens tätig werden. Für seine spätere Berufslaufbahn strebt er eine Stellung als Personalleiter an. Er fragt nun Sie, welche Fachrichtung Sie ihm im Studium empfehlen. Außerdem möchte er von Ihnen wissen, welche Zusatzfächer er bei seinem Studium belegen soll, um möglichst gut für seine späteren Aufgaben als Personalleiter vorbereitet zu sein.

Welche Empfehlungen sollten Sie Ihrem Bekannten geben?

4: Organisatorische Eingliederung

Das Großunternehmen Gustav Praterschreck AG ist in der Organisationsform »Matrixorganisation« aufgebaut.

Skizzieren Sie, wie die Personalwirtschaft in diese Aufbauorganisation eingebettet sein sollte, wenn die Personalpolitik einheitlich für das ganze Unternehmen zu gestalten ist!

5: Stellenbeschreibung

Erarbeiten Sie eine Stellenbeschreibung für einen Personalleiter!

6: Nachfolgeplan

Nachstehend ist ein Stellenbesetzungsplan für den Bereich »Personalwesen« ausgewiesen:

Stellenbesetzungsplan		
Bereich:	Personalwesen	Stand 01.01.
Stelle	Mitarbeiter	Veränderung
Personalleiter	Herr Haaga	
Personalverwaltungsleiter	Herr Kurrle	Ab 01.09. Herr Haas
Personalplanung	Herr von Rex	
Personalführung	Herr Hense	Ab 01.04. Herr von Rex
Gehaltsrechnung	Frau Stiller	
Lohnrechnung	Herr Zech	Ab 01.06. Herr Scheu
Sozialwesen	Herr Haas	Ab 01.09. Herr Hense

Erstellen Sie für den Inhalt dieses Planes einen grafischen Nachfolgeplan!

7: Einarbeitungsplan

Herr Werner tritt in den nächsten Tagen nach erfolgreichem Abschluß seines Studiums zum Dipl. Betriebswirt seine Erststellung als Personalsachbearbeiter an. Seine Einarbeitung soll so schnell wie möglich erfolgen, da seine Position seit längerer Zeit unbesetzt war und es dringlich der Bearbeitung der unerledigten Vorgänge bedarf.

Erarbeiten Sie einen Einarbeitungsplan für die erste Arbeitswoche von Herrn Werner!

8: Personalplanung

Skizzieren Sie ein praktisches Rechenschema für die kollektive Personalplanung.

9: Schlüsselung

Die Fremdsprachenkenntnisse der Mitarbeiter sollen gespeichert werden, um bei Bedarf maschinell und damit schnell geeignete Mitarbeiter für Übersetzungen, Dienstreisen oder als Dolmetscher zu finden. Dabei sollte auch eine Graduierung der Fremdsprachenkenntnisse gespeichert werden.

Entwerfen Sie einen Schlüssel für diese Daten, wobei davon auszugehen ist, daß im Fremdsprachenfeld im Personalstammsatz alle Informationen gespeichert werden sollen!

Das Fremdsprachenfeld kann in Abhängigkeit von der Zahl der beherrschten Fremdsprachen 0, 1, 2 bis n mal im EDV-Speicher je Mitarbeiter aufgenommen werden.

10: Personalbestandsplanung

Entwerfen Sie ein geeignetes Schema zur Planung eines zukünftigen Personalbestandes für ein Unternehmen!

11: Personalkosten

Die Rechenlogik zur Ermittlung der Personalgesamtkosten ist für die Personalkostenplanung bedeutsam.

Zeigen Sie diese Rechenlogik in ihren Grundzügen auf!

12: Interne Beschaffungswege

Die Aufgaben der Revisionsabteilung der Electronic AG sind im Verlaufe des letzten Jahres erheblich angewachsen. Da sie personell nicht mehr bewältigt werden können, fordert der Abteilungsleiter zum Beginn des nächsten Quartals einen kaufmännischen Mitarbeiter an. Er nennt der Personalabteilung folgende Qualifikationsmerkmale:

- Abgeschlossene kaufmännische Ausbildung
- Mindestens 5-jährige praktische Tätigkeit, davon mindestens 3 Jahre in der Electronic AG
- Fortbildung zum Bilanzbuchhalter, Fachwirt o.ä.

Welche Möglichkeiten hat die Personalabteilung zur internen Besetzung dieser Stelle und inwieweit ist der Betriebsrat bei der Besetzung einzuschalten?

13: Bewerbungsschreiben

> Wir sind ein anerkanntes Großhandels-Unternehmen im Rhein-Neckar-Raum und suchen den oder die
>
> **Leiter/in unserer Buchhaltung**
>
> zur absolut sicheren Abwicklung unserer Buchhaltungsarbeiten.
>
> Selbständigkeit, eigenverantwortliches Arbeiten und Erfahrungen in der Anwendung der EDV werden neben Fähigkeiten der Mitarbeiterführung vorausgesetzt.
>
> Bitte richten Sie Ihre Bewerbung mit Angabe Ihrer Gehaltsvorstellung an den Verlag u. Nr. CP 158 033

Auf die obige Stellenanzeige gehen mehrere Bewerbungen ein. Beurteilen Sie die folgenden Bewerbungsschreiben:

(1) HARTMUT EHMANN

Chiffre Nr. CP 158 033

15.09.1993

Sehr geehrte Damen und Herren,

gestern habe ich Ihre Anzeige gelesen. Da ich seit mehreren Jahren in der Buchhaltung tätig bin, bewerbe ich mich um die Stelle des Leiters der Buchhaltung bei Ihnen. Ich bin mir sicher, für diese Aufgabe geeignet zu sein.

Lebenslauf, Schul- und Arbeitszeugnisse liegen diesem Schreiben bei.

Mit freundlichen Grüßen

Hartmut Ehmann

H. Ehmann

(2) EDUARD ZIMMERLE

Chiffre Nr. CP 158 033

10.09.1993

Sehr geehrter Inserent,

mit großer Freude habe ich Ihre Anzeige studiert. Mit Zahlen zu arbeiten, ist geradezu mein Hobby. Deswegen scheue ich mich nicht, Ihnen meine Bewerbung einzureichen. Derzeit bin ich bei einer kleineren Firma der Metallverarbeitung als Buchhalter beschäftigt. Dort genieße ich das volle Vertrauen des Firmeninhabers, was sich allein schon daran zeigt, daß dieser mir auch die Regelung steuerlicher Probleme überträgt, die dem Finanzamt nicht unbedingt bekannt werden sollen.

Ich habe die EDV bei uns eingeführt und arbeite seit 3 Jahren damit. Als Gehalt stelle ich mir einen Betrag vor, der bei 4.600 DM im Monat liegt.

Ich bin sicher, Ihre Erwartungen zu erfüllen und sehe einem Gespräch mit großer Freude entgegen.

Mit freundlichen Grüßen

Eduard Zimmerle

E. Zimmerle

(3) NORBERT SCHULZ

Chiffre Nr. 158 033

18.09.1993

Sehr geehrte Damen und Herren,

Ihre Stellenanzeige habe ich mit Interesse gelesen. Ich bewerbe mich hiermit.

Wie Sie meinen Unterlagen entnehmen können, bin ich seit 1978 in der Buchhaltung der Firma Handelskontor GmbH tätig. Seit Anfang 1982 bin ich Vertreter des Leiters der Buchhaltung.

In der Abwicklung der Buchhaltungsarbeiten bin ich sicher. Ich war an der Einführung der EDV in unserem Hause konzeptionell beteiligt und arbeite seit 1986 mit ihr. Insofern habe ich hier weitgehende Erfahrungen sammeln können.

An selbständiges und eigenverantwortliches Arbeiten bin ich gewöhnt. Mit meinen Vorgesetzten und Kollegen komme ich gut zurecht. In Zeiten der Abwesenheit des Leiters der Buchhaltung ist mir auch die Mitarbeiterführung übertragen, bei der ich bisher keine Probleme gehabt habe.

Derzeit verdiene ich 3.800 DM pro Monat. Mein Gehaltswunsch liegt bei 4.300 DM pro Monat.

Mit freundlichen Grüßen

N. Schulz

Norbert Schulz

14: Lebenslauf

Die Metall GmbH hat die Stelle eines Gruppenleiters im Einkauf ausgeschrieben. Eine der Bewerbungen enthält folgenden Lebenslauf:

30.04.1958	Geburt in Heidelberg
01.04.1964 - 31.03.1968	Volksschule
01.04.1968 - 31.03.1974	Realschule
15.04.1974 - 31.03.1977	Lehre als Industriekaufmann bei der Firma Werkzeugbau GmbH, Heidelberg
01.04.1977 - 31.03.1986	Sachbearbeiter bei der Firma Werkzeugbau GmbH, Heidelberg

01.04.1986 - 30.06.1987	Gruppenleiter bei der Firma Industriebedarfs GmbH, Mannheim
01.07.1987 - 30.06.1988	Gruppenleiter bei der Firma Erwin Müller OHG, Heidelberg
01.04.1989 - 30.09.1990	Außendienstmitarbeiter der Lebensfroh Versicherungsgesellschaft, Mannheim
01.10.1991 - 30.06.19923	Außendienstmitarbeiter der Immobilien GmbH, Heidelberg
	Heidelberg, den 01.03.1993

(1) Analysieren Sie den Lebenslauf!

(2) Scheint der Bewerber für die Tätigkeit eines Gruppenleiters im Einkauf geeignet?

15: Arbeitszeugnis

Sie sind Assistent des Personalleiters.

(1) Ein neu in der Personalabteilung eingestellter Mitarbeiter soll ein Zeugnis für einen Arbeiter entwerfen, dem wegen wiederholtem Diebstahl von Materialien gekündigt wurde. Nehmen Sie zu dem Ihnen vorgelegten Arbeitszeugnis Stellung!

Zeugnis

Herr Daniel Marx war vom 01.01.1991bis 30.06.1993 als Arbeiter in der Härterei bei uns tätig. Er war für die Be- und Entschickung eines Härteofens verantwortlich und machte seine Arbeit ordentlich. Gegenüber seinen Vorgesetzten und Kollegen verhielt er sich korrekt.

Leider mußten wir Herrn Marx kündigen, da er zweimal beim Diebstahl von Materialien erwischt wurde. Wir wünschen Herrn Marx alles Gute.

Heidelberg, den 01.07.1993 *Werkzeug GmbH*

(2) Sie sollen ein Zeugnis für einen im Export ausscheidenden Mitarbeiter schreiben. Der betreffende Abteilungsleiter legt Ihnen folgende Notiz vor:

Schmidt, Adolf
geb. 04.04.1946

Eintritt:	01.01.1983	Sachbearbeiter im Export
	01.04.1988	Gruppenleiter im Export
Austritt:	31.03.1993	
Leistungen:	sehr gut	
Führung:	gut - sehr gut	

16: Arbeitszeugnis

Wie sind die folgenden Arbeitszeugnisse zu beurteilen?

(1) ***Zeugnis***

Herr Peter Müller, geb. am 12.07.1946, war bei uns seit 01.04.1992 als Kassierer beschäftigt. Gerne bestätigen wir, daß er sich stets bemühte, den von uns gestellten Forderungen gerecht zu werden. Herr Müller schied am 10.06.1993 auf eigenen Wunsch aus. Wir wünschen Herrn Müller alles Gute für seinen weiteren Lebensweg.

Heidelberg, den 14.06.1993

Dr. Peters

(2) ***Zeugnis***

Herr Ludwig Schiller, geb. am 04.04.1942, war bei uns seit 01.07.1988 als Werbetexter tätig. Er zeichnete sich durch einen ausgeprägten Ordnungssinn aus, so daß wir ihn häufig auch im verwaltenden Bereich erfolgreich einsetzen konnten. Herr Schiller erwies sich als sehr anpassungsfähig und hat sich gut in unsere Organisation integriert. Er erledigte alle Arbeiten mit großem Fleiß und Interesse.

Herr Schiller schied zum 31.03.1993 aus organisatorischen Gründen aus. Wir wünschen ihm alles Gute.

Neckargemünd, den 05.04.1993

Werbeagentur
Möller GmbH

E. Möller

E. Möller

17: Arbeitsvertrag

Harald Schiemann ist bei der Firma Büromöbel GmbH stellvertretender Verkaufsleiter. Er hat sich auf eine Stellenanzeige der Erwin Schick KG beworben, die für ihren Bereich »Büromöbel und -maschinen« einen Verkaufsleiter sucht.

Im Verlaufe des Vorstellungsgespräches am 23.07. sagt Herr Schiemann zu, seine neue Tätigkeit bei einem Monatsgehalt von 4.550 DM am 01.10. aufzunehmen. Der Arbeitsvertrag wird ihm am 30.07. schriftlich zugestellt.

Wie schon mündlich besprochen, finden sich u.a. folgende Formulierungen im Arbeitsvertrag:

- Während der Dauer des Arbeitsverhältnisses gilt das gesetzliche Handels- und Wettbewerbsverbot. Der Arbeitnehmer verpflichtet sich, nach seinem Ausscheiden aus dem Arbeitsverhältnis das Wettbewerbsverbot noch 2 Jahre einzuhalten.

- Der Arbeitnehmer hat eine Kündigungsfrist von 3 Monaten zum Quartalsende, der Arbeitgeber kann jederzeit mit einer Kündigungsfrist von 2 Monaten kündigen.

Herr Schiemann kündigt am 22.08. bei seinem bisherigen Arbeitgeber, mit dem er arbeitsvertraglich keine besondere Kündigungsfrist vereinbart hat.

Beantworten Sie folgende Fragen:

(1) Zu welchen Zeitpunkt ist der Arbeitsvertrag entstanden?

(2) Herr Schiemann will nebenberuflich die Buchhaltung eines ihm bekannten Immobilienmaklers übernehmen. Widerspricht diese Tätigkeit dem gesetzlichen Handels- und Wettbewerbsverbot?

(3) Inwieweit ist es zulässig, ein Wettbewerbsverbot über 2 Jahre nach dem Ausscheiden aus dem Arbeitsverhältnis zu vereinbaren?

(4) Inwieweit sind die vereinbarten Kündigungsfristen zulässig?

(5) Wie lange ist Herr Schiemann noch an seinen alten Arbeitsvertrag gebunden?

18: Arbeitsvertrag

(1) Entgegen den gesetzlichen Verboten der §§ 3, 4 MuSchG wurde am 01.04. eine schwangere Arbeitnehmerin eingestellt und beschäftigt. Das wird am 05.05. festgestellt.

Ist der Arbeitsvertrag nichtig?

(2) Ein Arbeitnehmer schließt mit einem Arbeitgeber einen Arbeitsvertrag, obwohl er bereits in einem Arbeitsverhältnis zu einem anderen Arbeitgeber steht.

Welcher Arbeitsvertrag ist gültig?

(3) In einem Arbeitsvertrag wird ein ungebührlich geringer Lohn vereinbart.

Ist der Arbeitsvertrag damit nichtig?

19: Mitwirkung und Mitbestimmung

Systematisieren Sie die Mitwirkungs- und Mitbestimmungsrechte gemäß §§ 74 - 113 BetrVG!

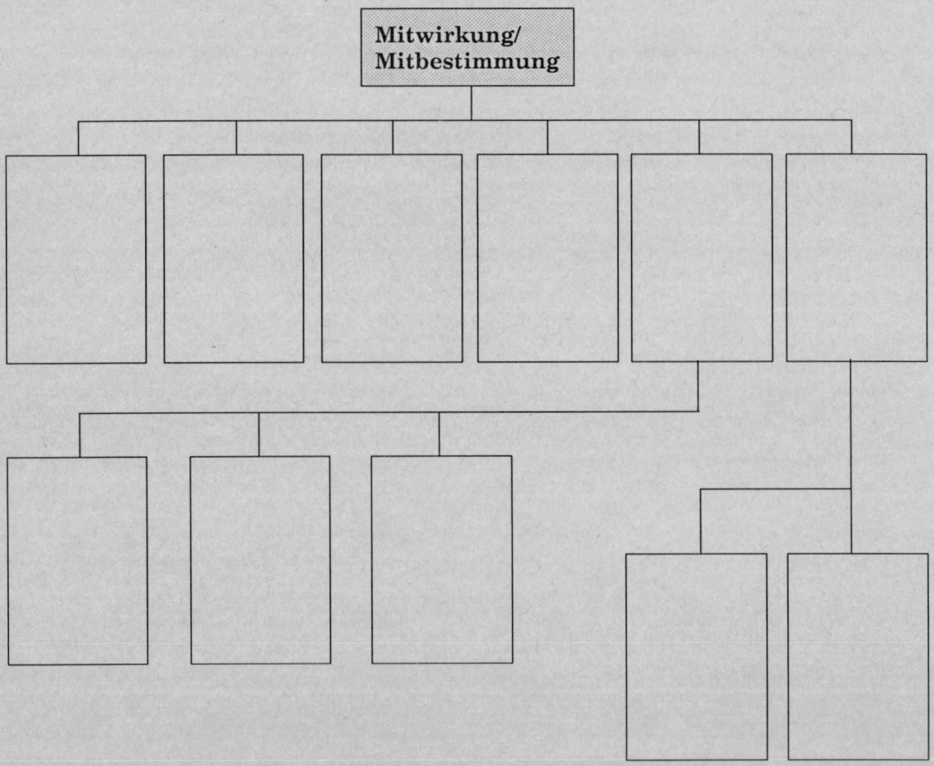

20: Eindimensionale Führungsstile

Ergänzen Sie das folgende Schema!

Führungsstil / Kriterien	autoritär	kooperativ
Die Beschäftigten werden betrachtet als ...		
Autorität und Macht des Vorgesetzten werden begleitet von ...		
Entscheidungen werden getroffen durch ...		
Informationen gehen aus ...		
Aufsicht und Kontrolle werden vorgenommen als ...		
Schwerpunkt der Motivation ist ...		

21: Eindimensionale Führungsstile

Ergänzen Sie das folgende Schema!

Führungsstil / Kriterien	bürokratisch	patriarchalisch	Laissez-faire
Die Beschäftigten werden betrachtet als ...			
Autorität und Macht des Vorgesetzten werden hergeleitet von ...			
Entscheidungen werden getroffen durch ...			
Die Information geht aus ...			
Aufsicht und Kontrolle werden vorgenommen ...			
Schwerpunkt der Motivation ist/sind ...			

22: Verhaltensgitter

Die Leitungsgruppe der Werkzeugbau GmbH tagt. Es geht um die Verlagerung der Schwerpunkte des Fertigungsprogrammes. Die Produktgruppen A, B, D sollen zu Lasten der Produktgruppen C, E, F verstärkt werden. Dazu gibt es folgende Äußerungen:

- **Herr Schulz:** Nach eingehender Überlegung kann ich nur erklären, daß die Schwerpunktverlagerung in der bereits erwogenen Weise durchgeführt werden muß. Wir brauchen nicht weiter zu diskutieren, meine Entscheidung ist gefallen.

- **Herr Klein:** Ich fürchte Unruhen in der Belegschaft und negative Auswirkungen auf das Betriebsklima. Deshalb sollten wir diese Frage vor einer Entscheidung zunächst einmal mit der Belegschaft erörtern.

- **Herr Lustig:** Ich möchte darauf verzichten, meine Überlegungen darzulegen, da ich davon ausgehe, daß Sie die Sache besser beurteilen können. Ich bin mir sicher, daß Sie die richtige Entscheidung treffen werden.

- **Herr Peters:** Nach meiner Auffassung wird die Belegschaft verstehen, daß wir uns mehr auf die Produktgruppen A, B, D konzentrieren müssen, zu Lasten der Produktgruppen C, E, F. Die Verlagerung hat ohnehin nur auf das Werk III negative Auswirkungen, das ist nicht so problematisch. Wir müssen nur darauf achten, daß behutsam vorgegangen wird.

- **Herr Klug**: Wir sollten zunächst die Marktforschung beauftragen, die Erfordernisse des Marktes zu untersuchen. Sodann sollten wir uns die Frage beantworten, was wir für unser Unternehmen erreichen wollen. Eine Arbeitsgruppe, in der auch die Betroffenen vertreten sind, sollte eine Lösung erarbeiten.

Auf welche Führungsstile deuten die Aussagen hin?

23: Führungstechniken

Stellen Sie die Voraussetzungen sowie Vor- und Nachteile der folgenden Führungstechniken gegenüber!

Kriterium	Management by Exception	Management by Delegation	Management by Objectives	Management by Systems
Voraussetzungen				
Vorteile				
Nachteile				

24: Führungsmittel

Stellen Sie Grundsätze auf, wie sich ein Vorgesetzter bei einer Beschwerde verhalten sollte!

1.	
2.	
3.	
4.	
5.	
6.	

25: Methode der kritischen Vorfälle

Zum Einsatz der Methode der kritischen Vorfälle ist es notwendig, über längere Zeit eine Strichliste der positiven und der negativen mitarbeiterverursachten Vorfälle zu führen.

Skizzieren Sie dazu einen geeigneten Formularentwurf!

26: Beurteilungsfehler

Bei manchen Vorgesetzten weichen die Beurteilungsergebnisse für die Gesamtheit der Mitarbeiter von der Normalverteilung ab.

Skizzieren Sie die Art der Abweichung gegenüber einer Normalverteilung für die nachstehende Beurteilungscharakteristik:

(1) Vorsichtiger Beurteiler
(2) Nachsichtiger Beurteiler
(3) Strenger Beurteiler

27: Einführung eines Personalbeurteilungssystems

Erarbeiten Sie einen Stufenplan zur Einführung eines Personalbeurteilungssystems!

28: Tarifvertrag

Gegeben ist folgende Tabelle aus einem Tarifvertrag:

Lohngruppe	I	II	III	IV	V	VI	VII	VIII	IX	X
% desEcklohnes	70	75	80	85	90	95	100	105	110	115
Lohngruppenfaktor										

Altersklasse	16	17	18	19	20	21	22	23
% der Altersklasse 21	75	80	85	90	95	100	105	110
Altersklassenfaktor								

Ortsklasse	I	II	III
% der Ortsklasse 1	100	96	92
Ortsklassenfaktor			

(1) Ermitteln Sie den Lohngruppenfaktor für jede Lohngruppe!

(2) Ermitteln Sie den Altersklassenfaktor für jede Altersklasse!

(3) Ermitteln Sie den Ortsklassenfaktor für jede Ortsklasse!

(4) Ermitteln Sie den Stundenlohn eines 17jährigen Zeitlohnarbeiters der Lohngruppe VIII in der Ortsklasse III, wenn der Ecklohn 22 DM beträgt!

29: Arbeitsbewertung

(1) Systematisieren Sie die Verfahren der Arbeitsbewertung!

Art der Bewertung / Art der Qualifizierung		

(2) Beschreiben Sie die Vor- und Nachteile der Verfahren der Arbeitsbewertung!

Verfahren	Vorteile	Nachteile

30: Zeitlohn

(1) Bei welchen Arbeitskräften sollte vorzugsweise der Zeitlohn verwendet werden?

Arbeitskräfte	Zeitlohn	
	ja	nein
Nachtwächter		
Pförtner		
Maurer		
Fernfahrer		
Schleifer		
Werkzeugausgeber		
Dreher		

(2) Ein Arbeiter verdient 22 DM/Stunde. Seine Normalleistung liegt bei 20 Stück/Stunde.

Ermitteln Sie für die Leistungsgrade 80 %, 90 %, 100 %, 110 % folgende Daten:

- Leistung (Stück/Std.)
- Stückzeit (Min./Stück)
- Lohnkosten (DM/Stück)
- Stundenlohn (DM/Std.)

31: Akkordlohn

(1) Für Montagearbeiten an Handmixgeräten wird ein Satz von 4,50 DM pro fertig montiertem Gerät bezahlt.

- Wie nennt man dieses Entlohnungsverfahren?

- Wie hoch ist der durchschnittliche Stundenlohn des Arbeiters, wenn er - für den Abrechnungszeitraum einer Woche - in 40 Stunden 181 Handmixgeräte montiert hat?

(2) Die Bearbeitung eines Werkstückes erfordert 20 Minuten, der tarifliche Grundlohn wird mit 13,20 DM angesetzt und ein Akkordzuschlag von 20 % gewährt. Ermitteln Sie:

- den Grundlohn
- den Minutenfaktor
- den Stundenlohn bei 4 in einer Stunde bearbeiteten Werkstücken!

(3) Ein Arbeiter erhält einen Grundlohn von 18 DM/Stunde. Seine Normalleistung liegt bei 20 Stück/Stunde. Der Akkordzuschlag beträgt 20 %.

Ermitteln Sie für die Leistungsgrade 80 %, 90 %, 100 %, 110 %, 120 % folgende Daten:

- Leistung (Stück/Std.)
- Stückzeit (Min./Stück)
- Lohnkosten (DM/Stück)
- Stundenlohn (DM/Std.)

Vergleichen Sie die Ergebnisse mit den Daten der Übung 30!

32: Gruppenakkord

In einem Automobilwerk arbeiten 6 Arbeiter in einer Gruppe zusammen. Der Gruppenakkord beträgt für die 24. Woche 7.200 DM.

Ermitteln sie die Lohnhöhe jedes Arbeiters!

(1) Die Arbeitszeiten und Akkordrichtsätze der sechs Arbeiter sind gleich.

(2) Die Arbeitszeiten der sechs Arbeiter sind gleich, die Akkordrichtsätze unterscheiden sich:

A	18,40 DM	D	20,40 DM
B	16,80 DM	E	19,60 DM
C	19,20 DM	F	18,40 DM

(3) Die Akkordrichtsätze der sechs Arbeiter sind gleich, die Arbeitszeiten unterscheiden sich:

A	36 Std.	D	34 Std.
B	38 Std.	E	40 Std.
C	40 Std.	F	32 Std.

33: Prämienlohn

In der Metallbau GmbH wird 8 Stunden pro Tag gearbeitet. Die Vorgabezeit pro Werkstück beträgt 1 Stunde. Der Stundenlohn - als Grundlohn - liegt bei 18 DM. Es wird eine Prämie gewährt, die 50 % des ersparten Zeitlohnes beträgt.

(1) Wie hoch ist der tägliche Bruttolohn des Arbeiters, wenn er fertigt:

Tag	Leistung
1	8 Stück
2	10 Stück
3	11 Stück
4	13 Stück
5	10 Stück

(2) Wie hoch sind die Lohnkosten pro Stück an jedem Tage?

(3) Wie hoch ist der Stundenlohn an jedem Tage?

34: Lohnformen

Welche sozialen Wirkungen haben die einzelnen Lohnformen? Nennen Sie Vor- und Nachteile!

Wirkungen / Lohnformen	Vorteile	Nachteile

35: REFA-Ablaufarten

Bestimmen Sie die folgenden Ablaufarten und geben Sie die Kurzzeichen an!

(1) Der Arbeiter liest die Zeichnung.

(2) Der Arbeiter spannt den Bohrer in die Bohrmaschine ein.

(3) Der Arbeiter spannt das Werkstück ein.

(4) Der Arbeiter bohrt ein Loch in das Werkstück.

(5) Der Bohrer bricht ab und wird vom Arbeiter ausgewechselt.

(6) Der Arbeiter ruht sich aus.

36: REFA-Auftragszeit

Für einen Auftrag werden folgende Werte ermittelt:

Auftragsmenge:	50 Stück
Rüstgrundzeit:	350 Min.
Rüsterholungszeit:	7 Min.
Rüstverteilzeit:	5 Min.
Tätigkeitszeit:	45 Min.
Wartezeit:	8 Min.
Erholungszeit:	5 %
Verteilzeit:	3 %

Ermitteln Sie:

- Rüstzeit
- Ausführungszeit
- Auftragszeit

37: Formen der Personalbetreuung

Skizzieren Sie in einem Sturkturbaum die Formen der Sozialleistungen und der Sozialeinrichtungen im Rahmen der Personalbetreuung!

Nennen Sie jeweils drei Beispiele für die ausgewiesenen Formen!

38: Betriebsfeste

Betriebsfeste dienen zur Verbesserung des Betriebsklimas, zur Stärkung des Zusammengehörigkeitsgefühls und des Gemeinschaftsgeistes, zum Abbau der hierarchischen Schranken und zur Vermeidung von Konflikten.

Die Firma Praterschreck möchte diese Vorteile in Zukunft in verstärktem Maße in Anspruch nehmen und bittet Sie, eine Liste möglicher Betriebsfeste zu erstellen, um geeignete Festlichkeiten auswählen zu können. In dieser Liste sollen enthalten sein:

- Teilnehmerkreis
- Veranstaltungsart
- Empfehlungsstärke

Erstellen Sie diese Liste auf Stichwortbasis!

39: Beurteilung von Fortbildungsmaßnahmen

Die von einem Unternehmen veranstalteten Fortbildungsveranstaltungen

- Kurse
- Seminare
- Planspiele

sollten immer einer Beurteilung durch die Teilnehmer unterzogen werden.

Entwerfen Sie ein Formular, mit dem die Teilnehmer einer Fortbildungsmaßnahme diese aus ihrer Sicht beurteilen können!

40: Kündigung

Beurteilen Sie das nachstehende Kündigungsschreiben und nennen Sie die möglicherweise in ihm enthaltenen Fehler!

Koks und Kohle GmbH *München, 13.9.1993*
Personalabteilung für Angestellte

Herrn Gustav Ganser
Hauptstraße 65
81249 München

Betr. Kündigung

Sehr geehrter Herr Ganser,

Wir bedauern, Ihnen hiermit nach reiflicher Überlegung das Arbeitsverhältnis zum 1.11.1993 kündigen zu müssen, wenn Sie nicht umgehend die erforderiche Pünktlichkeit einhalten. Die Gründe liegen, wie Sie aus unserer Aussprache vom 12.9.1993 wissen, ausschließlich in Ihrem Verhalten.

Hochachtungsvoll

Schmidt

Lösungen

1: Begriffe der Personalwirtschaft

Inhaltsaspekt	Begriff
Personalmarkt und -beschaffung	Personalmarketing
Personalführung und -leitung	Personalmanagement
Personalbezug der Unternehmensstruktur	Personalorganisation
Organisationseinheit der Personalwirtschaft	Personalwesen
Personalwirtschaftliche Leitlinien	Personalpolitik

2: Zuordnung personalwirtschaftlicher Aufgaben

(1) Personalverwaltung
(2) Personalbeurteilung
(3) Personalentwicklung
(4) Personalplanung
(5) Personalbetreuung

3: Personalleiter

Sie sollten Ihrem jungen Bekannten entweder ein Studium der Betriebswirtschaftslehre oder ein Jurastudium empfehlen. In Abhängigkeit von seiner Wahl sollte er jeweils das andere Fach als weiteren Schwerpunkt seines Studiums wählen.

Daneben empfehlen sich die nachstehenden Ergänzungsfächer zur Vorbereitung auf seinen Berufswunsch als Mitarbeiter und Leiter des Personalwesens:

- Betriebspsychologie
- Organisation
- Sozialpolitik
- Betriebssoziologie
- Elektronische Datenverarbeitung

4: Organisatorische Eingliederung

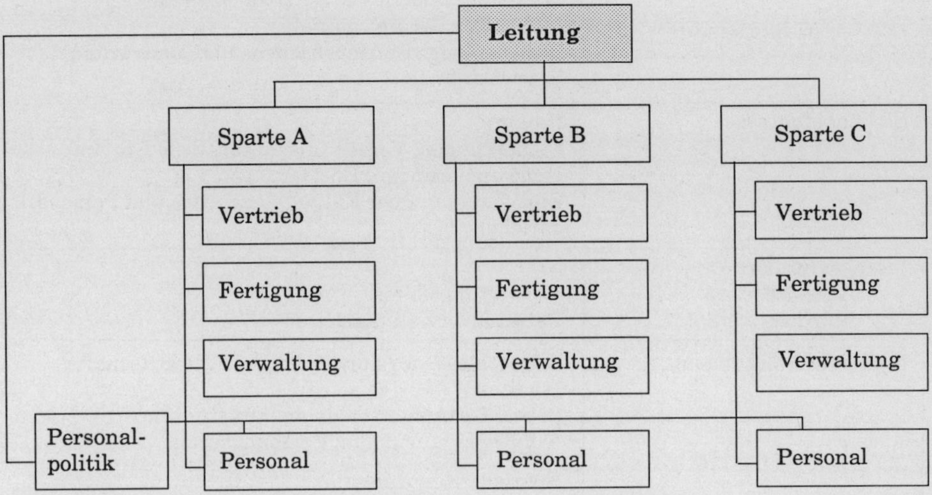

5: Stellenbeschreibung

Stellenbeschreibung	
Stellenbezeichnung:	Personalleiter
Stelleneinordnung: Unterstellung: Überstellung:	Hauptabteilungsleiter Vorsitzender der Geschäftsleitung Personalverwaltungsleiter Leiter der Entgeltrechnung Ausbildungsleiter Leiter des Sozialwesens
Stellenaufgaben:	Beratung der Geschäftsleitung in allen Personalfragen Entwurf der Personal-, Sozial-, Entgelt- und Führungspolitik. Personalplanung Personalentwicklung Leitung des Bereiches Personalwesen Vertretung des Unternehmens in Personalangelegenheiten Direkter Gesprächspartner zum Betriebsrat Pflege der Kontakte zu Verbänden, Ämter usw.

Stellenziele:	Optimale Ausstattung und Einsatz des Unternehmens mit Mitarbeitern Wirtschaftlichkeit des Personaleinsatzes Motivation der Belegschaft Sicherung des Betriebsfriedens und eines guten Betriebsklimas
Stellenbefugnisse:	Prokura Einstellungen, Versetzungen, tarifliche Ein- und Umgruppierungen, Entlassungen Entscheidung über Entgeltvorschüsse und Personaldarlehen
Stellvertretung: Vertritt: Wird vertreten:	 Verwaltungsleiter Personalverwaltungsleiter
Stellenanforderungen:	Abgeschlossenes Jura- oder Betriebswirtschaftsstudium 2. Staatsexamen bei einem Jurastudium 5 Jahre Erfahrung im Personalwesen Spezielle Kenntnisse: Arbeits- und Sozialrecht Organisation Betriebspsychologie Elektronische Datenverarbeitung Ausgeprägte Fähigkeiten: Einführungsvermögen Menschenführung Kontaktfähigkeit

6: Nachfolgeplan

Nachfolgeplan												
Stelle	01	02	03	04	05	06	07	08	09	10	11	12
Personalleiter	Herr Haaga											
Personalverwaltungsleiter	Herr Kurrle								Herr Haas			
Personalplanung	Herr v. Rex						Personalunion					
Personalführung	Herr Hense			Herr v. Rex								
Gehaltsrechnung	Frau Stiller											
Lohnrechnung	Herr Zeck					Herr Scheu						
Sozialwesen	Herr Haas								Herr Hense			

7: Einarbeitungsplan

Einarbeitungsplan			
Mitarbeiter: Herr Werner / Personalwesen			
Datum	Zeit	Partner	Aktivität
Montag	8.00	Personalsachbearbeiter	Einstellungserfordernisse
	10.30	Werksarzt	Ärztliche Aufnahmeuntersuchung
	13.00	Personalleiter	Einführungsgespräch
	15.30	Personalwesen	Vorstellung der Mitarbeiter
Dienstag	8.00	Personalverwaltungsleiter	Einweisung in die Arbeitsabwicklung
	11.00	Mentor	Zusatzinformation
	13.00	Personalverwaltungsleiter	EDV-Abwicklung
	15.00	EDV-Leiter	EDV-Einsatz
Mittwoch	8.00	EDV-Mitarbeiter	Terminaleinführung
	13.00	Organisationsleiter	Erläuterung der Unternehmensorganisation
	15.30	Vorstandsvorsitzer	Vorstellung
Donnerstag	8.00	EDV-Mitarbeiter	Terminaltraining
	10.00	Personalplanung	Erläuterung der Personalplanung
	13.00	Lohnrechnungsleiter	Erläuterung der Lohnrechnung
Freitag	8.00	Personalleiter	Dienstgespräch
	10.00	Seminar	Aktuelles Arbeitsrecht

8: Personalplanung

Lfd. Nr.	Planungsart	Rechen-vorschrift	Periode 1	Periode n
1	Personal			
2	Aktueller Personalbestand			
3	Personalzugang			
4	Personalabgang			
5	Zukünftiger Personalbestand	2 + 3 – 4		
6	Stellen			
7	Aktueller Stellenbestand			
8	Stellenzugang			
9	Stellenabgang			
10	Zukünftiger Stellenbestand	7 + 8 – 9		
11	Personaleinsatz			
12	Personalanwerbung			
13	Personalfreisetzung			
14	Personalfortbildung			
15	Personaleinsatz	11 + 12 – 13		

9: Schlüsselung

Feldaufbau: 3 Bytes

X X X

- X X: Fremdsprache
- X: Graduierung

Fremdsprachen:

1 Germanische Sprachen

- 11 Holländisch
- 13 Schwedisch
- 14 Englisch

2 Romanische Sprachen

- 21 Französisch
- 22 Italienisch
- 23 Spanisch
- 24 Portugiesisch

3 Slawische Sprachen

31 Russisch
32 Polnisch
usw.

Graduierung:

1 Sehr gut in Wort und Schrift
2 Gut in Wort und Schrift
3 Befriedigend in Wort und Schrift
4 Mangelhaft in Wort und Schrift

usw.

10: Personalbestandsplanung

Personalbestandsplan						
Bestand/ Bewegungen	**Materialwirtschaft**	**Fertigung**	**Vertrieb**	**Verwaltung**	**............**	**Gesamt**
Bestand am 01.01.						
Zugang Autonomer Initiierter						
Abgang Autonomer Initiierter						
Bestand am 01.02.						

11: Personalkosten

Leistungsentgelt (Löhne, Gehälter, Provisionen, usw.)

\+ Gesetzliche Sozialleistungen (Arbeitgeberanteile)

\+ Gesetzliche und tarifvertragliche Personalkosten (Betriebsrat, Unfallverhütung usw.)

= Unabdingbare Personalkosten

\+ Freiwillige Sozialleistungen (Sozialmaßnahmen und -leistungen)

= Personalkosten

\+ Personalerhaltungskosten (Beschaffungskosten, Versetzungskosten usw.)

\+ Personalentwicklungskosten (Ausbildungskosten, Fortbildungskosten usw.)

= Personalgesamtkosten

12: Interne Beschaffungswege

Als interne Beschaffungswege scheiden aus:

- Die **Personalentwicklung** als Aus- und Fortbildung kommt nicht in Betracht, da der Mitarbeiter der Revisionsabteilung in der geforderten Qualifikation kurzfristig zur Verfügung stehen muß.

- Ebenso ist eine **Mehrarbeit** nicht möglich, da sie nur kurzfristige Wirkung erzielen würde, der neue Mitarbeiter jedoch langfristig zur Verfügung stehen muß.

Möglichkeiten der internen Besetzung der Stelle sind:

- Die Information über die zu besetzende Stelle an einen oder mehrere Mitarbeiter, die sich nach Kenntnis der Personalabteilung verändern wollen und die geforderte Qualifikation aufweisen. Die Personalabteilung kann den Kontakt zum Revisionsleiter herstellen.

  Sofern der Revisionsleiter bereit ist, den bzw. einen der in Betracht kommenden Mitarbeiter zu beschäftigen, und der Mitarbeiter in der Revisionsabteilung tätig werden will, kann in Absprache mit dem bisherigen Vorgesetzten eine Versetzung vorbereitet werden.

  Der Betriebsrat muß der Versetzung gemäß § 99 BetrVG allerdings zustimmen, wenn sie wirksam werden soll. Er kann die Zustimmung aus mehreren Gründen verweigern, in diesem Falle insbesondere, weil die Stelle nicht innerbetrieblich ausgeschrieben wurde.

- Die Information über die zu besetzende Stelle an alle Mitarbeiter in Form einer innerbetrieblichen Stellenausschreibung.

  Der Betriebsrat kann gemäß § 93 BetrVG verlangen, daß zu besetzende Arbeitsplätze allgemein oder für bestimmte Arten von Tätigkeiten vor ihrer Besetzung innerhalb des Unternehmens ausgeschrieben werden.

  Die für die Besetzung der Stelle in Betracht kommenden Bewerbungen werden dem Revisionsleiter von der Personalabteilung zur Verfügung gestellt. Der Revisionsleiter wählt den aus seiner Sicht geeigneten Bewerber aus und informiert die Personalabteilung, welche die Zustimmung des Betriebsrates gemäß § 99 BetrVG einholt. Der Betriebsrat kann die Einsicht in die Unterlagen aller Bewerber verlangen, um seine Entscheidung zu treffen.

13: Bewerbungsschreiben

(1) Zunächst soll der vorliegende Text beurteilt werden:

...gestern habe ich Ihre Anzeige gelesen.	Es ist uninteressant, wann die Anzeige gelesen wurde. Als Bezug sind die Zeitung und der Zeitpunkt der Einschaltung der Anzeige zu nennen.
Da ich seit mehreren Jahren in der Buchhaltung tätig bin, bewerbe ich mich...	Allein die Tatsache, daß der Bewerber seit mehreren Jahren in der Buchhaltung tätig ist, qualifiziert ihn noch nicht für die ausgeschriebene Stelle, zumal spezielle Anforderungen in der Anzeige genannt sind.
Ich bin mir sicher, für diese Aufgabe geeignet zu sein.	Das ist eine sehr undifferenzierte Aussage, die hier nicht nachvollziehbar, ggf. nur in Verbindung mit den Bewerbungsunterlagen bewertbar ist.

Im Bewerbungsschreiben fehlen Hinweise,

- warum die Bewerbung konkret erfolgt,
- daß der Bewerber die Buchhaltungsarbeiten absolut sicher abzuwickeln vermag,
- daß der Bewerber selbständiges, eigenverantwortliches Arbeiten gewöhnt ist,
- daß der Bewerber über Fähigkeiten der Mitarbeiterführung verfügt,
- welche Gehaltsvorstellungen der Bewerber hat bzw. warum er Gehaltsvorstellungen im Bewerbungsschreiben noch nicht nennt.

(2) Auch bei dieser Bewerbung fehlen einige Informationen. Eine eingehende Analyse dieser Fehlpositionen erübrigt sich aber bereits aus zwei Gründen:

- Das Bewerbungsschreiben ist überzogen, zu überschwenglich und zu selbstbewußt. So sollte man sich keinen Leiter der Buchhaltung vorstellen!
- Schwerwiegender für die Ablehnung des Bewerbers ist aber noch der Vertrauensbruch gegenüber seinem bisherigen Arbeitgeber, mit dem er sich anzubiedern versucht.

Das Bewerbungsschreiben ist eindeutig negativ zu beurteilen.

(3) Das Bewerbungsschreiben ist positiv zu beurteilen. Es enthält die wesentlichen Informationen.

14: Lebenslauf

(1) Der vorliegende Lebenslauf läßt folgende Feststellungen zu:

- Bis zum 31.03.1986 ist er problemlos. Er zeigt einen »normalen« Verlauf.
- Die beiden Tätigkeiten als Gruppenleiter (01.04.1986 - 30.06.1987 und 01.07.1987 - 30.06.1988) sind relativ kurz, was auf eine negative Entwicklung hindeuten könnte, aber nicht muß.
- Vom 01.07.1988 - 31.03.1989 ist keine Tätigkeit nachgewiesen. Das könnte die zuvor angestellte Überlegung bestärken.
- Aufnahme einer branchenfremden Tätigkeit, die auch nur relativ kurze Zeit (01.04.1989 - 30.09.1990) ausgeübt wird. Es wäre festzustellen, weshalb der Branchenwechsel erfolgte und nur 18 Monate gearbeitet wurde.
- Vom 30.09.1990 - 30.09.1991 wird keine Tätigkeit nachgewiesen.
- Erneuter Branchenwechsel und sehr kurze Ausübung der Tätigkeit (01.10.1991 - 30.06.1992) sind festzustellen.
- Zwischen der zuletzt nachgewiesenen Tätigkeit (30.06.1992) und dem Zeitpunkt der Bewerbung (01.03.1993) ist keine Tätigkeit angegeben.

Der Lebenslauf läßt vermuten, daß der Bewerber als Sachbearbeiter erfolgreich gewesen sein könnte, was aus dem Arbeitszeugnis gegebenenfalls zu entnehmen wäre. Als Gruppenleiter hatte er offensichtlich geringeren Erfolg. Schließlich wechselte er innerhalb relativ kurzer Zeit und hatte nach der zweiten Tätigkeit keine anschließende Arbeit. Auch hier wären die Arbeitszeugnisse zu Rate zu ziehen.

Der Bewerber versuchte dann branchenfremd sein Glück, was offensichtlich auch nicht mit Erfolg beschieden war und in Arbeitslosigkeit endete.

(2) Der Einsatz als Gruppenleiter im Einkauf der Metall GmbH erscheint nicht zweckmäßig, wenn die zuvor genannten Vermutungen durch die übrigen Bewerbungsunterlagen im wesentlichen bestätigt werden.

15: Arbeitszeugnis

(1) Der erste Absatz des Arbeitszeugnisses ist inhaltlich nicht zu beanstanden. Inwieweit er sprachlich zu überarbeiten ist, soll nicht untersucht werden.

Hingegen ist die ausdrückliche Darstellung des Kündigungsgrundes in der vorgeschlagenen Form nicht möglich. Das Zeugnis ist zwar wahrheitsgetreu zu gestalten, darf aber keine direkt negativen Beurteilungen enthalten, damit das weitere Fortkommen des Arbeitnehmers nicht erschwert wird.

(2)

Zeugnis

Herr Adolf Schmidt, geb. am 04.04.1946 war seit 01.01.1983 bei uns beschäftigt. Er wurde zunächst als Sachbearbeiter in der Exportabteilung eingesetzt. Seit 01.04.1988 war er als Gruppenleiter in Exportabteilung tätig.

Gerne bestätigen wir Herrn Schmidt, daß er den gestellten Erwartungen in jeder Hinsicht und in allerbester Weise entsprochen hat. Sein Verhalten zu Vorgesetzten und Kollegen war stets zuvorkommend und korrekt.

Herr Schmidt schied zum 31.03.1993 auf eigenen Wunsch aus seinem Arbeitsverhältnis. Wir bedauern dies sehr und wünschen Herrn Schmidt für seine weitere Zukunft alles Gute.

Neckargemünd, den 06.06.1993

Werkzeug GmbH

Müller

16: Arbeitszeugnis

(1) Das Arbeitszeugnis deutet auf schwache Leistungen hin:

- Herr Müller war nur rund 13 Monate als Kassierer beschäftigt und verläßt das Unternehmen zu einem absolut atypischen Termin, dem 10.06.1993. Die relativ kurze Zeit der Tätigkeit kann - muß aber nicht unbedingt - auf Probleme hindeuten. Der Termin des Ausscheidens läßt hingegen mit hoher Wahrscheinlichkeit vermuten, daß Probleme auftraten.

- Daran ändert auch das Ausscheiden »auf eigenen Wunsch« nichts. Es ist anzunehmen, daß das Unternehmen ihm Gelegenheit gab, selbst zu kündigen.

- Die Bestätigung, Herr Müller habe sich bemüht, den gestellten Forderungen gerecht zu werden, deutet ebenfalls auf schlechte Leistungen hin. Daran ändert sich auch nichts dadurch, daß dies »gerne bestätigt« wird.

(2) Auch dieses Arbeitszeugnis weist auf schwache Leistungen hin:

- Die Dauer der Beschäftigung gibt keinen Anlaß zu Bedenken.

- Das besondere Hervorheben des ausgeprägten Ordnungssinnes ist, wenn auch positiv formuliert, ein ausgesprochen negatives Urteil. Das charakteristische Merkmal eines Werbetexters ist u.a. seine Kreativität. Sie steht aber in gewissem Gegensatz zum dargestellten Ordnungssinn.

- Der häufige Einsatz im verwaltenden Bereich bestärkt das negative Urteil. Ein qualifizierter Werbetexter wird wenig Neigung und Fähigkeit haben, verwaltend zu arbeiten.

- Eine qualitative Aussage über Leistungen und Eigenschaften, die für einen Werbetexter typisch sind, wird völlig vermieden.

- Die Formulierung, daß er alle Arbeiten mit großem Fleiß und Interesse erledigte, deutet darauf hin, daß er eifrig war, aber nicht besonders tüchtig.

- Das Ausscheiden aus organisatorischen Gründen gibt zu Bedenken Anlaß.

17: Arbeitsvertrag

(1) Der Arbeitsvertrag ist am 23.07. entstanden, da er nach § 611 BGB mündlich abgeschlossen werden darf, es sei denn, daß in Gesetzen, Tarifverträgen oder Betriebsvereinbarungen die Schriftform vorgeschrieben ist.

(2) Herr Schiemann verstößt mit dieser Nebentätigkeit nicht gegen das gesetzliche Handels- und Wettbewerbsverbot, da er gemä§ 60 HGB weder ein Handelsgewerbe betreibt noch im Geschäftszweig des Arbeitgebers tätig ist.

(3) Ein Wettbewerbsverbot über 2 Jahre nach dem Ausscheiden aus dem Arbeitsverhältnis ist zulässig, allerdings ist das auch die maximal zulässige Frist.

Voraussetzungen für Angestellte sind jedoch:

- Schriftform der Vereinbarung.

- Entschädigung von mindestens der Hälfte der zuletzt bezogenen vertragsmäßigen Leistungen für die Dauer des Wettbewerbsverbotes.
- Kein unbilliges Erschwernis des Fortkommens des Arbeitnehmers nach Ort, Zeit oder Gegenstand.

(4) Die vereinbarten Kündigungsfristen sind nach § 622 BGB nicht zulässig, weil dem Arbeitnehmer eine längere Kündigungsfrist zugemutet wird als dem Arbeitgeber und der Arbeitgeber nicht zu Ende eines Monats kündigen muß.

(5) Herr Schiemann ist noch bis zum 31.12. an seinen bisherigen Arbeitsplatz gebunden, da mangels einer arbeitsvertraglichen Regelung die gesetzliche Regelung des § 622 BGB anzuwenden ist. Danach kann das Arbeitsverhältnis eines Angestellten unter Einhaltung einer Kündigungsfrist von sechs Wochen zum Schluß eines Kalendervierteljahres gekündigt werden. Hinweis: Eine Veränderun g der Kündigungsfristen wird gegenwärtig gesetzlich vorbereitet.

Eine Kündigung zum Ende des dritten Kalendervierteljahres - zum 30.09. - ist nicht wirksam, da die Kündigungsfrist weniger als sechs Wochen beträgt.

18: Arbeitsvertrag

(1) Für die in der Vergangenheit erbrachten Leistungen bleiben die gegenseitigen Rechte erhalten, da bereits Arbeit geleistet wurde. Für die Zukunft entfällt die Bindung an den Arbeitsvertrag automatisch, und zwar ohne Rücksicht auf kündigungsschutzrechtliche Bestimmungen.

Von einer Nichtigkeit des Arbeitsvertrages auch für die Vergangenheit kann ausnahmsweise dann ausgegangen werden, wenn besonders schwere Verstöße vorliegen, beispielsweise der Arbeitsvertrag zur Begehung eines Verbrechens abgeschlossen wurde.

(2) Sowohl der alte als auch der neue Arbeitsvertrag ist gültig, selbst dann, wenn der neue Arbeitgeber vom bestehenden Arbeitsverhältnis Kenntnis hat.

Das neue Arbeitsverhältnis ist nur dann wegen Verstoßes gegen die guten Sitten nach § 138 BGB nichtig, wenn erschwerende, besonders verwerfliche Umstände hinzukommen, beispielsweise wenn der neue Arbeitgeber dem bisherigen Arbeitgeber mit dem Vertragsschluß schaden will.

Bei welchem Arbeitgeber der Arbeitnehmer tätig wird bzw. bleibt, liegt in der Entscheidung des Arbeitnehmers, wenn beide Verträge gültig sind. Der benachteiligte Arbeitgeber kann gegenüber dem vertragsbrüchigen Arbeitnehmer normalerweise nur Schadensersatzansprüche geltend machen.

(3) Gleichgültig, ob bereits Arbeiten geleistet wurden oder nicht, ist nicht von einer Nichtigkeit des Arbeitsvertrages auszugehen. An die Stelle der unwirksamen Abrede tritt eine der Billigkeit entsprechende Regelung. Im genannten Falle würde der Tariflohn oder ein sonst angemessener Lohn anzusetzen sein.

19: Mitwirkung und Mitbestimmung

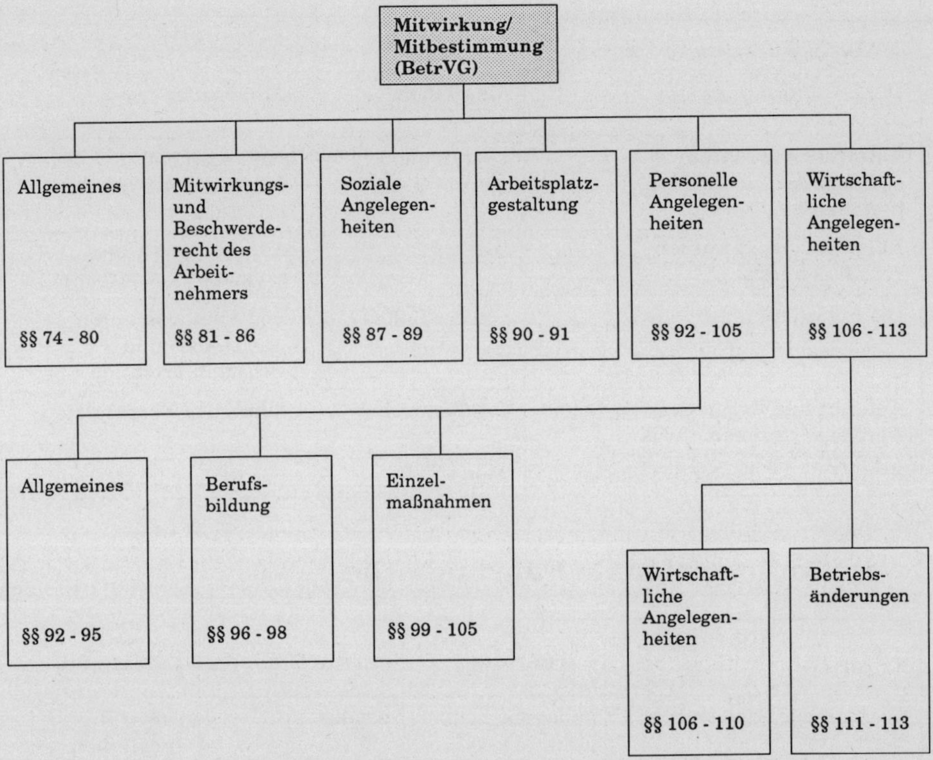

20: Eindimensionale Führungsstile

Kriterien \ Führungsstil	autoritär	kooperativ
Die Beschäftigten werden betrachtet als ...	Maschinen	Mitarbeiter
Autorität und Macht des Vorgesetzten werden begleitet von ...	Hierarchie	persönlichem Können und Aufgabenerfüllung
Entscheidungen werden getroffen durch ...	Befehl	Anhören und Überzeugen der Mitarbeiter
Die Information geht aus ...	von der Spitze	von oben, von unten, auch Quer- und Schräginformation
Aufsicht und Kontrolle werden vorgenommen als ...	Totalkontrolle	durch den Vorgesetzten
Schwerpunkt der Motivation ist ...	Angst	der Bürger im Betrieb

21: Eindimensionale Führungsstile

Kriterien \ Führungsstil	bürokratisch	patriarchalisch	Laissez-faire
Die Beschäftigten werden betrachtet als ...	anonyme Faktoren	Kinder	isolierte Individuen
Autorität und Macht des Vorgesetzten werden hergeleitet von ...	Apparat	Vater	Mitarbeiter
Entscheidungen werden getroffen durch ...	schriftliche Anweisungen und Vorschriften	anordnende Aufklärung	Abstimmungen
Die Information geht aus ...	formelle Wege, überwiegend von oben nach unten	wohlwollend von oben	zufällig
Aufsicht und Kontrolle werden vorgenommen ...	durch Berichte und schriftliche Überprüfungen	nach Gefühl	nicht
Schwerpunkt der Motivation ist/sind ...	Anweisungen und Vorschriften	Abhängigkeit	Freiheit

22: Verhaltensgitter

Herr **Schulz**: 9.1- Führungsstil
Herr **Klein**: 1.9- Führungsstil
Herr **Lustig**: 1.1- Führungsstil
Herr **Peters**: 5.5- Führungsstil
Herr **Klug**: 9.9- Führungsstil

23: Führungstechniken

	Management by Exception	**Management by Delegation**	**Management by Objectives**	**Management by Systems**
Voraus-setzun-gen	Aufgaben delegieren. Ermessensspielraum festlegen. Ausnahmeregelungen festlegen. Informationssystem schaffen. Art des Vorgesetzten-Eingreifens festlegen.	Aufgaben delegieren. Kompetenzen delegieren. Handlungsverantwortung delegieren. Zurück- und Weiterdelegation ausschließen. Ausnahmeregelungen festlegen. Vorgesetzten-Eingriff regeln. Führungsverantwortung übertragen. Informationssystem schaffen.	Aufgaben delegieren. Kompetenzen delegieren. Handlungsverantwortung delegieren. Organisation zielorientieren. Planungs-, Informations-, Kontrollsystem organisieren. Mitarbeiter ausbilden.	Umfassendes computergesteuertes Informationssystem erstellen. Einzelne Regelkreise und ihre innere Struktur festlegen.
Vor-teile	Vorgesetzten-Entlastung von Routinearbeiten. Mitarbeiter handeln selbständig. Verbesserung der Organisation und Kommunikation.	Vorgesetzten-Entlastung von Routinearbeiten. Schnelle, sachgerechte Entscheidungen. Kompetenz- und Handlungsverantwortung der Mitarbeiter. Eigeninitiative, Leistungsmotivation, Verantwortungsbereitschaft.	Vorgesetzten-Entlastung von Routinearbeiten. Verbesserung der Identifikation mit Unterzielen. Objektivere Beurteilung der Mitarbeiter. Eigeninitiative, Leistungsmotivation, Verantwortungsbereitschaft. Gesteigerte Effizienz von Planung und Organisation. Kompetenz und Handlungsverantwortung der der Mitarbeiter.	Siehe Managament by Objectives, zusätzlich: Starke Entlastung der Führungskräfte. Schnellere Wirksamkeit der Führungsfunktionen.
Nach-teile	Nur für einen Teil der Führungsprobleme. Festlegung der Toleranzbereiche schwierig. Demotivation der Mitarbeiter durch Routinearbeiten. Demotivation der Mitarbeiter durch Zwang zur Meldung negativer Abweichungen.	Delegation weniger interessanter Aufgaben. Verfestigung der Hierarchie. Starke Aufgabenorientierung. Vernachlässigung horizontaler Hierarchiebeziehungen.	Überhöhter Leistungsdruck auf Mitarbeiter möglich. Nicht ohne weiteres Identifikation mit Unternehmenszielen. Hemmung von Eigeninitiative, Leistungsmotivation, Verantwortungsbereitschaft möglich. Bevorzugung quantitativer Ziele. Überbetonung des Kontrollsystems. Abstimmung der Ziele über Abteilungsgrenzen schwierig.	Hohe Anforderungen an Vorgesetzte und Mitarbeiter. Ablehnung durch Führungskräfte. Störungsanfällige Führungstechnik. Gefahr der Enthumanisierung.

24: Führungsmittel

1.	Der Vorgesetzte sollte den Beschwerdeführer ausreden lassen.
2.	Der Vorgesetzte sollte aufmerksam zuhören, um die Ursache der Beschwerde zu erkennen.
3.	Der Vorgesetzte sollte die Beschwerde ohne Vorurteile überprüfen.
4.	Der Vorgesetzte sollte den Sachverhalt erforderlichenfalls auch durch Anhören anderer Beteiligter offenlegen.
5.	Der Vorgesetzte sollte Maßnahmen ergreifen oder veranlassen, die bestmögliche Abhilfe schaffen.
6.	Der Vorgesetzte sollte den Erfolg der ergriffenen oder veranlaßten Maßnahmen überprüfen.

25: Methode der kritischen Vorfälle

Methode der kritischen Vorfälle				
Mitarbeiter	Positive Vorfälle		Negative Vorfälle	
	Hohe Bedeutung	Geringere Bedeutung	Hohe Bedeutung	Geringere Bedeutung

26: Beurteilungsfehler

(1) Vorsichtiger Beurteiler

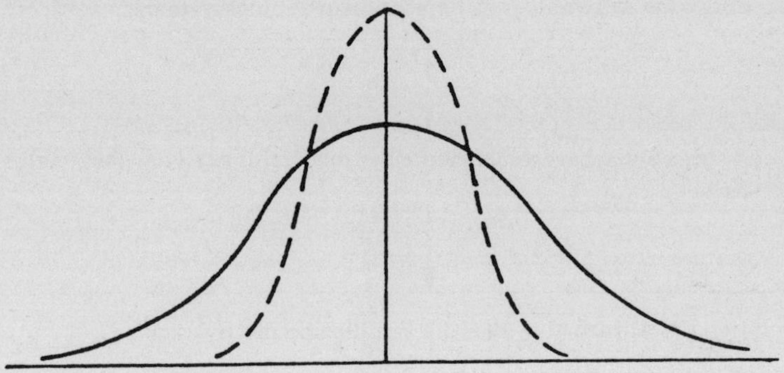

(2) Nachsichtiger Beurteiler

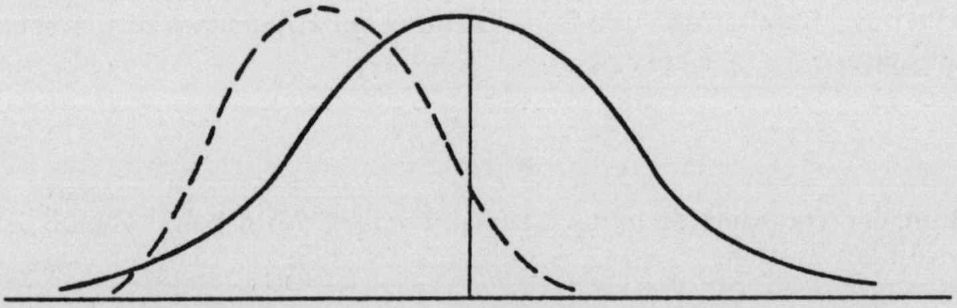

(3) Strenger Beurteiler

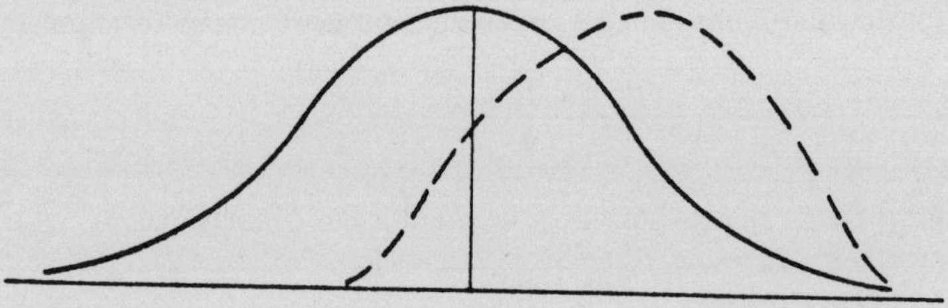

27: Einführung eines Personalbeurteilungssystems

1. Erarbeitung oder Auswahl eines Personalbeurteilungssystems.

↓

2. Abschluß einer Betriebsvereinbarung über die Einführung des Personalbeurteilungssystems.

↓

3. Information der Mitarbeiter über die Einführung des Systems.

↓

4. Ausarbeitung, Beschaffung und Bereitstellung der Hilfsmittel zur Personalbeurteilung.

↓

5. Schulung der Vorgesetzten in der Beurteilung ihrer Mitarbeiter gemäß dem ausgewählten System.

↓

6. Durchführung der Beurteilungen nach einem ausgearbeiteten Terminplan.

↓

7. Durchführung der Beurteilungsgespräche mit jedem Mitarbeiter.

↓

8. Kritische Analyse der Personalbeurteilung.

28: Tarifvertrag

Es ergeben sich folgende Werte:

(1)

Lohngruppe	I	II	III	IV	V	VI	VII	VIII	IX	X
% des Ecklohnes	70	75	80	85	90	95	100	105	110	115
Lohngruppenfaktor	0,70	0,75	0,80	0,85	0,90	0,95	1,00	1,05	1,10	1,15

(2)

Altersklasse	16	17	18	19	20	21	22	23
% der Altersklasse 21	75	80	85	90	95	100	105	110
Altersklassenfaktor	0,75	0,80	0,85	0,90	0,95	1,00	1,05	1,10

(3)

Ortsklasse	I	II	III
% der Ortsklasse I	100	96	92
Ortsklassenfaktor	1,00	0,96	0,92

(4) $22 \cdot 1{,}05 \cdot 0{,}80 \cdot 0{,}92 = \underline{\underline{17{,}00\ \text{DM}}}$

29: Arbeitsbewertung

(1)

Art der Bewertung / Art der Qualifizierung	summarisch	analytisch
Reihung	Rangfolgeverfahren	Rangreihenverfahren
Stufung	Lohngruppenverfahren	Stufenwertzahl-verfahren

(2)

Verfahren	Vorteile	Nachteile
Rangfolge-verfahren	Einfache Handhabbarkeit Kostengünstigkeit Leichte Verständlichkeit	Größe der Rangabstände unbekannt Nicht gewichtete Anforderungsarten Subjektive Bewertung
Lohngruppen-verfahren	Einfache Handhabbarkeit Kostengünstigkeit Leichte Verständlichkeit	Gefahr der Schematisierung Mangelnde Berücksichtigung individueller Gegebenheiten Mangelnde Berücksichtigung technischer Entwicklungen
Rangreihen-verfahren	Verbesserte Genauigkeit Verbesserte Objektivität	Großer Ermessensspielraum des Bewerters Gewichtung der einzelnen Anforderungsarten schwierig
Stufenwert-zahl-verfahren	Gesamt-Wertzahl leicht in Geldeinheiten umrechenbar Verfahren mit größter Objektivität	Unübersichtlichkeit

30: Zeitlohn

(1)

Arbeitskräfte	Zeitlohn	
	ja	nein
Nachtwächter	X	
Pförtner	X	
Maurer		X
Fernfahrer	X	
Schleifer		X
Werkzeugausgeber	X	
Dreher		X

(2)

Leistungsgrad	Leistung Stück/Std.	Stückzeit Min./Stück	Lohnkosten DM/Stück	Stundenlohn DM/Std.
80	16	3,75	0,75	12,00
90	18	3,33	0,67	12,00
100	20	3,00	0,60	12,00
110	22	2.73	0,55	12,00
120	24	2,50	0,50	12,00

31: Akkordlohn

(1) Es handelt sich um einen Geldakkord.

Durchschnitlicher Stundenlohn = 181 · 4,50 : 40 = 20,36 DM

(2) Grundlohn = 13,20 + (0,20 · 13,20) = 15,84 DM

Minutenfaktor = 15,84 : 60 = 0,264 DM/Min.

Stundenlohn = (15,84 : 3) · 4 = 21,12 DM/Std.

oder

4 · 20 · 0,264 = 21,12 DM/Std.

(3)

Leistungsgrad %	Leistung Stück/Std.	Stückzeit Min./Stück	Lohnkosten DM/Stück	Stundenlohn DM/Std.
80	16	3,75	1,08	17,28
90	18	3,33	1,08	19,44
100	20	3,00	1,08	21,60*
110	22	2,73	1,08	23,76
120	24	2,50	1,08	25,92

* 18,00 + 18,00 · 0,20 = 21,60 DM

32: Gruppenakkord

(1) 7.200,00 : 6 = 1.200,00 DM

(2) A: 7.200,00 : (18,40 + 16,80 + 19,20 + 20,40 + 19,60 + 18,40) · 18,40 = 1.174,47 DM

B: 7.200,00 : (18,40 + 16,80 + 19,20 + 20,40 + 19,60 + 18,40) · 16,80 = 1.072,34 DM

C: 7.200,00 : (18,40 + 16,80 + 19,20 + 20,40 + 19,60 + 18,40) · 19,20 = 1.225,53 DM

D: 7.200,00 : (18,40 + 16,80 + 19,20 + 20,40 + 19,60 + 18,40) · 20,40 = 1.302,13 DM

E: 7.200,00 : (18,40 + 16,80 + 19,20 + 20,40 + 19,60 + 18,40) · 19,60 = 1.251,06 DM

F: 7.200,00 : (18,40 + 16,80 + 19,20 + 20,40 + 19,60 + 18,40) · 18,40 = 1.174,47 DM

(3) A: 7.200,00 : (36 + 38 + 40 + 34 + 40 + 32) · 36 = 1.178,18 DM

B: 7.200,00 : (36 + 38 + 40 + 34 + 40 + 32) · 38 = 1.243,64 DM

C: 7.200,00 : (36 + 38 + 40 + 34 + 40 + 32) · 40 = 1.309,09 DM

D: 7.200,00 : (36 + 38 + 40 + 34 + 40 + 32) · 34 = 1.112,73 DM

E: 7.200,00 : (36 + 38 + 40 + 34 + 40 + 32) · 40 = 1.309,09 DM

F: 7.200,00 : (36 + 38 + 40 + 34 + 40 + 32) · 32 = 1.047,27 DM

33: Prämienlohn

(1)

Tag	Leistung Stück	Arbeitszeit Std.	Ersparte Zeit Std.	Grundlohn DM	Prämie 50 %	Tageslohn DM
1	8	8	0	144,00	0,00	144,00
2	10	8	2	144,00	18,00	162,00
3	11	8	3	144,00	27,00	171,00
4	13	8	5	144,00	45,00	189,00
5	10	8	2	144,00	18,00	162,00

(2)

Tag	Leistung Stück	Tageslohn	Lohnkosten DM/Stück
1	8	144,00	18,00*
2	10	162,00	16,20
3	11	171,00	15,55
4	13	189,00	14,54
5	10	162,00	16,20

* 144,00 : 8 = 18,00

(3)

Tag	Arbeitszeit Std.	Tageslohn DM	Stundenlohn DM/Std.
1	8	144,00	18,00*
2	8	162,00	20,25
3	8	171,00	21,38
4	8	189,00	23,63
5	8	162,00	20,25

* 144,00 : 8 = 18,00

34: Lohnformen

Wirkungen / Lohnformen	Vorteile	Nachteile
Zeitlohn	Er gewährt den Mitarbeitern Sicherheit.	Er fördert die Unzufriedenheit bei leistungsstarken Mitarbeitern.
Akkordlohn	Er fördert die Zufriedenheit der Mitarbeiter.	Er gefährdet die Gesundheit der Mitarbeiter wegen Überlastung. Er schränkt die Kommunikation ein.
Prämienlohn	Er führt gegenüber dem Akkordlohn zu geringerer emotioneller Belastung.	

35: REFA-Ablaufarten

(1) Nebentätigkeit beim Rüsten	MNR
(2) Nebentätigkeit beim Rüsten	MNR
(3) Nebentätigkeit	MN
(4) Haupttätigkeit	MH
(5) Zusätzliche Tätigkeit	MZ
(6) Erholungsbedingtes Unterbrechen	ME

36: REFA-Auftragszeit

Rüstzeit = $t_{rg} + t_{rer} + t_{rv}$

Rüstzeit = 350 + 7 + 5

Rüstzeit = $\underline{\underline{362 \text{ Min.}}}$

Ausführungszeit = $(t_t + t_w + t_{er} + t_v) \cdot m$

Ausführungszeit = $[45 + 8 + (45 + 8) \cdot 0{,}05 + (45 + 8) \cdot 0{,}03] \cdot 50$

Ausführungszeit = $\underline{\underline{2.862 \text{ Min.}}}$

Auftragszeit = $t_r + t_a$

Auftragszeit = $362 + 2.862$

Auftragszeit = $\underline{\underline{3.224 \text{ Min.}}}$

37: Formen der Personalbetreuung

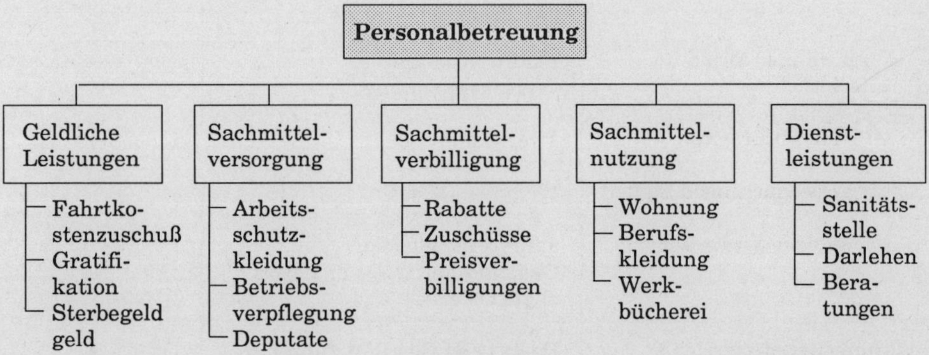

38: Betriebsfeste

Betriebsfeste		
Teilnehmerkreis	**Festart**	**Empfehlung**
Gesamtbelegschaft	Weihnachtsfeier Jahresergebnisfeier Frühlingsfest Jubilarfeier Betriebsausflug	+++ + ++ +++ +
Abteilungen	Büroparty Abteilungsausflug Volksfestbesuch Weihnachtsfeier Faschingsfest	+ ++ + ++ ++
Ausgewählter Mitarbeiterkreis	Exklusives Mahl Preisauszeichnung	+++ ++
Leitende Mitarbeiter	Titelverleihung	+++
Lange Betriebszugehörigkeit	Weihnachtsfeier	+
Erfolgreiche Verkäufer	Jahresergebnisfeier Gemeinschaftsreise an bevorzugte Orte	++ +
Einreicher erfolgreicher Verbesserungsvorschläge	Party beim Geschäftsführer	+++
Angehörige von Mitarbeitern	Kinderfest Arbeitnehmerjubiläum Freisprechung Tag der offenen Tür Betriebsjubiläum Ehrungen	+ +++ ++ +++ +++ ++

39: Beurteilung von Fortbildungsmaßnahmen

<table>
<tr><th colspan="2">Beurteilungsbogen für Fortbildungsmaßnahmen</th></tr>
<tr><td>Veranstaltung:</td><td>Nr:</td></tr>
<tr><td>Teilnehmer:</td><td>Abt.:</td></tr>
<tr><td>Kriterien</td><td>Beurteilung</td></tr>
<tr><td>Stoffdarstellung und Verständlichkeit</td><td></td></tr>
<tr><td>Qualität des Inhaltes</td><td></td></tr>
<tr><td>Anregung zur Mitarbeit in der Veranstaltung</td><td></td></tr>
<tr><td>Nutzen für Ihre Arbeit</td><td></td></tr>
<tr><td>Qualität und Quantität der Arbeitsunterlagen</td><td></td></tr>
<tr><td>Veranstaltungsräume</td><td></td></tr>
<tr><td>Veranstaltungsorganisation</td><td></td></tr>
<tr><td colspan="2">Bitte benutzen Sie dazu die nachstehende Beurteilungsskala:
1 - sehr gut
2 - gut
3 - befriedigend
4 - ausreichend
5 - mangelhaft
6 - indiskutabel</td></tr>
<tr><td colspan="2">Anmerkungen und Vorschläge</td></tr>
<tr><td colspan="2">Vielen Dank für Ihre Mitarbeit!</td></tr>
</table>

40: Kündigung

In dem Kündigungsschreiben sind mehrere Fehler enthalten:

- Der Kündigungstermin für Angestellte, das Quartalsende, ist nicht eingehalten. Aus dem Briefkopf geht hervor, daß es sich um einen Angestellten handeln muß.
- Es fehlt die Aussage, ob der Betriebsrat zu der Kündigung angehört wurde.
- Die Kündigung enthält eine Bedingung. Bedingte Kündigungen sind rechtsunwirksam.